北京市教育委员会专项资助

体育蓝皮书
BLUE BOOK OF SPORTS

中国体育产业发展报告
（2014）

ANNUAL REPORT ON DEVELOPMENT OF SPORTS INDUSTRY IN CHINA (2014)

总顾问／肖 天 朱 虹
主 编／阮 伟 钟秉枢

社会科学文献出版社
SOCIAL SCIENCES ACADEMIC PRESS (CHINA)

图书在版编目（CIP）数据

中国体育产业发展报告.2014/阮伟，钟秉枢主编.—北京：社会科学文献出版社，2014.7
（体育蓝皮书）
ISBN 978-7-5097-6129-8

Ⅰ.①中… Ⅱ.①阮…②钟… Ⅲ.①体育产业-产业发展-研究报告-中国-2014 Ⅳ.①G812

中国版本图书馆CIP数据核字（2014）第126513号

体育蓝皮书
中国体育产业发展报告（2014）

总 顾 问 /	肖 天 朱 虹
主 编 /	阮 伟 钟秉枢

出 版 人 /	谢寿光
出 版 者 /	社会科学文献出版社
地 址 /	北京市西城区北三环中路甲29号院3号楼华龙大厦
邮政编码 /	100029

责任部门 /	皮书出版分社 （010）59367127	责任编辑 /	张丽丽 王颉
电子信箱 /	pishubu@ssap.cn	责任校对 /	韩海超
项目统筹 /	梁艳玲 张丽丽	责任印制 /	岳 阳
经 销 /	社会科学文献出版社市场营销中心 （010）59367081 59367089		
读者服务 /	读者服务中心 （010）59367028		

印 装 /	北京季蜂印刷有限公司		
开 本 /	787mm×1092mm 1/16	印 张 /	24.5
版 次 /	2014年7月第1版	字 数 /	396千字
印 次 /	2014年7月第1次印刷		
书 号 /	ISBN 978-7-5097-6129-8		
定 价 /	69.00元		

本书如有破损、缺页、装订错误，请与本社读者服务中心联系更换
▲ 版权所有 翻印必究

体育蓝皮书编委会

总 顾 问 肖 天 朱 虹

顾 问 马国力 江和平 杨立国 段桂鉴

主 编 阮 伟 钟秉枢

副 主 编 易剑东 杨铁黎 何文义 张建华

编委会成员 （按姓氏笔画排序）

于松涛 于欣桐 王兆红 王 萌 尹少坤
阮 伟 阮从非 李中文 李 今 李 苇
李相如 朱亚坤 刘平江 刘晓剑 任春辉
吴 昊 吴玉兰 杨铁黎 何文义 苏 玲
谷周亮 宋园园 张建华 张福华 周 纯
易剑东 罗 迪 钟秉枢 郝晓岑 黄义军
黄海燕 曹永臻 韩新会 韩 寅 詹郭君
颜争鸣 霍建新

主编简介

阮 伟 博士。北大体育产业研究中心的创建人。中国第一本体育蓝皮书《中国体育产业发展报告（2008～2010）》的牵头人；国家体育总局部级重点课题"体育与城市发展关系"的负责人、广电总局部级重点课题"中国体育电视产业发展战略"的负责人，多个高校的研究生导师。多年来，亲历体育、体育电视、体育电视经营、体育赛事经营及管理、体育赛事品牌营销等领域，实现了理论与实践的完美结合。参与报道了全运会、亚运会、奥运会、世界杯等多项国际、国内单项和综合性体育赛事，从记者、编辑到责任编辑、制片人，参与并见证了中央电视台体育频道的成立。七年间，制造了中视体育娱乐有限公司业绩平均每年以几乎100%的速度递增发展的奇迹，同时也是"央视·IMG"合资公司的创建人、央视《第五频道》杂志的创建人。

钟秉枢 教授、教育学博士，首都体育学院院长，北京体育大学、福建师范大学博士生导师，兼任国际教练教育委员会副主席、国际大体联学术委员会委员、国际排联规则委员会委员、中国大学生体育协会副主席、中国大学生体育协会空手道分会主席、中国体育科学学会常务理事、中国体育科学学会运动训练学分会主任委员、中国教育技术学会副会长、中国教育技术学会高校体育专业委员会主任委员、中国传播学会体育传播专业委员会副主任委员、中国成人教育协会体育高等教育专业委员会副理事长、教育部高等学校高职高专文化教育类专业教学指导委员会委员、中国排球协会副主席、《中国学校体育》主编。享受国务院政府特殊津贴，人事部新世纪百千万人才工程首批国家级专家。主要从事体育教育训练学、体育人文社会学和高教管理方面的研究。截至2012年出版和发表了《我国优秀运动员群体社会流动的研究》、《社会转型期我国竞技体育后备人才培养及其可持续发展》、《奥林匹克品牌》、《职业体育》、《我国综合型体育赛事改革的研究》、《执教成功之道》、《团队管理与领导艺术》等方面的著作和译著20多部,论文300余篇,获得国家级教学成果二等奖3项、省部级教学成果奖9项、省部级科研成果奖11项。

摘　要

　　通过诸多专家学者在过去一年的共同努力，《中国体育产业发展报告(2014)》终于即将问世。过去的一年中，在国家进一步强化发展文化产业的时代背景下，我国的体育产业保持了快速、平稳、高效的发展。第12届沈阳全运会的成功举办；群星璀璨、一票难求、火爆至极的2013年中国网球公开赛的成功举办；广州恒大足球俱乐部首夺亚冠联赛冠军，成功登顶亚洲之巅；女子网球选手李娜首夺年终总决赛亚军等；以上种种体育事件，为2013年我国体育产业的发展添上了浓墨重彩的一笔。但同时，全运会场馆的赛后运营问题、登顶亚洲之巅的广州恒大足球俱乐部无法掩盖三大球疲软不堪的事实、后继无人的体育人才培养等诸多问题亟待解决。

　　作为体育领域的连续性年度报告，这本体育蓝皮书运用了调查法、数量研究法、文献资料法、定量分析法、定性分析法、个案研究法等多种研究方法。在对于体育竞赛业、体育用品业、体育健身业、体育场馆业等传统产业研究的基础上，紧紧围绕过去一年体育领域内的各种热点事件，包括但不限于对全运会、三大球的发展、传统体育电视媒体与新媒体的融合、马术赛事的发展等理论的研究和梳理，进一步拓宽了研究的广度、提升了研究的高度、挖掘了研究的深度。

　　作为体育领域的行业报告，对体育竞赛业、体育用品业等主体产业的研究始终是不可或缺的。通过对赛事数据的分析与解读，本书全方位、多角度地呈现了我国体育竞赛业的发展状况，提供了别样的研究视角与维度。体育用品业整体发展态势不容乐观，企业想要突出重围，不断提升自身实力、做大做强是唯一渠道。新媒体的发展壮大，拓宽了体育赛事传播的渠道，传统体育电视媒体与新媒体的媒介融合发展成为大势所趋。经历了喜悦而又悲伤的2013年，我国足球、篮球、排球未来发展该何去何从？能否抓住机遇，实现逆袭是国人

关心的话题。积极响应"节约办赛"的沈阳全运会的赛后场馆利用、全运会之于城市的意义、全运会与城市经济间的关系等问题同样值得思考与关注。本书还就体育人才培养中最一线的中小学体育教师状况进行了调查研究,对体育教师的现状进行了深入、细致的剖析,对体育人才未来的培养提供了有益的参考和借鉴。

目录

BⅠ 总报告

B.1 2013～2014年中国体育竞赛产业分析与展望 ………………… / 001
　一　体育竞赛产业的市场分析 ………………………………… / 002
　二　中国特色的体育竞赛产业生产模式 ……………………… / 009
　三　企业发展状况分析 ………………………………………… / 011
　四　结论 ………………………………………………………… / 024

BⅡ 分报告

B.2 2011年我国运动竞赛业格局分析 …………………………… / 025
B.3 2014年体育健身业格局与市场前景分析 …………………… / 081
B.4 体育用品业格局与市场前景分析 …………………………… / 092
B.5 体育场馆业格局与市场前景分析 …………………………… / 114
B.6 媒介融合对中国体育电视业的影响
　　——以广东电视台体育频道为例 …………………………… / 120

BⅢ 热点篇

B.7 中国三大球产业发展分析 …………………………………… / 146

B.8 全运会场馆探析 ………………………………………………… / 185
B.9 新形势下对全运会几个问题的分析 …………………………… / 200
B.10 北京市东城区中小学体育学科教学质量监控与评价
　　　——北京市东城区中小学体育教师基本情况调查分析报告
　　　……………………………………………………………… / 227

BⅣ 经典案例篇

B.11 中国马术赛事产业发展报告 …………………………………… / 302
B.12 山东省滨海休闲体育产业集群空间构建及对策研究 ………… / 336
B.13 中国体育文化产业的新星
　　　——华江特许经营模式分析报告 …………………………… / 354

Abstract ……………………………………………………………… / 368
Contents ……………………………………………………………… / 370

皮书数据库阅读使用指南

总报告

General Report

B.1 2013~2014年中国体育竞赛产业分析与展望

摘　要：

> 庞大的人口数量、日益增长的购买力、不断高涨的购买欲望为我国体育竞赛产业市场的发展奠定了雄厚的基础。但计划经济体制、体育发展的举国体制以及传媒的高度垄断等因素，将我国体育竞赛产业的发展置于既推动又掣肘的矛盾体系中，形成了独具特色的体育竞赛产业市场环境。作为体育竞赛产业产品生产的主力军，不同类型的体育企业该何去何从？如何在发展前景良好、发展潜力巨大、发展空间广阔，但又近乎残酷的生存压力下占据一席之地，值得深思。

关键词：

> 体育竞赛产业　体育企业　市场

在我国，体育产业这一概念目前所涵盖的范围基本包括体育健身、体育用

品以及体育竞赛三大产业，这是目前学界基本认同的理念，体育产业实际上是上述三大产业的复合体。虽然三大产业之间有一定的关联度，但更多的则是相对独立，所以这些年笔者一直认为写好《中国体育产业发展报告》的总报告有一定难度，因为整个产业发展涉及的影响因素比较复杂，特别是体育竞赛产业中各个企业所生产的产品又受市场、消费者、体制、文化、城市、政府、传媒、教育等多重因素的影响，更是难以独立地阐述清楚。

就总体而言，体育健身业和体育用品业基本上与国民经济发展水平相一致，而体育竞赛业不仅受国家整体经济发展水平的影响，同时还受城市化进程、城市居民对于竞赛项目的兴趣爱好及参与程度、生活方式、国民受教育程度、竞技水平等因素的影响。各因素的发展水平越高，赛事产品的市场认知度就越高，发展水平也就越高。人们生活水平的提高，使其对于自身健康更加关注，体育健身业以及体育用品业发展水平就越高。

但体育竞赛业的产品市场受我国体育教育方面的误区、某些体制方面的掣肘以及人们的消费习惯、文化差异、经济发展不平衡、城市决策者的个人兴趣等方面的影响，很多产品出现了"叫好不叫座"的尴尬境遇，产品的市场销售一直是雷声大雨点小，市场低迷，致使体育竞赛业的发展变得坎坷。在本文中，我们从市场、产品、企业三个方面解剖我国体育产业发展中所存在的问题与优势。

一 体育竞赛产业的市场分析

根据杰罗姆·麦卡锡《基础营销学》的定义：市场是指一群具有相同需求的潜在顾客；他们愿意以某种有价值的东西来换取卖主所提供的商品或服务，这样的商品或服务是满足需求的方式。体育产业市场需要从各个体育运动项目在全国各城市的融入度方面加以考虑，体育市场则是指一群熟悉、参与、与项目的文化相融合并且能够产生归属感和自尊感的，有相关需求的潜在顾客；这一群体愿意为购买项目组委会所提供的赛事产品服务。

这就如同，爱好足球的将会购买足球产品、爱好篮球的将会购买篮球产品、爱好网球的将会购买网球产品等。每一个或几个产品都将会占有一定的市场份额，形成购买力，从而使产品的消费变成可能，自然也就调动了企业的积极性，丰富了市场产品的供给，最终推动体育产业的发展。通常而言，市场的基本构成包括人口、购买力以及购买欲望三个要素。

（一）人口

这是构成市场的最基本要素，消费者人口的多少决定着市场的规模和容量的大小，而人口的构成及其变化则影响着市场需求的构成和变化。在这里，我们所提及的市场是指体育市场，人口是指体育人口或者更为准确地说是健身产品、体育用品、竞赛产品的消费人口，这三方面的消费人口决定了体育市场的大小，决定着体育产业的可发展规模。我国的体育人口判定遵循的是一个三元性的判定标准，即"每周活动三次以上、活动强度为适度、每次活动时间在30分钟以上"的为体育人口，这里指的也是实质性体育人口。除此之外，还有观赏性体育人口，也可称之为间接性体育人口。

在我国，实质性体育人口及间接性体育人口的统计数据一直跟不上时代的发展。体育人口判定标准过于粗放、统计过于滞后等问题，导致市场研究方面存在很大的不确定性，为某个领域实施科学论证时只能是推测或者"差不多"。例如，有资料显示我国16岁以上的体育人口在1996年约为1.40亿人，占全国总人口的15.46%。而16岁以下的人群在体育教育培训、体育用品的消费市场方面显然缺少可研究数据，而这个市场仅从体育教育培训和体育服装销售来看就是一个不能忽视的市场，否则整个体育产业的研究结论将是一个大概中的大概，所以这也是我国的体育产业数据一直都处在一个被专家、学者质疑状况中的主要原因。通常而言，在体育产业的研究中，健身产品、体育用品的市场数据更为准确的借鉴方式应该源自企业的产品销售数据。

抛开体育人口统计过程中存在的问题不谈，我们还是能够通过项目的人群关注程度、熟悉程度、参与程度等基本指标得出些许结论。人群关注、参与、熟悉程度高的，文化融入度高的项目，市场自然会好。通过"十大覆盖城市最多项目"顺序我们基本可以看出，目前我国市场较好的赛事产品的销售顺序如表1所示。

表1 十大覆盖城市最多项目

序号	项目	城市数	序号	项目	城市数
1	篮球	59	6	排球	33
2	足球	51	7	围棋	29
3	汽车	45	8	羽毛球	27
4	高尔夫球	43	9	网球	26
5	乒乓球	35	10	台球	24

资料显示，在FIFA的207个会员国中，中国足球人口以2616.6335万人居全球第一位。这就是不论是全国的足球赛事还是参与足球运动的市场反馈都处于所有项目之首的主要原因。篮球项目屈居第二，市场基础同样不可或缺，我们只要从学校篮球场的数量便可窥见一斑。正如原国家篮球运动管理中心主任李元伟所说，目前我国篮球运动的爱好者遍及城乡，总人数超过3亿，篮球已成为中国大众参与率最高的项目，我国篮球教育几乎是从小学到大学贯穿在中国学生所有受教育的过程中。因此，无论场地数量还是篮球人口的数量都有力地证明了一个项目发展的好坏主要取决于消费人群市场的培育是否成功。培育手段第一是教育，第二是环境，第三是文化。足球和篮球项目所产生的巨大市场效应充分说明了这一点。

而过去被认为是小众赛事的高尔夫，这些年赛事数量增长较快，可以从三个方面看出其市场增长的基础：第一是环境，全国范围内的高尔夫球场数量已经过千；第二是教育培训，通过北京高尔夫训练场每天参与练习的人数便可一目了然；第三是进入正式场地打球的人数，据保守估计，全国参与打球的爱好者已达到100万，而且每年在以25%的速度递增。这正是近年来高尔夫赛事数量闯进前五的重要原因，也充分证明了市场需求才是决定发展的动力。其他项目也从市场的一个侧面反映了参与人群的多少决定着项目覆盖的层面与数量。

（二）购买力

购买力是指消费者支付货币以购买商品或服务的能力，是构成现实市场的物质基础。一定时期内，消费者的可支配收入水平决定了购买力水平的高低。

购买力是市场三要素中最物质的要素。对于体育市场的购买力而言,主要体现在竞赛产品、健身产品、体育用品等方面的软硬件产品的消费能力。消费者的可支配收入决定了其对于竞赛产品、健身产品及体育用品的购买力水平,通过我国城镇居民家庭人均可支配收入的数据,我们可以基本判定目前我国体育市场所提供的赛事产品的销售价格,我国居民家庭是完全具有购买能力的。

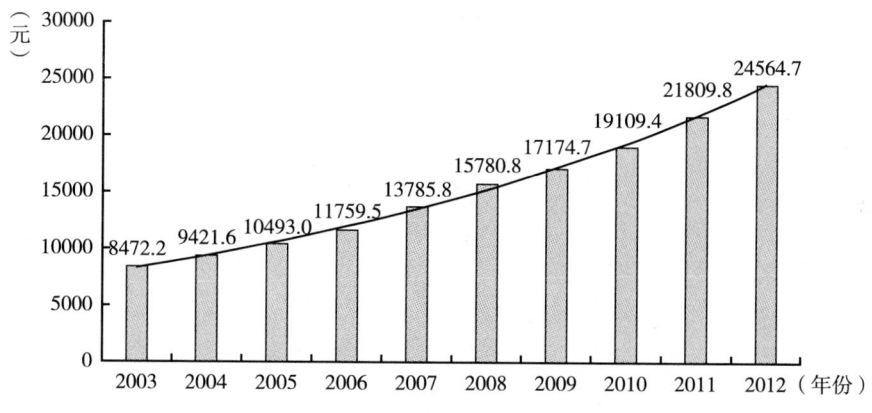

图1 城镇居民家庭人均可支配收入

通过图1能够看到,我国的城镇居民家庭人均可支配收入在十年中始终呈现出上涨的趋势,从2003年的8472.2元上升到2012年的24564.7元,十年的时间增长了近3倍。与之对应的是物价的上涨,居民消费水平的提升,体育消费总量的急剧扩张,体育产业市场爆炸性的发展。

虽然体育消费总量在急剧地扩张,但也仅仅是源于可支配收入基数的提升,而绝非因为居民在支配比例中对于体育投入的扩大(见图2)。

通过图2我们可以看出,我国一个家庭收入分配在文化、娱乐及旅游方面的仅占其可支配收入的1.9%,按照全国居民家庭人均可支配收入24564.7元来计算,家庭在文化、娱乐、旅游方面的花费约为466.7元。虽然数额的绝对值并不算高,但我国强大的人口基数,会给体育产业发展带来足够广阔的空间。即便是按照目前全国及北京、上海、广州三地居民消费性支出的数据来看,也基本可以确认我国的人口市场已经为体育竞赛产业的发展奠定了基础(见表2)。

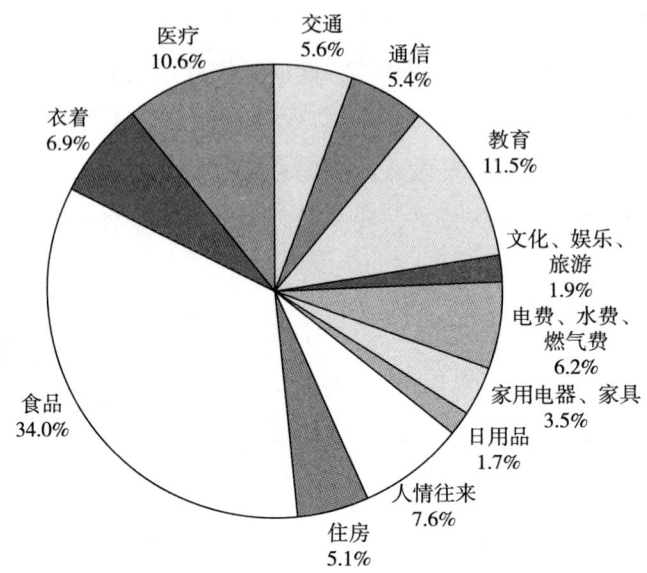

图 2 我国居民家庭收入支配状况

表 2 2003~2012 年全国与北京、上海、广东三地居民消费性支出对比

单位：元

年份 地区	2012	2011	2010	2009	2008	2007	2006	2005	2004	2003
全国	16674.30	15160.90	13471.50	12264.60	11242.90	9997.50	8696.60	7942.90	7182.10	6510.90
北京	24045.90	21984.40	19934.50	17893.30	16460.30	15330.40	14825.40	13244.20	12200.40	11123.80
上海	26253.50	25102.10	23200.40	20992.40	19397.90	17255.40	14761.80	13773.40	12631.00	11040.30
广东	22396.40	20251.80	18489.50	16857.50	15528.00	14336.90	12432.20	11809.90	10694.80	9636.30

参照目前国家提出的到 2020 年，人均收入翻一番的发展计划，加之，居民对于体育关注程度的不断提高，对于体育方面的支出比例实现提升，未来我国体育竞赛产业市场的发展空间与前景更加值得期待。

（三）购买欲望

根据上述对我国人均可支配收入的乐观分析以及我国及北京、上海、广州三地居民消费对比来看，我国体育竞赛产业已经拥有了具有一定购买力的庞大消费市场，具备了较为雄厚的市场基础。但购买力转换成最终的消费，需要具有一定的购买欲望。

购买欲望是指消费者购买商品或劳务的动机、愿望和要求，它是使消费者的潜在购买力转化为现实购买力的必要条件。一个市场即使人口巨大、购买力极强，但如果缺乏购买欲望，一切自然归零。决定购买欲望的大致有两个因素：一是顾客预期利益，比如股票；二是顾客需要，是指顾客尚未被满足的各种要求，它是引起购买欲望的基础。如果顾客对产品没有需要，无论产品再好，推销员的示范工作再精彩生动，也不会使顾客产生购买欲望，也就没有购买的可能。根据马斯洛的需求层次理论，顾客即人的需求基本分为五个层次，从低到高依次为：生理的需求、安全的需求、情感和归属的需求、尊重的需求和自我实现的需求。

虽然说体育竞赛产业所提供的产品可以满足人的上述五个层面的需要，但是作为文化产品所具有的文化特质，能否直接调动消费者的购买欲望才是关键之道。例如，在我国健身模式方面就有动静的差异，现代体育与我国的传统文化所形成的养生之道就会产生剧烈碰撞，所以我国健身行业至今依然是保健养生与运动养生两种方式并存，这两种方式都吸引到一定数量的消费群体。

而外来的现代竞技体育产品，受到文化碰撞的影响就更大，消费者的接受程度与产品的文化融入程度相辅相成。从最为基础的层面阐释，学校教育、社会环境、企业相关产业的推进等是竞赛产品能否调动消费者购买欲望的关键因素。例如，当高尔夫项目20世纪80年代被引进中国时，由于得到地产商的高度青睐，目前正在以25%的增速增长。即便如此，不参与高尔夫运动的人，依然是毫无兴趣，不会有任何购买欲望，没有购买欲望，这个市场就无法形成，没有市场也就不会有产品，没有产品就不会有企业投入生产，没有企业又谈何产业，从而形成一个恶性的循环链条。所以一个文化产业的兴盛与否，关键是看这个城市或者这个国家居民的接受程度，这里包括软件与硬件环境。对于一个文化产品消费市场或者说一个文化产业发展的剖析，要从消费者的需求，即消费者对此产品的认知和习得的经历以及接受程度高低等因素予以探讨。而对于体育产业特别是竞赛产业的发展还有一个非常关键的因素就是城市化进程。例如，CBA在北京主场进行的总决赛，出现一票难求的火爆场景。原因有两方面：一方面是顾客出于爱好的自身需求，另一方面则是一个城市居民的自我归属感和自尊感所产生的吸引力。

在我国体育竞赛产业市场上,除了个别城市的个别赛事产品在某个城市会有一个很好的票房收入外,大多数赛事产品的票房收入几乎无法计入赛事经营者的收入之中,90%以上的赛事票房收入可以忽略不计,遇到电视转播还需要去请观众来充门面,更有甚者花钱去请观众到现场观看比赛。赛事产品为什么会遇到如此残酷的市场待遇?既然我国城市居民的收入完全具有购买力,为什么票房收入还如此惨淡?显然是因为我国城市居民对于竞赛观赏服务的购买欲望低迷,或者说购买欲望不足。

体育竞赛产品购买欲望的决定因素,主要体现在以下几个方面:第一是教育,这里包括学校教育与社会培训,通过教育培训让习得者掌握该项目的基本技术,并养成参与此项运动的习惯;第二是社会环境,即进入社会之后可以继续参与该项运动并获得身心愉悦;第三是社会氛围,这个氛围包括媒体的传播和所居住的城市文化氛围;第四是城市拥有该项目的俱乐部,形成城市间的俱乐部比赛,满足自尊和归属的需求;第五是要有闲暇时间,即便是具有购买力也具有购买欲望,但是由于没有时间,也同样无法形成市场效应;第六就是产品体验,我们常称之为观赛体验,例如,交通拥堵、停车困难、场馆管理混乱等,都会影响观赛的体验。中网落户北京之初,在光彩体育馆举办的赛事,就让去现场观赛的消费者觉得观赛很痛苦,最终导致观众数量骤减;而当中网赛事转移至钻石网球馆后,票务销售持续回暖,并在2013年创造了一票难求的火爆场面。上述六点,是形成体育竞赛产业市场消费人口必须具备的条件,只有如此,才能使有购买力并产生购买欲望的消费者产生真正的市场价值。

为此,我们探讨体育竞赛产业的发展,需要专注产品所具有的市场规模,体育竞赛产业的市场规模由体育消费者的规模决定,决定消费者人群规模的因素主要有教育、培训、环境、购买力、购买欲望等。具有了规模化市场或者具有巨大的潜在客户群之后,便是产品的推出,特别是目前产品为王的时代,产品的质量、产品的体验、提供的服务等都将影响企业的发展,企业既是城市发展的重要因素,也是产业发展的关键。在市场形成的前提下,产品就开始发挥决定性作用。

二 中国特色的体育竞赛产业生产模式

笔者很早就提出"体育产业是文化产业的重工业",这里主要是指体育竞赛产业,因为竞赛产业具有投入大、周期长、见效慢的特点。竞赛产业涉及运动员的培养周期、场馆建设的投入规模、传媒产业的传播效果以及消费人群的市场集聚等,同时还涉及政府的政策等因素。特别是现代体育源自早期的欧洲竞技体育,而我国的体育则源自保健养生,两者之间的文化差异较大。所以,首先需要解决的是文化方面的碰撞,通过教育与传播,需要将现代西方竞技体育理念融入中国传统文化的中庸之道,形成我国现代体育发展的文化土壤,只有如此,方能逐渐形成现代竞技体育市场,发展体育竞赛产业。

我国竞技体育发展所形成的三级训练网、国家体育总局的政府与事业发展模式以及传统媒体的事业发展模式,将体育产业的发展置于既推动又掣肘的矛盾体系中。我国竞技体育的发展源于国际竞技体育赛场的金牌之争,而市场化的推进源于改革开放之后,随之而来的又是局部利益的角逐和自我保护,致使体育产业的产品生产变得相对比较复杂。因为所有产品的生产资料——运动员、裁判员、体育场馆均属于国家统一管理,社会化程度表面繁荣实则较低,民营企业与政府、国有企业等之间的合作始终处于劣势地位。目前为止,所有的赛事主办仍然处于政府主导、事业管理、国有企业操盘、民营企业化缘的状况。由于竞赛产业的发展源自中国体育赛事市场产品的畸形发展态势,不仅先天发育不足,而且后天的局部利益之争直接导致目前我国体育产业发展特别是竞赛产业的发展困境。

目前,在我国已经初步产生影响力的两个职业联赛分别是CBA和中超,两个联赛的商业开发机构一个是盈方中国,一个是仍然由国家体育总局主导的中超公司。决定市场需要的产品质量的绝不是奥运会金牌,一个联赛的水平是参加联赛的俱乐部的整体水平、联赛管理者的水平、场地软硬件的水平、政府的政策支持以及消费群体的需求水平等因素共振所产生的结果。过去的一年,中超和CBA都在努力地运作世界级的明星运动员,将这些运动员输送到各个俱乐部,从而提升联赛的对抗性与观赏性,进而提升联赛质量。

2011赛季，中超16支俱乐部的总投入超过20亿元人民币，特别是广州恒大俱乐部凭借恒大地产的雄厚资金，投入6亿巨资打造的豪华阵容，捧到中超的冠军奖杯；本赛季，据保守估计，16支中超球队的总投入已经超过30亿元人民币，九城老板朱骏的上海申花更是以千万欧元引进法国国脚阿内尔卡，而阿内尔卡1060万欧元的年薪不仅创造了中超的纪录，甚至比世界足球先生梅西还多10万欧元，目前排名世界第三。2011～2012赛季，17支CBA俱乐部总投入达到6.45亿元人民币，平均每支球队达到了创纪录的3800万元，而在5年以前，各支俱乐部的总投入还仅仅是略高于1000万元。新疆广汇俱乐部以一年8000万元人民币的投入排在CBA所有俱乐部之首。从世界范围内来看，转播权、广告赞助以及门票和衍生品销售是职业体育赛事的三大收入来源，其中转播权更是重中之重。这一切努力的目的就是为了在获取联赛佳绩的基础上能够吸引广告商的关注、提升门票的销售额和电视版权的价值，与此同时，赛事的衍生产品销售也是竞赛产业所追求的目标，最终实现体育赛事产品销售利润的最大化。

体育竞赛产品的销售渠道主要有以下几个方面。

第一，赛事的转播权。2011年9月，NFL与ESPN签订了为期8年总价高达152亿美元的转播合同，平均每年19亿美元。这笔钱由NFL联盟与32支球队进行分成，是各支球队开销的最重要来源。而在我国，目前无论是火爆的CBA和中超两大职业联赛，还是在国内举办的世界游泳锦标赛抑或是世界顶级的中国网球公开赛等，都无法获得作为一个赛事应有的转播权价格，最终造成只要是在中国大陆举行的赛事，其版权都被中央电视台无偿掠夺，这是强势传媒垄断的必然结果，致使很多体育中介公司为此付出惨痛的代价。由于赛事版权价格是一个赛事产品的主要收入来源，一旦该项收入来源被无情掠夺，就会造成赛事的收入来源只能是广告赞助和门票收入，这是中国赛事产业最大的悲哀，强势媒体的垄断或独大是中国体育竞赛产业发展的掣肘之一。

第二，赛事广告赞助。由于版权被中央电视台无情掠夺，赛事自然只能全力依靠市场的广告营销，从而弥补其投入与产出的巨大"黑洞"。例如，2012年，巴克莱银行与英超再次续约，冠名总金额高达1.2亿英镑，同比上涨超过45%；而李宁为成为自2012～2013赛季至2016～2017赛季CBA的主赞助商，不惜"一掷亿金",以平均每赛季近4亿元的大手笔,取代安踏成为 CBA 联赛主赞助商,赞助金额的涨幅高达近20倍。CBA 与李宁公司携手创造了中国体育赞助的历史,不仅创下中国体育市场赞助之最,在国际体育市场上也是为数不多的大手笔。赞助商付出赞助费用是需要回报的,在没有版权收入的情况下,赛事的商业运营商为了能够留住赞助商,就越发离不开电视。因此,所有赛事组织者包括中超和 CBA 已经如此成熟的联赛,也只能是放弃版权获得广告赞助的收入,以期不会"竹篮打水一场空"。

第三,赛事门票。对上述市场的三个基础因素的分析,已经充分说明了赛事门票是反映赛事市场最真实情况的要素。通过一个赛事产品的质量、体育人口、购买力、购买欲望以及居民的休闲时间五个因素,基本可以反映出一个城市体育竞赛产业市场的规模以及对于某一个产品的市场需求。

第四,赛事的衍生产品。目前我国市场上的所有衍生产品还处在一个亟待开发的阶段,这主要是因为我国的赛事产业发展周期还较短,还没有形成地域文化和固定的粉丝集群。此外,各个俱乐部以及联赛的组织运营和管理者尚未有更多的资金与精力的投入。但是未来这一市场的前景是非常广阔的,这就需要有远见的投资人看准方向,及时下注。

三 企业发展状况分析

通过上述分析发现,体育竞赛产业市场、体育产业市场的发展受到人口、购买力、购买欲望等因素的制约与影响。现阶段,我国体育竞赛产业市场在发展过程中遇到了各种各样的问题,作为体育竞赛产业市场的主体组成部分——体育赛事生产、运营的企业又该何去何从?这些企业在成长发展过程中又面临怎样的困境?在现有体制下,这些企业能否冲破体制束缚,开拓出一条具有特色的发展之路等问题值得关注。

(一)企业类型

在国家积极倡导发展文化产业的政策背景之下,作为文化产业重要组成部分的体育竞赛产业迎来了前所未有的发展机遇。虽然现阶段我国体育竞赛产业市场在发展中存在秩序混乱、缺乏完备的监督和管理体制等诸多问题，但这也说明这个市场具有巨大的发展潜力与空间。这也促使大量拥有资本、拥有资源、拥有经验的各方力量争相进入中国的体育竞赛产业市场，以期在未来文化产业的竞争中占据一席之地。

1. 国家体育总局系统的企业

作为我国体育系统领域内最权威和最具影响力的政府职能部门，国家体育总局拥有办公厅、竞体司、宣传司、群体司、政法司等13个总局机关；拥有田径运动管理中心、足球运动管理中心、篮球运动管理中心、体育科学研究所、北京体育大学、体育文化发展中心、中国体育报业总社等43个直属单位；与此同时，统领着北京市体育局、上海市体育局、江苏省体育局、河北省体育局等37家省、区、市体育局。国家体育总局肩负着制定体育工作政策法规、指导推动体育体制改革、制定体育发展战略、推行全民健身计划的普及与实施、统筹规划竞技体育的发展、管理体育外事活动、组织体育科研攻关等体育领域内的近乎一切事务。

作为集体育系统所有权力于一身的国家体育总局，在"举国体制"的庇护之下，将原本就极度稀缺的赛事资源几乎全部掌控在自己手中，形成了中国特色的垄断体制。作为赛事资源的拥有方，国家体育总局下属成立了一批独立运营的商业公司，借助已有的资源和平台优势，公司实现了快速发展。

在其中，尤以上市公司中体产业集团股份有限公司最具代表性，其成立于1998年3月，是由国家体育总局体育基金管理中心、国家体育总局体育彩票管理中心、国家体育总局体育器材装备中心和中华全国体育基金会等共同发起组建的中国体育产业规模最大的股份制企业，也是国家体育总局控股的唯一一家上市公司，具有雄厚的资金支持和丰富的业内运作经验。经过多年的发展，已逐步成长为以体育地产为主营业务，体育产业相关业态综合发展的国内最大的体育上市公司（见图3）。业务领域涉及复合型城市体育地产开发、体育场馆和设施的运营管理与内容提供、体育竞赛的运营管理、体育中介服务、健身俱乐部连锁运营、体育彩票设备供应及服务等。

总体而言，与其他企业相比，得益于资源及平台优势，国家体育总局下属的企业在发展过程中遇到的问题、面临的困境相对较少，整体发展态势较好，

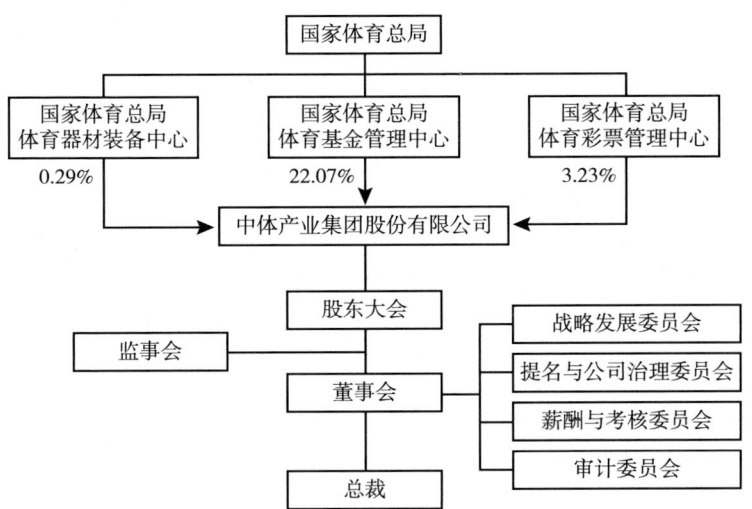

图 3　中体产业集团股份有限公司组织架构

但"举国体制"下国有企业一贯存在的问题却难以规避。

2. 拥有强势媒体资源的企业

原国际奥委会主席萨马兰奇先生曾说过:"体育与电视乃天作之合。"无论任何一项体育赛事缺少媒体的参与和传播,充其量也只能算得上是自娱自乐的地域性活动。而随着全媒体时代的来临,信息传播进入碎片化阶段,以网络为代表的新媒体传播渠道与以电视为代表的传统媒体在互相的博弈过程中逐渐走向融合,极大地提升了体育赛事在全球的影响力。在中国职业篮球联赛(CBA)北京队与新疆队的总决赛期间,观看直播和点播的观众接近9000万人次,纵观整个CBA赛季,总点击量超过8亿人次,而在这其中,超过50%的人选择使用手机、iPad等移动终端观看赛事、获取赛事信息。我们有理由相信,未来的体育不仅仅与电视是天作之合,与任何一种强势媒体传播形式都会成为最密切的合作伙伴。

媒体传播对于赛事发展的重要性已不言而喻。近些年,借助强势媒体资源而异军突起的颇具代表性的体育赛事企业当属中视体育娱乐有限公司(下文简称"中视体育")。在原中视体育总裁、现任中国国际电视总公司旅游实业事业部副主任阮伟先生的带领下,中视体育的营业额从2005年的3000万元蹿升至2011年的7亿元,中央电视台领导称之为"非理性的"发展速度。

作为国内最强势的体育赛事传播平台——中央电视台体育频道(CCTV-5)的体育赛事商业运营机构,中视体育全力整合国家体育总局、相关单位体育协会以及国际各单项体育协会的顶级赛事资源,联合IMG(国际管理集团)积极推进国际化布局,形成集体育营销、赛事(节目)制作播出、赛事管理和产业研究四位一体的服务体系。具体业务涵盖体育赛事组织管理及商业运营、赛事品牌宣传、节目制作、赛事信号制作、赛事版权交易、体育产业规划咨询和运动员经纪等。

得益于国家政策的支持与帮助,CCTV-5强势传播平台的地位得以构筑,这种地位在短期内不会发生改变,这为中视体育短期的发展奠定了坚实的基础。但随着新媒体传播手段的不断涌现以及体育竞赛产业市场的不断放开,未来仅仅依靠强势媒体资源而生存和发展的企业无疑会面临更加激烈的竞争与挑战,能否顺应趋势,找寻更加理性、稳妥的发展路径将会成为这些企业需要解决的问题。

3. 拥有一定国际背景的企业

国外体育产业良好的发展态势催生了一批颇具影响力与规模的体育企业。在国外体育产业市场竞争日益激烈、市场愈发饱和的状况下,越来越多的企业开始开拓国际市场。中国作为经济总量位居世界第二的国家,已经成为国外很多知名汽车、奢侈品企业发展的重心所在。对于体育企业而言亦是如此,越来越多的国外体育企业开始进入中国,希望在中国巨大的体育产业体量中分一杯羹。

在众多拥有国际背景的企业中,盈方体育传媒(中国)有限公司(简称盈方中国)备受关注。一方面,2005年,盈方中国与中国篮球协会签约,成为中国顶级篮球职业联赛(CBA)和中国国家篮球队的全球独家市场合作伙伴。在双方的共同努力下,CBA联赛在国内的影响力显著提升,已发展成为中国最受欢迎的职业体育联赛。另一方面,2009年,原中央电视台体育中心主任、"对世界体育影响最大的50人"的马国力先生加盟盈方中国,成为盈方中国的掌门人,掌管盈方集团在中国的所有业务,这为集团在中国业务的开展奠定了坚实的基础。

盈方中国2003年成立于北京，是盈方体育传媒集团的全资子公司。盈方中国的团队由50名兼具国际专业知识和本土市场经验的优秀人才组成。作为CBA联赛和中国国家篮球队的全球独家市场合作伙伴，盈方中国是首家与中国顶级职业体育联赛建立深入、长远合作关系的国际体育营销公司。

马国力在接手之后，围绕已有的CBA联赛资源进行了深耕细作，充分挖掘了联赛的商业价值。在CBA联赛总决赛中，全国范围内有1.62亿观众通过CCTV-5或地方体育电视频道收看了六场决赛的直播。其中，随着决赛进入白热化阶段，第五场和第六场赛事的收视率直线攀升。在新疆进行的第六场决赛，单场收视率达到1300万，也就是平均每分钟有1300万观众在收看这场比赛，共有5400万的不同观众通过不同的电视频道不同程度地观看过这场比赛。根据中央电视台索福瑞媒介研究公司的调查数据显示，2014年北京地区观众的CBA收视数据明显增加，在北京地区有510万人（占39%）通过CCTV-5或者BTV-6收看了决赛，几乎是2013年（280万人）的两倍。

随着CBA联赛市场的日益火爆，为盈方中国未来的发展打下了坚实的根基。对于拥有国际背景的企业而言，先进的运作理念、成熟的运作经验是其自身的优势，但能否获取足够优质的赛事资源、找寻到可持续经营的业务、是否拥有熟悉中国国情且了解体育赛事运营的掌舵人都会左右企业未来在中国的发展，而在其中，"人"的因素将会起到决定成败的关键性作用。

4. 拥有一定资本运作能力的企业

在国家大力发展文化产业的政策背景之下，越来越多的拥有资金的单位或个人开始涉足文化产业领域。随着北京奥运会的成功举办、国务院办公厅关于《加快发展体育产业指导意见》的出台以及习主席对于体育领域关注程度的不断提升，作为文化产业的重要组成部分的体育产业自然备受关注。

天然城市开发集团与环塔拉力赛建立为期7年的战略合作伙伴关系。据新疆天然投资有限公司总经理、新疆环塔汽摩运动俱乐部有限责任公司总经理李伟表示，作为战略合作伙伴，集团每年都为环塔拉力赛投入巨大的资金，"从目前来看，环塔拉力赛还不能为我们提供直接的价值回报，但是我们看重的是赛事巨大的传播价值，它能够更好地向世界宣传新疆、展示新疆"。

笔者曾任华夏新国际体育娱乐有限公司的总顾问一职，为该公司操盘的国际马联场地障碍世界杯中国联赛的运作提供指导和支持。华夏新国际体育娱乐有限公司，由华夏富邦金融投资管理有限公司与国家体育总局华体集团有限公司共同出资成立，华夏富邦金融投资管理有限公司是国内知名的金融类投资企业，其全权负责华夏新国际的经营与管理工作。作为国内马术运动的倡导者，华夏新国际致力于推动马术运动在中国的发展。自2009年起，华夏新国际曾多次参加由国际马术联合会等国际体育赛事组织举办的世界级马术赛事，并于2010年策划国际马术联合会副主席一行来中国考察。在各方的共同努力下，于2011年成功引进全球影响力最大、级别最高的单项马术赛事——国际马联场地障碍世界杯中国联赛。经过3年的运作，赛事知名度与影响力实现了提升，但如何维持赛事的正常运转、实现盈利，仍是企业需要首先解决的问题。

对于这些企业而言，在缺少赛事资源、媒体传播平台的前提下，如何找寻到质量好、受欢迎程度高、持续性强的赛事至关重要。与此同时，在现阶段，需要与以CCTV-5为代表的媒体传播平台建立持续、稳定的合作关系，在同时满足这两个条件的前提下，才能够确保企业在未来的发展谋得一席之地。

5. 拥有一定赛事资源的企业

中国网球公开赛、上海劳力士大师赛、上海F1瑞银中国大奖赛等越来越多的高水平赛事落户中国，催生了一批专门为赛事服务的赛事运营公司。

2003年，由北京青年报社投资的北京中国网球公开赛体育推广有限公司成立，公司主营业务围绕中国网球公开赛开展。随着中网赛事级别的不断提升、人气的不断膨胀、影响力的不断扩大，未来公司将参照四大满贯赛事"赛事核心、资源一体、两轮驱动"的产业化发展模式，围绕中网已积累起来的顶级赛事资源，打造"中网产业链"，建立起包括赛事业务、培训业务、体育经纪业务、商务交流业务、网球相关服务产业（旅游、会展）、产品营销业务、运动保健研发业务、文化推广业务八大内容的业务体系。

随着劳力士大师赛、F1瑞银中国大奖赛落户上海，专门为这两项赛事服务的上海久事国际赛事管理有限公司应运而生，公司隶属于国有投资经营控股公司上海久事公司。公司是在上海国际赛车场经营发展有限公司和上海新新体育文化有限公司的基础上整合优势资源而成立的，现有员工300多人。公司设有党政办公室、营销中心、票务中心、赛场经营中心、市场部、计划财务部、信息和咨询研究部、法律事务部、版权事务部共五部一室三中心（见图4）。

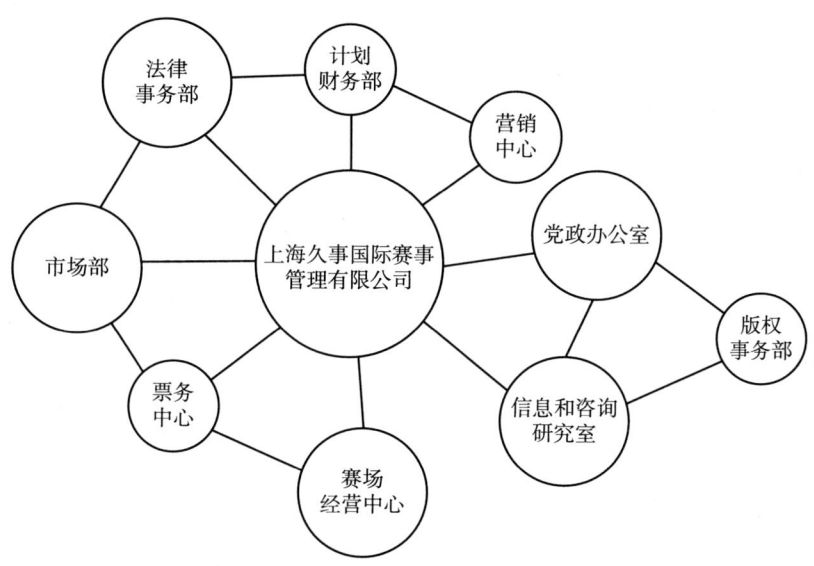

图4　上海久事国际赛事管理有限公司组织架构

对于这类围绕持续举办的重大赛事而开展业务的企业而言，由于拥有稳定的赛事资源平台，因此能够围绕赛事进行"深耕细作"，充分挖掘赛事本身以及由赛事衍生而来的相关业务的经济价值及社会价值。但对于这些企业而言，如何处理好与强势媒体传播平台的关系对于企业未来的发展同样至关重要。

（二）企业运营状况分析

作为体育竞赛产业市场的主体组成部分，赛事企业的运营状况反映着市场的整体发展态势与发展期前景。在"举国体制"的政策之下，我国的体育竞赛成绩在近些年取得了突飞猛进的发展，北京奥运会中国代表团勇夺51枚金牌，首次占据金牌榜榜首的位置；2012年伦敦奥运会，在缺少主场因素的前提下，仍然夺得38枚金牌，仅次于美国代表团，稳稳占据金牌榜的第二位。这些竞赛成绩的取得与"举国体制"政策的实施有着密切的联系，但与之形成鲜明对比的是群众体育发展的裹足不前、体育健身业长期以来的不温不火、体育

用品业遭遇发展的瓶颈、体育场馆业运营问题始终无法得到有效解决……所有的这一切都在告诉我们,此时此刻我们充其量也只能算得上是"体育大国",而绝非"体育强国"。在"举国体制"背景之下,竞技体育取得辉煌成绩的背后隐藏的是市场中一系列影响体育竞赛产业发展的问题,下文将对此进行阐释与分析。

1. 市场状况分析

(1) 面对有限的国际赛事产品,生产所需的巨大资本压力以及市场的不确定性,如果没有政府的直接参与,想玩转市场,在中国尚无先例。

随着体育竞赛产业在国外的发展日趋成熟,高质量赛事资源日趋稳定,而能够引入中国的高质量赛事资源更是屈指可数。以国际女子职业网球联合会(下文简称"WTA")为例,目前WTA每年在全球共有55站不同级别的网球赛事,这些赛事每年都会有固定的举办时间与举办地点,通常情况下,在赛事合同到期后,先前举办城市拥有优先续约的权利,在WTA不考虑增加赛事数量的情况下,任何一个希望申办网球赛事的城市都只能等待。2013年,武汉市获得的奖金和积分仅次于四大满贯赛事和皇冠赛,奖金总额为205万美元,冠军可获得900分的超五巡回赛的举办权,举办周期为2014~2028年。这项赛事并非WTA为武汉市特别设立,而是将原本在日本举办的泛太平洋公开赛平移至武汉。

随着国内体育竞赛产业市场的不断发展,以中国网球公开赛、上海劳力士大师赛、上海F1瑞银中国大奖赛、成都世界斯诺克国际锦标赛为代表的,越来越多的国际高水平赛事开始进入中国,这些赛事能够在中国成功举办,政府的扶持功不可没。北京市政府每年为中网投入近1亿元来维持中网的运营;上海市政府斥资26亿元修建赛车场,除承担赛事组织、管理运营费用外,上海市每年还需向国际汽车联合会支付3000万美元申办费,每年递增约5%,同时支付2000万美元电视转播费;成都市每年为赛事投入约5000万元,以确保赛事的正常运营。除直接的资金投入之外,安保、消防、基础设施建设与维护等大量的配套资源同样需要政府不遗余力的支持。在国内,一项赛事成功举办所需要的巨大资本投入及配套资源的支持是任何一家企业都无法独自承担的。

除大量的资本投入之外,中国市场的不确定性及特殊性是每项赛事都会面临的问题。许多风靡全球的运动在中国的发展却不尽如人意。例如国际马联场地障碍世界杯中国联赛，马术作为一项起源于欧洲的贵族运动，在欧洲及北美拥有广泛的受众群体，赛事举办期间更是当地民众盛大的嘉年华，但这项赛事在国内的冷清程度绝非一般，几乎所有赛事的观众都是被邀请而来，仅仅是为了保证比赛的现场人气。纵使现如今火爆至极的中国网球公开赛在十年前也是人迹罕至，偏远的办赛地点、星光黯淡的参赛选手、较差的观赛体验，所有的这些都使得起步的中国网球公开赛举步维艰。若非北京市政府不遗余力的扶持，加之李娜、郑洁、晏紫的横空出世，或许今日的中国网球公开赛早已夭折，纵使能够存活，也无法获得今日的成就。

国内体育竞赛市场的现状，为每一个试图独立引进赛事、独立运营的企业敲响了警钟。能否找寻到高质量的赛事资源、巨大的资本投入以及市场的不确定性都成为企业需要面对的问题，这也是没有政府参与，企业想要玩转市场尚无成功先例的原因所在。

（2）社会企业没有赛事的主办资格，只有承办与销售资格，政企不分的管理方式限制了体育竞赛产业的发展。

纵观目前国内的任何一项体育赛事，参与其中的社会企业都没有主办权，充其量也只是赛事的承办单位，主办单位始终都是以国家体育总局为代表的政府机构，这是国内的所有从事体育赛事运营的企业面临的共同问题。

与国外很多国家的社会主导型体育管理体制不同，长期以来政府主导型的体育管理体制，严重束缚了体育赛事运营的社会化进程。现阶段，几乎所有的赛事主办权都掌控在国家体育总局手中，而在有限的人力、物力、财力的条件制约下，很多赛事无法开展有效的运营，赛事生存空间被不断压缩，赛事运营过程中问题不断涌现。近两年逐渐回暖的中国足球超级联赛便是真实写照。前足管中心主任、中体产业公司董事长谢亚龙，利用职务之便，笼络南勇、杨一民等政府官员，陆俊、黄俊杰等国际级裁判，申思、祁宏、江津等国家队运动员，收受贿赂，操纵比赛结果，将国人一度热情高涨的中国足球弄得乌烟瘴气。与此同时，以中央电视台体育频道为首的国家媒体对于中超联赛进行封杀，联赛赞助商纷纷撤离，一时间中国足球跌入谷底，严重影响和制约了中国足球的发展。

"一套班子，两块招牌"的中国特色管理体制，在短期内难以真正改变。对于以国家体育总局为代表的政府机构而言，如何有效地抓大放小，在战略层面进行全局把控，将部分权力下放给社会企业，是未来值得认真考虑的问题。只有实现真正意义上的联动，才能够有效改善目前社会企业面临的窘境，从而推动中国体育竞赛产业市场稳定、健康地运行和发展。

（3）国内赛事产品的生产资料数量不足，质量参差不齐，且高度垄断。

在国外，体育已融入人们的生活方式，观看赛事、运动健身已成为人们日常生活休闲娱乐必不可少的组成部分。而在中国，现阶段体育运动仍是不折不扣的"奢侈品"。体育的奢侈品属性不仅仅体现在体育对于大多数国人而言的无足轻重，还体现在运动员、教练员、裁判员等赛事产品生产资料的极度"稀缺"，并且还高度垄断。与生产资料极度稀缺和高度垄断相伴而来的是价格的居高不下，生产资料的所有者拥有定价权，致使许多购买者望而却步，市场交易停滞不前。

在国外，众多的企业参与到体育赛事的制作及运营过程中，层出不穷的比赛形式及比赛种类丰富着体育竞赛市场。1995年，由美国有线体育电视网（ESPN）创意并组织和举办的ESPN世界极限运动会（X-GAMES）诞生于美国的圣地亚哥，现如今已成为一个全球性的、水平最高的、影响力最大的极限运动体育盛会，同时ESPN也成了世界极限运动的最具有权威性的组织机构。经过近20年的普及与发展，现如今，极限运动已经发展成为一项具有广泛影响力的国际性大都市体育文化活动，成为企业提升品牌知名度、增强品牌美誉度、扩大品牌价值与影响力的重要载体。而起源于芬兰小城松卡耶尔维的、与古代抢婚风俗有关的、源于生活的背媳妇大赛现如今同样已风靡全球。在比赛中，丈夫要背起妻子在最短时间内突破层层障碍，到达终点即可。2005年，该比赛还曾吸引过前NBA球星丹尼斯·罗德曼参加。

而在国内，由于长期以来体育的奢侈品属性，大众对于体育的参与热情始终不高，而从事专业运动训练的运动员又大多急功近利，甚至为取得成绩不择手段，其并非发自内心地感受体育运动所带来的乐趣与体验。与国外大量人群从事某项运动，从而为运动的发展奠定雄厚的基础相比而言，在我国，由于参与体育的人群基数不够庞大，作为体育赛事的生产商，无论是企业还是政府机关希望创新并组织任何赛事都缺乏必备的生产资料，中国体育赛事生产商在鲜活地阐释着"巧妇难为无米之炊"的窘境。

2. 企业运营分析

作为文化产业的重要组成部分，体育竞赛产业毫无疑问拥有广阔的发展空间与前景，这也是吸引大量资本和企业纷纷进入的主要原因。但在我国产业市场发展并不成熟，各种问题不断涌现的现阶段，各类企业在发展和运营过程中或多或少会遇到问题，如何有效解决这些问题，在很大程度上决定着企业未来的发展前景。

（1）体制僵化，创新意识薄弱，人员能动性较差。

对于依托政府机关成立的体育赛事运营公司而言，其拥有大量的赛事资源、运动员资源，这成为其立足的根本所在。但与之随行的是，企业的领导层包括大量的工作人员身兼数职，形成具有中国特色的"一套人马，两套甚至多套班子"的独特局面。

依靠国家政策及现有平台的资源优势，企业能够平稳地生存发展下去。政府机构办事效率低下、体制僵化、官僚作风严重、员工工作积极性不高等情况成为很多企业面临的问题，不做不错、多做多错成为很多企业管理运营的准则。以国际排联沙滩排球世界巡回赛北京大满贯赛为例，自2011年开始，中体经纪管理机构首次将沙滩排球大满贯级别赛事引入中国，使其成为在亚洲开展的首站大满贯赛事。作为仅次于奥运会、世界锦标赛的国际排联三大顶级赛事之一的优质赛事资源，中体公司在经过两年的运作之后，仍然无法实现收支平衡，最终原定于2013年"十一"黄金周在朝阳公园沙排主赛场举办的赛事未能成形，赛事在未来是否仍会举办不得而知。这样的结果无论是对国际排联这样的国际体育机构而言，还是对参与赛事的国外赞助商而言，都会产生消极的影响。在我国，沙滩排球这样未能如期举办的赛事并非个案，赛事运营公司的不作为是不可忽视的重要原因。

坐拥优质的赛事及运动员资源，但无所作为，与之形成鲜明对比的是大量富有创造精神的社会企业，由于缺少资源，而无用武之地。随着国家政策对于社会企业的倾斜，"举国体制"形成的此种局面或许会发生改变，如若国家政策能够彻底放开，毫无疑问，将会推动社会企业以及我国体育竞赛产业市场的发展。

（2）项目运作止于皮毛，缺乏深耕细作。

在我国，赛事资源、运动员资源以及媒体资源的高度垄断，形成了独具特色的体育竞赛产业市场格局。一方面，依托拥有赛事、运动员、媒体资源平台的企业，拥有大量的资源，僧少粥多；而另一方面，大量的社会企业，缺乏资源，僧多粥少，甚至僧多无粥。这两个极端，是现阶段我国体育竞赛产业市场的真实写照。

对于拥有大量资源的企业而言，在人力、物力、财力受限的情况下，如何能够最快、最有效、最简单地获取收益，在很多情况下成为企业是否运作某项赛事的重要衡量标准。笔者曾任中视体育娱乐有限公司董事总经理，在经营管理企业的7年时间内，非常突出的感受便是对于很多赛事、栏目的运营缺乏持续性，未能进行深耕细作，不断挖掘赛事上下游的衍生及延伸产品，形成真正意义上的全产业链运营。目前在国内，由前中央电视台体育部主任马国力操盘的CBA联赛是为数不多的、正在进行深耕细作的、逐步向完善的全产业链职业联赛靠拢的赛事之一。未来很长一段时间，CBA联赛都将会是盈方中国的重要业务组成部分，相信随着对赛事的不断深耕细作，赛事将会迎来更大的发展空间，盈方中国也能借此获取更多的收益。

如何将高度垄断在有限的企业、人员手中的赛事资源进行合理配置，让更多的企业参与其中，深入挖掘每项赛事的潜在价值，实现单项赛事的全产业链运营，对于赛事本身、对于我国体育竞赛产业市场未来的发展至关重要。

（3）集团间的博弈，损害企业及赛事运作体系。

"没有永远的朋友，只有永远的利益"，这句话放置到不同的利益集团之间同样受用。在中国的体育竞赛市场，以CCTV-5为代表的强势媒体集团与拥有优质赛事资源的强势赛事集团之间始终存在着博弈与竞争。就目前的发展态势而言，以CCTV-5为代表的媒体集团很多时候仍占据优势地位，除奥运会、世界杯等重大国际赛事外，鲜有其他赛事能够影响CCTV-5的整体节目编排。

2013年上海F1大奖赛，掌控赛事资源的上海久事集团与CCTV-5由于种种原因最终未能实现合作，而是选择与以上海电视台体育频道为代表的各地方体育频道进行合作。当赛事结束后，体育业界的很多人谈论起 2013 年上海 F1 大奖赛时，总感觉缺少了某些元素，过于平淡的传播效果无论是对于赛事本身，还是赛事组织方而言都会产生损失。作为唯一一个覆盖全国的体育频道，CCTV-5 对于小众赛事的快速普及有着重要的意义，这也是国际马联场地障碍世界杯中国联赛斥资在这个平台进行直播的重要原因所在。

虽然以网络为代表的新媒体在体育赛事传播过程中扮演着愈发重要的角色，但短期来看，CCTV-5 在国内的优势地位不会发生根本性改变。在这样的背景下，拥有赛事资源的利益集团如何更好地处理与强势媒体集团的关系值得认真思考。在追求各自利益最大化的同时，适当让步，实现合作共赢不失为一种好的选择。

（4）高质量人才资源匮乏。

对于任何行业而言，人才都是企业最为看重的因素。当亚马逊决定深入介入零售业后，亚马逊 CEO 贝索斯认为只有来自沃尔玛的人才能迅速解决建立物流和供应体系的问题，于是把目光投向最重要的行业领先者沃尔玛那里，最终这些人成为亚马逊成功的保障。而笔者认为，文化产业是一个大写的"人"字，文化产业的核心竞争力最终落脚点一定是人。

对于一个新近兴起的市场而言，人才问题往往是企业面临的最大问题，体育竞赛产业市场对于人才的需求促使学校、单位开始进行人才的培养，但目前的人才培养速度与规模显然无法满足急速扩张的产业市场的需求。与此同时，大量外资企业的涌入，对于高精尖类的领导人才需求旺盛，能够了解中国国情、熟悉中国体育产业市场发展状况的管理型人才屈指可数，这也成为制约拥有先进运作理念、成熟运作经验的外企在我国发展的主要因素。毫不夸张地说，盈方中国能够取得如今的成绩，与马国力这位领导有着密不可分的关系。

体育竞赛产业市场的不断发展，使企业对于人才的需求会不断提升。对于企业而言，如何在最短的时间内建立起完善的人才培养与管理体制，决定着企业未来的发展潜力与空间。企业管理者是否拥有远见卓识，对于人才的渴求程度不失为一个好的衡量标杆。

3. 发展前景

作为文化产业的重要组成部分，体育竞赛产业毫无疑问拥有广阔的发展空间，这也成为驱使大量资本、企业、人才纷纷投身于此的重要原因。但与此同时，"举国体制"背景下独占生产资料的国家体育总局，"广电政策"庇护下独占奥运会、世界杯等传播资源的中央电视台体育频道"笼罩"着整个中国体育产业市场，所有身处其中的社会企业需要正视这一现实，这也注定了社会企业未来的发展不会一帆风顺。

四 结论

中国体育竞赛产业的发展情况与我国长久以来的政治、经济、文化等各种制度有着密切的联系，在现有的政策制度之下，短期内这种发展态势不会发生根本性变化。

但作为一个具有远大发展前景、广阔发展空间的产业市场，随着国家政策的不断放开、对文化产业发展始终如一的扶持、城市政府对于城市办赛热情的不断高涨、媒体对于体育赛事关注度的不断提升、国外先进成熟运营理念的持续进入、民众体育消费意识的不断提升以及大量资本、热钱的不断涌入，各种利好因素的不断涌现，让我们有充分的理由相信，我国的体育竞赛产业市场终会迎来"发展的春天"，未来大有可为！

分　报　告

Sub Reports

B.2
2011年我国运动竞赛业格局分析

摘　要：

本文以中国内地举办的1481项赛事（303项国际赛事、1178项国内赛事）为研究对象，整体而系统地描绘了2011年中国运动竞赛业的发展概况。

从赛事类型、项目分布、时间分布、地域分布和场馆分布共5个方面对1481项赛事的特征进行了研究。同时探讨了不同项目的赛事在赛事类型、时间分布、地域分布和场馆分布上呈现出的不同的特征和倾向性。在省份的层面上，研究了体育赛事的举办与经济发展水平、市场规模和体育发展水平的关系，深入分析了影响赛事举办的因素。

关键词：

赛事　运动项目　布局

对赛事格局的分析是运动竞赛业研究的起点。因为这项工作，在我国一直是个空白。直至2010年，关于运动竞赛业年度状况的研究才启动。由于赛事举办的周期长达一年,经济数据发布滞后,2010年的报告于2013年发布。而在2014年的体育发展报告中,呈现的是2011年运动竞赛业的发展状况。

2011年中国运动竞赛业发展概况以国家体育总局2011年竞赛计划中的309项国际赛事、925项国内赛事为基础,进行追踪和信息收集,最终形成包含303项国际赛事、1178项国内赛事,共1481项赛事的基本数据库。

赛事的特征与项目本身的特质、周边环境、条件息息相关。因此,赛事在类型、项目、时间、地域和场馆等方面都呈现出不同的特征。本文透过对1481项赛事在如上几方面表现的分析,整体而系统地描绘2011年中国运动竞赛业的发展概况。

一 2011年中国运动竞赛业赛事特征分析

为全面了解2011年举办的1481项赛事,本文从赛事类型、项目、时间、地域和场馆共5个方面展开赛事的特征研究。

(一)赛事的类型分布

本研究以赛事范围和赛事项目类型为标准,分析赛事在国际国内属性和奥运项目属性方面的特征。

1. 赛事的范围

在1481项赛事中,有303项国际赛事,占全部赛事的20.46%;有1178项国内赛事,占全部赛事的79.54%。

来自64个项目的303项国际赛事落户我国,其中中国网球公开赛、F1大奖赛、世界跳水系列赛、射击世界杯等国际赛事都是持续举办的赛事。2011年的综合性国际赛事是深圳世界大学生运动会,与2010年广州亚运会相比,在项目数量和规模上存在差距。

1178项国内赛事来源于80个项目。国内赛事的类型比较丰富,既有职业赛事,又有专业赛事,更有大量的群众体育赛事和商业赛事。国内赛事在目的上更多元,组织上更灵活,展现出了赛事的广泛开展与蓬勃发展(见图1)。

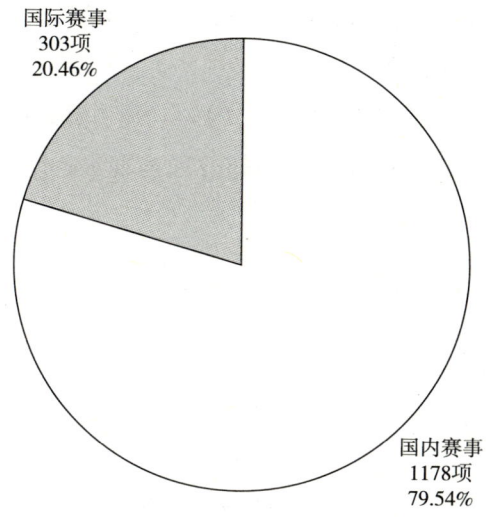

图 1　2011 年赛事的类型——赛事范围

2. 赛事的项目类型

项目可依据其所属的赛事划分为奥运项目和非奥运会项目。以伦敦奥运会竞赛项目为依据，2011 年全部赛事中有 933 项为奥运项目赛事，占全部赛事的 63%；非奥运项目赛事有 548 项，占全部赛事的 37%（见图 2）。

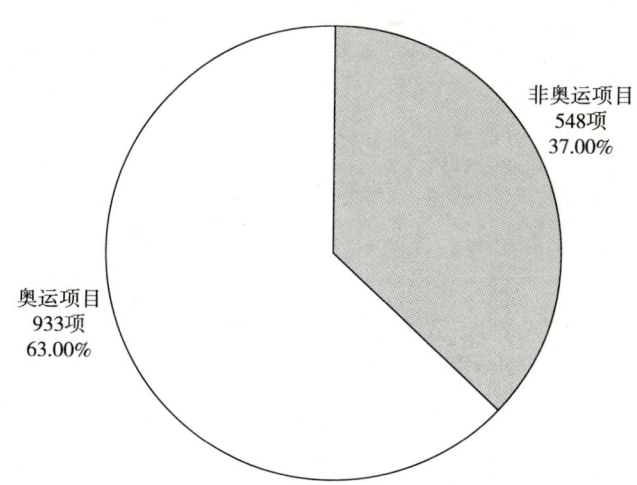

图 2　2011 年赛事的项目类型分布

奥运项目赛事的比例达到63%，显示出整个赛事结构依然受到国际高水平赛事的影响，参赛导向较明显。

国际赛事中奥运项目所占比例为63.04%，国内赛事中奥运项目所占比例为62.99%，国际赛事的奥运项目比例超过国内赛事，呈现出与2010年不同的结构特征。

（二）赛事的项目分布

1. 赛事整体的项目分布

2011年的1481项赛事分布于84个项目（见表1）。

表1 2011年赛事的项目分布

单位：项，%

序号	项目	赛事数量	百分比	序号	项目	赛事数量	百分比	序号	项目	赛事数量	百分比
1	足球	170	11.48	29	击剑	15	1.01	54	空手道	6	0.41
2	篮球	92	6.21	29	桥牌	15	1.01	54	垒球	6	0.41
3	高尔夫球	82	5.54	31	体育舞蹈	14	0.95	54	模拟飞行	6	0.41
4	乒乓球	79	5.33	32	举重	12	0.81	54	赛艇	6	0.41
5	网球	70	4.73	32	模型	12	0.81	54	水球	6	0.41
6	汽车	64	4.32	32	柔道	12	0.81	54	信鸽	6	0.41
7	排球	54	3.65	32	射箭	12	0.81	63	电子竞技	5	0.34
8	围棋	47	3.17	32	摔跤	12	0.81	63	公开水域	5	0.34
9	自行车	37	2.50	32	铁人三项	12	0.81	63	热气球	5	0.34
10	武术	29	1.96	38	轮滑	11	0.74	63	无线电	5	0.34
11	台球	27	1.82	38	拳击	11	0.74	67	毽球	4	0.27
11	田径	27	1.82	38	跳水	11	0.74	67	藤球	4	0.27
13	曲棍球	26	1.76	41	冰球	10	0.68	67	艺术体操	4	0.27
14	羽毛球	24	1.62	41	皮划艇	10	0.68	70	地掷球	3	0.20
15	登山	23	1.55	43	龙狮	9	0.61	70	冬季两项	3	0.20
15	游泳	23	1.55	43	跆拳道	9	0.61	70	动力伞	3	0.20
17	帆船帆板	22	1.49	43	滑水	9	0.61	70	荷式篮球	3	0.20
17	滑雪	22	1.49	43	摩托艇	9	0.61	70	花样游泳	3	0.20
17	马术	22	1.49	47	象棋	8	0.54	70	跳伞	3	0.20
20	龙舟	20	1.35	47	蹦床	8	0.54	70	五子棋	3	0.20
20	射击	20	1.35	49	壁球	7	0.47	70	蹼泳	3	0.20
22	棒球	19	1.28	49	健美操	7	0.47	78	冰壶	2	0.14
22	国际象棋	19	1.28	49	门球	7	0.47	78	飞镖	2	0.14
24	摩托车	18	1.22	49	体操	7	0.47	78	风筝冲浪	2	0.14
24	手球	18	1.22	49	现代五项	7	0.47	81	拔河	1	0.07
24	马拉松	18	1.22	54	钓鱼	6	0.41	81	保龄球	1	0.07
27	滑冰	17	1.15	54	定向越野	6	0.41	81	橄榄球	1	0.07
28	沙滩排球	16	1.08	54	滑翔伞	6	0.41	81	木球	1	0.07

84个项目的平均赛事数量为17.63,标准差①为25.06,变异系数②为1.42,赛事在项目间的分布差异较大。足球超越篮球,以170项赛事成为赛事最多的项目,而拔河、保龄球、橄榄球和木球这4个项目全年只有1项赛事。项目在普及程度、硬件要求和市场规模等方面的差别是造成这种巨大差异的原因。赛事数量排在前列的项目都是普及程度较高的项目,如足球、篮球和乒乓球。冰壶、飞镖和风筝冲浪等项目开展的范围较小,普及程度低,赛事也较少。十大重点项目排行榜如表2所示。

表2 十大重点项目排行榜

单位:项

序号	项目	赛事数量	序号	项目	赛事数量
1	足球	170	6	汽车	64
2	篮球	92	7	排球	54
3	高尔夫球	82	8	围棋	47
4	乒乓球	79	9	自行车	37
5	网球	70	10	武术	29

2. 国际赛事的项目分布

国际、国内赛事在项目上有不同的分布,2011年的303项国际赛事分布于64个项目(见表3)。

项目的平均国际赛事数量为3.61,标准差为5.83,变异系数为1.62,国际赛事在项目之间分布的差异较大,大于整体赛事的项目分布差异。

网球仍然是国际赛事最多的项目,达到43项,占全部国际赛事的14.19%,显示出网球运动在我国不断流行的趋势和逐渐扩大的市场。高尔夫球在国际赛事排行榜上依然列第二位,所占比例达到6.60%,呈现出稳定的状态(见表4)。

---

① 标准差是方差的算术平方根,能反映一个数据集的离散程度。
② 变异系数是标准差与平均数的比值。变异系数 C·V =(标准偏差 SD ÷ 平均值 MN)×100%。

表3　2011年国际赛事的项目分布

单位：项，%

序号	项目	赛事数量	百分比	序号	项目	赛事数量	百分比	序号	项目	赛事数量	百分比
1	网球	43	14.19	21	羽毛球	5	1.65	43	动力伞	1	0.33
2	高尔夫球	20	6.60	24	击剑	4	1.32	43	飞镖	1	0.33
3	马拉松	15	4.95	24	龙狮	4	1.32	43	橄榄球	1	0.33
4	帆船帆板	12	3.96	24	摩托艇	4	1.32	43	国际象棋	1	0.33
4	围棋	12	3.96	27	电子竞技	3	0.99	43	荷式篮球	1	0.33
6	自行车	11	3.63	27	滑翔伞	3	0.99	43	健美操	1	0.33
7	马术	9	2.97	27	桥牌	3	0.99	43	毽球	1	0.33
7	游泳	9	2.97	27	体育舞蹈	3	0.99	43	举重	1	0.33
7	足球	9	2.97	31	壁球	2	0.66	43	垒球	1	0.33
10	滑雪	8	2.64	31	空手道	2	0.66	43	模型	1	0.33
10	乒乓球	8	2.64	31	篮球	2	0.66	43	拳击	1	0.33
10	沙滩排球	8	2.64	31	轮滑	2	0.66	43	热气球	1	0.33
10	滑水	8	2.64	31	摩托车	2	0.66	43	水球	1	0.33
14	龙舟	7	2.31	31	曲棍球	2	0.66	43	台球	1	0.33
14	汽车	7	2.31	31	柔道	2	0.66	43	跆拳道	1	0.33
14	铁人三项	7	2.31	31	射击	2	0.66	43	体操	1	0.33
14	武术	7	2.31	31	射箭	2	0.66	43	跳伞	1	0.33
18	登山	6	1.98	31	手球	2	0.66	43	跳水	1	0.33
18	滑冰	6	1.98	31	现代五项	2	0.66	43	艺术体操	1	0.33
18	田径	6	1.98	31	风筝冲浪	2	0.66	43	皮划艇	1	0.33
21	公开水域	5	1.65	43	拔河	1	0.33				
21	排球	5	1.65	43	棒球	1	0.33				

表4　十大重点国际赛事项目排行榜

单位：项

序号	项目	赛事数量	序号	项目	赛事数量
1	网球	43	7	游泳	9
2	高尔夫球	20	7	足球	9
3	马拉松	15	10	滑雪	8
4	帆船帆板	12	10	乒乓球	8
4	围棋	12	10	沙滩排球	8
6	自行车	11	10	滑水	8
7	马术	9			

3. 国内赛事的项目分布

2011年的1178项国内赛事分布于80个项目（见表5）。

表5　2011年国内赛事的项目分布

单位：项，%

序号	项目	赛事数量	百分比	序号	项目	赛事数量	百分比	序号	项目	赛事数量	百分比
1	足球	161	13.67	27	击剑	11	0.93	52	水球	5	0.42
2	篮球	90	7.64	27	举重	11	0.93	52	铁人三项	5	0.42
3	乒乓球	71	6.03	27	模型	11	0.93	52	现代五项	5	0.42
4	高尔夫球	62	5.26	27	体育舞蹈	11	0.93	52	摩托艇	5	0.42
5	汽车	57	4.84	32	冰球	10	0.85	52	无线电	5	0.42
6	排球	49	4.16	32	拳击	10	0.85	60	空手道	4	0.34
7	围棋	35	2.97	32	柔道	10	0.85	60	热气球	4	0.34
8	网球	27	2.29	32	射箭	10	0.85	60	藤球	4	0.34
9	台球	26	2.21	32	跳水	10	0.85	63	地掷球	3	0.25
9	自行车	26	2.21	32	帆船帆板	10	0.85	63	冬季两项	3	0.25
11	曲棍球	24	2.04	37	轮滑	9	0.76	63	花样游泳	3	0.25
12	武术	22	1.87	37	皮划艇	9	0.76	63	滑翔伞	3	0.25
13	田径	21	1.78	40	沙滩排球	8	0.68	63	毽球	3	0.25
14	羽毛球	19	1.61	40	跆拳道	8	0.68	63	五子棋	3	0.25
15	棒球	18	1.53	40	象棋	8	0.68	63	艺术体操	3	0.25
16	国际象棋	18	1.53	40	蹦床	8	0.68	63	马拉松	3	0.25
16	射击	18	1.53	44	门球	7	0.59	63	蹼泳	3	0.25
18	登山	17	1.44	45	钓鱼	6	0.51	72	冰壶	2	0.17
19	摩托车	16	1.36	45	定向越野	6	0.51	72	电子竞技	2	0.17
19	手球	16	1.36	45	健美操	6	0.51	72	动力伞	2	0.17
21	滑雪	14	1.19	45	模拟飞行	6	0.51	72	荷式篮球	2	0.17
21	游泳	14	1.19	45	赛艇	6	0.51	72	跳伞	2	0.17
23	龙舟	13	1.10	45	体操	6	0.51	77	保龄球	1	0.08
23	马术	13	1.10	45	信鸽	6	0.51	77	飞镖	1	0.08
25	桥牌	12	1.02	52	壁球	5	0.42	77	木球	1	0.08
25	摔跤	12	1.02	52	垒球	5	0.42	77	滑水	1	0.08
27	滑冰	11	0.93	52	龙狮	5	0.42				

项目的平均国内赛事数量为14.02，标准差为22，变异系数为1.61，国内赛事在项目之间分布的差异较大。

国内赛事的项目变异系数小于国际赛事的项目变异系数，大于整体的项目变异系数，说明国内赛事在项目之间分布的差异程度略低于国际赛事，但高于整体赛事。

足球超越篮球成为国内赛事最多的项目，共有161项赛事，占总数的13.67%；篮球有90项国内赛事，占总数的7.64%；足球和篮球在国内赛事数量上具有稳定的优势。高尔夫球的国内赛事有62项，占总数的5.26%，表明高尔夫球项目在持续流行（见表6）。

表6 十大重点国内赛事项目排行榜

单位：项

序号	项目	赛事数量	序号	项目	赛事数量
1	足球	161	6	排球	49
2	篮球	90	7	围棋	35
3	乒乓球	71	8	网球	27
4	高尔夫球	62	9	台球	26
5	汽车	57	9	自行车	26

（三）赛事的时间分布

赛事的举办需要多种条件的配合，其在时间上的分布也会呈现相应特征，这种特征通常受气候和文化等因素的影响。

1. 赛事整体的月度分布

2011年的1481项赛事分布于12个月，平均每个月举办赛事199项，标准差67.29，变异系数为0.33，赛事在月度上的分布差异相对较大（见图3）。

年初和年末赛事相对较少，尤其是年初，由于气候寒冷和春节的原因，1月、2月的赛事数量较少，而从3月起，就呈现出增加的趋势，整个夏季赛事的数量都较多，且分布较均衡，随着天气转凉，赛事也渐少。

若以月均赛事数为界限来划分举办赛事的淡季和旺季，则4~10月是举办体育赛事的旺季，1月、2月、3月、11月和12月则是淡季。

2. 赛事整体的季度分布

从连续两年11月赛事数量的变化中可见，从月份的角度看赛事的时间分

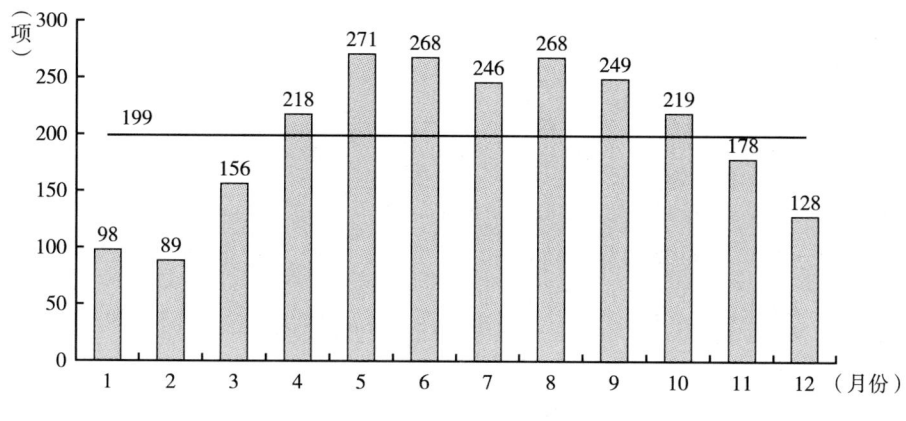

图3　2011年赛事的月度分布

布难免会受到特殊事件的影响，而从季度的角度则可能削弱这种影响，得到更稳定的时间分布（见图4）。

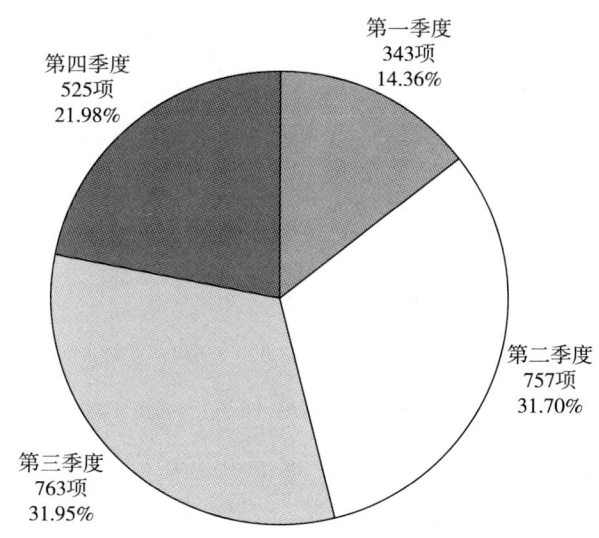

图4　2011年赛事的季度分布

第一季度赛事最少，仅占总数的14.36%；第二季度赛事数量排第2，占总数的31.70%；第三季度赛事数量最多，占总数的31.95%；第四季度的赛事数量列第3，占总数的21.98%。

（四）赛事的地域分布

我国幅员辽阔，不同区域、省份、城市在经济发展水平、自然条件、场馆条件和文化特征上存在巨大差异。这种差异会影响赛事对举办地的选择，使赛事在地域的分布上具有一定特征。本研究从城市、省级区划和三大区域三个层次来全面分析赛事的地域分布特征。

1. 赛事的城市分布

2011年的1481项赛事分布于281个城市，见表7。

表7　2011年赛事的城市分布（赛事数量10项以上）

单位：项，%

序号	城市	赛事数量	百分比	序号	城市	赛事数量	百分比	序号	城市	赛事数量	百分比
1	深圳	57	3.85	14	宁波	18	1.22	25	烟台	12	0.81
2	成都	46	3.11	16	浦东	17	1.15	30	东莞	11	0.74
3	广州	40	2.70	17	佛山	16	1.08	30	厦门	11	0.74
3	苏州	40	2.70	17	郑州	16	1.08	30	沈阳	11	0.74
5	武汉	34	2.30	19	长春	15	1.01	30	潍坊	11	0.74
6	朝阳区	33	2.23	19	东城	15	1.01	30	珠海	11	0.74
7	南昌	26	1.76	21	鄂尔多斯	14	0.95	30	大兴	11	0.74
7	南京	26	1.76	21	合肥	14	0.95	30	海淀	11	0.74
9	杭州	25	1.69	21	秦皇岛	14	0.95	37	常州	10	0.68
10	大连	24	1.62	21	松江	14	0.95	37	绍兴	10	0.68
10	哈尔滨	24	1.62	25	济南	12	0.81	37	台州	10	0.68
10	青岛	24	1.62	25	昆明	12	0.81	37	宜春	10	0.68
13	无锡	23	1.55	25	南宁	12	0.81	37	黄浦	10	0.68
14	嘉兴	18	1.22	25	西安	12	0.81				

在全国447个城市中，有281个城市举办了赛事，赛事覆盖率为62.86%，与2010年相比，赛事在城市中的分布范围扩大。平均每个城市举办3.27项赛事，标准差为6.35，变异系数为1.94，国内赛事在城市间的分布差异较大。

深圳市举办了57项赛事，在所有城市中列第1，成都市和广州市分列第2、第3。深圳市由于举办了世界大学生运动会，赛事数量增加，在整个排行榜中的排名上升。成都市的表现很稳定,依然列第2。还有大量的城市,如安庆、承德、阜阳、汉中和锦州共84个城市各举办了1项赛事。

与2010年城市的赛事数量排名相比,广州市、成都市、苏州市、杭州市、朝阳区、南京市、武汉市、深圳市和哈尔滨市仍保持在前十,合肥市和郑州市跌出前十,南昌市、大连市和青岛市跻身前十(见表8)。

表8 十大赛事举办城市排行榜

单位:项

序号	城 市	赛事数量	序号	城 市	赛事数量
1	深 圳	57	7	南 昌	26
2	成 都	46	7	南 京	26
3	广 州	40	9	杭 州	25
3	苏 州	40	10	大 连	24
5	武 汉	34	10	哈尔滨	24
6	朝阳区	33	10	青 岛	24

2. 赛事的省份分布

从省份的角度分析赛事的分布,将获得相对宏观的认识。2011年的1481项赛事分布于31个省级行政区(见表9)。

表9 2011年赛事的省份分布

单位:项,%

序号	省 份	赛事数量	百分比	序号	省 份	赛事数量	百分比	序号	省 份	赛事数量	百分比
1	广 东	173	11.68	12	河 南	38	2.57	23	湖 南	19	1.28
2	江 苏	135	9.12	13	内蒙古	37	2.50	23	陕 西	19	1.28
3	山 东	111	7.49	14	河 北	35	2.36	25	山 西	17	1.15
4	浙 江	110	7.43	14	黑龙江	35	2.36	26	贵 州	16	1.08
5	北 京	107	7.22	16	重 庆	34	2.30	27	新 疆	14	0.95
6	上 海	96	6.48	17	吉 林	33	2.23	28	青 海	10	0.68
7	四 川	79	5.33	18	天 津	31	2.09	29	甘 肃	9	0.61
8	江 西	59	3.98	19	广 西	30	2.03	30	宁 夏	5	0.34
9	辽 宁	55	3.71	20	云 南	29	1.96	31	西 藏	1	0.07
10	湖 北	45	3.04	21	安 徽	28	1.89				
11	福 建	39	2.63	22	海 南	27	1.82				

平均每个省级行政区举办47.61项赛事，标准差为41.89，变异系数为0.87，赛事在省份间的分布差异较大。

东部省份举办赛事较多，其中广东省、江苏省、山东省、浙江省和北京市等省份举办的赛事超过了100项；中部省份举办赛事相对较少且比较平均，其中江西省、湖北省、河南省较为突出，江西省主要是因为举办了第七届全国城市运动会，所以在中部省份列第一；西部省份中四川省的优势非常明显，举办的赛事最多，这与其经济发展水平和独特的吸引力有关，而内蒙古、重庆市和广西举办的赛事也相对较多，而西藏、宁夏和甘肃省举办的赛事较少，在10项以下。

与2010年省份的赛事数量排名相比，广东省、北京市、江苏省、山东省、浙江省、上海市、四川省和辽宁省仍保持在前十，安徽省、河南省跌出前十，江西省、湖北省跻身前十。

表10　十大赛事举办省份排行榜

单位：项，%

序号	省份	赛事数量	百分比	序号	省份	赛事数量	百分比
1	广东	173	11.68	6	上海	96	6.48
2	江苏	135	9.12	7	四川	79	5.33
3	山东	111	7.49	8	江西	59	3.98
4	浙江	110	7.43	9	辽宁	55	3.71
5	北京	107	7.22	10	湖北	45	3.04

在地图上可以更清晰地看到赛事在省份间的分布，见图5。

东部省份在运动竞赛业中的重要性非常显著，尤以广东省、江苏省、山东省、浙江省和北京市表现突出，这5个省份举办了全国近半数的赛事；中部的大部分省份都处于中等水平；西部省份中西藏、青海省、甘肃省、宁夏和新疆的赛事较少，而四川省、内蒙古和重庆市的赛事则相对较多，甚至超过部分东部、中部省份（见表11）。

各省份对赛事具有不同的吸引力，而在省份内部各城市间，赛事的分布也有差别。将赛事在省份、城市的分布进行综合考虑，就能得到体育赛事在每个省的城市覆盖率。

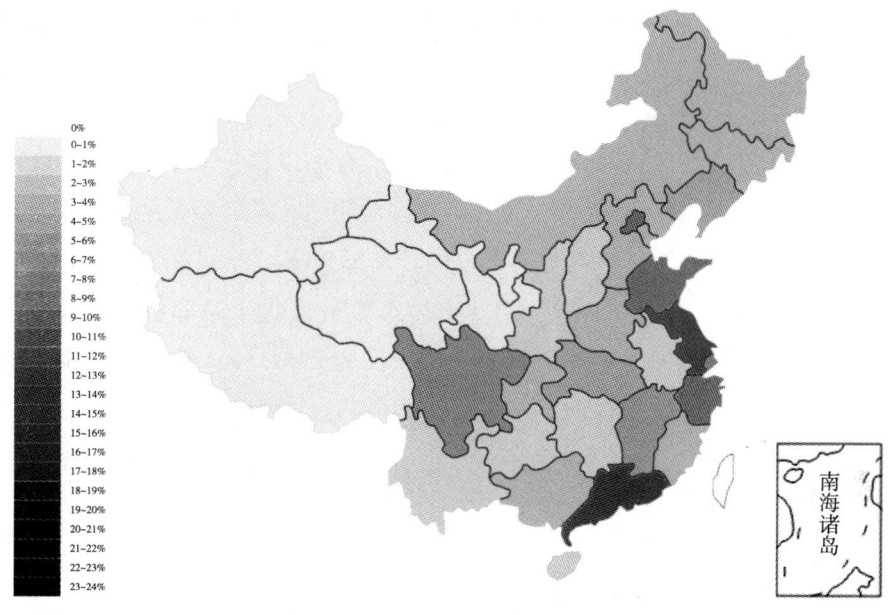

图 5　2011 年赛事的省份分布示意

表 11　各省份的赛事覆盖率

单位：个，%

序号	省　份	比赛城市数	全部城市数	赛事覆盖率	序号	省　份	比赛城市数	全部城市数	赛事覆盖率
1	江　苏	13	13	100.00	17	湖　南	9	14	64.29
1	浙　江	11	11	100.00	18	吉　林	5	9	55.56
3	上　海	16	17	94.12	19	山　西	6	11	54.55
4	江　西	10	11	90.91	20	广　西	7	14	50.00
5	福　建	8	9	88.89	20	青　海	4	8	50.00
6	山　东	15	17	88.24	20	陕　西	5	10	50.00
7	北　京	14	16	87.50	23	重　庆	18	40	45.00
8	辽　宁	12	14	85.71	24	云　南	7	16	43.75
9	内蒙古	10	12	83.33	25	海　南	7	18	38.89
10	贵　州	7	9	77.78	26	黑龙江	5	13	38.46
11	四　川	16	21	76.19	27	甘　肃	5	14	35.71
12	河　北	8	11	72.73	28	新　疆	6	18	33.33
13	河　南	13	18	72.22	29	湖　北	5	17	29.41
14	天　津	11	16	68.75	30	宁　夏	1	5	20.00
15	广　东	14	21	66.67	31	西　藏	1	7	14.29
16	安　徽	11	17	64.71					

江苏、浙江两省依然排在城市覆盖率的第一位，所有的城市在2011年都举办了赛事。上海市的赛事覆盖率上升到第3位，江西省由于第七届全国城市运动会的举办，赛事覆盖率有大幅度提升。

整体上东部省份的赛事城市覆盖率较高（见表12）。除江苏、浙江两省外，上海市、福建省、山东省、北京市都排在前列，排名最低的东部省份依然是海南省，为38.89%，东部省份赛事的较高覆盖率可能得益于相对较发达及均衡的经济发展水平；中部省份的赛事城市覆盖率次于东部省份，江西省最高，达到了90.91%，湖北省依然是最低，仅为29.41%；整体上西部省份的赛事城市覆盖率最低，与2010年一样，内蒙古、贵州省的赛事覆盖率很高，虽然这两个省份举办的赛事数量不多，但赛事在省份内的分布却较分散，西藏的赛事覆盖率最低，仅为14.29%。

表12 赛事城市覆盖率十强省份排行榜

单位：%

序号	省份	赛事覆盖率	序号	省份	赛事覆盖率
1	江苏	100.00	6	山东	88.24
1	浙江	100.00	7	北京	87.50
3	上海	94.12	8	辽宁	85.71
4	江西	90.91	9	内蒙古	83.33
5	福建	88.89	10	贵州	77.78

3. 赛事的区域分布

我们国家被划分为东部、中部、西部，各部分的范围分别是：

东部地区包括北京市、天津市、河北省、辽宁省、上海市、江苏省、浙江省、福建省、山东省、广东省和海南省这11个省（市）；

中部地区包括山西省、吉林省、黑龙江省、安徽省、江西省、河南省、湖北省和湖南省这8个省（区）；

西部地区包括四川省、重庆市、贵州省、云南省、西藏、陕西省、甘肃省、青海省、宁夏、新疆、广西和内蒙古这12个省（区、市）。

从区域的角度可以更宏观地分析赛事在地域上的分布（见图6）。

东部由于经济发达、场馆条件较好、市场规模较大，所以对赛事的吸引力较

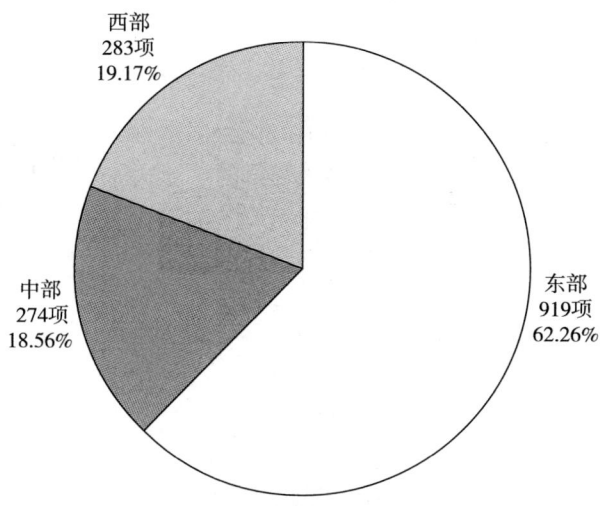

图 6 2011 年赛事的区域分布

注：因有 5 项赛事跨城市、跨省份，甚至是全国性的，故无法确定区域分布。

强，举办了占总数 62.26% 的赛事，比 2010 年低 1.75%；西部举办了 19.17% 的赛事，从而使得西部的赛事数量超过中部；中部以 18.56% 的比例位居最后。

（五）赛事的场馆分布

赛事的举办离不开场馆的支持，场馆的分布是了解赛事特征的重要途径（见图 7）。

大型体育场馆良好的硬件设施使其在赛事举办上具有较大的优势，2011 年有 603 项赛事在大型体育场馆举行，占总数的 40.72%。举办赛事较多的大型体育场馆有大连开发区网球中心、国家网球中心、卢湾区体育馆和国家游泳馆等。

全国各地大量的专业体育机构在赛事的举办上也扮演了重要角色，为 239 项赛事的举办提供了场地，占总数的 16.14%。举办赛事较多的专业体育机构有中国棋院、多巴国家高原体育训练基地、广东黄村体育训练基地、江苏南京方山体育训练基地、秦皇岛体育训练基地等。

公共场所虽然平时不用于赛事举办，但其条件却能满足一些项目的需求，成

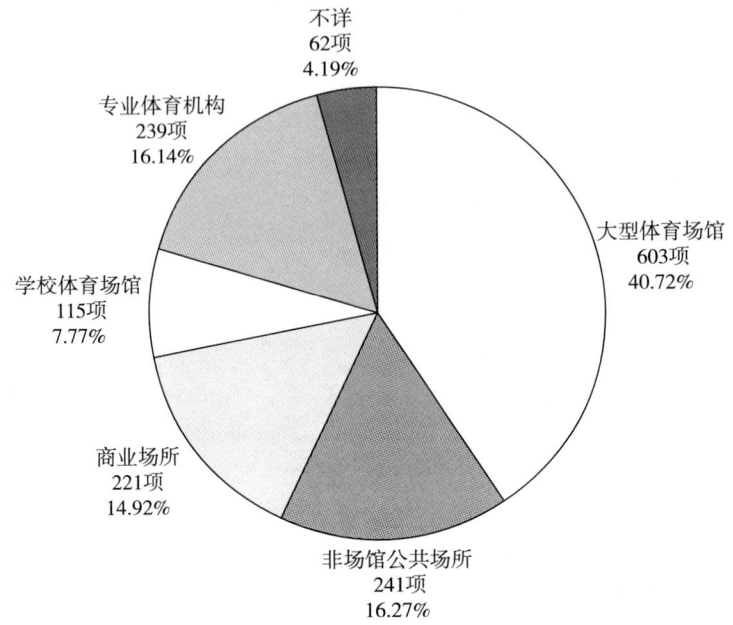

图7 2011年赛事的场馆分布

为举办赛事的重要场地选择。2011年,有241项赛事在非场馆公共场所举行,占总数的16.27%,举办赛事的非场馆公共场所有公园、广场、自然河道和风景区等。

商业性体育服务组织和其他商业场所为221项赛事提供了场地,占总数的14.92%,举办赛事的商业场所涉及高尔夫俱乐部、马术俱乐部、滑雪场、卡丁车场和宾馆酒店等。举办体育赛事较多的商业场所有北大湖滑雪场、三水森林赛车会和亚布力滑雪场。

学校内的体育场馆数量非常可观,而逐渐提升的场馆品质使学校场馆也成为赛事举办的重要选择,有115项赛事在学校里举行,占总数的7.77%,举办赛事的学校包含小学、中学、职业学校和大学。举办体育赛事较多的学校体育场馆有江西中医学院体育馆、东华大学体育馆、广东工业大学体育馆和哈尔滨理工大学体育馆。

在五种类型体育场馆所占比例的排序上,大型体育场馆仍然位列第一。非场馆公共场所超越专业体育机构,上升到第二位。商业场所仍列第四,学校体育场馆举办的赛事最少。

二 2011年中国运动竞赛业项目特征分析

项目是赛事的重要分类特征，背后隐含着大量的个性化信息，不同项目的赛事在类型、时间、地域和场馆分布上呈现出不同的特征。

（一）项目的赛事类型分布

受竞技水平、场馆条件等因素的影响，各项目的赛事在国际、国内类型上拥有不同的结构。赛事类型上有不同分布，主要体现在国际赛事的百分比上（见表13）。

表13 2011年各项目的国际赛事百分比

单位：%

序号	项目	百分比	序号	项目	百分比	序号	项目	百分比
1	拔河	100.00	21	跳伞	33.33	47	摩托车	11.11
1	橄榄球	100.00	25	自行车	29.73	47	手球	11.11
1	公开水域	100.00	26	壁球	28.57	47	跆拳道	11.11
1	风筝冲浪	100.00	26	现代五项	28.57	50	汽车	10.94
5	滑水	88.89	28	击剑	26.67	51	乒乓球	10.13
6	马拉松	83.33	29	登山	26.09	52	射击	10.00
7	网球	61.43	30	围棋	25.53	52	皮划艇	10.00
8	电子竞技	60.00	31	毽球	25.00	54	排球	9.26
9	铁人三项	58.33	31	艺术体操	25.00	55	拳击	9.09
10	帆船帆板	54.55	33	高尔夫球	24.39	55	跳水	9.09
11	飞镖	50.00	34	武术	24.14	57	举重	8.33
11	滑翔伞	50.00	35	田径	22.22	57	模型	8.33
11	沙滩排球	50.00	36	体育舞蹈	21.43	59	曲棍球	7.69
14	龙狮	44.44	37	羽毛球	20.83	60	足球	5.29
14	摩托艇	44.44	38	桥牌	20.00	61	棒球	5.26
16	马术	40.91	38	热气球	20.00	61	国际象棋	5.26
17	游泳	39.13	40	轮滑	18.18	63	台球	3.70
18	滑雪	36.36	41	垒球	16.67	64	篮球	2.17
19	滑冰	35.29	41	柔道	16.67	65	保龄球	0
20	龙舟	35.00	41	射箭	16.67	65	冰壶	0
21	动力伞	33.33	41	水球	16.67	65	冰球	0
21	荷式篮球	33.33	45	健美操	14.29	65	地掷球	0
21	空手道	33.33	45	体操	14.29	65	钓鱼	0

续表

序号	项目	百分比	序号	项目	百分比	序号	项目	百分比
65	定向越野	0	65	木球	0	65	象棋	0
65	冬季两项	0	65	赛艇	0	65	信鸽	0
65	花样游泳	0	65	摔跤	0	65	蹼泳	0
65	门球	0	65	藤球	0	65	蹦床	0
65	模拟飞行	0	65	五子棋	0	65	无线电	0

项目有不同的国际赛事百分比，呈现出不同的国际化程度：有20个项目仅有国内赛事，其中，冰壶、冰球、地掷球、钓鱼、冬季两项、模拟飞行、无线电和五子棋这8个项目2010年也没有举办国际赛事，呈现出相对稳定的赛事类型结构；有4个项目仅有国际赛事，即拔河、橄榄球、公开水域和风筝冲浪，这4个项目的赛事数量都很少。

项目的国际赛事百分比体现了项目的国际化程度，国际赛事百分比越高，国际化程度越高（见表14）。

表14 十大国际化项目排行榜

单位：%

序号	项目	百分比	序号	项目	百分比
1	拔河	100.00	6	马拉松	83.33
1	橄榄球	100.00	7	网球	61.43
1	公开水域	100.00	8	电子竞技	60.00
1	风筝冲浪	100.00	9	铁人三项	58.33
5	滑水	88.89	10	帆船帆板	54.55

（二）项目的赛事时间分布

不同项目对竞赛时间的选择也存在差异，可以从项目时间分布的广度和项目的不同季节倾向来把握项目的赛事在时间分布上的特征。

1. 项目的赛事月份分布

从月份的角度看，不同项目的赛事时间分散程度不同。

2011年我国运动竞赛业格局分析

表15 项目分布的月份

单位：个

序号	项目	分布的月份	序号	项目	分布的月份	序号	项目	分布的月份
1	篮球	12	29	滑冰	7	46	摩托艇	5
1	围棋	12	29	举重	7	58	地掷球	4
1	自行车	12	29	模型	7	58	冬季两项	4
1	足球	12	29	摩托车	7	58	花样游泳	4
1	高尔夫球	12	29	拳击	7	58	滑翔伞	4
6	汽车	11	29	射箭	7	58	龙舟	4
6	游泳	11	29	跳水	7	58	热气球	4
8	登山	10	29	象棋	7	58	艺术体操	4
8	排球	10	37	冰球	6	58	蹼泳	4
8	台球	10	37	钓鱼	6	58	蹦床	4
8	网球	10	37	健美操	6	67	定向越野	3
8	武术	10	37	轮滑	6	67	动力伞	3
8	羽毛球	10	37	赛艇	6	67	荷式篮球	3
14	棒球	9	37	跆拳道	6	67	毽球	3
14	帆船帆板	9	37	体育舞蹈	6	67	垒球	3
14	击剑	9	37	现代五项	6	67	模拟飞行	3
14	马拉松	9	37	滑水	6	67	水球	3
14	乒乓球	9	46	壁球	5	67	藤球	3
14	桥牌	9	46	公开水域	5	67	跳伞	3
14	曲棍球	9	46	滑雪	5	76	冰壶	2
14	沙滩排球	9	46	空手道	5	76	电子竞技	2
14	手球	9	46	龙狮	5	76	风筝冲浪	2
14	田径	9	46	门球	5	76	无线电	2
14	皮划艇	9	46	摔跤	5	80	拔河	1
25	国际象棋	8	46	体操	5	80	保龄球	1
25	马术	8	46	铁人三项	5	80	飞镖	1
25	柔道	8	46	五子棋	5	80	橄榄球	1
25	射击	8	46	信鸽	5	80	木球	1

项目在月份的分散程度上有巨大差别，有的项目12个月份都有赛事举办，而有的项目则仅在1个月份举办了赛事。

篮球、围棋、自行车、足球和高尔夫球的赛事分布于一年的12个月，说明这些项目赛事在时间的选择上范围较广。高尔夫球、篮球、围棋和足球在12个月内举行，这4个项目广泛的时间分布得到再次验证。在1月、2月举办赛事，使自行车也成为全年无休的项目。而排球和台球的月份分布数则减少。

043

高尔夫球和足球赛事在户外进行，主要是因为我国的幅员辽阔和气候差异，使其能在不同的城市为不同时间举行的赛事找到合适的场馆；篮球和围棋的赛事在室内进行，主要因其受天气影响较小，赛事的时间分布主要受赛事计划的影响。自行车赛事可以在室内和室外举行，在场地和时间选择上的弹性也较大。

拔河、保龄球、飞镖、橄榄球和木球这5个项目仅分布于1个月份，这些项目的赛事数量都较少。

与项目赛事分布的月份数相比，各项目赛事在月份分布上的变异系数能够更准确地体现出项目在时间分布上的差异程度（见表16）。

表16 项目月份分布的变异系数

序号	项目	时间变异系数	序号	项目	时间变异系数	序号	项目	时间变异系数
1	拔河	3.464102	28	花样游泳	1.477098	57	钓鱼	1.044466
1	保龄球	3.464102	28	体操	1.477098	57	赛艇	1.044466
1	飞镖	3.464102	28	艺术体操	1.477098	57	射箭	1.044466
1	橄榄球	3.464102	28	蹼泳	1.477098	60	羽毛球	1.025758
1	木球	3.464102	33	滑雪	1.467914	61	象棋	1.005038
6	电子竞技	2.7948	34	轮滑	1.44395	62	国际象棋	1.001817
7	无线电	2.486326	35	滑水	1.4321	63	举重	0.982185
8	冰壶	2.335497	36	模型	1.38927	64	击剑	0.972345
8	风筝冲浪	2.335497	37	壁球	1.359363	65	排球	0.939218
8	定向越野	2.335497	37	门球	1.359363	66	马拉松	0.921132
11	垒球	2	39	空手道	1.3484	67	拳击	0.919574
11	模拟飞行	2	39	摔跤	1.3484	68	田径	0.871033
13	荷式篮球	1.954017	41	射击	1.296849	69	柔道	0.865049
13	毽球	1.954017	42	铁人三项	1.279204	69	皮划艇	0.865049
13	藤球	1.954017	43	跳水	1.270364	71	曲棍球	0.836162
16	信鸽	1.896302	44	公开水域	1.235829	72	登山	0.816146
17	龙舟	1.885832	44	五子棋	1.235829	73	桥牌	0.804815
18	动力伞	1.809068	46	乒乓球	1.227121	74	台球	0.738549
18	滑翔伞	1.809068	47	摩托车	1.222681	75	沙滩排球	0.724743
18	水球	1.809068	48	体育舞蹈	1.202965	76	游泳	0.719454
18	跳伞	1.809068	49	跆拳道	1.167748	77	足球	0.630594
22	摩托艇	1.760165	50	健美操	1.146099	78	武术	0.622776
23	蹦床	1.732051	50	现代五项	1.146099	79	网球	0.606322
24	龙狮	1.620575	52	冰球	1.124924	80	汽车	0.60188
25	地掷球	1.604539	53	帆船帆板	1.093071	81	篮球	0.601623
25	热气球	1.604539	54	马术	1.086769	82	自行车	0.543725
27	滑冰	1.577205	55	手球	1.065568	83	高尔夫球	0.498607
28	冬季两项	1.477098	56	棒球	1.062152	84	围棋	0.387242

变异系数越大,说明该项目的赛事在时间分布上差异越大;变异系数越小,说明项目的赛事在时间分布上差异越小。

赛事数量较少的项目如拔河、保龄球、飞镖、橄榄球和木球的变异系数最大,在时间分布上差异巨大;赛事数量较多的项目如围棋、高尔夫球、自行车、篮球、汽车和网球的变异系数较小,说明这些项目的赛事在时间分布上差异较小。在变异系数较小的项目中,有的项目是因为赛事数量众多且开展范围广泛,如篮球、足球;有的是因为室内赛事受季节、气候影响较少,如围棋。

2. 项目的赛事季节分布

从月份的角度看项目的时间分布会比较大地受到随机事件的影响,从季度的角度来分析可以弥补这种偏差。

(1) 第一季度赛事的项目分布。

第一季度举办了 39 个项目的赛事,是赛事项目最少的一个季度(见表17)。

表 17　第一季度赛事的项目分布(前 20 名)

单位:项

序号	项目	赛事数量	序号	项目	赛事数量	序号	项目	赛事数量
1	篮球	92	9	自行车	8	17	登山	3
2	排球	63	10	田径	7	17	冬季两项	3
3	足球	31	11	滑冰	6	17	马拉松	3
4	围棋	24	11	冰球	5	17	桥牌	3
5	网球	20	11	游泳	5	17	曲棍球	3
6	滑雪	15	14	国际象棋	4	17	柔道	3
6	羽毛球	15	14	汽车	4	17	手球	3
8	高尔夫	9	14	跳水	4			

第一季度赛事最多的前 6 个项目赛事较多且在第一季度举办的比例较稳定。冬季项目,如滑雪、滑冰、冰球和冬季两项在第一季度的排名也较稳定。

项目的第一季度赛事所占比例能反映出项目赛事对第一季度的倾向性。

表18 项目的第一季度赛事所占比例（大于25%的）

单位：%

序号	项 目	百分比	序号	项 目	百分比
1	冬季两项	75.00	7	跳 水	36.36
2	滑 雪	68.18	8	滑 冰	35.29
3	排 球	56.76	9	垒 球	33.33
4	冰 球	50.00	10	柔 道	27.27
5	篮 球	39.15	11	田 径	25.93
6	羽毛球	38.46	12	蹼 泳	25.00

冬季项目和室内项目对第一季度的倾向性依然很明显。

75%的冬季两项赛事选择在第一季度举行，该项目需要冬季户外的场地条件，在第一季度的举办比例较稳定。

冰球、滑冰等冬季项目，柔道、跳水、排球、篮球等室内项目以及田径在第一季度举办赛事的比例较稳定。

（2）第二季度赛事的项目分布。

第二季度举办了72个项目的赛事（见表19）。

表19 第二季度赛事的项目分布（前20名）

单位：项

序号	项 目	赛事数量	序号	项 目	赛事数量	序号	项 目	赛事数量
1	足 球	246	7	汽 车	17	15	武 术	11
2	篮 球	62	9	龙 舟	14	16	手 球	10
3	乒乓球	46	9	排 球	14	17	击 剑	8
4	围 棋	39	9	羽毛球	14	17	曲棍球	8
5	网 球	29	12	射 击	13	19	信 鸽	7
5	高尔夫	29	12	田 径	13	19	滑 水	7
7	棒 球	17	12	自行车	13			

居前六位的项目都是整体赛事数量较多的项目。棒球、龙舟、信鸽、滑水等户外项目的赛事数量较其他季度要多，体现出第二季度的气候条件比较适合户外运动。

项目的第二季度赛事所占比例能反映出项目赛事对第二季度的倾向性（见表20）。

表20 项目的第二季度赛事所占比例(大于25%的)

单位:%

序号	项目	百分比	序号	项目	百分比	序号	项目	百分比
1	信鸽	77.78	18	门球	42.86	35	马拉松	27.78
2	龙舟	70.00	18	现代五项	42.86	36	曲棍球	27.59
2	滑水	70.00	20	摔跤	41.67	37	柔道	27.27
4	动力伞	66.67	21	乒乓球	38.66	38	篮球	26.38
4	滑翔伞	66.67	22	足球	38.38	39	汽车	26.15
6	五子棋	60.00	23	武术	37.93	40	游泳	26.09
7	射击	54.17	24	羽毛球	35.90	41	围棋	25.32
8	击剑	53.33	25	网球	35.80	42	冬季两项	25.00
9	冰壶	50.00	26	自行车	35.14	42	国际象棋	25.00
9	花样游泳	50.00	27	棒球	34.69	42	毽球	25.00
9	铁人三项	50.00	28	高尔夫球	34.52	42	桥牌	25.00
9	蹦床	50.00	29	赛艇	33.33	42	跆拳道	25.00
9	风筝冲浪	50.00	29	沙滩排球	33.33	42	藤球	25.00
14	田径	48.15	29	射箭	33.33	42	体操	25.00
15	手球	47.62	29	水球	33.33	42	艺术体操	25.00
16	拳击	46.15	29	跳伞	33.33	42	蹼泳	25.00
17	皮划艇	45.45	29	象棋	33.33			

龙舟、滑翔伞、射击、击剑、五子棋、摔跤、田径、蹦床、皮划艇、羽毛球、高尔夫球、自行车、马拉松、曲棍球、乒乓球、艺术体操、武术、足球、射箭、赛艇、沙滩排球、毽球、桥牌、藤球、汽车和游泳等项目呈现出相对稳定的比例。龙舟赛事背后的文化特征使得其保持着稳定的时间倾向性。

(3)第三季度赛事的项目分布。

第三季度举办了77个项目的赛事,是项目最多的一个季度。

表21 第三季度赛事的项目分布(前20名)

单位:项

序号	项目	赛事数量	序号	项目	赛事数量	序号	项目	赛事数量
1	足球	230	9	帆船帆板	12	15	自行车	9
2	乒乓球	65	9	排球	12	18	轮滑	8
3	围棋	43	11	登山	11	18	摩托车	8
4	棒球	28	11	曲棍球	11	20	模型	7
4	网球	28	13	马术	10	20	沙滩排球	7
6	高尔夫球	25	13	武术	10	20	游泳	7
7	汽车	23	15	国际象棋	9	20	羽毛球	7
8	篮球	19	15	射击	9			

足球依然是在第三季度举办赛事最多的项目,而围棋、乒乓球、篮球、高尔夫球、棒球、汽车、马术、登山、排球、武术、自行车等项目在第三季度赛事数量的排名较稳定(见表21)。

项目的第三季度赛事所占比例能反映出项目赛事对第三季度的倾向性(见表22)。

表22 项目的第三季度赛事所占比例(大于25%的)

单位:%

序号	项目	百分比	序号	项目	百分比	序号	项目	百分比
1	拔河	100.00	20	射箭	50.00	43	武术	34.48
1	保龄球	100.00	20	藤球	50.00	44	钓鱼	33.33
1	电子竞技	100.00	20	艺术体操	50.00	44	赛艇	33.33
1	定向越野	100.00	20	风筝冲浪	50.00	44	跳伞	33.33
1	橄榄球	100.00	26	登山	47.83	44	铁人三项	33.33
1	木球	100.00	27	马术	45.45	48	桥牌	31.25
1	无线电	100.00	28	国际象棋	45.00	49	拳击	30.77
8	热气球	80.00	29	摩托车	44.44	50	游泳	30.43
9	水球	66.67	30	壁球	42.86	51	滑水	30.00
10	体操	62.50	30	健美操	42.86	52	高尔夫	29.76
11	轮滑	61.54	32	五子棋	40.00	53	手球	28.57
12	地掷球	60.00	33	沙滩排球	38.89	53	现代五项	28.57
12	公开水域	60.00	34	曲棍球	37.93	55	围棋	27.92
12	摩托艇	60.00	35	射击	37.50	56	皮划艇	27.27
15	棒球	57.14	35	蹦床	37.50	57	击剑	26.67
15	帆船帆板	57.14	37	举重	36.36	58	荷式篮球	25.00
17	象棋	55.56	37	跳水	36.36	58	毽球	25.00
18	乒乓球	54.62	39	足球	35.88	58	龙舟	25.00
19	模型	53.85	40	体育舞蹈	35.71	58	摔跤	25.00
20	花样游泳	50.00	41	汽车	35.38	58	蹼泳	25.00
20	垒球	50.00	42	网球	34.57			

拔河、保龄球、电子竞技、定向越野、橄榄球、木球和无线电等赛事都集中在第三季度。帆船帆板、公开水域、艺术体操、乒乓球、国际象棋、模型、藤球、赛艇、射箭、曲棍球、垒球、蹦床、登山、马术、武术、围棋、体育舞蹈、钓鱼、荷式篮球、足球、桥牌、击剑、高尔夫球和蹼泳等项目呈现出相对稳定的比例。

（4）第四季度赛事的项目分布。

第四季度举办了69个项目的赛事。

表23 第四季度赛事的项目分布（前20名）

单位：项

序号	项目	赛事数量	序号	项目	赛事数量	序号	项目	赛事数量
1	足球	134	9	马术	8	16	马拉松	6
2	篮球	62	9	摩托车	8	16	乒乓球	6
3	围棋	48	11	滑雪	7	19	冰球	5
4	排球	22	11	曲棍球	7	19	龙狮	5
5	汽车	21	11	体育舞蹈	7	19	模拟飞行	5
5	高尔夫球	21	11	武术	7	19	沙滩排球	5
7	台球	14	11	自行车	7	19	游泳	5
8	滑冰	9	16	帆船帆板	6			

足球、篮球、围棋和排球在第四季度举办赛事的数量较多，排名也很稳定。汽车、高尔夫球、马术、台球、武术、摩托车、乒乓球、滑雪和游泳在第四季度的赛事数量排名也相对稳定（见表23）。

项目的第四季度赛事所占比例能反映出项目赛事对第四季度的倾向性（见表24）。

表24 项目的第四季度赛事所占比例（大于25%的）

单位：%

序号	项目	百分比	序号	项目	百分比	序号	项目	百分比
1	飞镖	100.00	14	壁球	42.86	27	摩托艇	30.00
2	模拟飞行	83.33	14	门球	42.86	28	帆船帆板	28.57
3	荷式篮球	75.00	16	马术	36.36	28	健美操	28.57
4	空手道	66.67	17	钓鱼	33.33	30	沙滩排球	27.78
5	龙狮	55.56	17	动力伞	33.33	31	举重	27.27
6	滑冰	52.94	17	马拉松	33.33	31	柔道	27.27
7	冰壶	50.00	17	赛艇	33.33	31	皮划艇	27.27
7	冰球	50.00	17	摔跤	33.33	34	篮球	26.38
7	毽球	50.00	17	跳伞	33.33	35	高尔夫球	25.00
7	台球	50.00	23	汽车	32.31	35	桥牌	25.00
7	跆拳道	50.00	24	滑雪	31.82	35	藤球	25.00
7	体育舞蹈	50.00	25	围棋	31.17	35	艺术体操	25.00
13	摩托车	44.44	26	模型	30.77	35	蹼泳	25.00

飞镖、钓鱼、健美操在第四季度举办赛事的比例很稳定。冰球、体育舞蹈、摩托车、马拉松、摩托艇、滑雪、艺术体操、围棋、赛艇、高尔夫球、篮球、摔跤、举重和柔道等项目在第四季度举办的比例相对稳定。

3. 项目的时间倾向性

综合项目在不同季节赛事数量和比例的聚类结果，可以把握不同项目在时间倾向性上的特征。

84个项目被分为5大类9小类，同类的项目在时间倾向性上具有相类似的特征。

第Ⅰ大类项目包含拔河、保龄球、电子竞技、定向越野、橄榄球和木球、无线电此类项目较强倾向于在第三季度举行赛事，但由于赛事数量较少，此结论需进一步验证。

第Ⅱ大类项目分为三小类：A类项目是壁球、登山、地掷球、钓鱼、帆船帆板、公开水域、国际象棋、健美操、举重、垒球、轮滑、马拉松、马术、模型、摩托车、桥牌、曲棍球、拳击、热气球、柔道、赛艇、沙滩排球、射箭、摔跤、水球、藤球、体操、体育舞蹈、田径、跳伞、跳水、武术、象棋、艺术体操、游泳、羽毛球、自行车、皮划艇、蹼泳、摩托艇，倾向于在第二、三、四季度举行赛事，但由于赛事数量较少，此结论需进一步验证；B类项目有棒球、乒乓球、汽车、网球、围棋和高尔夫球，倾向于在第二、三、四季度举行赛事；C类项目有足球，较强倾向于在第二、三季度，较弱倾向于在第四季度举行赛事。

第Ⅲ大类项目包含冰壶、飞镖、荷式篮球、毽球、空手道、龙狮、门球、模拟飞行、台球、跆拳道，较强倾向性于第四季度，较弱倾向于第二、三季度举行比赛，但由于赛事数量较少，结论需进一步验证。

第Ⅳ大类项目分为三小类：A类项目是冰球、冬季两项、滑冰和滑雪，较强倾向于在第一、四季度，较弱倾向于在第二季度举办赛事，但由于赛事数量较少，此结论需进一步验证；B类项目是篮球，较强倾向于在第一季度，较弱倾向于在第二、四季度举办赛事；C类项目是排球，较强倾向于在第一季度，较弱倾向于在第四季度举办赛事。

第Ⅴ大类项目包含动力伞、花样游泳、滑翔伞、击剑、龙舟、射击、手球、铁人三项、五子棋、现代五项、信鸽、滑水、蹦床和风筝冲浪，这类项目较强倾向于在第二季度，较弱倾向于在第三季度举办赛事，但由于赛事数量较少，此结论需进一步验证。

（三）项目的赛事地域分布

对项目赛事地域分布特征的分析从城市、省份和区域三个层次展开。

1. 项目赛事的城市分布

在城市的层次上分析项目赛事的分布，能够把握项目赛事地域分布的细致结构（见表25）。

表25 2011年项目赛事的城市分布

单位：个

序号	项目	城市数	序号	项目	城市数	序号	项目	城市数
1	足球	66	29	棒球	11	54	模拟飞行	5
2	乒乓球	62	30	滑雪	10	54	赛艇	5
3	篮球	60	30	举重	10	54	水球	5
4	高尔夫球	45	30	拳击	10	60	电子竞技	4
5	排球	42	30	射箭	10	60	定向越野	4
6	汽车	38	30	跳水	10	60	毽球	4
7	围棋	32	35	轮滑	9	60	摩托艇	4
8	网球	30	35	桥牌	9	60	热气球	4
9	武术	25	37	跆拳道	8	60	艺术体操	4
10	羽毛球	20	38	滑冰	7	66	地掷球	3
11	台球	19	38	模型	7	66	花样游泳	3
12	登山	18	38	皮划艇	7	66	蹼泳	3
12	龙舟	18	38	体操	7	66	藤球	3
14	马拉松	17	38	体育舞蹈	7	66	跳伞	3
14	田径	17	38	铁人三项	7	66	五子棋	3
14	游泳	17	38	象棋	7	72	冰壶	2
14	自行车	17	45	蹦床	6	72	冰球	2
18	手球	16	45	壁球	6	72	动力伞	2
19	曲棍球	15	45	钓鱼	6	72	荷式篮球	2
20	国际象棋	14	45	滑水	6	72	垒球	2
20	马术	14	45	健美操	6	77	拔河	1
20	摩托车	14	45	空手道	6	77	保龄球	1
20	沙滩排球	14	45	龙狮	6	77	冬季两项	1
24	帆船帆板	12	45	现代五项	6	77	飞镖	1
24	击剑	12	45	信鸽	6	77	风筝冲浪	1
24	柔道	12	54	公开水域	5	77	橄榄球	1
24	射击	12	54	滑翔伞	5	77	木球	1
24	摔跤	12	54	门球	5	77	无线电	1

项目赛事的平均城市分布数为11.55，标准差为13.34，变异系数为1.15。整体上，项目在城市间的分布是不均衡的。有赛事覆盖66个城市的足球，覆盖62个城市的乒乓球和覆盖60个城市的篮球，也有仅在一个城市举行赛事的拔河、保龄球、冬季两项、飞镖、风筝冲浪、橄榄球、木球和无线电等8个项目。

表26 十大覆盖城市最多项目排行榜

单位：个

序号	项目	举办赛事的城市数	序号	项目	举办赛事的城市数
1	足球	66	6	汽车	38
2	乒乓球	62	7	围棋	32
3	篮球	60	8	网球	30
4	高尔夫	45	9	武术	25
5	排球	42	10	羽毛球	20

各项目的赛事在城市分布上的变异系数能够更准确地体现出项目在城市分布上的差异（见表27）。

表27 项目城市分布的变异系数

序号	项目	变异系数	序号	项目	变异系数	序号	项目	变异系数
1	无线电	21.11871	16	定向越野	12.16546	32	滑水	9.633952
1	拔河	21.11871	16	花样游泳	12.16546	34	模型	9.598084
1	保龄球	21.11871	16	跳伞	12.16546	34	公开水域	9.402032
1	冬季两项	21.11871	16	五子棋	12.16546	36	体育舞蹈	9.255347
1	飞镖	21.11871	16	蹼泳	12.16546	37	蹦床	9.100037
1	橄榄球	21.11871	22	热气球	11.14264	38	壁球	9.005565
1	木球	21.11871	23	门球	10.8439	38	健美操	9.005565
1	风筝冲浪	21.11871	24	电子竞技	10.5237	38	现代五项	9.005565
9	冰球	16.07044	24	毽球	10.5237	41	滑雪	8.644625
10	荷式篮球	15.7268	24	艺术体操	10.5237	42	钓鱼	8.573105
11	冰壶	14.9164	27	滑冰	9.976702	42	空手道	8.573105
11	动力伞	14.9164	28	滑翔伞	9.916228	42	铁人三项	8.573105
11	垒球	14.9164	28	模拟飞行	9.916228	42	信鸽	8.573105
14	摩托艇	14.63629	28	赛艇	9.916228	46	皮划艇	8.397506
15	藤球	12.90828	28	水球	9.916228	47	象棋	8.297099
16	地掷球	12.16546	32	龙狮	9.633952	48	体操	7.928128

续表

序号	项目	变异系数	序号	项目	变异系数	序号	项目	变异系数
49	跆拳道	7.726692	61	田径	6.111466	73	龙舟	5.081131
50	棒球	7.397179	62	柔道	6.020626	74	羽毛球	5.038184
51	轮滑	7.376398	62	摔跤	6.020626	75	马拉松	5.029115
51	桥牌	7.376398	64	自行车	5.979237	76	围棋	4.71896
53	帆船帆板	6.990701	65	游泳	5.944117	77	网球	4.669474
54	举重	6.976007	66	国际象棋	5.908174	78	武术	4.441481
54	射箭	6.976007	67	曲棍球	5.891098	79	汽车	4.02854
56	拳击	6.857316	68	摩托车	5.879824	80	高尔夫球	3.849632
56	跳水	6.857316	69	沙滩排球	5.824071	81	排球	3.490121
58	射击	6.610445	70	登山	5.501142	82	足球	3.202792
59	击剑	6.381063	71	手球	5.417542	83	篮球	3.074827
60	马术	6.295579	72	台球	5.156596	84	乒乓球	2.819697

变异系数越大，说明项目的赛事在城市间的分布差异越大；变异系数越小，说明项目的赛事在城市间的分布差异越小。

赛事数量较少的项目如无线电、拔河、保龄球、冬季两项、飞镖、橄榄球、木球和风筝冲浪的变异系数最大，因为只有1项赛事，所以在城市分布上差异巨大；赛事数量较多的项目如乒乓球、篮球、足球、排球和高尔夫球的变异系数较小，说明这些项目的赛事在城市中分布广泛，差异较小。

2. 项目赛事的省份分布

从省份的层次上可以较宏观地了解项目赛事的地域分布（见表28）。

表28　2011年项目赛事的省份分布

单位：个

序号	项目	省份数	序号	项目	省份数	序号	项目	省份数
1	足球	25	6	围棋	17	14	羽毛球	13
2	篮球	24	6	武术	17	16	沙滩排球	12
3	乒乓球	21	10	游泳	15	16	手球	12
4	高尔夫球	19	10	自行车	15	18	龙舟	11
5	网球	18	12	登山	14	18	摩托车	11
6	马拉松	17	12	排球	14	18	射击	11
6	汽车	17	14	田径	13	21	国际象棋	10

续表

序号	项目	省份数	序号	项目	省份数	序号	项目	省份数
21	击剑	10	38	体育舞蹈	6	64	定向越野	3
21	曲棍球	10	38	现代五项	6	64	动力伞	3
21	拳击	10	38	信鸽	6	64	花样游泳	3
21	射箭	10	46	蹦床	5	64	蹼泳	3
26	举重	9	46	钓鱼	5	64	藤球	3
26	马术	9	46	公开水域	5	64	跳伞	3
26	柔道	9	46	滑翔伞	5	70	冰壶	2
26	摔跤	9	46	滑雪	5	70	地掷球	2
26	台球	9	46	健美操	5	70	电子竞技	2
26	跳水	9	46	空手道	5	70	荷式篮球	2
32	棒球	8	46	模拟飞行	5	70	垒球	2
32	帆船帆板	8	46	赛艇	5	70	五子棋	2
32	轮滑	8	46	象棋	5	76	拔河	1
32	桥牌	8	56	滑水	4	76	保龄球	1
32	跆拳道	8	56	毽球	4	76	冰球	1
37	铁人三项	7	56	龙狮	4	76	冬季两项	1
38	壁球	6	56	门球	4	76	飞镖	1
38	滑冰	6	56	摩托艇	4	76	橄榄球	1
38	模型	6	56	热气球	4	76	木球	1
38	皮划艇	6	56	水球	4	76	风筝冲浪	1
38	体操	6	56	艺术体操	4	76	无线电	1

项目赛事的平均省级行政区划分布数为7.57,标准差为5.6,变异系数为0.74,保持着较高的差异。有分布于25个省份的足球,24个省份的篮球和21个省份的乒乓球,也有仅在一个省份开展的无线电、橄榄球、飞镖等9个项目(见表29)。

表29 十大覆盖省份最多项目排行榜

单位:个

序号	项目	省份数	序号	项目	省份数
1	足球	25	6	汽车	17
2	篮球	24	6	围棋	17
3	乒乓球	21	6	武术	17
4	高尔夫球	19	10	游泳	15
5	网球	18	10	自行车	15
6	马拉松	17			

通过项目赛事省份分布的变异系数能够更准确地了解不同项目赛事在省份间分布的差异程度（见表30）。

表30 项目省份分布的变异系数

序号	项目	变异系数	序号	项目	变异系数	序号	项目	变异系数
1	拔河	5.567764	29	水球	2.804428	57	国际象棋	1.771218
1	保龄球	5.567764	30	滑冰	2.656714	58	击剑	1.759377
1	冰球	5.567764	31	蹦床	2.641023	59	举重	1.723611
1	冬季两项	5.567764	31	毽球	2.641023	59	柔道	1.723611
1	飞镖	5.567764	31	艺术体操	2.641023	61	跳水	1.713984
1	橄榄球	5.567764	34	帆船帆板	2.525735	62	自行车	1.650352
1	木球	5.567764	35	健美操	2.481496	63	龙舟	1.628036
1	风筝冲浪	5.567764	35	体育舞蹈	2.481496	64	射箭	1.589316
1	无线电	5.567764	37	钓鱼	2.466817	64	摩托车	1.589316
10	电子竞技	4.555144	37	滑翔伞	2.466817	64	田径	1.589316
11	地掷球	4.09426	37	空手道	2.466817	67	曲棍球	1.572665
11	荷式篮球	4.09426	37	模拟飞行	2.466817	68	拳击	1.551858
11	五子棋	4.09426	37	模型	2.466817	69	围棋	1.540931
14	冰壶	3.870831	37	赛艇	2.466817	70	高尔夫球	1.532686
14	垒球	3.870831	43	公开水域	2.318045	71	射击	1.526488
16	摩托艇	3.793432	44	轮滑	2.248477	72	羽毛球	1.517719
17	定向越野	3.379952	45	壁球	2.202349	73	沙滩排球	1.489984
18	藤球	3.313483	45	体操	2.202349	74	排球	1.467114
19	动力伞	3.105551	45	现代五项	2.202349	75	手球	1.459607
19	花样游泳	3.105551	48	皮划艇	2.175469	76	汽车	1.431083
19	滑水	3.105551	49	铁人三项	2.074983	77	网球	1.400287
19	蹼泳	3.105551	49	信鸽	2.074983	78	登山	1.390625
19	跳伞	3.105551	51	马术	2.03201	78	游泳	1.390625
24	象棋	2.996178	52	棒球	2.006131	80	篮球	1.122572
25	滑雪	2.98234	53	桥牌	1.999173	81	乒乓球	1.172141
26	门球	2.961889	54	台球	1.960656	82	武术	1.101795
27	龙狮	2.839463	55	摔跤	1.848172	83	足球	1.055833
28	热气球	2.817091	56	跆拳道	1.821228	84	马拉松	0.971614

变异系数越大，说明项目的赛事在省份间的分布差异越大；变异系数越小，说明项目的赛事在省份间的分布差异越小。

赛事数量较少的项目如拔河、保龄球、冰球、冬季两项、飞镖、橄榄球、木球、风筝冲浪和无线电的变异系数最大，因为赛事数量很少，所以在省份分布上差异巨大；赛事数量较多的项目如足球、武术、篮球、乒乓球的变异系数较小，说明这些项目的赛事在省份中分布广泛，差异不很大。马拉松比较特殊，虽然赛事数量与足球、篮球无法相比，但赛事的省份选择非常分散，因此成为省份分布变异系数最小的项目。

3. 项目赛事的区域分布

从区域的角度上可以更宏观地了解不同项目赛事在地域上的分布特征。

（1）东部赛事的项目分布。

东部地区举办了79个项目的赛事（见表31），是举办赛事项目最多的区域，没有赛事的项目是拔河、冰球、定向越野、冬季两项和无线电。

表31 东部地区的项目分布（前20名）

单位：项

序号	项目	赛事数量	序号	项目	赛事数量
1	足球	102	12	田径	19
2	高尔夫球	70	13	曲棍球	17
3	篮球	57	13	羽毛球	17
4	乒乓球	51	15	国际象棋	16
4	网球	51	15	龙舟	16
6	汽车	43	17	棒球	14
7	排球	35	17	游泳	14
8	围棋	30	19	击剑	12
9	自行车	25	19	摩托车	12
10	台球	22	19	射击	12
11	帆船帆板	21	19	体育舞蹈	12

东部地区的项目结构与整体赛事的项目结构相类似，这主要是因为东部地区举办的赛事数量较多，也会比较容易呈现出与整体相似的结构。

高尔夫球、篮球、台球、排球、羽毛球、自行车、射击、游泳和曲棍球在东部举办的赛事数量相对较稳定，有较小范围的变化。

项目的东部地区赛事所占比例能够更精确地表现项目在地域上的倾向性（见表32）。

2011 年我国运动竞赛业格局分析

表32 项目的东部地区赛事所占百分比（25%以上的，含25%）

单位：%

序号	项目	百分比	序号	项目	百分比	序号	项目	百分比
1	保龄球	100.00	27	羽毛球	70.83	53	沙滩排球	56.25
1	电子竞技	100.00	28	田径	70.37	54	冰壶	50.00
1	飞镖	100.00	29	自行车	69.44	54	举重	50.00
1	橄榄球	100.00	30	汽车	67.19	54	垒球	50.00
1	荷式篮球	100.00	31	钓鱼	66.67	54	马术	50.00
1	花样游泳	100.00	31	动力伞	66.67	54	模型	50.00
1	木球	100.00	31	空手道	66.67	54	赛艇	50.00
1	五子棋	100.00	31	模拟飞行	66.67	54	艺术体操	50.00
1	风筝冲浪	100.00	31	摩托车	66.67	54	皮划艇	50.00
10	帆船帆板	95.45	31	水球	66.67	62	拳击	45.45
11	龙狮	88.89	31	跆拳道	66.67	63	体操	42.86
12	壁球	85.71	31	滑水	66.67	63	现代五项	42.86
12	健美操	85.71	39	曲棍球	65.38	65	射箭	41.67
12	门球	85.71	40	排球	64.81	66	公开水域	40.00
12	体育舞蹈	85.71	41	乒乓球	64.56	66	热气球	40.00
16	高尔夫球	85.37	42	围棋	63.83	68	地掷球	33.33
17	国际象棋	84.21	43	桥牌	63.64	68	滑翔伞	33.33
18	轮滑	81.82	43	跳水	63.64	68	摔跤	33.33
19	台球	81.48	45	篮球	61.96	68	跳伞	33.33
20	击剑	80.00	46	马拉松	61.11	68	信鸽	33.33
20	龙舟	80.00	46	手球	61.11	68	蹼泳	33.33
22	毽球	75.00	48	游泳	60.87	74	武术	31.03
22	象棋	75.00	49	射击	60.00	75	滑冰	29.41
22	蹦床	75.00	49	足球	60.00	76	登山	26.09
25	棒球	73.68	51	柔道	58.33	77	藤球	25.00
26	网球	72.86	51	铁人三项	58.33			

有包含保龄球、电子竞技、飞镖和橄榄球在内的24个项目在东部地区举办的赛事比例不低于了75%。其中，保龄球、电子竞技、飞镖、橄榄球、荷式篮球和卡巴迪等项目赛事数量较少，而高尔夫球、台球、国际象棋等项目赛事数量较多。

有包含棒球、网球、羽毛球、田径、自行车、汽车和钓鱼在内的 40 个项目在东部举办的赛事比例在 50%～75%（含 50%，含 75%）。其中，门球、手球、钓鱼、荷式篮球和空手道等项目的赛事数量较少，而汽车、围棋、排球、网球和象棋等项目赛事数量较多。

有武术、沙滩排球、体操、现代五项和举重在内的 16 个项目在东部地区举办的赛事比例在 25%～50%（不含 50%）。

（2）中部地区赛事的项目分布。

中部地区举办了 70 个项目的赛事，没有赛事的项目是电子竞技、电子制作、钓鱼、动力伞、帆船帆板、飞镖、风筝、橄榄球、模拟飞行、摩托车、木球、热气球、射箭、五子棋、信鸽、业余电台、艺术体操、皮划艇、蹦床、板球和卡巴迪。

表 33　中部地区的项目分布（前 20 名）

单位：项

序号	项目	赛事数量	序号	项目	赛事数量	序号	项目	赛事数量
1	篮球	27	10	高尔夫球	8	19	冬季两项	4
2	滑雪	15	10	模型	8	19	龙舟	4
3	足球	13	10	羽毛球	8	19	马术	4
4	乒乓球	12	13	冰球	7	19	拳击	4
4	网球	12	13	国际象棋	7	19	手球	4
6	武术	11	13	围棋	7	19	台球	4
7	滑冰	9	16	象棋	6	19	田径	4
7	排球	9	17	登山	5	19	自行车	4
7	摔跤	9	17	举重	5			

虽然篮球、网球、足球等赛事较多的项目排在中部地区赛事的前列，但中部地区赛事的项目结构有独特之处（见表 33）。冬季项目的排位较靠前，如滑雪排第 2、滑冰排第 7、冰球排第 13、冬季两项排第 19，这主要是因为，举行冬季项目较多的省份——黑龙江和吉林都属于中部。

项目赛事对中部地区的倾向性没有对东部地区那么强烈。

表34 项目的中部赛事所占百分比（25%以上的）

单位：%

序号	项目	百分比	序号	项目	百分比	序号	项目	百分比
1	冰壶	100.00	13	武术	39.29	20	现代五项	28.57
1	冰球	100.00	14	公开水域	37.50	26	乒乓球	25.53
1	冬季两项	100.00	15	荷式篮球	33.33	27	保龄球	25.00
4	滑雪	83.33	15	健美	33.33	27	篮球	25.00
5	滑翔伞	66.67	15	空手道	33.33	27	柔道	25.00
5	跳伞	66.67	18	拳击	30.77	27	手球	25.00
7	滑冰	64.29	19	桥牌	30.00	27	体育舞蹈	25.00
8	模型	61.54	20	健美操	28.57	27	象棋	25.00
9	地掷球	50.00	20	龙舟	28.57	27	蹼泳	25.00
9	轻型和超轻型飞机	50.00	20	沙滩排球	28.57	27	技巧	25.00
11	摔跤	45.00	20	藤球	28.57			
12	举重	41.67	20	体操	28.57			

有包含冰壶、冰球、冬季两项和滑雪在内的4个项目在中部地区举办的赛事比例超过了75%。这四个冬季项目较多地在中部地区举办赛事与中部地区的自然条件有密切关系（见表34）。

有包含滑翔伞、跳伞、滑冰、模型、地掷球、轻型和超轻型飞机在内的6个项目在中部举办的赛事比例在50%～75%（含50%）。除了滑冰是冬季项目，多在黑龙江、吉林举行外，滑翔伞、跳伞、模型、轻型和超轻型飞机是由航空运动管理中心管理的户外项目，这些项目对自然条件，尤其是野外条件有偏好，所以也促成了对中部地区的倾向性。

有摔跤、举重、武术、公开水域和荷式篮球在内的24个项目在中部举办的赛事比例在25%～50%（不含50%）。其中，公开水域、龙舟、沙滩排球为户外项目。

（3）西部地区赛事的项目分布。

西部地区举办了59个项目的赛事，没有举行赛事的项目是冰壶、冰球、冬季两项、拔河、跳伞、滑冰、地掷球、轻型和超轻型飞机、荷式篮球、健美、空手道、健美操、龙舟、保龄球、蹼泳、国际象棋、无线电测向、壁球、赛艇、铁人三项、电子竞技、电子制作、飞镖、风筝、橄榄球、模拟飞行、木球、五子棋、信鸽、业余电台、蹦床、板球和卡巴迪。

表35 西部地区的项目分布（前20名）

单位：项

序号	项目	赛事数量	序号	项目	赛事数量
1	足球	22	10	羽毛球	6
2	篮球	18	10	摩托艇	6
3	汽车	17	14	排球	5
4	登山	14	14	田径	5
5	高尔夫球	10	14	自行车	5
5	围棋	10	14	滑水	5
7	摩托车	9	18	拳击	4
8	网球	8	18	射箭	4
9	乒乓球	7	18	水球	4
10	曲棍球	6	18	武术	4
10	游泳	6	18	皮划艇	4

除赛事较多的项目如足球、篮球、汽车、高尔夫球和围棋排在前列，有一些项目的特点比较突出（见表35）。登山、摩托车、摩托艇、滑水、皮划艇等赛事对自然条件有特殊要求，而西部省份常能具备这种条件，因此这些项目在西部地区举办的较多。

项目赛事对西部地区的倾向性更弱。

表36 项目的西部地区赛事所占百分比（25%以上的）

单位：%

序号	项目	百分比	序号	项目	百分比	序号	项目	百分比
1	摩托艇	54.55	8	拔河	37.50	15	沙滩排球	28.57
2	登山	53.85	8	垒球	37.50	15	体操	28.57
3	动力伞	50.00	10	水球	36.36	15	现代五项	28.57
3	热气球	50.00	11	滑水	35.71	18	曲棍球	27.27
3	艺术体操	50.00	12	钓鱼	33.33	18	游泳	27.27
6	摩托车	45.00	12	滑翔伞	33.33	20	公开水域	25.00
7	皮划艇	40.00	14	拳击	30.77	20	技巧	25.00

摩托艇、登山、动力伞、热气球和艺术体操这5个项目有50%以上（含50%）的赛事在西部地区举行。艺术体操在广西壮族自治区和四川省举办的较多，而西部地区独特的自然风貌对摩托艇、登山、动力伞和热气球等项目也有较强的吸引力。

摩托车、皮划艇、拔河、垒球和水球等16个项目有25%~50%（含25%，不含50%）的赛事在西部举行。皮划艇、滑水、钓鱼、滑翔伞、公开水域等户外项目对西部地区的自然条件有一定的倾向性（见表36）。

4. 项目的地域倾向性

综合项目在不同区域赛事数量和比例的聚类结果，可以把握不同项目在地域倾向性上的特征。

91个项目被分为5大类14小类，同类的项目在地域倾向性上具有相类似的特征。

第I大类项目包含板球、蹦床、电子竞技、电子制作、飞镖、风筝、橄榄球、卡巴迪、模拟飞行、木球、五子棋、信鸽和业余电台这13个项目，此类项目的赛事都在东部地区进行，对东部地区有强烈的倾向，但由于赛事数量较少，此结论需进一步验证。

第II大类项目分为三小类：A类项目有滑冰、模型和摔跤，此类项目倾向于在中部、东部地区举行，对西部地区有较弱的倾向，但由于赛事数量较少，此结论需进一步验证；B类项目是武术，倾向于在东部、中部地区举行赛事，对西部地区有较弱倾向；C类项目包含掷球、举重、轻型和超轻型飞机、跳伞，这类项目倾向于在中部、东部地区举办赛事，但由于赛事数量较少，此结论需进一步验证。

第III大类项目分为两小类：A类项目为滑雪，作为冬季项目对中部地区有强的倾向，对西部地区有弱倾向；B类项目为冰壶、冰球、冬季两项和滑翔伞，有强倾向性在中部地区举办赛事，对西部地区有弱倾向；第III大类的项目由于赛事数量较少，结论需进一步验证。

第IV大类项目分为四小类：A类项目为国际象棋、排球、台球、网球和围棋，这类项目对东部地区有较强倾向；B类项目有高尔夫球和汽车，这类项目对东部地区有较强倾向，对西部地区有弱的倾向；C类项目包含棒球、击剑、龙舟、马术、曲棍球、射击、射箭、手球、跳水、铁人三项、象棋和游泳这12个项目，对东部地区有较强倾向，对中部、西部地区有弱倾向；D类项目包含保龄球、壁球、钓鱼、帆船帆板、荷式篮球、健美、健美操、空手道、龙狮、轮滑、马拉松、门球、蹼泳、柔道、赛艇和无线电这16个项目，此类项目对东部地区有较强的倾向，对中部地区有弱倾向，但由于赛事数量较少，此结论需进一步验证。

第Ⅴ大类项目分为四小类：A类项目为乒乓球，倾向于在东部地区举办赛事，对中部、西部地区有弱的倾向；B类项目有篮球和足球，倾向于在东部地区举办赛事，对西部、中部地区有弱倾向；C类项目包含登山、摩托车、田径、羽毛球和自行车这5个项目，对东部和西部地区有强倾向性，对中部有弱倾向；D类项目包含拔河、定向越野、动力伞、公开水域、花样游泳、滑水、技巧、毽球、垒球、摩托艇、皮划艇、桥牌、拳击、热气球、沙滩排球、水球、跆拳道、藤球、体操、体育舞蹈、现代五项和艺术体操这22个项目，这类项目倾向于在东部、西部地区举办赛事，对中部地区有弱的倾向，但由于赛事数量较少，此结论需进一步验证。

三 2011年中国运动竞赛业发展的相关性研究

基于一般的认识，体育赛事的举办会受到经济发展水平、市场规模和体育发展水平的影响，本文将从省份的层面上研究赛事的举办与这三个因素之间的关系，深入分析影响赛事举办的因素。

（一）关于经济发展水平的相关性分析

赛事的举办需要各种物质条件的支持，所以经济发展水平较高的省份有可能会举办更多的赛事。经济发展水平可以用省份的国内生产总值（GDP）来衡量，以探讨其与赛事数量的关系。在GDP的结构中，通过分析第一、二、三产业的产值，可以探讨不同产业发展水平与赛事数量的关系。

1. GDP与赛事数量的相关性分析

（1）GDP与全部赛事的相关性分析。

用各省的国内生产总值和赛事数量绘制散点图可以初步把握两者之间的关系，见图8。

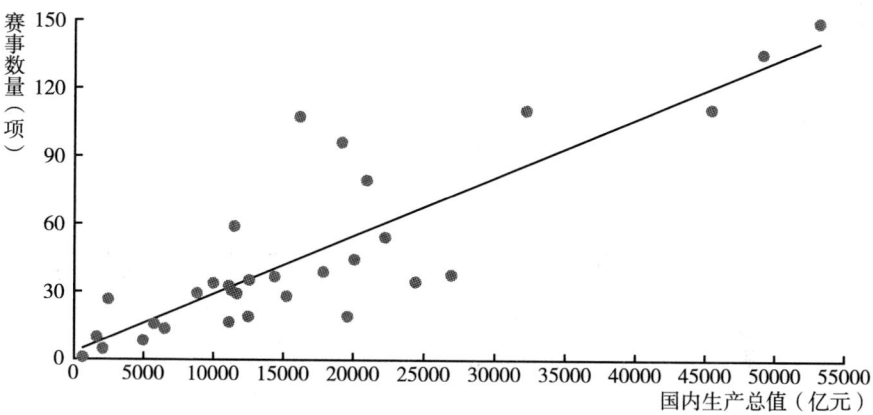

图 8　2011 年省份国内生产总值与赛事数量散点图

从图8可见，GDP越高的省份举办的赛事越多，两者之间似存在正向线性相关关系。

对31个省份的GDP和赛事数量进行相关性分析，得到相关系数 r = 0.858，P = 0.000。GDP与赛事数量高度正相关，GDP越高、经济越发达的省份举办的赛事越多，赛事举办地的选择较多地受经济发展水平的影响。

（2）GDP与国际赛事的相关性分析。

GDP与整体赛事之间存在高度正相关的关系，而国际、国内赛事可能存在差别。用各省的GDP和国际赛事数量绘制散点图可以初步把握两者之间的关系，见图9。

从图9可见，GDP越高的省份举办的国际赛事越多，两者之间似存在正向线性相关关系。

对31个省份的GDP和国际赛事数量进行相关性分析，得到相关系数 r = 0.709，P = 0.000。GDP与国际赛事数量高度正相关，GDP越高、经济越发达的省份举办的国际赛事越多，但比整体赛事与GDP的相关性要弱。

（3）GDP与国内赛事的相关性分析。

用各省的GDP和国内赛事数量绘制散点图可以初步把握两者之间的关系，见图10。

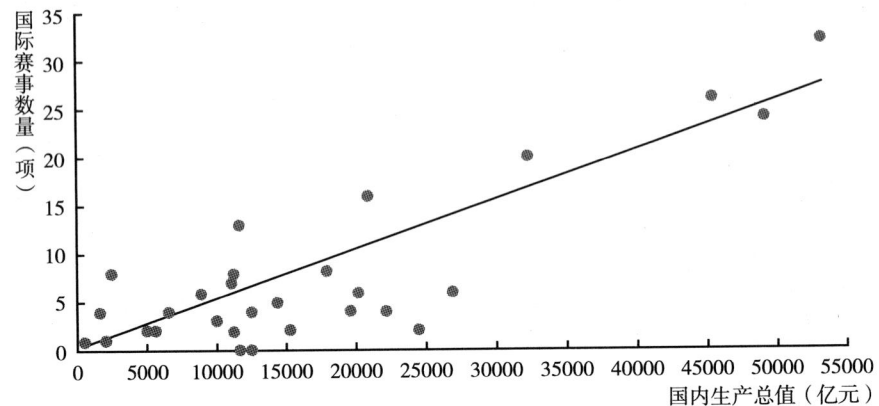

图 9　2011 年 GDP 与国际赛事数量散点图

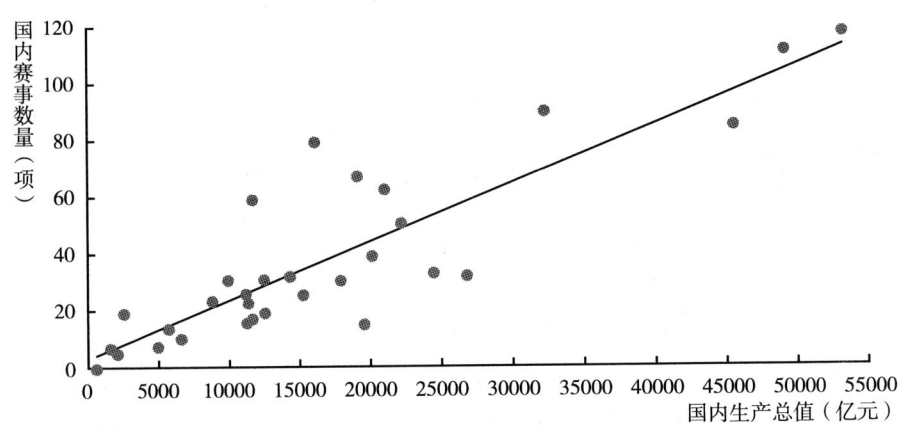

图 10　2011 年 GDP 与国内赛事数量散点图

从图 10 可见，GDP 越高的省份举办的国内赛事越多，两者之间似存在正向线性相关关系。

对 31 个省份的 GDP 和国内赛事数量进行相关性分析，得到相关系数 r = 0.872，P = 0.000。GDP 与国内赛事数量高度正相关，国内生产总值越高、经济越发达的省份举办的国内赛事越多，与整体赛事和经济发展水平的关系相当。

整体上，整体赛事、国际赛事和国内赛事的地域选择与省份的经济发展水平高度正相关。GDP 与国内赛事的相关程度大于其与国际赛事的相关程度，说明国际赛事的举办受经济发展水平的影响相对较小,这可能与我们国家气候、地理环境和文化等因素而对某些项目的国际赛事具有较强吸引有关。

2. 三次产业发展水平与赛事数量的相关性分析

GDP与赛事数量之间存在高度的正向相关关系,而不同产业的产值与赛事数量之间的分析则能帮助我们认识赛事与不同产业之间的关系。

(1)第一产业产值与赛事数量的相关性分析。

用各省的第一产业产值和赛事数量绘制散点图可以初步把握两者之间的关系,见图11。

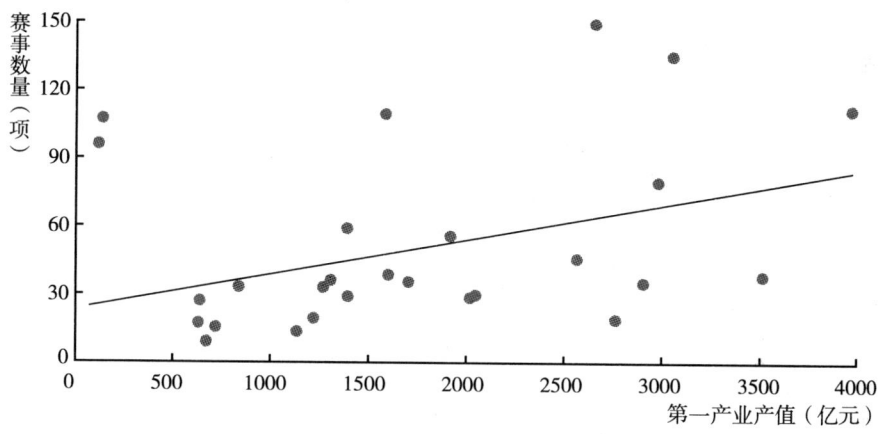

图11　2010年第一产业产值与赛事数量散点图

从图11可见,第一产业越发达的省份举办的赛事越多,两者之间似存在正向线性相关关系。

对31个省份的第一产业产值和赛事数量进行相关性分析,得到相关系数 $r = 0.421$,$P = 0.018$。第一产业产值与赛事数量中度正相关,第一产业产值越高、第一产业发展越快的省份举办的赛事越多。

不同类型的赛事与第一产业发展状况之间的相关关系可能存在不同,通过对第一产业产值与国际赛事数量两者之间相关性的研究发现,两者没有统计意义上的相关关系。

用各省的第一产业产值和国内赛事数量绘制散点图可以初步把握两者之间的关系,见图12。

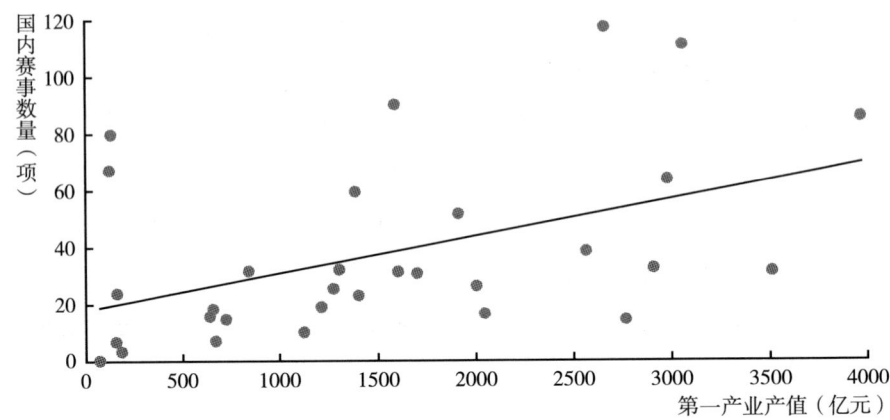

图 12　2011 年第一产业产值与国内赛事数量散点图

从图 12 可见，第一产业越发达的省份举办的国内赛事越多，两者之间似存在正向线性相关关系。

对 31 个省份的第一产业产值和国内赛事数量进行相关性分析，得到相关系数 $r=0.457$，$P=0.010$。第一产业产值与国内赛事数量中度正相关，第一产业产值越高，第一产业发展越快的省份举办的国内赛事越多。

整体赛事和国内赛事的地域选择与省份的第一产业的发展水平中度正相关，而国际赛事的地域选择与第一产业的发展水平没有相关关系。第一产业增加值与国内赛事的相关程度大于其与整体赛事的相关程度，说明国内赛事举办地的选择受第一产业发展水平的影响较大。

（2）第二产业产值与赛事数量的相关性分析。

用各省的第二产业产值和赛事数量绘制散点图可以初步把握两者之间的关系，见图 13。

从图 13 可见，第二产业越发达的省份举办的赛事越多，两者之间似存在正向线性相关关系。

对 31 个省份的第二产业产值和赛事数量进行相关性分析，得到相关系数 $r=0.794$，$P=0.000$。第二产业产值与赛事数量高度正相关，第二产业产值越高、第二产业发展越快的省份举办的赛事越多。

不同类型的赛事与第二产业发展状况之间的相关关系可能存在不同，用各

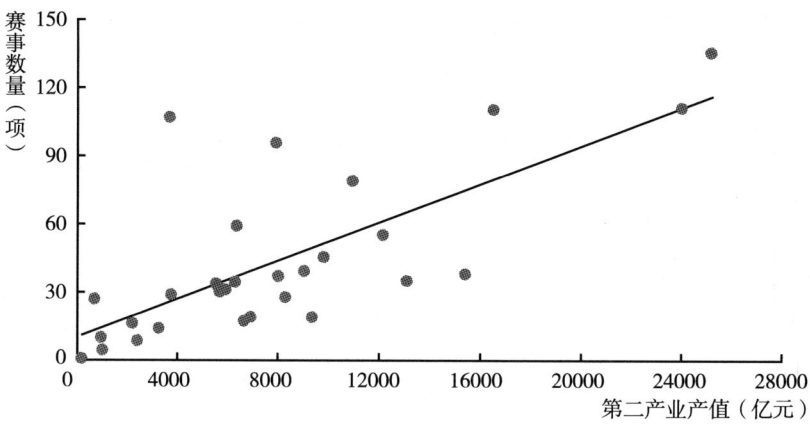

图 13　2011 年第二产业产值与赛事数量散点图

省的第二产业产值和国际赛事数量绘制散点图可以初步把握两者之间的关系，见图 14。

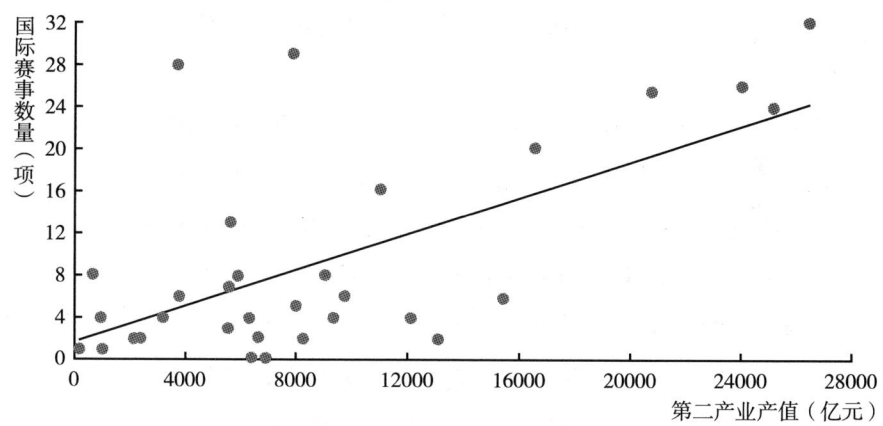

图 14　2011 年第二产业产值与国际赛事数量散点图

从图 14 可见，第二产业越发达的省份举办的国际赛事越多，两者之间似存在正向线性相关关系。

对 31 个省份的第二产业产值和国际赛事数量进行相关性分析，得到相关系数 $r = 0.618$，$P = 0.000$。第二产业产值与国际赛事数量中度正相关，第二产业产值越高、第二产业发展越快的省份举办的国际赛事越多。

用各省的第二产业产值和国内赛事数量绘制散点图可以初步把握两者之间的关系，见图15。

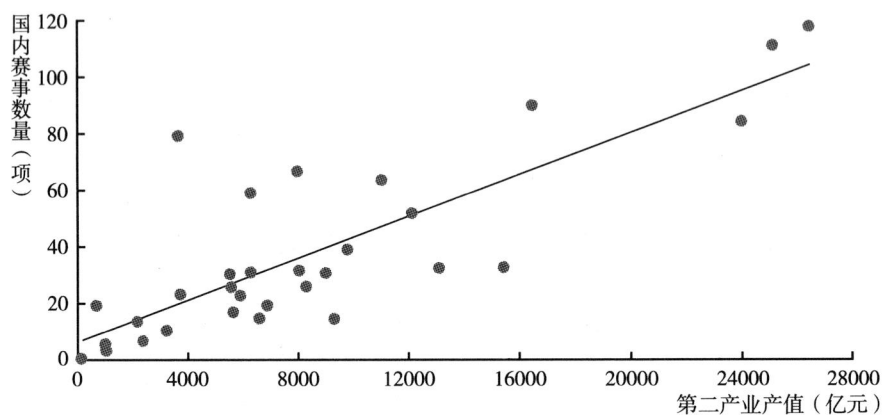

图15　2011年第二产业产值与国内赛事数量散点图

从图15可见，第二产业越发达的省份举办的国内赛事越多，两者之间似存在正向线性相关关系。

通过对31个省份的第二产业产值和国内赛事数量进行相关性分析，得到相关系数 $r = 0.818$，$P = 0.000$。第二产业产值与国内赛事数量高度正相关，第二产业产值越高、第二产业发展越快的省份举办的国内赛事越多。

整体赛事和国际赛事的地域选择与省份的第二产业的发展水平中度正相关，而国内赛事的地域选择与第二产业的发展水平高度正相关。第二产业产值与国内赛事的相关程度大于其与整体赛事的相关程度，说明国内赛事举办地的选择受第二产业发展水平的影响较大，而国际赛事举办地的选择受第二产业发展水平的影响相对弱。

（3）第三产业产值与赛事数量的相关性分析。

用各省的第三产业产值和赛事数量绘制散点图可以初步把握两者之间的关系，见图16。

从图16可见，第三产业越发达的省份举办的赛事越多，两者之间似存在正向线性相关关系。

对31个省份的第三产业产值和赛事数量进行相关性分析，得到相关系数

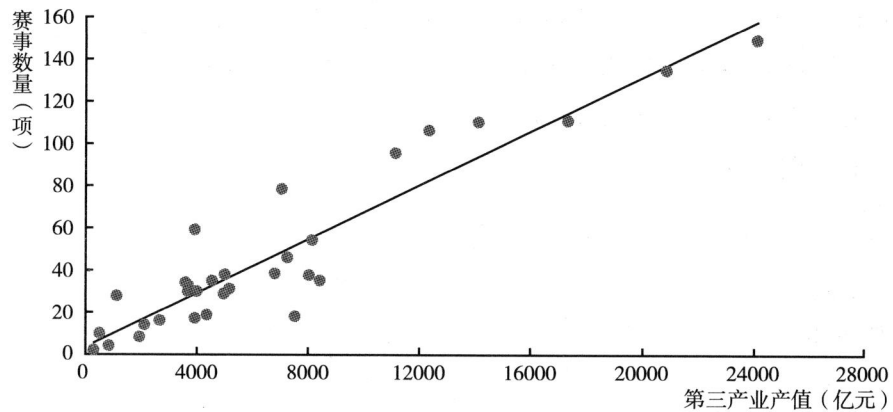

图16　2011年第三产业产值与赛事数量散点图

r=0.933，P=0.000。第三产业产值与赛事数量高度正相关，第三产业产值越高、第三产业发展越快的省份举办的赛事越多。

不同类型的赛事与第三产业发展状况之间的相关关系可能不同，用各省的第三产业产值和国际赛事数量绘制散点图可以初步把握两者之间的关系，见图17。

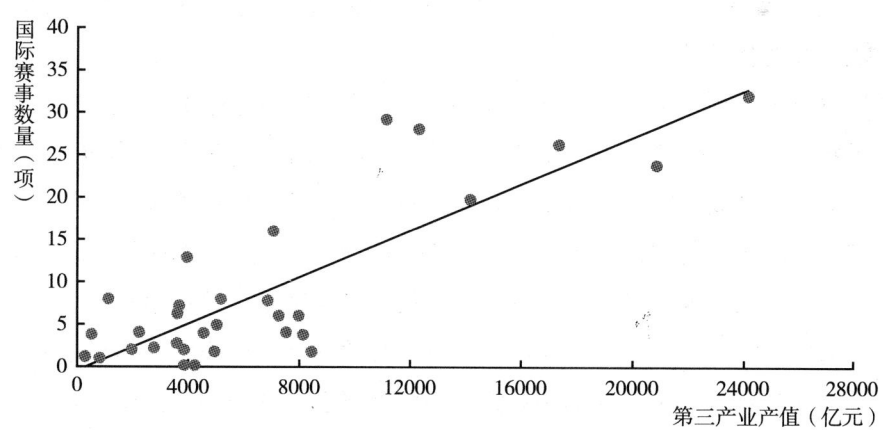

图17　2011年第三产业产值与国际赛事数量散点图

从图17可见，第三产业越发达的省份举办的国际赛事越多，两者之间似存在正向线性相关关系。

对31个省份的第三产业产值和国际赛事数量进行相关性分析，得到相关系数r=0.834，P=0.000。第三产业产值与国际赛事数量高度正相关，第三产业产值越高、第三产业发展越快的省份举办的国际赛事越多。

用各省的第三产业产值和国内赛事数量绘制散点图可以初步把握两者之间的关系，见图18。

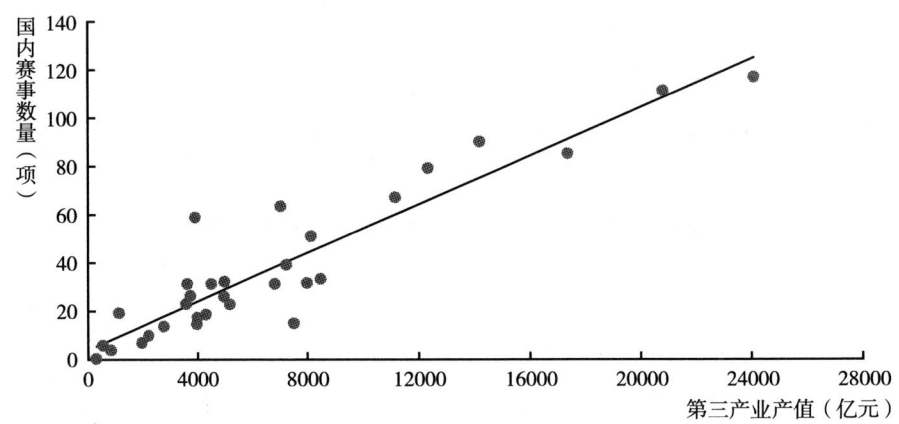

图18　2011年第三产业产值与国内赛事数量散点图

从图18可见，第三产业越发达的省份举办的国内赛事越多，两者之间似存在正向线性相关关系。

通过对31个省份的第三产业产值和国内赛事数量进行相关性分析，得到相关系数r=0.928，P=0.000。第三产业产值与国内赛事数量高度正相关，第三产业产值越高、第三产业发展越快的省份举办的国内赛事越多。

整体赛事和国内赛事的地域选择与省份的第三产业的发展水平高度正相关，国际赛事的地域选择与第三产业的发展水平高度正相关。第三产业增加值与国内赛事的相关程度大于其与国际赛事的相关程度，说明国内赛事举办地的选择受第三产业发展水平的影响较大，而国际赛事举办地的选择受第三产业发展水平的影响相对弱一点。

（二）关于市场容量的相关性分析

从市场营销学的角度看，人口、消费金额和消费意愿是影响市场容量的重要因素。人口是较易获得的人口统计特征；消费金额通常指愿意花费在某产品上的金额，但由于花费在观赏赛事上的金额难以获得，所以以城镇家庭平均每人全年消费性支出来近似地表达其消费能力；消费意愿是愿意购买赛事观赏产品的比例，也较难获得。

因此，本文采用人口和城镇家庭平均每人全年消费性支出来近似地表达市场容量，以探讨其与赛事数量的关系。

1. 人口与赛事数量的相关性分析

用各省的人口数和赛事数量绘制散点图可以初步把握两者之间的关系，见图19。

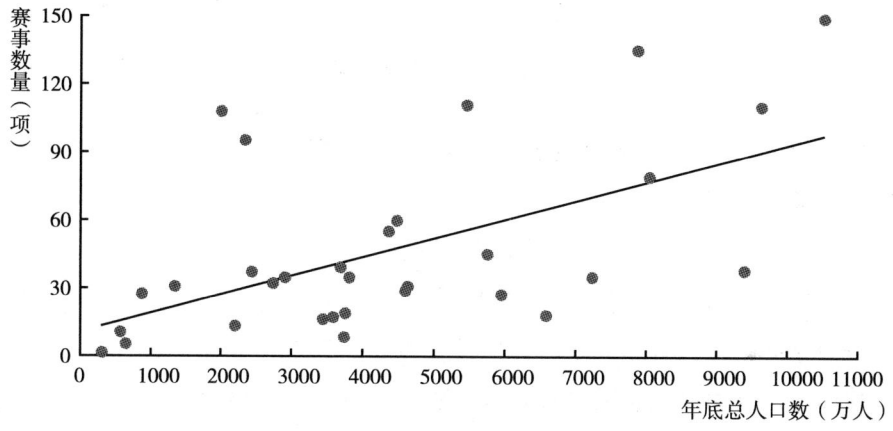

图19　2011年各省份年底总人口数与赛事数量散点图

从图19可见，人口越多的省份举办的赛事越多，两者之间似存在正向线性相关关系。

对31个省份的人口和赛事数量进行相关性分析，得到相关系数 $r = 0.573$，$P = 0.001$。人口与赛事数量中度正相关，人口越多、市场规模越大的省份举办的赛事越多。

人口与整体赛事之间存在中度正相关的关系，而与国际、国内赛事的关系可能存在着差别。通过对人口与国际赛事数量两者之间相关性的研究发现，两者没有统计意义上的相关关系。

用各省的人口和国内赛事数量绘制散点图可以初步把握两者之间的关系，见图20。

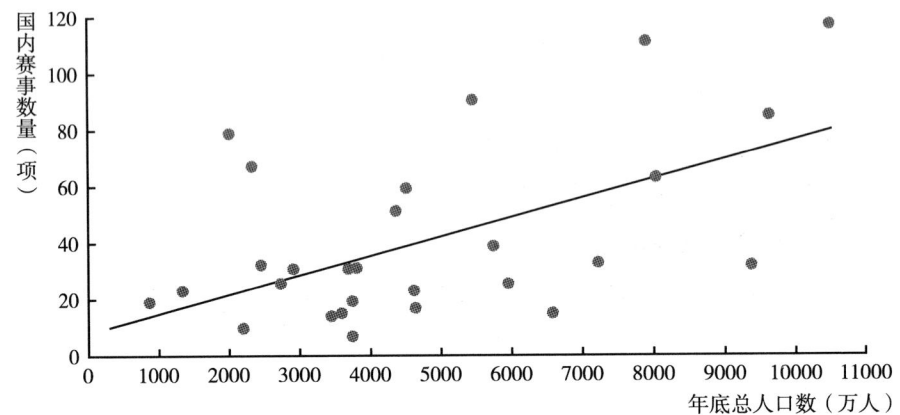

图 20　2010 年各省份的人口与国内赛事数量散点图

从图 20 可见，人口越多的省份举办的国内赛事越多，两者之间似存在正向线性相关关系。

对 31 个省份的人口和国内赛事数量进行相关性分析，得到相关系数 $r = 0.603$，$P = 0.000$。人口与国内赛事数量中度正相关，人口越多、市场规模越大的省份举办的国内赛事越多，比整体赛事与人口的相关性要强。

整体上，赛事举办地的选择与人口数量之间存在中度相关关系，说明赛事倾向于在人口较多、市场规模较大的省份举办，市场规模是赛事举办地选择的影响因素。但在具体结构上，国际赛事举办地的选择与由人口所代表的市场规模的关系不明显，而国内赛事举办地的选择则较多地受到市场规模的影响。

2. 人均消费性支出与赛事数量的相关性分析

用各省的人均消费性支出和赛事数量绘制散点图可以初步把握两者之间的关系，见图 21。

从图 21 可见，人均消费性支出越高的省份举办的赛事越多，两者之间似存在正向线性相关关系。

对 31 个省份的人均消费性支出和赛事数量进行相关性分析，得到相关系数 $r = 0.723$，$P = 0.000$。人均消费性支出与赛事数量高度正相关，人均消费性支出越多、市场规模越大的省份举办的赛事越多。

人均消费性支出与整体赛事之间存在高度正相关的关系，而与国际、国内

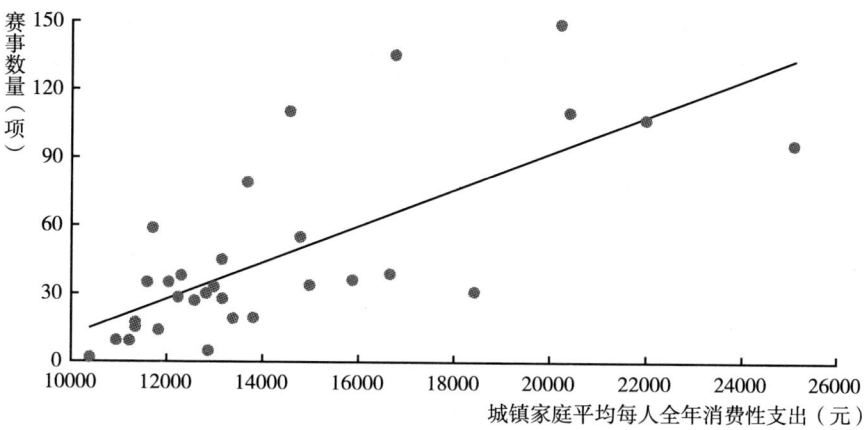

图 21　2011 年各省份人均消费性支出与赛事数量散点图

赛事的关系可能存在着差别。

用各省人均消费性支出和国际赛事数量绘制散点图可以初步把握两者之间的关系，见图 22。

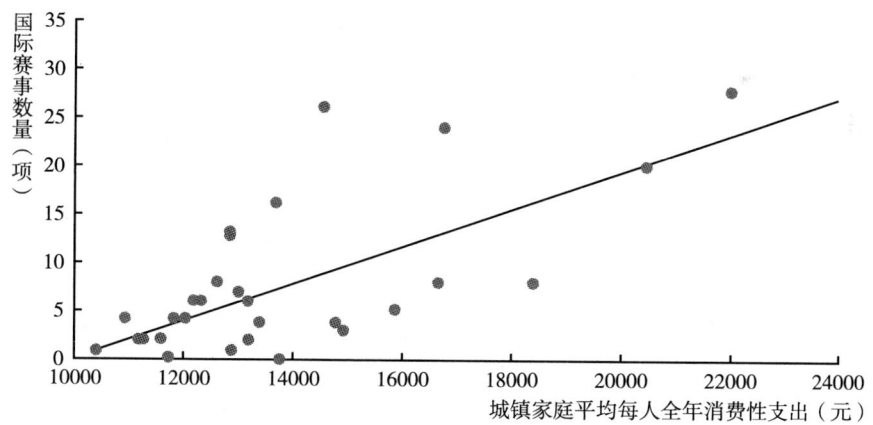

图 22　2011 年各省份人均消费性支出与国际赛事数量散点图

从图 22 可见，人均消费性支出越高的省份举办的国际赛事越多，两者之间似存在正向线性相关关系。

对 31 个省份的人均消费性支出和国际赛事数量进行相关性分析，得到相关系数 $r = 0.788$，$P = 0.000$。人均消费性支出与国际赛事数量高度正相关，人均消费性支出越大、市场规模越大的省份举办的国际赛事越多。

用各省人均消费性支出和国内赛事数量绘制散点图可以初步把握两者之间的关系，见图23。

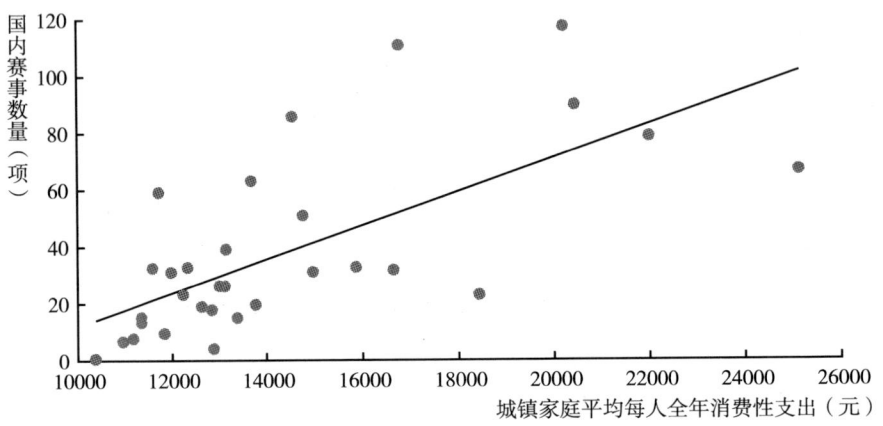

图23 2011年各省份人均消费性支出与国内赛事数量散点图

从图23可见，人均消费性支出越高的省份举办的国内赛事越多，两者之间似存在正向线性相关关系。

对31个省份的人均消费性支出和国内赛事数量进行相关性分析，得到相关系数$r = 0.675$，$P = 0.000$。人均消费性支出与国内赛事数量中度正相关，人均消费性支出越大、市场规模越大的省份举办的国内赛事越多。

整体上，赛事举办地的选择与人均消费性支出之间存在中度相关关系，说明赛事倾向于在消费水平较高、市场规模较大的省份举办，市场规模是赛事举办地选择的影响因素。但在具体结构上，国内赛事举办地的选择较国际赛事举办地的选择更少地受到由人均消费性支出所代表的市场规模的影响。

（三）关于体育发展水平的相关性分析

一般情况下，我们认为体育发展水平较高的省份有更高的积极性举办体育赛事，而体育赛事的举办也会促进体育发展水平的提升。而事实是否如此还需要在现实中进行验证。体育发展水平可以用两个指标来衡量：竞赛成绩和体育场馆数量。竞赛成绩体现了一个省的竞技体育水平，用2009年第11届全国运动会的总积分来代表；体育场馆数量体现了一个省的体育设施水平，用第五次全国体育场馆普查的数据来代表。

1. 竞赛成绩与赛事数量的相关性分析

用各省的竞赛成绩和赛事数量绘制散点图可以初步把握两者之间的关系，见图24。

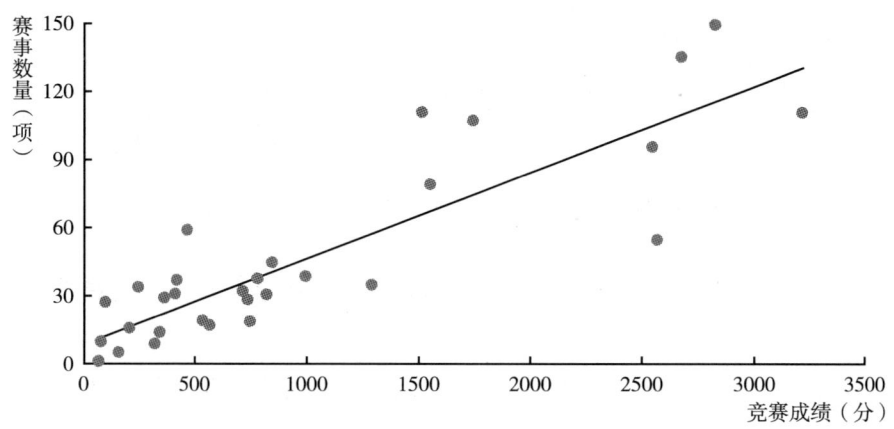

图24　2011年各省份竞赛成绩与赛事数量散点图

从图24可见，竞赛成绩越好的省份举办的赛事越多，两者之间似存在正向线性相关关系。

对31个省份的竞赛成绩和赛事数量进行相关性分析，得到相关系数 r = 0.864，P = 0.000。竞赛成绩与赛事数量高度正相关，竞赛成绩越好、体育发展水平越高的省份举办的赛事越多。

竞赛成绩与整体赛事之间存在高度正相关的关系，而与国际、国内赛事的关系可能存在着差别。

用各省的竞赛成绩和国际赛事数量绘制散点图可以初步把握两者之间的关系，见图25。

从图25可见，竞赛成绩越好的省份举办的国际赛事越多，两者之间似存在正向线性相关关系。

对31个省份竞赛成绩和国际赛事数量进行相关性分析，得到相关系数 r = 0.788，P = 0.000。竞赛成绩与国际赛事数量呈高度正相关，竞赛成绩越好、

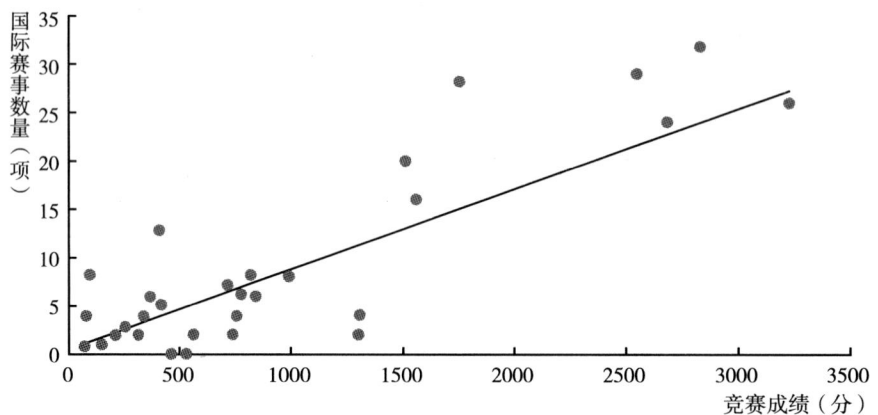

图 25　2011 年各省份竞赛成绩与国际赛事数量散点图

体育发展水平越高的省份举办的国际赛事越多，但比整体赛事与竞赛成绩的相关性要弱。

用各省的竞赛成绩和国内赛事数量绘制散点图可以初步把握两者之间的关系，见图26。

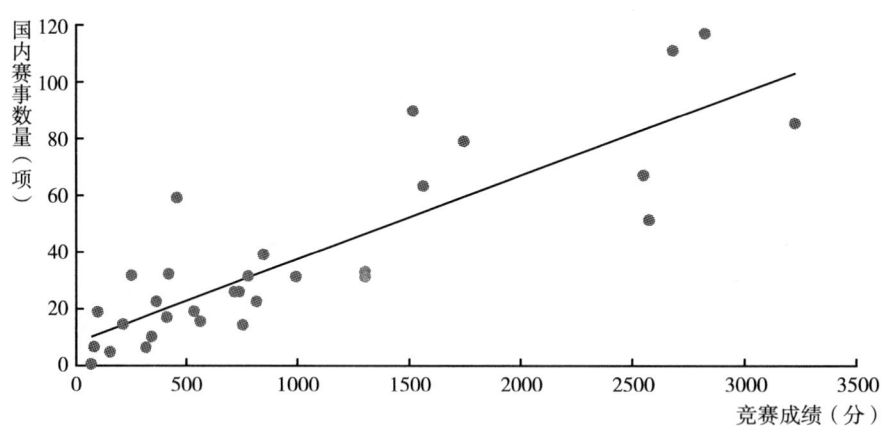

图 26　2011 年各省份竞赛成绩与国内赛事数量散点图

从图26可见，竞赛成绩越好的省份举办的赛事越多，两者之间似存在正向线性相关关系。

对31个省份的竞赛成绩和国内赛事数量进行相关性分析，得到相关系数

r=0.855，P=0.000。竞赛成绩与国内赛事数量高度正相关，竞赛成绩越好、体育发展水平越高的省份举办的赛事越多。

整体上，赛事举办地的选择与竞赛成绩之间存在高度相关关系，说明赛事倾向于在竞赛成绩好、体育发展水平高的省份举办。但在具体结构上，国际赛事举办地的选择与由竞赛成绩所代表的体育发展水平的关系较弱，说明国际赛事更多地受到地理、自然环境的影响，而国内赛事举办地的选择则较多地受到竞赛成绩的影响。

2. 体育场馆与赛事数量的相关性分析

用各省的体育场馆数量和赛事数量绘制散点图可以初步把握两者之间的关系，见图27。

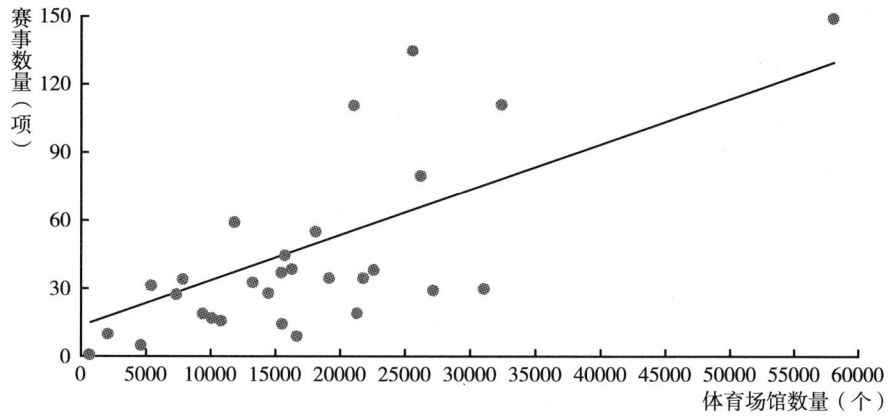

图27 2011年各省份的体育场馆数量与赛事数量散点图

从图27可见，体育场馆数量越多的省份举办的赛事越多，两者之间似存在正向线性相关关系。

对31个省份的体育场馆数量和赛事数量进行相关性分析，得到相关系数r=0.570，P=0.001。体育场馆数量与赛事数量中度正相关，体育场馆越多、体育发展水平越高的省份举办的赛事越多。

用各省的体育场馆数量和国际赛事数量绘制散点图可以初步把握两者之间的关系，见图28。

从图28可见，体育场馆越多的省份举办的国际赛事越多，两者之间似存

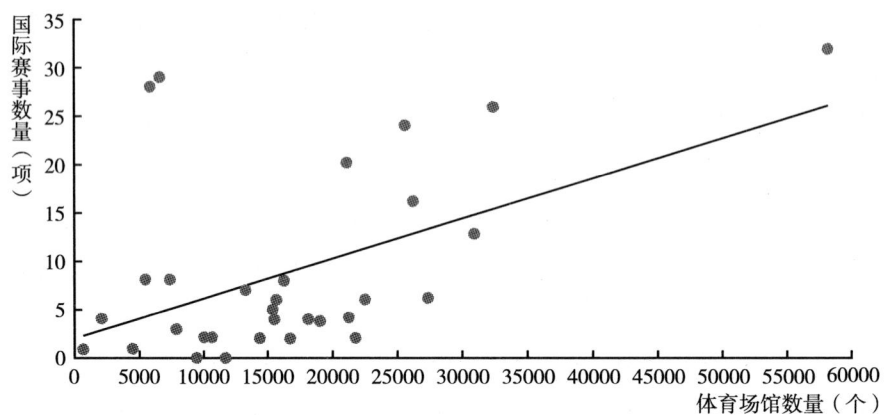

图 28　2011 年各省份的体育场馆数与国际赛事数量散点图

在正向线性相关关系。

对 31 个省份的体育场馆数量和国际赛事数量进行相关性分析,得到相关系数 $r = 0.491$,$P = 0.005$。体育场馆数量与国际赛事数量中度正相关,体育场馆数越多、体育发展水平越高的省份举办的国际赛事越多。

用各省的体育场馆数量和国内赛事数量绘制散点图可以初步把握两者之间的关系,见图 29。

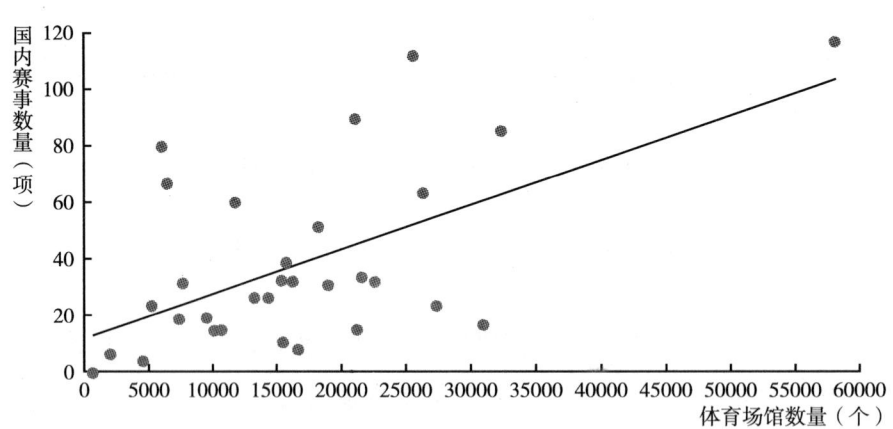

图 29　2011 年各省份的体育场馆数量与国内赛事数量散点图

从图 29 可见,体育场馆数量越多的省份举办的国内赛事越多,两者之间似存在正向线性相关关系。

对 31 个省份的体育场馆数量和国内赛事数量进行相关性分析，得到相关系数 r = 0.573，P = 0.001。体育场馆数量与国内赛事数量中度正相关，体育场馆越多、体育发展水平越高的省份举办的国内赛事越多。

整体上，赛事举办地的选择与体育场馆数量之间存在中度相关关系，说明赛事倾向于在体育场馆多、体育发展水平高的省份举办。但在具体结构上，国际赛事举办地的选择与由体育场馆数量所代表的体育发展水平的关系较弱，国内赛事举办地的选择则较多地受到体育场馆数量的影响。

（四）相关性分析小结

整体赛事、国际赛事和国内赛事的数量与各省份的经济发展水平高度正相关。GDP 与国内赛事的相关程度大于其与国际赛事的相关程度，说明国际赛事的举办受经济发展水平的影响较小。

整体赛事和国内赛事的数量与各省份第一产业的发展水平中度正相关，而国际赛事的地域选择与第一产业发展水平没有相关关系，第一产业产值与国内赛事的相关程度大于其与整体赛事的相关程度。

整体赛事和国内赛事的数量与各省份的第二产业的发展水平高度正相关，而国际赛事的数量与第二产业的发展水平中度正相关。国内赛事举办地的选择受第二产业发展水平的影响较大，而国际赛事举办地的选择受第二产业发展水平的影响相对较弱。

整体赛事、国际赛事和国内赛事的数量与各省份的第三产业的发展水平高度正相关，第三产业产值与国内赛事的相关程度大于其与国际赛事的相关程度，说明国内赛事举办地的选择受第三产业发展水平的影响较大，而国际赛事举办地的选择受第三产业发展水平的影响相对较弱。

赛事数量与人口数量之间存在中度相关关系，说明赛事倾向于在人口较多、市场规模较大的省份举办。但在具体结构上，国际赛事举办地的选择与由人口所代表的市场规模的关系不明显，而国内赛事举办地的选择则较多地受到市场规模的影响。

赛事数量、国际赛事数量与人均消费性支出之间存在高度相关关系，国内赛事数量与人均消费性支出之间存在中度相关关系，说明赛事倾向于在消费水

平较高、市场规模较大的省份举办。国内赛事举办地的选择与由人均消费性支出所代表的市场规模的关系较弱，国际赛事举办地的选择则较多地受到市场规模的影响。

赛事数量、国际赛事数量和国内赛事数量与竞赛成绩之间存在高度相关关系，说明赛事倾向于在竞赛成绩好、体育发展水平高的省份举办。与国内赛事相比，国际赛事举办地的选择与由竞赛成绩所代表的体育发展水平的关系相对较弱，说明国际赛事更多地受到地理、自然环境的影响。

赛事数量、国际赛事数量和国内赛事数量与体育场馆数量之间存在中度相关关系，说明赛事倾向于在体育场馆多、体育发展水平高的省份举办。国际赛事举办地的选择与由体育场馆数量所代表的体育发展水平的关系较弱，而国内赛事举办地的选择则较多地受到体育场馆数量的影响。

B.3
2014年体育健身业格局与市场前景分析

摘 要： 随着国务院颁布的《全民健身计划（2011~2015年）》和《全民健身条例》的实施，在我国经济结构调整、政策法规保障下，2013年我国体育健身业在政府职能的转变和国家对体育健身事业的重视下，经营性和公益性健身都有了发展。"大群体"工作格局初步形成，组织结构不断完善，体育社团有了较快发展，全国体育健身活动项目丰富多彩，公共服务体系在体育彩票公益金的支持下获得了良好的发展局面。

关键词： 体育健身　俱乐部　体育彩票

按照党的十八大精神，努力探索实践中国特色社会主义体育事业发展道路，全面建成小康社会目标的确立，对发展新时期体育、加快建设体育强国提出了新任务、新要求。落实《全民健身计划》和《全民健身条例》，建立全民健身公共服务体系，加强组织领导，完善政府职责，建立"大群体"的发展格局，从而推动全民健身事业大发展。

国务院办公厅关于加快发展体育产业的指导意见特别指出：不断增加体育市场供给，努力向人民群众提供健康丰富的体育产品。完善体育基础设施的建设，改善全民健身基本条件。以《"十二五"公共体育设施建设规划》和《国家基本公共服务体系"十二五"规划》为准则，全面推动各级城乡公共体育设施建设规划。通过体育彩票公益金的引导和示范，引导社会投入，大力建设城市社区和农村乡镇公共体育设施。在一些中西部等欠发达的地区，可以新建一批"农民体育健身工程""雪炭工程"等，实现真正的全民体育健身。引导

支持各地因地制宜地利用城市绿地、广场、公园等公共场所和适宜的山川等自然资源,建设具有特色、群众喜爱、环境优美、安全有效的户外健身设施。积极推行国家最新颁布的《室外健身器材的安全通用要求》,以保证群众安全放心地使用健身设施。

近年来,全民健身组织指导工作继续得到加强。各地从全民健身活动站点和社区体育健身俱乐部入手,加强基层群众体育组织建设,不断加强和创新各级各类体育组织。强化科学指导,提高全民健身科学化水平。以"以人为本、面向大众、立足基层、小型多样、注重实效"为准则,促进全民健身活动广泛开展。

一 我国健身业发展的背景

(一)我国体育健身业的政策背景

体育健身业作为一项新兴产业,是体育产业的重要组成部分。特别是在2008年北京奥运会之后,我国的体育健身事业更是进入了快速发展阶段。通过表1的体育健身业相关政策法规的出台情况,能够从一个侧面反映出体育健身业近些年在我国的发展情况。

表1 我国体育健身业的相关政策法规

时 间	颁布机构	具体政策
2003年9月	国务院	《进一步加强和改进新时期体育工作的意见》
2004年8月	国务院	《公共文化体育设施条例》
2007年5月	国务院	《中共中央、国务院关于加强青少年体育增强青少年体质的意见》
2007年7月	国家体育总局	《关于进一步加强残疾人体育工作的意见》
2008年5月	全国人大常委会	《中华人民共和国体育法》
2008年5月	1989年12月9日国务院批准 1990年1月6日国家体委令第10号发布	《国家体育锻炼标准实施办法》
2009年8月	国务院	《全民健身条例》
2011年2月	国务院	《全民健身计划(2011~2015年)》
2012年9月	国家发展改革委 国家体育总局	《"十二五"公共体育设施建设规划》

（二）我国经济发展形势

自 1978 年改革开放以来，中国国民经济快速增长。2001 年后，中国经济进入了新一轮的增长周期。国民经济总体呈现增长较快、价格回稳、结构优化、民生改善的发展态势。2010 年，中国国内生产总值达到 397983 亿元，2010 年国内生产总值按平均汇率折算达到 58791 亿美元，超过日本，成为仅次于美国的世界第二大经济体。经济总量世界排名稳步提升，中国经济增长对世界经济的贡献不断提高。2012 年国内生产总值 519322 亿元，按可比价格计算，比上年增长 7.8%。2013 年前三季度国内生产总值 386762 亿元，按可比价格计算，同比增长 7.7%，如图 1 所示（注：2014 年 1 月 20 日，国家统计局发布数据，2013 年中国国内生产总值为 568845 亿元，按可比价格计算比上年增长 7.7%，增速与 2012 年持平）。

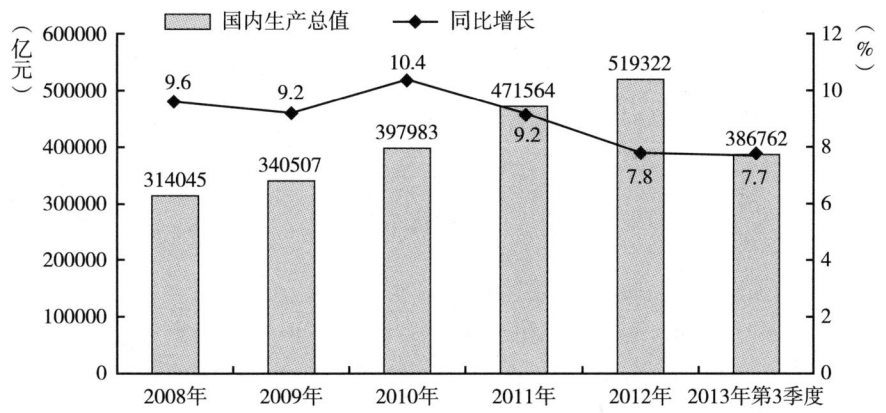

图 1　2008～2013 年中国国内生产总值及增长变化趋势

资料来源：国家统计局、中商情报网。

2012 年全年城镇居民的人均总收入为 26959 元，人均可支配收入 26959 元，比上年名义增长 12.6%；扣除价格因素实际增长 9.6%，增速比上年提高 1.2 个百分点。2013 年的前三季度，城镇居民人均总收入已达 22068 元。其中，人均可支配收入为 20169 元，与 2012 年同期相比增长了 9.5%，去除价格因素后实际增长了 6.8%（见图 2）。与上年相比较，城镇居民人均总收入中财产性收入增长了13.0%，工资性收入增长了8.9%，经营净收入增长了9.9%，转移性收入增长了9.8%。

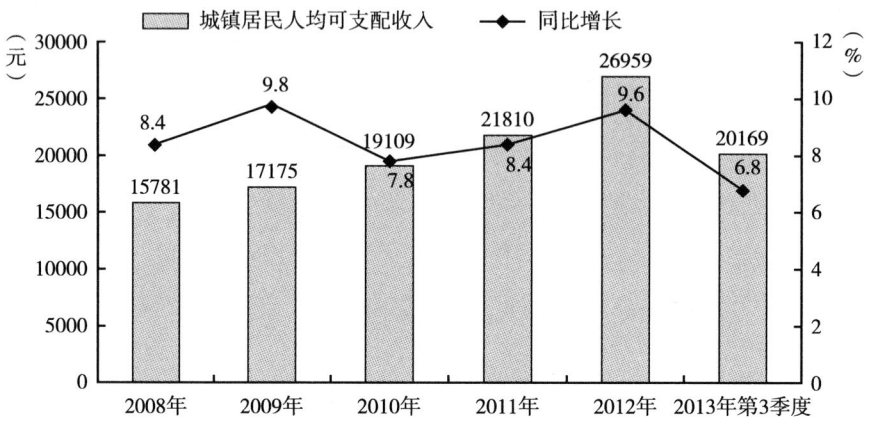

图2　2008~2013年城镇居民人均可支配收入及增长趋势

资料来源：国家统计局、中商情报网。

2013年前三季度，居民消费价格同比上涨2.5%，涨幅比上半年扩大0.1个百分点。9月的居民消费价格与上年同期相比上涨了3.1%（见图3），而工业生产者出厂价格却下降了2.1%，降幅比上半年缩小0.1个百分点；9月同比下降1.3%。前三季度的工业生产者购进价格总体下降了2.2%；仅9月就下降1.6%。

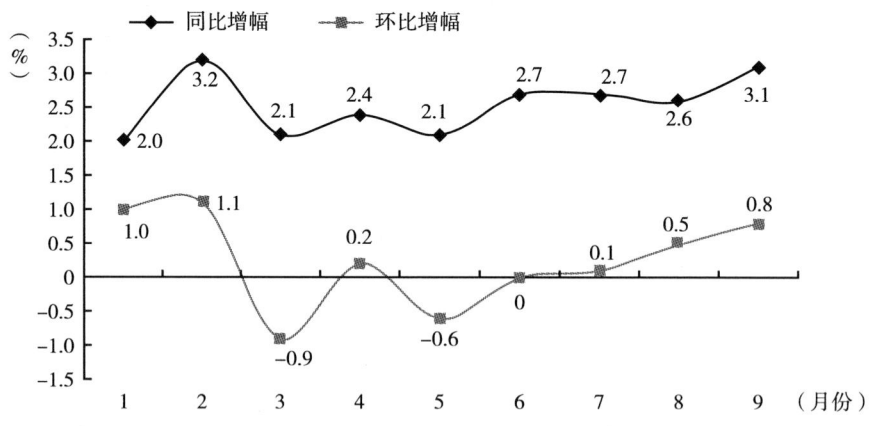

图3　2013年中国居民消费价格月度变化趋势

资料来源：国家统计局、中商情报网。

从以上经济发展的趋势可以看出,随着我国GDP发展速度的降低,城乡居民人均可支配收入增长的趋缓,我国居民消费价格的增长,经济结构必然要调整。随着人们健康意识的进步,农村城镇化的发展趋势加强,第三产业会得到快速发展和需求。体育健身业在我国必然有非常大的市场需求。

通常而言,体育健身业包括经营性健身产业和公益性健身事业两种形式。经营性健身产业在前两年的《中国体育产业发展报告》中已进行了大量的阐释,在本文将不再赘述,本研究主要围绕公益性健身事业展开。

二 我国公益性健身事业的分析

(一)我国政府对体育健身事业发展的支持

1. 政府职能的转变和国家对体育健身事业的重视

2013年,国务院部署机构改革和职能转变工作后,国家体育总局积极推动构建全民健身体系的改革创新。国家体育总局会同教育部等有关部门完成了《国家体育锻炼标准》的修订工作,发布《全国新农村科学健身书库目录》,向乡(镇)、村全民健身和文化活动站点以及农家书屋发送或捐赠了书库制品。特别是2013年8月31日,习近平总书记在沈阳亲切接见了全国群众体育先进单位和先进个人、全国体育系统先进集体和先进工作者代表,并发表了重要讲话,对各级党委和政府抓紧抓实体育工作提出了明确要求和殷切希望。从总书记的讲话中,我们可以看到,党和国家对群众体育工作,特别是人民健康水平的关注,这既是我们未来体育工作的方向,也是体育健身事业的未来发展趋势。

2. "大群体"工作格局初步形成

国务院在《全民健身计划(2011~2015年)》中提出了"三纳入"的要求,即把全民健身事业,特别是公共体育设施建设纳入当地国民经济和社会发展规划,把全民健身经费纳入当地财政预算,把全民健身工作纳入当地《政府工作报告》。截至2013年底,全国未将全民健身事业纳入规划的地市有3个(涉及3个省),全民健身经费未纳入政府财政预算的有10个(涉及8个省),

全民健身工作未纳入年度政府工作报告的有3个（涉及2个省），地市级"三纳入"总体覆盖率达到97%，与前几年相比保持平稳状态。在县区级，全国未将全民健身事业纳入规划的有75个（涉及13个省），未纳入政府财政预算的有168个（涉及16个省），未纳入年度政府工作报告的有86个（涉及14个省），"三纳入"总体覆盖率接近93%，比上一年度增长了11个百分点。实现全民健身"三纳入"，已经普遍成为县级以上地方政府履行体育公共服务的重要内容，"三纳入"以至"多纳入"正向基层广泛延伸。随着经济和社会的不断发展，全民健身工作越来越受重视，相关财政投入力度越来越大，这为我国全民健身工作提供了有力的保障条件。

3. 公共服务体系的完善

全国经常参加体育锻炼的人所占比例达到28.2%，体育健身成为越来越多的人的健康生活方式。以各级政府颁布实施的《全民健身条例》（简称《条例》）和《全民健身实施计划》（简称《计划》）为突出标志的法规制度日益完善，全民健身公共服务体系逐步建立。推动各级政府履行基本公共体育服务职责，加快改革完善"政府主导、部门协同、全社会共同参与"的群众体育工作格局。进一步明确相关工作机制和要求，积极推动《"十二五"公共体育设施建设规划》的实施工作，推进基层公共体育健身场地设施建设。

2013年，投入总局本级体育彩票公益金约13.3亿元，建设农民体育健身工程近5万个、"雪炭工程"190个，采购符合新国标的健身路径器材1192套。为支持各试点单位加强健身场地设施建设，群体司在2013年支持20个试点单位建设"全民健身路径示范工程"，每个试点单位有10套按《新国标》生产安装的路径器材，集中安装在1~2个公园（广场）或大的社区等对外开放、便于群众使用的公共场所。并对"示范工程"建设提出了明确的要求，努力将"示范工程"场所打造成宣传科学健身的新阵地。随着经济的发展，人们认识的提高，将会有越来越多的体育彩票公益金用于体育健身事业。

（二）2013年我国健身活动丰富多彩

1. 青少年体育健身活动的开展

打造以全国青少年"未来之星"阳光体育大会为代表的青少年体育活动

特色品牌，首次推出了田径等 5 个项目的体育传统校联赛。

继续开展青少年校园足球活动，国家体育总局会同教育部印发了《关于加强全国青少年校园足球工作的意见》。同时，国家级布局城市 49 个，省级布局城市 57 个，参加校园足球联赛的学校达到 5084 所，注册学生球员超过 19 万人。组织伦敦奥运会冠军参加"全民健身日""全国青少年阳光体育节"等活动。倡导和组织社会各界，尤其是从事体育相关工作的人员积极投入到全民健身志愿服务活动，并努力推动志愿服务的常态化。2012 年，国家体育总局还印发了《优秀运动员全民健身志愿服务实施办法（试行）》，成立"国家体育总局优秀运动员全民健身志愿服务协调小组"，结合全国性赛事，组织 10 个运动项目的优秀运动员、教练员、裁判员和全民健身志愿者深入基层，开展志愿服务活动。新疆组织全民健身志愿者走进残疾人社团、敬老院、福利院和农民工聚居区，开展"三关爱"志愿服务活动。

2. 全国各地的全民健身工作根据自己的地方特色，结合百姓需求打造品牌活动

丰富和完善全民健身活动体系。改革创新"全民健身日"活动形式，取消开幕仪式，集中办好科学健身指导、青少年阳光体育、老年人快乐健身、全民健身志愿服务、公共体育场馆开放以及奥运体育文化六大板块活动。全国第二届老年人体育健身大会和全国优秀广场操舞评选展示活动成功举办，职工、老年人、残疾人等人群的全民健身活动纷纷开展，少数民族体育事业的发展不断推动。北京市坚持"体育生活化"理念，持续推进"体育生活化社区"标准化建设。上海市提出"体育是民生"理念，举办了第一届市民运动会，共设 50 个大项，2399 个小项，历时半年，103 个代表团参加，举办各种活动赛事 3812 场，631 万人次参与，提升了市民身体素质和幸福指数。河北省继续实施"环京津体育健身休闲圈"。重庆继续推进"文体中心户"建设，积极拓展乡镇综合文化站的体育服务功能。四川省制定下发了《四川省特色体育健身项目及群众体育活动品牌认定办法》，积极打造群众体育活动品牌。西藏也按照既定计划，2012 年完成 1000 个农牧民行政村体育健身工程。这些省（区、市）政府为民办实事工程、农村扶持工程，为实现全民健身城乡一体化、基本公共服务均等化开了一个好头。另外，广西区政府印发《广西创建国家民族地区全民健身示范区工作方案》和《广西少数民族传统体育保护规划（2011~2015年）》，将民族地区全民健身工作和民族传统体育保护工作推上了一个新台阶。新疆将开展全民健身工作作为维护社会和谐稳定的重要抓手之一，提出"用健康的体育和先进的文化向基层渗透"。宁夏回族自治区政府将全民健身工作列入全区每年十项民生计划中。青海省体育局与省委统战部、省民族宗教委全面启动"体育健身进寺院"活动，将群众体育工作与民族工作、宗教工作紧密结合起来，为民族团结、社会和谐做出不可替代的贡献。

3. 科学健身的推广活动

2012年，国家体育总局在全国选择了20个城市开展全民健身示范城（区）试点工作，取得了积极成效，为全面推进《条例》和《计划》的落实积累了有益的经验。同时，开展"体质测定与运动健身指导站"试点工作，为从2014年起在全国启动建设三级"指导站"工作系统、加速提高科学健身指导公共服务的水平积累了经验。编写、出版了两期共8本《科学健身指导系列丛书》。各地也在增强广大人民群众科学健身意识，开展科学健身指导活动，提升全民健身活动的科学化水平方面做了大量的工作。如浙江省体育局与浙江省疾病预防控制中心、浙江大学营养研究所联合组织开展了全省健康生活方式与科学健身大型科普宣传行全省活动。北京市在市内七大公园、街道、社区举办北京市全民健身科学指导大讲堂88期，并结合开展技能展示和交流活动，提供健身讲座、体质测试、健身技能传授等服务，受众21500余人次。同时，与北京人民广播电台体育台合作，自8月7日起，每星期二11时至12时开播北京市全民健身科学指导大讲堂。新疆克拉玛依市以开展"国家级体质测定与运动健身指导站"试点工作为抓手，建立了一支由教师、社会体育指导员、医学专家等组成的科学健身宣讲队伍，并通过广播、电视节目加大对科学健身的宣传。福建省体育局与省电视台合作，创办《运动时间到》和《快乐体育》栏目，报道群众体育赛事，介绍体育锻炼常识，推广体育锻炼方法，目前，节目已制作多期，平均收视率逐步上升。

通过这些手段和方法，提高百姓健身的意识，增加百姓健身的手段，实现科学健身。

（三）我国社团组织的发展

加强对全国性单项体育协会和人群类体育协会的工作指导，推动单项体育协会逐步建立业余锻炼标准和群众性竞赛活动体系。充分发挥地方各级各类体育协会特别是基层体育协会的能动性，指导它们全面开展全民健身活动。配合支持有关部门和社会组织举办内容丰富、特色鲜明、易于普及的体育健身活动。继续加强群众体育组织和队伍建设。国家体育总局与全国政协教科文卫体委员会共同就发挥体育社会组织作用进行了专题调研，并提出了政策建议。加紧研制群众体育社会组织的政策文件，积极、稳妥地改革创新群众体育社会组织发展的体制机制。与全国总工会联合举办全国体育行业职业技能大赛，推动了体育行业技能人才队伍的建设。

近年来，各地群众体育组织数量增长较快，组织网络化稳步推进，作用发挥逐步明显。例如：江苏省，市、县两级已全部建立体育总会。全省有体育社团1526个，团体会员10781个、个人会员120多万人。全省建有各类社区体育俱乐部6900个、青少年体育俱乐部413个、晨晚练健身点3.9万个，基本形成了以体育健身俱乐部和晨晚练健身点为点、体育社团为线的点线结合、覆盖各类人群的群众体育组织网络。一些地方积极推进体育社团实体化改革，对社区体育健身站点和体育健身俱乐部的建设模式、规范管理、政策支持和服务指导等进行探索。2012年，湖北省将体育总会秘书处从局办公室分离出来，将常设机构设在社会体育管理中心，实现了管办分离、高效运转。黑龙江省明确省体育总会和单项体育协会的职责任务，加大建设力度，并对作用发挥不到位的单项体育协会进行调整。北京市还采取购买公共服务的方式，申请引导资金，支持体育社团组建经营实体，创建群众体育品牌赛事和培训基地，探索体育社团实体化路子。浙江省通过扶持一批省级社区、乡村、职工体育俱乐部和老年体育活动中心，推进了基层体育组织建设。

完善政府职能，精简政府的审批范围，增加各种体育协会的构建，将各级体育协会进行实体化，进而保障我国体育健身业的全面发展。

充分发挥社会体育指导员在全民健身工作中的作用，培训国家级指导员3803名。截至2012年，全国共登记注册社会体育指导员104.8万人，其中当

年发展、晋升21.7万人。目前,全国已有19个省(区、市)成立了省级社会体育指导员协会。各地对社会体育指导员培训工作的经费支持力度普遍加大。2013年,国家体育总局按照《社会体育指导员发展规划》的目标,继续拓宽社会体育指导员培训渠道,组织培训并考核合格3536名国家级社会体育指导员,江苏省为服务在一线社会的体育指导员办理每人50元的意外伤害险,每两年发放有社会体育指导员标志的运动装备;江苏、重庆等省市推进大学生村干部兼任社会体育指导员工作。为加强基层全民健身活动站点的规范建设和管理,总局开展了工作调研,开展了全民健身经验交流研讨会。会同中央文明办、北京市人民政府、中央电视台共同举办了第四届优秀体育项目进社区展演和交流活动,起草了《国家级社区健身俱乐部管理办法(试行)》。

(四)我国公益性健身业发展策略与展望

随着我国政府职能的转变,精简机构,减少审批环节,政府的职能由管、办体育向制定法规政策和监管发展。体育健身的组织机构——体育协会实体化,越来越多的体育健身活动要由体育协会管理与组织。

随着我国经济的发展和老龄化的到来,运动养生康复产业需求将大增,应该大力推进以舒缓亚健康及自然生态休闲为主体特色的,将健康监测、健康评价、运动健身、休闲娱乐紧密结合,将以社会交往、医疗康复等元素与体育健身相结合的健身养生康复产业,并将其作为健身主体发展。

随着我国西部地区经济的快速发展,人民生活水平的提高,体育健身需求将有较快发展。而东部发达地区,需要打造高端健身理念,促进健身休闲产业向高级化方向发展,引入国内外高端健身俱乐部及国际化经营管理理念,打造和培育高端健身产品,促进我国健身休闲业向高级化方向发展。

进一步加快体育基本公共服务设施的建设,"十二五"期间,依据《"十二五"全国体育基本公共服务设施规划》,推进我国体育基本公共服务设施网络的建设,尤其要大力发展社区体育设施和学校体育设施,保障城乡居民健身的基本设施条件。

加强全民健身业的综合科学指导。增强全民体质、提高全民身体素质,促进休闲健身业发展;加快构建社会体育指导员队伍,健全和完善全民健身指导体系。

对从事体育健身服务的项目和单位,应该给予税收政策的优惠,鼓励各单位和社会团体投身体育健身服务行业,支持休闲体育健身俱乐部的建设,大力发展民办非企业等社会体育组织,倡导连锁化、多元化和集团化的发展。对于有可能危害健身消费者安全的休闲体育项目要严加监管,并制定相关法律法规维护健身消费者的权益,引导休闲健身体育事业健康持续发展。

B.4
体育用品业格局与市场前景分析

摘　要： 体育用品业作为中国体育产业发展最好的一个行业，在经历2008年北京奥运会后的强劲发展后，步入了一个发展的衰退期。从2010年至今，多家体育用品企业由于经营问题，存货增多，导致全国众多销售门店关闭，进而又间接阻碍了体育用品企业发展。在国家大力扶持体育产业发展的历史背景下，我国体育用品业的发展将何去何从，这是值得我们认真思考的问题。本文首先概述了全球体育用品业的发展现状，接着分析了我国体育用品业的发展现状，进而从经济数据入手探索了我国体育用品业的市场格局，最后展望了我国体育用品业的发展趋势。

关键词：

体育用品业　竞争结构　发展趋势

一　全球体育用品业的发展现状

从全球市场分布我们可以知道，北美、西欧及斯堪的纳维亚地区和亚洲占据世界体育用品市场前三位，而中国已成为美国、日本之后的世界第三大体育用品消费国。美国拥有全世界最大的体育用品市场。但是，美国的经济最近几年有所下滑，所以美国的体育行业整体有些下滑。其中，体育用服装平均销售价在美国有所下降，销售额上升，这主要是由于比较时尚的设计和环保材料的驱动。鞋类平均销售价格也有所下降，但近几年时尚和技术发展比较强劲。设备销售基本属于平稳发展，其中健身器材，例如网球设备由于技术的提高，销售稳步增长，武术设备也因为传媒的推广产生很多新兴品牌。体育行业增长最快的项目依次为瑜伽、普拉提、步行健身、长曲棍球；继续增长的行业有英式足球、跑步；啦啦队、滑雪板、棒球、高尔夫球、足球、健身单车也增长很快。美国体育消费对象主要是年轻人，但是这一人群在美国增长速度很低。健身行业会因为美国人不断肥胖的趋势持续增热。为老年人设计的健身产品市场具很大潜力。除此之外，美国小品牌正受到大品牌诸如阿迪、耐克、彪马、李宁等的强劲挑战。高技术和环保产品进一步被看好。现代体育起源于欧洲，各国居民都有参加体育活动的传统，因此欧洲体育市场发展迅速，仅次于美国。德国、英国、法国是欧洲的体育用品主力市场，据统计，法国和英国每年参加体育活动的人口占总人口的70%以上，体育消费占了欧洲体育市场收入的一半。据谢夫尔博士在2013年中国体育用品高峰论坛上的演讲称：现阶段，线上消费和厂家直营模式成为体育用品当前发展中最显著的特点。英国线上消费居全球第一，高达39%，德国第二，为32%。波兰、捷克、匈牙利、罗马尼亚、保加利亚等国作为欧洲体育的新兴市场发展很快。早期欧洲体育用品市场最重要的指标是就业和收入。但随着欧洲经济的复苏，消费者开始关注健康、健身、生活方式和时尚，在意大利、英国等地的人们将运动服当休闲服，极大地刺激了体育用品消费的增长。体育在欧洲逐渐成为一种街头时尚，为欧洲体育用品的发展带来不可估量的潜力。中东和非洲的体育用品业也在不断发展，以色列、伊朗、阿联酋正在产生新的发展趋势。南非等非洲国家也有了进一步的增长，但与其他国家相比，还有很大差距。亚洲市场中，日本占最主要的地位。日本国民对体育用品的需求量巨大，体育用品的市场规模迅速扩大，位列世界第二。日本体育用品出口量发展速度也相当惊人，一批著名的体育用品公司均展开跨国业务，在国外设立分公司，就地生产、销售，棒球和高尔夫球用品几乎垄断了欧美市场。韩国、中国、印度尼西亚、泰国在亚洲市场中也依次占有重要位置，其他国家市场则都比较小。

二 中国体育用品业的发展现状

（一）中国体育用品业的发展历程

中国体育用品业的发展从历史角度看，可以分为萌芽阶段、起步阶段、发展阶段、起飞阶段和调整阶段。改革开放之前,国家实行计划经济,以公有制为主,所有经济活动都由国家掌控。体育用品业同样没有自主产销权,产品单一,产量小,质量也不高,主要营销对象也是政府等事业单位。十一届三中全会的召开为我国经济的发展注入了新活力。我国凭借劳动力的优势迅速发展,得到了很多国外体育企业的订单,国内体育用品企业也纷纷出现。广东珠三角及福建等地也成为体育用品加工基地,体育消费也不断开放增加。改革开放的春风为体育产业带来了巨大的变化与契机。这一阶段,国家成立了中国体育用品联合会,颁布了多项利于体育产业发展的条例,体育产业飞速发展,很多本土品牌也顺势崛起,例如李宁、安踏、双星、康威等。1997年之后,体育用品业成为国民经济新的增长点,受到了政府和社会的高度重视。其在产值、销售量和利润方面有了新的飞跃。与此同时,产业集群形成,以李宁为代表的本土品牌提高了科技含量,体育产业的发展达到了又一新高。2011年起我国体育用品业出现了下滑,各品牌也纷纷出现关店潮。继奥运之后,高成本、高库存的问题成为整个体育用品业的困扰。

(二)中国体育用品业经济运行现状

根据中商情报网数据,截至2013年前三季度,我国体育用品行业资产总额为607.18亿元,同比增长8.24%。2009~2013年,我国体育用品行业资产总额稳中有升,继续保持强劲势头。2013年前三季度,我国体育用品行业产品销售收入为796.74亿元,同比增长10.59%。实现利润总额32.05亿元,同比增长3.38%。根据数据分析可知,2009~2013年,我国销售总额总体处于增长态势,涨幅在2010年达到顶峰后一直处于下降趋势,而销售利润涨幅一直处于下降趋势。同时,依据体育产业发达国家的数据统计得知,体育用品行业的增加值可以占到一个国家或地区GDP的5%左右。中国2012年体育用品产业的增加值是1936亿元,仅占GDP的0.37%;进出口总额为174.67亿美元,实现贸易顺差159.13亿美元,其中进口额为7.77亿美元,同比增长14.97%;进口额为166.90亿美元,同比增长4.87%。分析可知,我国体育用品行业整体规模进一步扩大,增速持续放缓,市场发展潜力依然巨大。

在中国30多个大类制造中,文教体育用品制造业是地区集中度最高的行业。目前，中国体育用品产业集群主要集中在东部沿海开放地区，体育用品产量排名前五的省市依次是广东、福建、江苏、浙江和上海，占到全国体育用品总产量的85%，呈现南强北弱、东强西弱的差异化分布，而且产业集群效应不断增强，区域经济带动效应明显。据国家统计局、中商情报网统计，2013年我国规模以上体育用品企业有894家，体育用品从业人员267446人。根据数据分析可知，2010年我国体育用品企业和从业人员数量呈上升态势，但2009~2013年我国体育用品企业和体育用品从业人员数量总体呈下滑趋势，进一步说明我国体育用品企业属于调整时期。具体而言，运动服和运动鞋生产数量出现了较为明显的下滑，以球类和健身器材为主的运动器材以及个人运动防护品生产数量则呈现稳健增长趋势。

以北京为例，中商情报网的数据显示，2013年前三季度，北京体育用品行业资产总额为1.71亿元，同比增长6.28%；负债总额7369.5万元，同比减少6.56%；其行业实现销售收入3354.9万元，同比增长8.21%，行业亏损648.6万元。体育用品行业企业单位数为3家，亏损2家，亏损总额为648.6万元。经分析，北京体育用品行业资产和销售近几年增长缓慢，2013年开始强势反弹。但是，2013年北京体育用品业的销售成本有所增加，科技投入的比例增大。

（三）中国体育用品业品牌现状

根据阿里巴巴运营数据显示，就销售利润来说，2013年上半年，安踏净利润同比下降18.7%至6.26亿元；李宁净亏损1.84亿元，同比暴跌515.4%；匹克净利润同比下降62.5%至0.9亿元；中国动向净利润为0.92亿元，同比下降5.2%；361°净利润2.1亿元，同比下滑65.5%；特步则是五年来首次营业收入下滑，2013年上半年营业收入为20.98亿元，同比下降19.5%，净利润为3.41亿元，同比下跌了27.1%。就门店数量来说，2013年上半年，各品牌关店数量巨大。李宁关店410家，安踏关店273家，匹克关店289家，361°关店601家，中国动力关店611家成为关店数量品牌之首。就库存量来说，李宁的库存从2012年底的9.19亿元降至2013年中期的8.41亿元；匹克的库存从2012年底的3.9亿元减少0.5亿元，为3.4亿元；361°的库存也从2012年底的4.6亿元减少0.2亿元，为4.4亿元。由此可见，中国体育品牌现今发展遇到了巨大瓶颈，销售额和净利润都继续2012年的不同程度大幅下滑，为了节约成本，各大品牌不得不大面积关店。不过，困扰全行业的高库存问题得以缓解，且2014年新款产品价格有一到两成的增长，可知行业有望回暖。但若想走出销售亏损困境，必须走出自己独占优势的发展路线，要加强三、四线城市的渠道扩张，并利用线上线下联合营销的手段，进行特色化、非同质化的竞争。

就中国最具代表的两大体育品牌李宁与安踏而言，根据中商情报网数据统计，2013年安踏收入规模超越李宁，并在二级市场的总市值远超李宁在内的竞争对手。这主要源于安踏的清晰定位。相比较安踏，李宁的消费群体则年龄偏大，和主流消费群体年龄不符，品牌和产品线都过多，门店分布也不平衡，在西南等经济欠发达地区门店数量、比例低于安踏。

三 中国体育用品业市场格局分析

（一）中国经济环境分析

1. 我国GDP总量及分析

中国2010年的GDP总量为401512.8亿元，2011年GDP总量达到472881.56亿元，而到了2012年GDP总量增长到518942.1亿元。2013年前三季度，我国GDP总量为386761.70亿元。这几年我国GDP的增长率虽然逐年下降，到了2012年增长率降至7.8%，而2013年前三季度我国GDP的同比增长率为7.7%，结合世界整体的经济发展形势来看，我国GDP依然维持在一个较高的增长水平。

2012年，我国第一产业增加值52373.60亿元，增长4.5%；第二产业增518942.1加值235162.00亿元，增长7.9%；第三产业增加值231406.50亿元，增长8.1%。第一产业对GDP的贡献率为5.6%，第二产业对GDP的贡献率为49%，第三产业对GDP的贡献率为45.4%。我国2012年人均GDP为38449元。

2013年前三季度，我国第一产业增加值35669.00亿元，增长3.4%；第二产业增加值175117.80亿元，增长7.8%；第三产业增加值175974.80亿元，增长8.4%。第一产业对GDP的贡献率为9.2%，第二产业对GDP的贡献率为45.3%，第三产业对GDP的贡献率为45.5%。

通过上述分析看到，我国目前经济发展的整体趋势较为良好，发展速度较高且稳定（见表1）。GDP总量保持持续增长的态势，这种态势很好地缓解了不利的世界整体经济形势对我国企业所带来的冲击，维持了国内市场的发展与稳定，这种相对缓和的经济发展环境对于体育用品行业维持其发展，特别是升级与转型是有利的。从产业结构上看，第二、三产业的贡献比例相差不大，并且都保持了较高的增长率，当然考虑到通胀等因素的影响，我们也不能对这种增长盲目乐观。体育用品行业属于第二产业，而第二产业整体的发展趋势则反映出市场对于工业产品的一种有效回应，而这种相对积极的市场需求情况对于体育用品行业来说是一个很好的发展机遇。同时，体育用品行业作为一个特殊的行业，其自身发展情况在很大程度上取决于第三产业，特别是体育赛事、健身休闲活动等方面的发展。无论是从经济数据还是我们自身的感受来说，我国体育赛事以及健身活动的开展水平不断提高，开展范围不断拓展，而这些都将极大地刺激群众对于体育用品的需求，这对于体育用品行业来说是一个比较有利的发展环境，有助于体育用品业保持甚至增强自身的发展势头。

表1　2009年至2013年第三季度中国GDP总量及增长率

单位：亿元，%

时间	GDP总量	增长率	时间	GDP总量	增长率
2009年	340902.81	9.2	2012年	518942.1	7.8
2010年	401512.80	10.4	2013年前3季度	386761.70	7.7
2011年	472881.56	9.3			

资料来源：国家统计局。

2. 我国进出口情况分析

2011年，我国进出口总额36418.6亿美元。2012年，我国进出口总额38671.2亿美元，比2011年增长了6.2%；出口额20487.1亿美元，同比增长了7.9%；进口额18184.1亿美元，同比增长了4.3%（见表2）。

2013年1~3季度，我国进出口总额30603.54亿美元，同比增长7.7%，其中，出口总额16148.62亿美元，增长8.0%，进口总额14454.91亿美元，增长7.3%，进出口差额1693.71亿美元。

表2 2009年至2013年前三季度中国进出口总额

单位：亿美元，%

时间	进出口总额	增长率	时间	进出口总额	增长率
2009年	22075.35	-13.9	2012年	38671.2	6.2
2010年	29739.98	34.7	2013年前3季度	30603.54	7.7
2011年	36418.6	22.5			

资料来源：国家统计局。

总体而言，我国近几年整体的进出口贸易波动较大，但整体上仍然保持了增长的态势，同时出口额高于进口额。受国际金融危机等国内外因素的影响，我国的进出口贸易面临的压力和阻力都很大，整体增速放缓。考虑到我国体育用品品牌整体的国际影响力较小，同时缺乏有核心竞争力的产品，在这种大背景下，对于我们国家体育用品品牌的出口以及海外品牌的拓展是不利的，同时越来越多的国际品牌进入中国市场还将加剧国内市场的竞争。

(3) 我国居民收入与消费情况。

2011年，我国城镇居民人均可支配收入达到21810元，农村居民人均纯收入6977元。2012年我国城镇居民人均可支配收入达到24565元，比上年增长了9.6%，农村居民人均纯收入7917元，同比增长了13.73%。2013年1~9月，我国城镇居民人均可支配收入20169元，比上年同期增长9.5%；农村居民人均纯收入7627元，增长12.5%。

2012年，我国城镇居民人均消费支出达到16674.3元，比上年增长了10.0%；农村居民消费支出8961.9元，比上年增长12.2%。2013年1~9月，我国城镇居民人均消费支出13319元，同比增长7.6%；我国农村居民人均生活消费现金支出为4385元，同比减少了29.4%。

我们可以看到，2013年前三季度，我国无论是城镇居民还是农村居民的收入增幅都超过了9.5%，但受不同消费观念以及价格因素的影响，城镇居民和农村居民在消费方面的表现出现巨大差异，城镇居民消费支出仍然保持较高增长，而农村居民消费则出现大幅下降。在此种情况下，对于体育用品行业来说整体的发展情况是不利的，农村居民消费支出的大幅下降意味着体育用品企业失去了一个巨大的消费群与增长点，使得体育用品行业的发展面临巨大的困难与挑战。而此种情况下，越来越多的企业还是会将更多的注意力放在城市，企业间面临的竞争压力会越来越大，而一些小的生产企业甚至会面临被洗牌的危险。

（二）中国体育用品业竞争格局分析

1. 行业竞争结构分析

2006~2011年，我国体育用品行业运动服、运动鞋、运动器材及相关体育产品的制造和销售增加值逐年增加，年均复合增长率17.63%，2011年达到1760亿元，占体育产业比重的80%以上。目前，"中国制造"占据世界体育用品业65%以上的份额，出口以运动器材为主，贸易顺差较大。中国同时也是仅次于美国的世界第二大体育用品消费市场。

伴随着中国鞋服业的发展，其体育用品业也获得了快速发展。"十一五"期间，国内体育用品品牌店平均增长速度约为10%，销售业绩的增长速度约为20%。但是，自2010年开始，中国体育用品业的发展速度开始放缓。受高库存、成本上升等因素影响，行业增速放缓。未来在行业增速整体放缓背景下，各品牌间的竞争将进一步加剧。

在行业竞争的过程中，市场集中度逐步提高，国内市场主要的体育用品品牌经过较长时间的开拓和发展，已经建立起比较完善的生产和营销网络，占据了国内体育用品市场大部分市场份额。在激烈的市场竞争中，知名品牌渐渐地占据上风，年度出货量逐年增多，市场占有率也越来越大，相当一部分品牌企业在未来的发展中将进一步挤压小企业的生存空间。

产业集群效应明显，运动鞋主要集中在福建晋江、广东东莞、浙江慈溪、江苏昆山；运动服主要集中在福建石狮、广东中山、浙江海宁；运动器材主要集中在浙江富阳、苍南、江苏江都、泰州、河北沧州；篮、排、足球用品主要集中在上海，天津，浙江奉化、富阳和福建长泰、永林等地。

从重点企业方面看，以李宁为代表的国内体育用品企业发展遭遇严重困境，发展速度明显放缓，出现重大亏损。根据李宁2012年度业绩发布会公布的数据，李宁全年亏损近20亿人民币，为上市八年来的首次亏损。单从营业额看，李宁67.39亿元、安踏76.22亿元、特步55.5亿元、361°49.5亿元、匹克29亿元。而代表公司健康程度的存货周转天数和应收款项周转天数，李宁分别是90天和97天，远落后于安踏的51天和34天。但即便是销售额一举超过李宁的安踏也遇到了上市五年以来的业绩首次下滑，净利润下滑21.5%至13.58亿元。匹克净利润下滑幅度高达60.1%，至3.1亿元。

2. 国际竞争力比较

国际著名体育用品如耐克、阿迪达斯、锐步等企业早已进入中国，它们占了中国的大量市场份额。国内著名的体育用品品牌，如李宁、安踏、鸿星尔克等运动品牌都加入激烈的竞争，试图在中国这个消费大市场上获取自己的利益。但是由于中国的自有品牌没有准确的定位，无法传达给顾客其公司的文化经营理念而是大打价格战，最终石头还是砸在自己的脚上。因此，各品牌的利润率较低，与世界著名品牌相比其竞争力较弱。

目前国内运动行业体现为：以阿迪达斯和耐克为主的外国名牌居塔尖，李宁、安踏等则处于中档地位，而特步、爱乐、别克等"晋江产"品牌几乎囊括了整个中低档产品。耐克、阿迪达斯等国际大品牌在一线城市稳扎稳打并积极进军中国二、三线城市，渗透中国各级市场；面对激烈的国内市场竞争形势，李宁、匹克等国内品牌更是纷纷放眼全球，杀出国内市场，向美国等国际市场挺进。

目前我国体育用品品牌与国际品牌无论是在本土还是在其他国家的市场上，竞争力都有明显欠缺。企业长远发展的意识淡薄，战略意图不明确，由于企业缺乏核心技术，加之产品的附加值很低，所以我国体育用品企业真正的获益并不高。由于产业竞争的特点是激烈的成本价格竞争和质量规模竞争，在这种情况下，各体育用品企业都将很快面临市场的饱和，利润减少将会给体育用品制造企业带来严酷的现实压力。

现今，影响我国体育用品业竞争力的一大重要因素是，研发工作投入不足，创新能力差。国际企业界普遍认为，一个研发经费占企业销售额的比例不足1%的企业是难以生存的；这个比例达2%时，企业仅处于维持水平；只有当这个比例达到5%以上时，企业才有一定的竞争力。有关资料表明，当前我国体育用品企业的研发经费占销售收入的比例平均水平还不到0.4%。显而易见，研发投入的严重不足极大地阻碍了我国体育用品企业的技术改进和创新，导致产品的科技含量很低，从而严重削弱了企业的持续竞争能力，制约了企业的进一步发展。

企业组织结构不合理，经营机制不活，是影响甚至削弱我国体育用品企业核心竞争力根本性的原因。

我国体育用品业整体处于"大而不强"的状况，根据2012年发布的《中国体育用品行业2010~2011发展报告》显示，"中国制造"目前已占据世界体育用品业65%以上的份额。作为世界体育用品的制造中心，我国在很多体育用品种类的生产方面都占据着世界市场的巨大份额，其中，运动鞋超过70%，乒乓球类产品超过80%，羽毛球（拍）和网球拍等也占到了世界总产量的70%~80%。但这一切所反映出的只是我国是一个体育用品制造大国，而在国际品牌的竞争中却并非是强国。在世界体育品牌100强企业中，美国占据了大部分，日本有十几家，韩国也有两家上榜，而中国却没有一家企业入围。同时，根据微笑曲线理论，生产制造环节的产品附加值最低，处于"微笑曲线"最低端。这些事实提醒我们，我国体育用品企业的转型与升级势在必行。

（三）运动器材

作为体育用品行业中非常重要的一类，我国运动器材行业发展态势良好，整体上稳中有升，是促进我国体育用品行业整体发展的强大基石。包括2008年北京奥运会在内的重大国际体育赛事中，越来越多地可以看到中国体育用品品牌的身影，而在我国的传统优势项目上如乒乓球、体操等，我国自主品牌的体育器材装备甚至已经成为国际上当仁不让的领导者。随着中国品牌在世界上的认可度越来越高，运动器材的生产集群化也表现得越来越明显，形成了一些有规模、有实力的大型运动器材企业，但不同的企业又有不同的侧重，例如：山东泰山体育产业集团有限公司和江苏金陵体育器材股份有限公司主要是专注于竞技体育器材的生产和经营，与此同时，这两家企业在不同的项目上各有侧重；英派斯和舒华则是健身器材方面国内极其有影响力的品牌。随着运动器材行业的发展，可以预见的是整个行业的专业化程度会越来越高，运动器材的种类会被进一步细分，同时，行业的集中化程度也会越来越高，企业间优胜劣汰，竞争力弱的企业面临被淘汰的危险。

伴随着互联网的发展，运动器材的销售渠道得到了很好的拓展，特别是在健身器材与装备的销售方面，消费者对于健身器材的消费需求越来越高，而便捷的网上购物模式为消费者提供了极大的方便。因此，对于健身器材的生产商来说，如何利用好网络的资源，实现线上与线下的有效结合将成为下一个发展阶段的一个重点。

2012年球类产品制造行业实现销售收入126.63亿元，同比增长14.42%；训练健身器材制造行业实现销售收入292.15亿元，同比增长5.60%。

运动器材市场整体发展情况良好，球类产品、训练健身器材等均呈现温和增长态势。球类产品制造业行业销售收入逐年上升，年均增长率超过10%。同时，2012年行业产销率达到98.48%，表明产销衔接良好，该行业市场前景较为稳定，据预测未来5年也能保持10%以上的增长率。训练健身器材制造行业销售收入逐年上升，年均保持5%以上的增速。同时，2012年行业产销率为100.05%，表明产销衔接处于非常好的状况，该行业前景乐观。据预测未来5年内增速均在6%以上，总体呈现平民化、品牌化和三四线市场下沉化三大发展趋势。

（四）运动服装

在中国体育服装市场，耐克、阿迪达斯、卡帕、彪马以及斐乐等品牌占据着高端市场，市场价格在400元/件以上；而中端市场主要由安踏和李宁占据，售价在200~400元/件；在200元以下的低端消费市场，典型厂商有特步、匹克、361°以及鸿星尔克等。

2012年行业内主要上市公司累计实现运动服销售收入83.94亿元，同比下降29.69%，是本类别产品销售收入连续第二年下降，行业内主要上市公司运动服销售收入均呈下降趋势。

市场数据和分析公司欧睿咨询 2013 年 3 月发布的研究报告显示，2012年，耐克占据中国体育运动服饰市场 12.1% 的份额，阿迪达斯紧随其后为 11.2%，排名第三的安踏则为 5.8%。国内品牌在运动服装领域的竞争力普遍较弱，单个品牌的市场占有率很低，无法形成对于国际品牌的有力挑战。同时，大量的国内品牌集中于低端市场的争夺，而竞争手段多以价格战为主，导致整体的利润率很低。

相较于奉行"轻资产"战略、将重心放在产品设计与研发方面的耐克和阿迪达斯两大巨头，我国大多数运动服装生产企业均为"生产型"企业，企业在生产环节投入大量的精力去经营与管理。但在经济危机的大背景下，原材料价格的变动以及人力资源成本的上升都极大地影响了这些企业整体的经营，甚至使得生产环节可能成为企业发展的一种负担；同时，我国运动服装产品的科技含量普遍较低，企业的产品研发能力较差，这也导致我国运动服装产品的同质化现象严重，缺乏强有力的竞争产品。而这一切最终也都反映在了运动服装市场占有率的表现上，耐克和阿迪达斯两大巨头稳稳占据头两把交椅，而排名第三的安踏则与前两名的差距巨大。在营销层面，我国运动服装企业也与国际品牌存在明显差距，首先受企业本身实力的限制，营销的广度不够；其次，从营销的理念与实施上，我国运动服装品牌对于自身品牌形象的树立也并不成功。

尽管当前运动服行业面临较多问题，但由于女性运动参与者、童装市场和时尚实用多样化的运动服需求不断出现，市场仍具有发展潜力。总体而言，运动服市场将呈现多样化趋势，运动健身服装和休闲服装、日常便装的界限趋于打破，科技感、时尚感等指标有待提升。另外，随着国内领先厂商在科技研发、设计师管理、产品链整合方面不断加大力度，一、二线品牌市场份额将呈现进一步集中趋势。

（五）运动鞋

2012 年我国体育用品行业（运动服、运动鞋、运动器材及相关体育产品的制造和销售）增加值达到 1936 亿元，同比增长 9.73%，占 GDP 的比重为 0.37%，与上年同期基本持平。其中，2012 年行业主要上市公司累计实现运动鞋销售收入75.47亿元，同比下降19.28%，是本类别产品销售收入连续第二年下降。出现下降的原因可能是国际贸易摩擦加剧、人民币升值、原材料价格上涨以及劳动力短缺等诸多因素的影响。

目前我国运动鞋行业主要有篮球鞋、足球鞋、慢跑鞋、旱冰鞋、帆布鞋、休闲运动鞋等几个重点产品，销售这些重点产品的标杆企业主要有耐克、阿迪达斯、李宁、安踏、特步国际、匹克体育、飞克国际和361°等，从竞争市场来看，国内一线市场大多数被高档国外品牌如阿迪达斯和耐克占据；李宁、安踏等国内中高档品牌正在不断向一线市场发展，而特步、爱乐、恩东等"晋江产"的中低档品牌则多居于二线城市，同时国际品牌阿迪达斯和耐克也开始布局二、三线市场。

中国运动鞋的产业集群主要位于广东、福建、浙江等地，这三个地区的总产量占全国规模以上运动鞋企业产量的60%以上。其中，以福建省泉州地区为例，以该地区为核心的产业集群，运动鞋鞋底年总产量约14亿双，占国内运动鞋鞋底产量的50%左右，该产业集群多以生产国内自有品牌运动鞋鞋底为主，如安踏、特步、361°、鸿星尔克、喜得龙、贵人鸟等；以东莞地区为核心的产业集群则多以给国外知名品牌阿迪达斯、耐克等做贴牌生产而闻名。

随着人们生活空间和活动范围不断扩展，新兴运动项目不断兴起，加之旅游业成为生活的时尚，人们对运动鞋种类、款式、舒适性、功能性等要求越来越高，对此，各大运动鞋品牌纷纷将关注的焦点放在运用高端技术上。例如，如何运用计算机和电子传感装置，准确测定和自动调整运动鞋的运动状况，怎么样能让运动鞋更加符合运动员的个人特征和运动特点等，既要款式新颖、合脚，又要具备舒适性、功能性将是运动鞋的发展趋势。

（六）户外用品

户外用品从20世纪90年代兴起以来，呈现出快速发展的趋势，2012年我国户外用品市场发展迅猛，年度零售总额为145.2亿元人民币，年增长率达到34.94%；品牌出货总额为73.9亿元人民币，年增长率为36.1%。值得一提的是国内品牌出货额已经连续两年超越国外品牌，国内众多自有品牌的崛起，使我国户外用品市场出现了全新的格局，户外运动用品市场逐渐表现出它独特的市场前景和巨大的经济价值。

2012年国内市场户外用品主要品牌共823个，较2011年的717个增长了14.78%，其中国外品牌为418个，较2011年的374个增长了11.76%，主要来自美国、意大利、德国、英国、法国、韩国、西班牙等国家，其中欧洲和北美品牌占总数量的八成以上，韩国的服装类户外品牌最多，来自西班牙的器械及配件类品牌最多；国内品牌为405个，较2011年的343个增长了18.08%，国内品牌虽然数量上不及国外品牌，但增长速度已经开始赶超。

若以产品价格来划分，目前国内户外用品单价在500元以上的高档市场的品牌均为国外品牌，包括TNF、COLUMBIA、诺诗兰、BLACKYAK、狼爪、始祖鸟、GREGORY等国外知名品牌凭借其先进技术、优秀品质和高端价格基本垄断了国内户外用品高档市场，占据了主要的商场渠道；单件产品价格在300～500元的中端市场中主要以国内较著名品牌为主，包括探路者、奥索卡、哥伦布、TTISS、思凯乐等，这些品牌经过十几年的推广，价格适中，质量也相对较好，获得相对较高的知名度。单件产品价格在300元以下的低端市场则主要是一些国内非著名品牌，如伊凯文、莱德、征途、兄弟等，价位很低，质量上没有保证，基本在二、三线城市和淘宝户外店销售。

随着居民消费结构不断升级、对户外用品的崇尚、旅游及户外生活意识的不断增强，市场对户外用品的需求也将随之不断提高，高科技功能户外用品、低碳户外用品装备等将是未来户外产品发展的趋势。我国户外用品的飞速发展不仅为我国运动品牌的发展带来了机遇，还将成为服装行业潜力较大的细分领域之一，并有着良好的发展前景。

四　中国体育用品业的发展趋势分析

（一）中国体育用品业的优势与劣势分析

中国体育用品业在经历2008年北京奥运会后的强劲发展后，步入了一个发展的衰退期。从2010年至今，多家体育用品企业由于经营问题，存货增多，关闭全国众多销售门店，间接阻碍了体育用品企业的发展。那么，"十二五"

初期，在国家大力扶持体育产业发展的历史背景下，我国体育用品业的发展具备哪些优势？又有哪些劣势阻碍了中国体育用品业的发展？

1. 中国体育用品业的优势

（1）经济环境优势。

我国金融体系日渐成熟，为民营企业提供了融资渠道和安全的融资环境。我国体育用品企业大部分均为民营企业，其可以通过各种融资渠道获得资金来促进体育用品企业的发展。我国目前具有完善的企业融资体系，拥有上海证券交易所、深圳证券交易所、香港证券交易所，内地两家交易所均设立了中小企业板块，为中小企业提供融资平台。据统计，截至2013年我国共有在内地、香港和海外市场上市的体育用品企业20家，包括：李宁、安踏、匹克、美克、361°、青岛双星、裕元集团、中国动向、泰亚股份等。优异的金融市场环境为我国体育用品企业的融资提供保障，进一步促进我国体育用品企业快速发展。

（2）市场需求优势。

任何在市场进行交换的产品都会受市场需求的影响，体育用品业的发展也受市场的需求影响，而我国体育用品业的发展具有强大的市场需求优势。截至2012年末，中国的总人口达到135404万人，其中男性人口69395万人，女性人口66009万人；其中60岁及以上人口19390万人，占总人口的14.3%，15～59岁人口93727万人，占总人口的比重为69.2%。我国人口将继续增多，且呈老龄化趋势。居民收入的增加和健康意识的提升以及闲暇时间的增加，使旅游成为居民闲暇消费主流，旅游的增多带动了运动服装、鞋帽以及户外器械消费的增加；随着我国城镇化的进一步加快，城镇基础设施不断完善，而体育设施是必不可少的基础设施。根据教育部的统计，我国教育系统体育场馆建筑面积从2006年的12714538平方米增加至2010年的16737339平方米，四年间增长了31.64%。体育赛事是体育用品需求的一个重要市场，随着我国经济的增长，举办的体育赛事将越来越多。众所周知，体育项目众多，各个项目均有成熟的大型商业竞赛和锦标赛，而且当前国内众多城市都希望通过举办体育赛事来提高城市影响力，例如：上海市就通过规划各区努力形成具有区域特色的体育赛事，以带动区域经济发展。因此，庞大的人口基数、基础运动设施的建设、体育赛事的增加，都直接促进了我国体育用品的市场需求增加，直接促进了体育用品业的发展。

（3）产业基础优势。

体育产业的发展虽然落后于欧美国家，但体育用品行业却具有坚实的产业基础。由于劳动力的比较优势，20世纪我国体育用品企业主要是以产品代工为主要业务。但随着产业的发展壮大，我国体育用品业已经初步形成产业集群。当前我国已经规划形成七个国家级体育产业基地，分别为：广东深圳国家体育产业基地、成都温江国家体育产业基地、福建晋江国家体育产业基地、北京龙潭湖国家体育产业基地、浙江富阳国家体育产业基地和山东乐陵国家体育产业基地、江苏昆山国家体育产业基地（2013年获批）。体育产业基地的建立能够吸引产业入驻，吸收资本投资，从而促进体育类企业的发展。例如：昆山体育类企业达到2840家，主营业务过亿企业36家，累计吸引外商投资25亿美元。2013年上半年体育产业总产值达到100.55亿元，同比上年提升10.72%，预计年内产值突破200亿元，体育产业已经成为昆山特色产业之一。体育用品企业属于体育类企业，入驻体育产业基地，可从国家政策和投资上取得一定优势，从而促进体育用品企业的发展。

2. 中国体育用品业的劣势

（1）技术劣势。

企业通过技术创新，生产高技术含量的产品是提高企业竞争力的有效途径之一。虽然随着我国体育用品企业规模不断壮大，研发受到企业的重视，且取得一定的研发成果，并应用于产品的生产。但与国外体育用品企业在科研上的投入还存在一定差距。据统计2006~2012年我国13家体育用品上市公司每年的研发投入资金占营业收入的比率，其中研发投入比率最高的仅为5%，最低的为0.16%，均值为1.94%。体育用品技术含量的劣势，在一定程度上阻碍了我国体育用品业的发展，只有具备高科技含量的产品，才能在激烈的市场竞争中保持高额的市场占有率。

（2）人才劣势。

体育用品业的发展离不开高素质人才，人力资本是企业最重要的资本，企业的发展建立在具有创新能力的人力资本上。而我国体育用品业的人力特点是劳动力加工、高素质研发和管理人才不足。专业人才劣势主要体现在三个方面：其一，我国体育用品企业以家族企业为主，缺乏具有行业管理经验的企业管理人才。其二，缺乏能够开拓国际市场的专业体育用品营销人才。其三，缺乏具备研发和设计能力的高素质创新型人才。体育用品企业要转变人才劣势，必须加强与相关高校及科研机构的合作，形成"产－学－研"一体的企业人才培养模式。加强员工的培训与学习，引进国外先进的企业管理经验。

（二）中国体育用品业面临的机遇与挑战

随着体育产业的全球化发展，体育用品业的竞争越来越激烈，我国体育用品企业不仅参与国内体育用品的市场竞争，而且也面临国际市场竞争。我国体育用品企业在经历2012年发展的"寒冬"之后，在行业调整复苏的2014年又面临哪些机遇和挑战？

1. 体育用品业面临的机遇

（1）赛事全球化带来的机遇。

体育赛事是带动体育产业发展的风向标，各种体育项目在世界范围内均形成各级别的赛事，分别在不同的地区或国家举行，且聚集规模庞大的体育迷。随着居民收入的增加，用于文化体育消费的支出也随之增加，用于观看赛事的消费支出也相应增多。例如：近些年上海市达到七项，不包括洲际及以下级别的赛事，这七项赛事分别为：F1中国大奖赛、斯诺克大师赛、ATP1000上海大师赛、高尔夫世锦赛、上海国际马拉松赛、沙排世界巡回赛、国际田联钻石黄金联赛。赛事的增多，促进体育用品的需求增多。赛事举办需要专业性体育用品，体育迷追随赛事会购买相应的体育用品及特许商品，赛事的举办促进赛事特许经营商品的销售，也促进体育用品业的发展。

（2）企业国际化发展带来的机遇。

目前，我国体育用品的出口国达一百多个，出口额一直保持稳定，广东省是我国体育用品的出口大省，出口额占全部出口额的1/3。体育用品的出口为我国创汇、扩大再就业等起到重要作用。体育用品的国际贸易的不断扩大，促进了一些体育用品企业的国际化进程，促使其直接参与国际市场竞争。目前，我国体育用品企业在国际化进程中参与国际竞争的方式主要有：在国外设立分公司、赞助国外的体育赛事、邀请国外体育明星为产品代言等。例如：匹克体育就以赞助NBA来加速企业的全球化进程，NBA是职业篮球品牌，其在世界范围内拥有众多球迷。匹克将自己定位为专业篮球设备提供商，并与NBA合作产生良好的市场效应。体育用品企业的国际化发展，为我国体育用品业的发展带来机遇。促进国内企业的国际交流，学习国外企业先进的经营管理经验，通过赞助国际赛事增强品牌影响力，为企业的进一步发展带来指导。

（3）强大市场需求带来的机遇。

截至2012年末，中国的总人口数达到135404万人，中国城乡居民全年人均体育消费水平为593元，而且以购买体育用品等实物消费为主（中商情报网，2013~2016年中国体育产业市场发展现状及投融资前景报告）。人口基数的增长，也带动人口消费的增长，消费增长带动体育用品需求的增长。随着居民人均收入的不断增长，居民的消费结构将发生变化，从以往的以满足温饱的消费逐步转移到以娱乐休闲为主的消费。而体育消费为娱乐休闲消费的主导，体育日益成为人民群众重要的休闲生活方式，为体育用品业的发展提供广阔空间，为体育用品业的发展带来机遇。

2. 体育用品业面临的挑战

（1）技术和人才劣势带来的挑战。

面对激烈竞争的国际体育用品市场，技术已经成为我国体育用品业发展的瓶颈。只有依靠高技术含量的体育用品才能在市场竞争中保持领先地位。而高技术的产品需要能够创造高技术产品的人才，我国体育用品企业高素质的管理、营销和研发人才的匮乏直接导致其具有核心竞争力产品的匮乏。目前，我国体育用品企业以代工生产居多，而代工生产主要是依靠劳动力，间接地导致企业具有创新能力人才的缺乏，进而导致体育用品业拥有的核心技术产品较少。因此，核心技术的缺乏是制约我国体育用品业发展的直接因素，创新型人才的匮乏是导致我国体育用品业发展的根本因素。企业技术劣势和人才匮乏是未来我国体育用品业发展壮大的最大挑战。

（2）劳动力比较优势降低带来的挑战。

我国体育用品企业以代工生产为主，近些年随着我国经济的快速发展，劳动力成本不断提高，直接导致体育用品代工生产的优势降低。当前，国内一些体育用品企业以及国外知名体育用品企业关闭内地工厂，将产品的加工生产迁移至劳动力成本更低的东南亚国家。据测算，从2009年上半年至2013年下半年，我国体育用品业的贸易竞争指数呈持续下降趋势，贸易竞争力指数从2009年上半年的0.9200下降至2013年下半年的0.8722（见表3），说明我国体育用品业的比较优势在逐渐下降。劳动力比较优势的降低给我国体育用品业的发展带来巨大挑战。

表3　2009~2013年我国体育用品制造业的贸易竞争力指数（TCI）

单位：万美元

时　　间	出口总值	进口总值	TCI
2009年上半年	400991.1	417700.4	0.9200
2009年下半年	403412.3	20240.3	0.9044
2010年上半年	481957.3	26293.9	0.8965
2010年下半年	499660.2	27511.7	0.8956
2011年上半年	521187.0	25303.9	0.9074
2011年下半年	563043.0	29823.6	0.8994
2012年上半年	543674.8	29402.6	0.8974
2012年下半年	525501.5	33360.9	0.8806
2013年上半年	550480.8	32422.1	0.8888
2013年下半年	576722.1	39377.6	0.8722

注：以上数据由"国务院发展研究中心信息网"相关数据整理和计算得出；贸易竞争力指数（TCI）等于净出口额占进出口总额的比率。

（3）全球化发展带来的挑战。

2010年国务院办公厅发布《国务院办公厅关于加快体育产业发展的指导意见》，意见指出做大做强体育用品业，进一步提升我国在世界体育用品业中的地位，有效推动体育用品的品牌建设，增强我国体育用品的国际市场竞争力。党中央和国务院通过制定产业政策来引导我国体育用品业的发展，推动体育用品品牌建设，形成具有国际市场竞争力的体育用品品牌，说明国家从政策层面上开始关注体育用品业的全球化发展。但我国体育用品企业在国际化进程中面临国外体育用品企业的激烈挑战。目前世界最大的两家体育用品生产企业耐克（2005年兼并锐步）和阿迪达斯，占据中国高端体育用品市场，而国有品牌李宁和安踏屈居其下。这两家公司的销售网络已经遍布全球各地区，中国体育用品企业想要分享全球体育用品市场"蛋糕",必须加强自身的科技研发、销售网络的建立、人才的培养等。

(三)中国体育用品业未来发展趋势预测分析

伴随着企业发展的全球化、国际化,中国体育用品业在激烈的市场竞争中经历了一轮的衰退,整个行业在衰退后从2013年开始有复苏迹象,那么在2014年中国体育用品行业将以什么样的趋势发展?

1. 体育用品出口回暖复苏

我国的体育用品出口总值从2009年至2011年底呈上升趋势,但出口增长率从2010年开始下降,从2010年下半年的23.86%下降至2012年下半年的-6.67%。从2013年开始体育用品的出口开始复苏,2013年下半年的出口总值已经超过历史最高值,出口增长率也快速增长(见图1)。国际市场上体育用品的需求增加,我国作为体育用品出口大国,2014年体育用品制造业的订单增多,促进我国体育用品业的复苏。

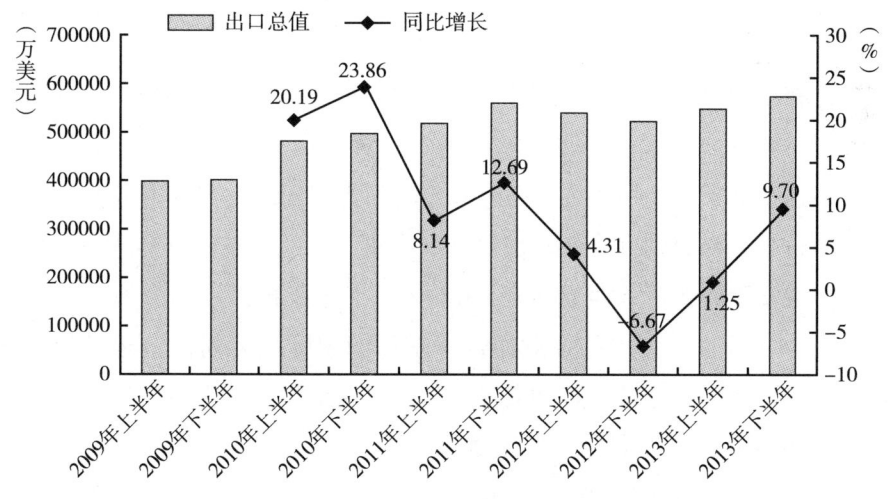

图1 2009~2013年我国体育用品业出口状况

资料来源:国务院发展研究中心信息网。

2. 体育用品呈科技化发展

当前,国际体育用品的发展已经呈高度科技化,各种体育用品都是高科技的化身,新材料、新技术、新设计元素不断应用于体育用品的生产。我国体育用品业要在国际化进程中保持市场竞争力,不能只靠劳动力的比较优势,要加强产品的技术研发和科技创新,提高体育用品的科技含量,推动体育用品技术进步。据统计,2000~2010年我国体育用品企业的专利申请量共计1099件,年均增加20.7件,年均增长率为22.94%。科技是保持体育用品具有持续竞争力的根本因素。因此,未来我国体育用品业的发展要注重研发人才的培养和科技创新,以科技来推动体育用品业发展。

3. 体育用品业呈集群化发展

一个区域的竞争力依赖区域产业的集群化,体育用品业也不例外。为了促进我国体育产业的发展,国家在政策层面规划出六个国家体育产业基地。体育产业基地的规划,也促进了体育用品业集群化发展,为体育用品业的发展提供根据地。落户体育产业基地的体育用品企业能够从政策层面上获得国家补贴,为企业的进一步发展提供空间。例如,国家为了加快体育产业的发展,2013年在已有六个国家体育产业基地的基础上又批准设立江苏昆山国家体育产业基地,其2013年上半年的体育产业产值100.55亿元。

4. 体育用品企业发展全球化进程加快

随着赛事的国际化,体育用品企业全球化进程将进一步加快。体育用品企业的发展不能只立足本土,在国际市场上更具有挑战性。2013年我国体育用品企业加速扩展市场,361°将开拓海外市场列为集团的六大部署战略之一;安踏集团通过与海外分销商合作,加快发展中东、东欧、东南亚等海外市场,并在迪拜开设安踏旗舰店;匹克体育2013年上半年年报显示其海外收入占总收入比重达14.8%。体育用品企业通过一系列的国际化计划,参与国际体育用品市场竞争,提高了企业品牌知名度,加速了企业发展的国际化进程。

5. 体育用品企业发展路线多元化

国内体育用品巨头在2013年行业回暖复苏的背后,逐步拓展企业发展路线,以寻求企业的可持续发展。大型体育用品企业以兼并小型企业和发展新品牌来拓展企业的发展路线。361°在原有品牌的基础上创建运动童装和时尚品牌,与欧洲户外品牌洽谈并有意与其开展合作,2012年其新品牌童装业务营业额增长97.7%,占总营业额的7.5%;李宁公司也创建了自己的户外品牌

Li-Ning Adventure，其产品将涉足户外体育运动市场。

6. 经营模式以"零售为导向"

在经历 2012 年中国体育用品业的"寒冬"后，2013 年体育用品企业开始转变经营模式。之前中国体育用品行业大部分均以"品牌＋批发"的模式进行经营，在行业调整期发现此经营模式存在的缺陷后，众多企业将经营模式扭转为"零售为导向"。据报道，安踏在 2013 年初开始尝试以"零售为导向"的经营模式，安踏发布的 2014 年第二季度订货会数据显示，公司订单金额取得了大幅的增长，并且这种稳健的上涨态势已经持续了两个季度。李宁也表示，从行业发展规律看，过去过分依赖批发的运营模式已经难以为继，不再适合行业未来对企业的要求，向以"零售为导向"的业务模式转型是必然。

参考文献

《中国体育用品行业发展报告（2010～2011）》，http：//blog.sina.com.cn/s/blog_67fdffff01014hx1.html。

http：//finance.ifeng.com/business/gs/20130330/7845898.shtml。

http：//www.sports.cn/industry/news/qc/2013-07-26/2253546.html。

《2013 中国体育用品产业白皮书》，http：//blog.sina.com.cn/s/blog_9a56b0ab0101deoe.html。

《中国户外用品市场 2012 年度调查报告》，http：//www.yoger.com.cn/info-13839.html。

《2013 年运动鞋行业现状分析》，中国报告大厅，http：//www.chinabgao.com。

中商情报网：《2012～2016 年中国体育产业投资分析及前景预测报告》。

慧聪鞋网，http：//info.shoes.hc360.com/2013/12/201035569557.shtml。

B.5
体育场馆业格局与市场前景分析

摘　要：

《体育法》颁布以后，我国体育场馆建设取得了飞速发展，预计截止到2013年底，我国体育场地数量将超过130万个。我国经济社会的持续健康发展，为体育场馆建设运营提供了强大的物质条件，居民消费结构不断升级优化，教育娱乐消费比重不断上升，体育场馆运营不断趋好。场馆运营建设方面呈现出新特点：场馆建设由重竞技向竞技、全民建设并重转变；场地功能、类型多元化、科技化；大型体育场馆投资多元化，运营回归公益化。

关键词：

体育场馆　运营　格局

一　我国体育场馆现状

目前，我国正进行第六次全国体育场地普查工作，最新数据尚未公布。我们根据第四次、第五次场地普查数据进行初步预测。1995年底，全国体育场馆615693个，到2003年底增加了234387个，年递增幅度4.8%。考虑到2003年之后，国家举办的大型综合性赛事日益增多，全运会申办机制确立，各地相继加大了体育场馆建设力度，保守估计年递增率在5%以上。因此，我们预测截止到2013年12月底，我国体育场地数量应该在130万个以上。

二　中国体育场馆建设运营机遇分析

（一）宏观环境分析

过去10多年，中国经济社会持续稳定健康发展，取得了举世瞩目的成绩，

体育场馆业格局与市场前景分析

从世界第六大经济体跃升为第二大经济体。根据国际货币基金组织的数据，2012年美国GDP 15.653万亿美元，中国8.250万亿美元，日本5.984万亿美元，中国为美国的52.7%，首次过半，是日本的1.38倍，中日差距进一步拉大。

我国经济发展带来人民收入大幅增长。国家统计局公报数据显示，2001年我国城镇居民人均可支配收入为6860元，到2012年就激增至24565元，增长了大约2.6倍。与此同时我国城乡居民家庭消费结构也正在发生深刻的变革。恩格尔系数总体上呈现下降趋势。根据一般规律，恩格尔系数下降是消费结构优化的简单标志之一。由此可见，改革开放以来特别是20世纪90年代以来城镇居民消费结构正在向合理化方向转变（见表1）。

表1 城镇居民家庭消费结构的变动

单位：%

年份	1980	1985	1990	1995	2000	2005	2008	2010
食品	56.7	52.2	54.2	50.1	39.4	36.7	37.89	35.67
衣着	14.7	14.6	13.4	13.5	10.0	10.1	10.37	10.72
家庭设备品	9.6	12.1	8.5	7.4	7.5	5.6	6.15	6.74
医疗保健	0.6	1.2	2.0	3.1	6.4	7.6	6.99	6.47
交通通信	1.4	1.1	3.2	5.2	8.5	12.5	12.6	14.73
教育娱乐	8.4	10.6	8.8	9.4	13.4	13.8	12.08	12.08
居住	4.3	5.6	4.8	8.0	11.3	10.2	10.19	9.89
杂项	4.2	2.6	3.2	3.2	3.4	3.5	3.72	3.71
消费支出	100	100	100	100	100	100	100	100

居民消费结构的变化为体育场馆的运营提供了非常广阔的空间。在可以预见的将来，将会有越来越多的人进入体育场馆进行体育锻炼。以北京大学生体育馆为例，2010年体育经营收入为480万元，2013年达到了850万元，增幅超过77%。需要指出的是，体育馆的场地数量没有任何变化，而体育馆的场地出租率、举办活动的次数却有了明显的提升。健身客流量的增加也相应带动了体育用品、餐饮等的发展。体育馆的人气越高，商业价值也就越高。北京大学生体育馆目前正在积极开发冠名权等无形资产，体育馆的经营格局也更加完善。

（二）体育发展环境分析

近10年来，我国体育事业得到十足的发展，这为体育场馆的建设、运营提供了较好的体育发展环境。

群众体育蓬勃发展。全民健身服务体系逐步建立和进一步完善，体育设施惠及城乡，全国共计建有各类体育场地已超过100万个，建成"农民体育健身工程"34.8万个、"全民健身路径"共计建成26.1万条。全民健身活动中心、雪炭工程、体育健身广场、体育公园、社区运动场、全民健身户外营地、健身步道等遍布全国。全民健身组织与日俱增，各级各类体育社团组织、全民健身活动站点、社区指导站、青少年体育俱乐部、城市街道、农村乡镇体育组织等逐年增多且发展良好。社会体育指导员、全民健身志愿服务队伍不断壮大。全民健身活动全方位开展，全国范围内积极投入体育锻炼的人所占比例已达到28.2%。

体育及相关产业增加值不断增长，基本形成以健身休闲和竞赛表演为核心，体育用品制造业为支柱，体育中介和技术培训为驱动的多业并举、全方位发展的态势。2010年体育产业增加值达到2220亿元，从业人员337万人，体育及相关产业年均22.6%的增长速度远高于同期全国经济的总体增长速度。体育产业的发展为促进体育发展、优化产业结构、促进经济增长发挥了积极作用。

国家各项体育基本制度不断健全。《公共文化体育设施条例》、《中共中央国务院关于加强青少年体育增强青少年体质的意见》、《国务院办公厅关于加快发展体育产业的指导意见》、《全民健身计划》（2011~2015年）、《"十二五"公共体育设施建设规划》等法规政策已陆续实施。2013年，国家体育总局联合国家发改委、国土资源部、国家税务总局、住房和城乡建设部、财政部、公安部、国家工商总局颁布了《关于加强大型体育场馆运营管理改革创新　提高公共服务水平的意见》。应该说，国家层面在体育场馆建设和运营方面的政策、法规、规划制定工作全面推进，取得了重大突破。

三 中国体育场馆运营建设新趋势分析

（一）场馆建设由重竞技向竞技、全民健身并重转变

2008年之前，体育工作的重心是全力备战奥运，办好奥运会。2008年北京奥运会取得了举世瞩目的伟大成就，中国的竞技体育事业达到了一个高峰。北京奥运会带来的不仅仅是金牌，更有中国大众对于体育的热情与参与。2008年奥运会之后，推动全民健身成为各级体育政府的中心工作之一。相应的，体育场馆的建设重点将放在非标准场地以及各类体育公园、社区健身等全民健身场地上。

山东全运会和辽宁全运会，在场馆建设方面均体现了这一趋势。第十一届全运会提出的主题口号是"和谐中国，全民全运"，第十二届全运会提出的主题口号是，"全民健身，共享全运"，从中不难看出高层对全民参与的高度重视。通过举办全运会，辽宁省的大型体育场馆设施不断丰富完善，全民健身设施有了较大改观。辽宁全运会之后全省社区健身路径基本实现全面覆盖，行政村"农民体育健身工程"覆盖率也达到80%，共计建成健身广场1035个。第十二届全运会还带动了沈阳一批体育场馆的建设、维护和改造，沈阳市民的健身场所也随之日益增多，据统计，共有19个全民健身中心建成并投入使用。其中，市级全民健身中心5个，区级健身中心14个。

（二）场地功能、类型多元化、科技化

1. 场地功能多样化、配套设施日益现代化

随着人们体育需求的多样化，体育场地建设越来越多地考虑不同年龄、性别、职业、阶层的特殊需求而呈现功能多样化，如高消费娱乐性体育场地是针对高收入阶层、适合都市年轻人的娱乐健身一体化的体育设施，满足女性需要的健身健体中心等。此外，运动项目的多元化导致的体育场地多元化，如西方运动项目的引进，出现了更多适合攀岩、滑翔伞等的体育场地。

同时，为了满足人们多样化的需求，尤其是观赏娱乐需求，出现了酒店、

餐饮、医疗、商店等较为完善的配套设施，不但促进了体育产业的发展，而且带动了相关产业的发展。

2. 场馆类型多样化

体育场馆建设多样化，在一定范围内满足了大部分群众日益多元化的健身需求。并且，一些新建的体育场馆多为档次较高、富含高科技含量的体育场地，诸如卡丁车馆、攀岩馆（场）、击剑馆、壁垒球馆等。随着人们的物质文化水平不断提高，体育参与者的个性化需求也会不断变化，因此，我们要尤为重视体育场地前期规划工作，尽可能最大限度地开发利用原有场地资源，合理地改造利用一些旧场馆，使其适应新项目要求和体育参与者的健身需要。注重设计使用非永久性设施在大型体育赛事的应用，比如，在场地设计时将竞技体育与全民健身项目同时考虑进去，在各看台安装可移动式伸缩座椅等。这些新举措有利于促进资源的充分利用，避免赛后闲置。

3. 场馆建设以人为本、广泛采用高科技

各地建设的场馆，过去普遍存在两种情况：一是"土法上马"，场地质量低劣，尤其是室外场地为甚。二是贪图规模巨大，追求场地的豪华、气派，地方政府往往也将其作为政绩工程来看待，结果许多场馆建成后由于奢华而不实用，维护费用高，给当地财政带来巨大压力。今后，场馆设计理念将更加注重以人为本，为进入体育场馆的人员提供更加安全、舒适的环境，特别是要满足残疾人士的特殊需求，增设无障碍设施。同时坚持实用原则，确保核心功能，不追求"花哨"，同时广泛使用清洁能源和环保材料，尽可能采用自然采光、自然通风等节能技术，节约能源，倡导低碳生活。此外，将体育场馆特别是大型体育建筑整体设计与城市发展规划有机结合起来，实现现代体育建筑与各地传统建筑的交相辉映，更加注重与满足人民群众的竞赛和健身的需要。

（三）大型体育场馆投资多元化，运营回归公益化

以2008年奥运会为契机，我国大型体育场馆投资模式开始新的探索。北京市政府和北京奥组委制定的《奥运行动规划》明确提出了"政府主导、市场化运作"的场馆建设运营原则，改变体育场馆以往"政府投资、主管部门经营、财政补贴亏损"的旧模式。这种新的大型场馆投资建设模式逐渐得到推广。2013

年 7 月 10 日，在第十二届全运会筹备工作系列新闻发布会的第一场新闻发布会上，副省长、第十二届全运会组委会副主任兼秘书长贺旻指出，在资金方面，新建的 25 个场馆总投资 32.7 亿元，政府投资 12.1 亿元，占 37%。经济基础决定上层建筑，有新的投资模式，必然有新的运营模式。在运营中，投资多元化的大型体育场馆，以公司治理模式为主，而不是传统的事业管理模式。

大型体育场馆是提供公共体育服务、推动体育事业发展的重要物质基础，对于完善城市功能、推动全民健身、改善民生具有重要作用。从目前情况看，各地大型体育场馆的运营状况总体上不尽如人意。一些地方的体育场馆在重大赛事结束后，因日常维护成本高、后续投入经费缺乏而闲置不用，最终成了"摆设"。一些地方在体育场馆运营管理方面过度市场化，过分追求经济效益，使得普通居民无法从中享受到应有的健身服务。

2011 年 10 月 31 日，国家体育总局局长刘鹏在江苏南京举行的大型体育场馆运营管理经验交流会暨 2011 年全国体育产业工作会议上强调，体育事业是社会主义公益事业，在大型体育场馆管理运营模式的改革进程中，要始终坚持公益性基本定位不动摇。因此，不论是政府主管部门，还是大型体育场馆自身，都始终要把社会效益、提高公共服务的水平放在首要位置。2013 年 10 月，国家体育总局等 8 部委联合下发《关于加强大型体育场馆运营管理改革创新　提高公共服务水平的意见》，明确提出，在大型体育场馆改革运营过程中要"突出公益属性"。

参考文献

国家体育总局：《第五次体育场地普查数据公报》。
李园：《当前我国城镇居民家庭消费结构分析》，《宁夏党校学报》2013 年第 1 期。
冯建忠：《我国体育场地现状与发展对策研究》，《第五次全国体育场地普查数据课题研究成果汇编》。
刘鹏：《在全国体育局长会议上的讲话》，2012 年 12 月 26 日。
王健、陈元欣：《我国体育场地多元化投融资方式的可行性研究》，《第五次全国体育场地普查数据课题研究成果汇编》。

B.6
媒介融合对中国体育电视业的影响
——以广东电视台体育频道为例

摘　要： 以互联网为代表的新媒体，在媒介融合的浪潮之下，对传统电视媒介形成了巨大的冲击。而作为一度十分兴盛的体育电视媒介，虽然被称作最适合表现体育魅力的媒介，其"地盘"也正被新媒介吞噬。但是，体育电视媒介并不会坐以待毙，以广东电视台体育频道为代表的传统电视媒介，虽然生存环境不容乐观，但也正为抵御新媒体做着积极的努力。

关键词： 媒介融合　体育电视　互联网　互动性

目前，以广播电视为代表的传统媒介，正遭受来自以互联网为代表的新媒介的强大冲击。而其中的体育电视媒介，虽然曾经被称作最适合展现体育魅力的媒介，其"地盘"也正在被新媒介逐步吞噬。但是，根据媒介形态发展中的共存原则，体育电视这一传统媒介并不会因此消亡，它必定在与新媒介的博弈中，通过取长补短得到新的升华，从而实现传统体育电视媒介与新媒介的大融合。本文将以此为立足点，指出媒介融合浪潮对当前中国体育电视媒介的冲击，并结合广东电视台体育频道等案例，对传统体育电视的未来发展提出一定的建议和对策。

一　媒介融合对中国体育电视的冲击

时至今日，在媒介融合的大背景之下，中国体育电视的生存环境并不理想。首先，中国体育电视要面临来自同行业竞争者的挑战，这一点对于地方体育频道来说尤为严峻。其次，新媒体来势汹汹，传统体育电视媒介在传播渠道和传播效果方面的劣势与不足，已经十分明显地展露出来。中国体育电视媒介要立于不败之地，只能选择在新媒体浪潮下迎头赶上，要做到这一点，需要对自身的生存环境进行了解和认识。

（一）中国体育电视媒介的整体生存状况

1. 中国体育电视整体萎缩但仍为主导

既然我们已经知道了电视媒体相对于新媒体的弊端所在，而电视媒体与新媒体融合又是大势所趋，那么要探索体育电视媒体如何与新媒体相互融合，首先需要了解体育电视媒体的现实生存状况。随着2008年北京奥运会以及2010年广州亚运会等大型体育赛事的相继落幕，我国体育电视媒体的黄金时期已然结束，很多省级或市级的体育频道纷纷合并或者索性"改行"。据统计，从2005年开始，我国省级或市级的专业性体育频道，由原先的六七十家，缩减为现在的不到十家。数量上的锐减，说明中国体育电视媒介正在步入一个艰难的时期，面临着巨大的挑战。

虽然面临挑战，但我国体育电视媒介仍然凭借自身不可比拟的优势，在我国体育传媒领域占据主导地位。体育传播的实力考量基本包含两个元素，一是传播特性，二是赛事资源的拥有量。首先，在传播特性上，电视媒体具有时效性、现场感、方便快捷等优势，平面媒体从业人员的水平与规模不亚于电视媒体，但其自身的传播特性，使其在受众数量与广告收入上均无法与电视媒体相抗衡。其次，在资源特性上，电视媒体掌握了丰富的赛事资源。新媒体虽然来势汹汹，但由于整体发展时间较为短暂，无论在赛事报道资源的数量上，还是在体育传播的水平上，都与传统体育电视媒体存在差距，而技术优势也未完全展现出来，还未将快速、丰富、高清、互动等特点完全运用于网络体育传播。相比之下，体育电视媒介制作水平较高，制作经验丰富，在赛事解说方面也有多年经验的积累，在受众中有良好的收视基础，因此，电视体育媒介并不会因为网络媒介的冲击而消亡，电视媒介将和以互联网为代表的新媒体，共同承担体育传播活动的重任（见图1）。

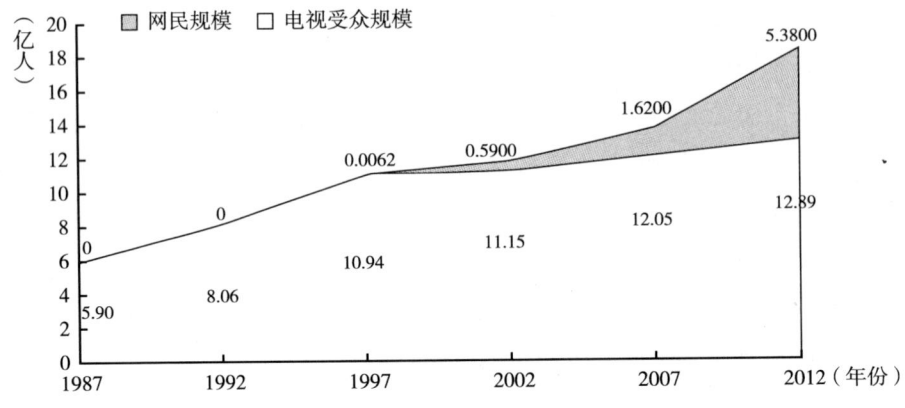

图1　中国电视受众与网民数量对比

虽然网络中的体育视频还不足以挑战体育电视媒体的主导地位,但这也许只是暂时的。如今的视频和电视似乎处于一个微妙的"蜜月期",网络视频依靠电视媒体提供相关的体育素材,而体育电视媒体则通过网络平台宣传自身的节目和赛事。但在未来,随着新媒体技术不断发展,这个"蜜月期"必定会被打破。因此对于体育电视媒介来说,寻求新的发展之路早已势在必行。

2. 国内体育电视传播格局:中央电视台独大地方顽抗

当前我国体育电视业的传播格局表现为"金字塔"形,如图2所示。

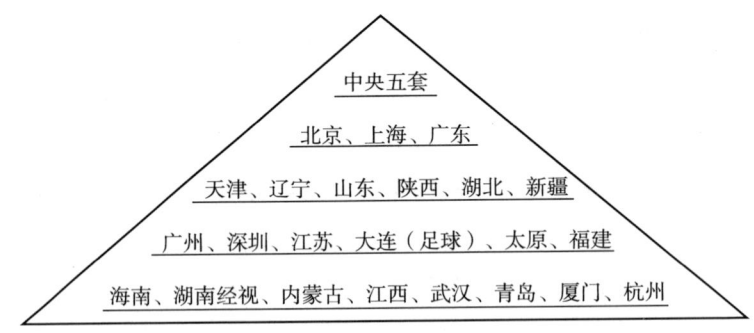

图2　体育电视业传播格局

第一集团中央五套处于金字塔的顶端毋庸置疑。要说在国内观看体育节目,大部分人都会选择中央五套,原因很简单,因为中央五套掌握了国内外大

媒介融合对中国体育电视业的影响

部分优质赛事的版权。中央电视台的优势在于频道覆盖范围广、国家政策扶持力度大、高素质人才集聚、体育赛事资源丰富、品牌等无形资产雄厚等，其中政策倾斜最为突出。中央电视台利用这些政策，牢牢地抓住了体育电视发展的生命线。

第二集团中，北京、上海、广东三地的体育频道凭借得天独厚的赛事资源优势，占据了中央电视台五套之下的大半江山。其中上海"五星体育"从2012年开始进行市场化运作，整合各方资源，收购CSPN 51%的股份，成为绝对控股股东，强力进军体育市场。以现今之势，五星体育似乎已经抛开了北京、广东两个体育频道，独占鳌头。

第三集团是除北上广外的各省市体育频道以及播出体育节目的省市频道。它们的发展可以说是举步维艰。根本原因只有一个，没有优质的赛事资源可用。

中央电视台在市场中的垄断地位，是由中国特定的政策环境造成的。2000年1月14日，国家广播电影电视总局颁布了《关于加强体育比赛电视报道和转播管理工作的通知》（广发办字2000年第42号）。在通知中，国家广电总局规定：

一、重大的国际体育比赛，包括奥运会、亚运会和世界杯足球赛（包括预选赛），在我国境内的电视转播权统一由中央电视台负责谈判与购买，其他各电视台（包括有线广播电视台）不得直接购买。中央电视台在保证最大观众覆盖面的原则下，应就地方台的需要，通过协商转让特定区域内的转播权。

二、国内重大的体育比赛，包括全国运动会、城市运动会和少数民族运动会的电视转播，由中央电视台牵头召集各有关电视台进行协商，制定出合理的补偿方式及电视信号制作标准，并由中央电视台负责谈判和购买电视转播权，其他各电视台不得直接购买。

这样的政策性规定，从国家利益的角度来说，可以有效遏制恶性竞争，防止资金外流；但对于以市场规律运作的各大体育电视媒介来说，这样的政策性规定，无异于帮助中央电视台扼制地方台的发展，帮助中央电视台形成了它目前不可撼动的垄断地位。

以国际足联世界杯足球赛为例，世界杯足球赛的电视转播以及版权销售，显然属于经济活动，而不是政治宣传活动。据报道，中央电视台购买2010年和2014年两届世界杯足球赛的电视版权及所有新媒体版权，一共花了1亿美元。然而，中央电视台仅2010年南非世界杯电视广告合同额就已经超过了20亿元人民币。2014年巴西世界杯，央视早已获得了巨额利润。但即便如此，2010年南非世界杯，中央电视台为了保证自己广告收入的最大利益，直至开赛前最后一周才宣布版权销售条件：每个地方电视台购买世界杯的版权，每场比赛必须缴付中央电视台50万元人民币，而且仅限于小组赛、最少不能少于8场、最多不能超过20场的强行规定，至于20场以外的场次必须全部完整地转播中央电视台广告。也就是说，地方台哪怕花费1000万元，也只能买到20场小组赛的版权。对于中央电视台这种毫无市场规律依据的垄断行为，地方台无计可施，长此以往，再加上来自新媒体的冲击，地方体育频道所面临的寒风似乎将更加凛冽。

除了利用政策优势外，中央电视台更加是唯收视率马首是瞻，它通常只选择中国队能够获胜的比赛进行转播，这对于舆论导向产生了极大的负面作用。体育赛事本是客观的产物，输赢乃兵家常事，但在中央电视台多年的误导之下，中国很多观众对于国家队或是中国选手参加的比赛，都是只能赢不能输，这样的受众取向，也不利用媒介的和谐发展。

可见，当前的中国体育电视媒介的竞争格局，明显就是中央电视台一家独大，北京、上海、广东三家地方媒介顽抗的局面。其中作为华南地区规模最大的专业体育频道，广东体育频道必须要通过改变自身的运作模式，来应对中央电视台的垄断和新媒体的挑战。

（二）媒介融合浪潮对体育电视的冲击

1. 体育新媒体的崛起挤占体育电视市场份额

顺应历史发展潮流是社会发展的趋势所在，中国也不例外。1995年5月17日，中国正式接入互联网服务，中国内地的新闻传播开始进入网络信息传播时代。网络媒体具有的多媒体特性、数据库存储量大、检索便捷、信息制作过程的低成本等种种优势吸引了各式各样内容报道的加入，体育媒介也不例外。1996 年，"四通利方在线"体育沙龙上线，这是国内第一家尝试利用互联网传播体育赛事的媒体，随后被互联网巨头新浪网收购，更名为竞技风暴。1998 年 2 月搜狐网创建体育赛事传播媒体，不久之后便开始进行体育报道。随后成立的网易、腾讯等商业门户网站同样纷纷创建各自的体育版块。

2013 年，新浪体育开创了新浪体育网络电视台，全天 24 小时不间断运行，并且还可以随时点播视频，这对传统体育电视媒介也是一大冲击。

相较于传统媒体，新媒体在传播时效、传播速度、传播广度等方面具有不可比拟的优势。例如新浪体育频道按照项目属性下设足球、NBA、网球和 F1 等多个分频道，每一个分频道都自成一派，打造立体化的传播格局，拥有丰富的赛事资讯及周边新闻、海量的图片以及及时更新的视频资源。就广东体育频道而言，其身处改革开放浪潮中的广东省，受到新媒体的冲击更是巨大，特别是体育这类收视人群趋向于年轻化的资讯内容，在这种情况下，收视率受到了很大的影响。表 1 是 2013 年 7 月 31 日中超联赛广州恒大与北京国安比赛的收视率（点击率）数据。

表 1　中超联赛广东体育与门户网站收视率（点击率）情况

媒　　体	广东体育	新浪	腾讯	网易	搜狐
收视率和点击率（广东省）	2.512	301268	214673	104689	251368

虽然以现在 CSM 中央电视台索福瑞的收视数据很难判断出广东体育频道当时究竟有多少观众收看，但是仅从四大门户网站对该场比赛的点击率来看，在广东省内合共超过了 80 万人，换句话说，广东体育频道损失了 80 万的观众！而在实际运营当中，作为传统媒介的广东体育频道每天都在遭遇来自新媒体的挑战，而由此造成的收视率下滑现象，已经是一种常态，并且还会继续延续下去。

此外，广告收入是我国体育电视媒体最核心的收入来源，广告收入的晴雨表直接反映了一个体育电视媒体的生存状况。新媒体的强势来袭，不仅改变着我国体育传播的格局，同时也在影响着体育传播的广告市场。首先，新媒体在

体育传播领域的影响力不断扩大,其次,新媒体的广告形式更为多样,更为新颖,更为贴合受众,这些优势都在促使广告主及广告投放机构逐渐将目光与资金向新媒体投放。据调查,全球电视广告在2006年达到巅峰,在所有渠道的广告中占据高达37.9%的份额,然而这一数据从2007年之后就呈现出逐渐下滑的趋势。与之相对应的是,新媒体的广告份额从2006年的3.8%一直处于稳步上升的趋势。根据另外一项在2008年进行的广告主调查,广告主的投放重心已呈现出一定的转移趋势,从电视媒体逐渐转移到新媒体。毫无疑问,新媒体已经给我国体育电视业带来了不可小觑的冲击与挑战。

2. 体育新媒体传播特性更受青睐

体育电视传播特性存在的前提是电视制作技术,电视制作技术直接影响传播的内容和方式。如果体育电视媒体安于现状,在节目制作观念、技术设备、人才储备等方面不创新、不求变,必然导致受众的减少。与此同时,互联网传播技术与手段的不断进步与完善,远程、互动、实时、多元化传播的实现,吸引了更多的受众参与其中。面对来势汹汹的新媒体,传统媒体若不能加快发展步伐,必将在未来的受众争夺战中败下阵来。

随着智能手机、平板电脑的不断普及,PC和手持终端已经大幅分流了传统体育电视的收视率。基于互联网平台和渠道的网络视频具备随时、随地、海量、免费、多屏、社交、移动、个性化等技术和业务优势,智能手机和平板电脑正在成为个人的娱乐和信息消费中心。随着多屏、多码流、UI、UE、社交、移动化的不断成熟,电视机将逐渐沦为大屏显示器。存量电视将通过OTT机顶盒和TV Dongle实现和移动终端的互联。互联网电视技术、业务、用户体验高速发展,预计5年内将为用户提供成熟服务。届时电视机出货量将不断下降,取而代之的是TV Dongle、机顶盒、显示器和投影仪。互联网企业跨界进入电视终端产业,使用互联的基础业务免费、基础用户免费的方式扩大用户,提升电视机上的视频流量。这决定了互联网企业必然在电视机终端上赚钱,可以零利润甚至贴补终端的方式发展智能电视机和OTT机顶盒。这种方式将给传统电视致命一击。

数字电视的出现与发展,让观众同时在多个场次间切换收看、设置自己喜欢的观看角度等需求的实现成为可能,使得观众在收看比赛时享有更多的主动性和选择性。相比之下，体育电视媒介的可选择性则十分单一。

以广东体育频道为例，目前，英超、CBA联赛、中超联赛等国内外重要的体育赛事基本上都是同一时间有多场比赛，广东体育频道只有一个，不可能同时直播多场比赛，造成了资源的严重浪费，而且给观众的选择余地非常小，这种问题在奥运会、亚运会等大型综合性体育盛会举办期间显得尤为突出。

表2 2013年10月13日13:00～14:00广东体育频道同时段赛事资源

赛事时间	13:00	13:15	13:30	13:30	14:00
赛事名称	世界摩托车锦标赛马来西亚站	CTCC中国房车锦标赛珠海站	世界一级方程式赛车锦标赛日本站	NBA季前赛台北站火箭VS步行者	2013年东亚运动会羽毛球女单决赛

由表2可见，在13点至14点这一时段，广东体育频道有5类比赛资源可以利用，但最终播出的，却只能有一种比赛。然而，如果有了网络这一平台，我们就能轻松实现多场比赛同时直播，观众可以凭借自己的喜好选择观看的场次，在充分利用资源的同时，又给观众多元化的选择。

是否拥有好的用户体验是一个产品能否获得成功的关键所在，对于电视而言亦是如此。在信息碎片化时代，每一个受众都是自媒体，他们不希望被动地接受信息，而是希望能够参与到体育信息的传播过程中，发表观点并得到反馈，实时互动，从而获得好的用户体验。以微博、博客、微信为代表的社交媒体更好地满足了受众的需求，毫无疑问，这将会对传统的体育电视媒体产生巨大的冲击，未来受众的天平定会偏向新媒体。

3. 与新媒体相比体育电视媒介经营体制老化

一直以来，我国的电视媒介经营都遵循着一套较为固定的运作模式，节目的生产、运营、管理机制老化，节目的制作成本高居不下，节目制作团队缺乏活力，节目表现形式缺乏创意，这些成为制约电视媒介发展的重要因素。与之形成鲜明对比的是，新媒体无论是改革还是创新，都表现出更加积极的态势，也更加顺应时代发展的潮流，体育电视媒介也是如此。

就机遇而言，新媒体的发展给电视媒介提供了新的发展空间，今天的电视媒介已经无法与以网络为代表的新媒介完全剥离，电视媒介一枝独秀的年代一去不复返，数字电视、高清电视、网络电视以及手机电视等电视新形态的出现和发展，对电视产业格局产生了巨大影响。媒介之间的融合态势使各媒体从独立的个体逐渐成为互相融合渗透的复合体，电视媒介也不例外，现如今我们不仅可以通过电视媒体，还可以通过网络、手机等诸多媒体终端接收观赏节目。从对立的角度看，新媒体的发展也为传统电视媒体的转型提供了机遇。在媒介融合的宏观背景下，电视媒介依靠其内容信息的主流化与权威性，播出的日常化以及新媒体无法实现的精品拍摄、大成本制作等优势，仍然能够找到自身发展的最佳机遇。

因此，电视媒介要想获得新的生产机遇，就必须在经营体制及观念、内容形态及已有资源上进行改革，去粗取精，将有限资源充分整合，并且积极与新媒体进行融合，开展新功能开发的合作。

因此，摆在体育电视人面前的路，就只有选择融合新媒体，利用新媒体的平台甚至转型成为新媒体，而不能一味地故步自封、墨守成规。

二 媒介融合下体育电视的发展之路

在对国内体育电视发展现状有清晰了解的前提下，体育电视究竟如何才能生存和发展？在呼喊了这么多年"进军新媒体"口号后，体育电视如何才能找到一条真正适合自己的发展之路？虽然前路无法预测，但可以肯定的是，传统体育电视媒体不能回避新媒体的挑战，只有迎头赶上，在策略上进行创新，才能在媒介融合这一大背景下，保有自己的一席之地。

（一）媒介融合下体育电视媒介的策略创新

1. "融合"观念变为"转型"观念

传统媒体不能输在旧有观念上。因为很多电视人不愿意超越自我，因循守旧，对于新兴事物的态度是："第一看不见，第二看不起，第三看不懂，第四跟不上。"默多克的新闻集团 *The Daily* 的教训就足以证明，传统媒体巨头如果还是秉持旧有观念来做新媒体，会走向失败。也就是说，传统电视的"大刀长矛"面对新媒体的"机枪炮弹"已经没有取胜的可能性，那么唯一的方法，就是加入到对方阵营中去。传统电视人,必须摒弃以往的电视媒体优越感的旧有思想,尽快理清自己的定位,将自己归零,谦虚学习互联网思维。

新旧媒体的博弈,绝不是融合而是转型,原因在于新媒体在功能上能够实现对传统媒体的"完全替代"而不是互补,新媒体必将完全代替传统媒体。因此传统媒体应由"融合"观念变为"转型"观念,变修修补补的"融合"新媒体为"转型"的新媒体,彻底向互联网媒体转型。传统媒体的架构设置中,新媒体转型应是"一把手"工程,如果仅仅靠边缘化的新媒体部门做不起来。

例如从2012年开始,电视节目上陆续出现了二维码标识,用户扫描二维码可以参与节目的互动。面对新媒体的来势汹汹,传统的电视媒体就当以这样开放的态度,积极地拥抱新媒体已经成为当前的必选。CCTV-5便在其NBA赛事转播中使用了二维码技术。

但是,体育电视媒介能否成功地走出一条向新媒体转型的道路,仍然存在一些问题和障碍,创新性的商业模式仍然值得行业的共同期待。

2. 切勿围绕牌照做新媒体

为了应对在新媒体领域出现的不利局面,牌照控制成为广电部门在视频领域进行政策监管的主要武器。牌照的限制使得广电单位能够免于经受过于严酷的竞争环境。从产业发展空间以及牌照稀有度来看,IPTV牌照持有方有望是牌照控制下最为受益的对象。国内新媒体牌照持有情况如表3所示。

表3 国内新媒体牌照持有情况

牌照类型	牌照持有方
全国性IPTV牌照	CNTV、百视通
区域性IPTV牌照	杭州华数
互联网电视牌照	CNTV、百视通、杭州华数、南方传媒、湖南广电、中国国际广播电台
付费电视集成牌照	中数传媒、上海文广、鼎视传媒、中影集团
网络视频牌照	优酷、土豆、爱奇艺、搜狐、酷6、乐视网等合计200多家
手机电视牌照	上海文广、中央电视台国际、杭州华数等(不足10家)

不过,虽有政策优势,广电部门在新媒体转型时,绝不能围绕牌照做新媒体,那样,只会把"老虎养成病猫"。体育电视媒介应该从传统单一的电视节

目生产制播,转到面向电视及网络多平台多终端的内容生产,这主要有以下两个途径。

第一是自建平台,有内容、品牌、资本优势的电视台可以建立自有的网络视频平台。当前,单个电视台自办的门户视频网站绝大多数难以成功,这从现在广电系统视频网站的不温不火的生存状态即可得知。因为单个电视台的视频网站在影响力上无法与市场上的门户视频网站相抗衡,直接表现为流量过低,无法获得大规模的广告投放;特别是由于我国电视媒体的区域化分割与四级管理体制决定了中国电视的小、散、弱格局,决定了单个电视台难以撑起大型的门户视频网站。

第二是并购平台,当前从头打造自己的平台周期长、风险高,所以一些媒体选择了并购的方式。比如上海东方传媒集团(SMG)控股的新媒体上市公司百视通以3000万美元投资风行网。

3. 从生产"纯内容"产品到"内容+关系"产品

传统电视媒体要转变理念,从旧传播时代的"以自我为中心"向新传播时代的"以用户为中心"进行转变,要按照新媒体技术的要求来组织内容和信息,并更加重视用户体验,才能真正适应新传播时代的要求。电视台要把内容生产力从事业体制中解放出来,开启公司化的运营模式,走市场化路子,生产个性化的节目产品,给用户提供更为精准和有效的信息服务才更能够增强黏度。电视台的新媒体转型必须超越"内容为王"的单一视野,以经营好"交流平台"为中心。

4. 规划好"眼球"运营、功能运营、情绪运营三阶段

视频媒体演进路线,是朝向便捷化、人性化的方向发展,从传统的被动"双规"电视,转向半被动的网络视频和移动视频,观众可以随时随地点播;再到2.0时代"主动"的社交电视,用户可以参与内容生产以及评论、分享、游戏等内容互动;在视频网站利用用户行为大数据进行个性化生产的基础上,进入3.0时代的个性视频,可以为用户订制、推送个性化节目和商品等智能化服务。

5. 优化技术和内容人才管理,抢占节目形态制高点

内容为王是传播领域的不二法则。毫无疑问,新媒体的传播也必须要遵循这一法则。目前，在内容产品的生产与加工上，传统媒体仍然具有不可动摇的实力与优势。

对电视台而言，没有节目制作人员参与便无法做新媒体，而只是在做渠道。做新媒体不仅要优化自身的用人制度，同时需要培养、聘用既懂技术又懂视频内容制作的复合型人才。否则，单纯的电视人，不清楚技术能实现什么，也不了解该给技术人员提出何种需求；而单纯的 IT 技术人，对内部的节目制作、运营规律不得要领，对外也无法规划和协调好技术采购与合作。所以发展的路径应该是立足于内容制作优势的基础上，在发展自身技术的同时，与其他技术合作，共同抵御和对抗视频网站这些"大鳄"的进攻。

此外，近些年来，移动互联网获得了前所未有的飞速发展，在产业规模、发展潜力上已经逐渐超越传统互联网。因此，传统体育电视媒体应该充分意识到这一历史趋势，创新各种应用与产品，以充分迎合移动互联网的发展机遇。

（二）广东体育频道的媒介融合实践

媒介融合对于传统媒介的影响是普遍且广泛的，几乎所有的传统媒介都会受到来自媒介融合浪潮的冲击。而本文之所以在众多传统媒介中，选取广东电视台体育频道作为案例分析的对象，有几方面的原因：①与国内其他省级电视台不同，广东毗邻港澳，广东有境外电视媒介（如香港无线电视、亚洲电视等），广东电视媒介所面对的竞争压力，是国内其他省级电视台所无法比拟的；②选取体育频道作为分析对象，是因为体育频道乃广东电视台效益最好的频道之一，在国内有较大的影响力，而且在面对来自新浪体育等新媒体的挑战中，广东电视台体育频道的生存环境以及它所采取的生存策略，也较有典型性和说服力。因此，本文将以广东电视台体育频道作为传统电视媒介如何应对媒介融合冲击浪潮的案例分析对象。

1. 广东体育频道简介

广东体育频道作为国内起步最早的体育电视频道，是华南地区最大的专业性体育电视媒介，在广东全省拥有超过 1100 万的用户，节目制作人员达 200 多人，每年单频道直播赛事超过 1300 场，收视率较高（见图3）。2013 年，广东体育频道共计完成内场转播 5200 多小时，完成各类赛事电视公用信号制作

276场次，合计约1200小时。在经营方面，广东体育频道2013年的广告收入为2.2亿元，在国内同类别体育频道中名列前茅。

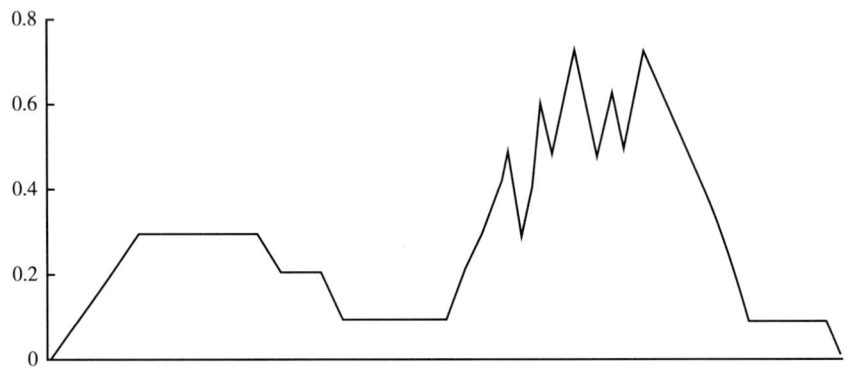

图3　广东体育频道2012年1月1日全天收视数据

经过多年的实践，广东体育频道可以说是除CCTV-5之外，最具实力和影响力的地方体育电视频道之一，与上海电视台体育频道（五星体育）以及北京电视台体育频道（BTV-6）形成三足鼎立之势。具体来说，广东体育频道具有以下优势。

（1）覆盖面广、影响力大。

广东体育频道采用普通话和粤语两种语言，全天24小时通过有线电视网络在广东全省播出，全省900万有线电视用户中有700多万可以观看到广东体育频道的节目。广泛的覆盖范围对广东体育频道在省内知名度与影响力的提升有重要作用。

（2）栏目多样化满足观众不同需求。

为更好地满足体育爱好者的不同需求，频道制作了多种类型的体育节目，主要有以下几类。

新闻：每天4档整点类新闻节目，分别为《晨光首发》、《正午体育新闻》、《体育世界》、《晚间体育新闻》以及全天滚动播出的《体育闪报》，为观众带来最为新鲜的国内外体坛资讯。在收视率方面，广东体育频道新闻节目的收视效果已经超过CCTV-5（见图4）。

专题：《体坛三棱镜》《体育报道》是体育迷喜爱的综合类体育评论专题

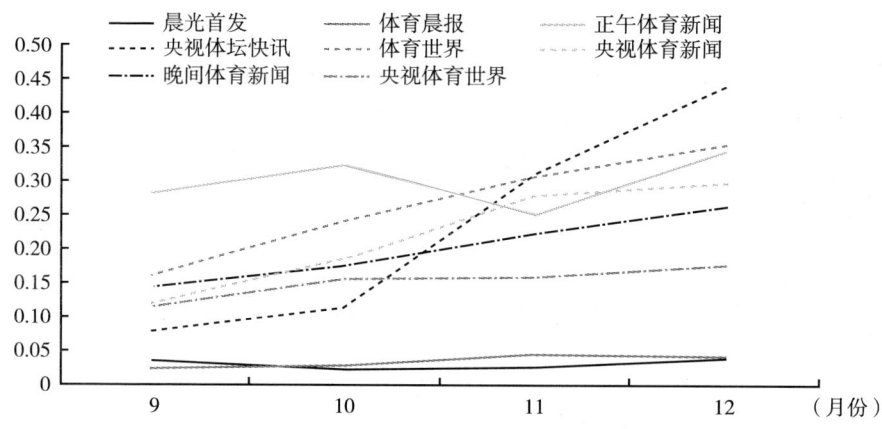

图 4 2012 年 9～12 月广东体育频道与中央电视台体育频道节目收视对比

节目；《足球周刊》《足球报道》《挑战足彩》则是足球迷每周不可错过的足球类节目。

综合：《劲速天地》《网球天地》《篮球大本营》《超级游戏》《体坛星语》《高尔夫杂志》《超越无极限》等栏目则更好地满足了不同观众多元化、多角度的需求。在奥运会、亚运会、世界杯等大型国际赛事的前期、中期、后期，广东体育频道还会围绕赛事制作专门的前奏和特辑等节目。

直播赛事：频道拥有大量的国内外体育赛事广东地区的独家版权。全年不间断地对包括英国足球超级联赛、意大利足球甲级联赛、欧洲冠军杯、中国足球超级联赛、中国足球甲级联赛、美国篮球职业联赛、中国篮球职业联赛、摩托 GP 等国内外的顶级体育赛事进行播出。丰富的、多样化的赛事资源，吸引了省内所有关注体育、热爱运动的观众的目光。

（3）丰富的体育场馆资源。

作为省内最大的体育赛事传播平台，频道与省内各国家级的运动场馆建立了广泛的合作关系。如：巴西国家队来华访问时与奥林匹克体育中心的合作，中国国家男女足球队冬训时与清新训练基地的合作，CBA 开赛时与广东宏远队主场天河体育场的合作，以及同中国摔跤队、跳水队、体操队的训练基地都有多年的合作经历。

2. 广东体育频道的媒介融合发展思路

虽然经营成绩还算较好，但在媒介冲击的浪潮下，广东体育频道的总体收视率还是出现了一定的下滑,因此,在面对来自中央电视台垄断以及新媒体冲击的情况下,广东体育频道也正从以下几个方面做出应对挑战的努力。

(1)广东体育频道全面实施高清改造工程。

面对新媒体的压力,传统体育媒介提升自身的传播效果,建立新媒体所无法提供的受众体验,是一个十分有用的方法;其中,对电视传输信号进行高清改造,便是传统电视媒介抵御新媒体攻势的最有力途径。当前,数字化趋势席卷全球,广播影视数字化也成为传媒领域的一大热点。数字技术为广播电视带来了巨大的提升,高清电视完美地贴合了用户的试听需求。数字电视的出现无论是从政府角度,还是从产业角度来看,都带来了深远的影响。首先,数字电视网络将成为政府信息基础设施的重要组成部分;其次,数字电视的普及与推广带动了电视市场的规模化发展。根据英国信息媒体集团在2004年底的一份调查数据显示,全球约有1亿户家庭订制了视频点播服务或准视频点播服务,由此产生的总收入高达43.6亿美元。

在进行高清改造后,传统体育电视媒介能够提供包括互联网在内的新媒体所无法比拟的视觉体验,这将从根本上把流失的受众从新媒体的地盘上重新吸引过来。在高清晰电视时代,受众的视觉感受不仅有所提升,在听觉感受方面更会享受到前所未有的体验。高清电视采用5.1环绕立体声,观众在收看体育赛事时,环绕立体声将使观众仿佛身临其境,体验在现场观看比赛的感觉(见图5)。

在高清晰度电视时代,内容为王的威力依然无法撼动。根据中央电视台索福瑞的一份调查数据显示,潜在用户群感兴趣的高清节目内容排名前三位的分别是电影(88.8%)、体育赛事(68.2%)和纪录片(56.1%)(见图6)。这一调查结果与模拟彩色电视时代的节目收视份额有较大差异。《2006年中国广播影视发展报告》的统计数据显示,2005年中国各类电视节目的收视份额中排名前三位的分别是:电视剧(28.1%)、新闻/时事(21%)和其他(16.7%),电影和体育赛事只排到了第六位和第七位,如图6所示。

由此可见,受众对于体育高清节目的喜好程度非常之高,因此体育频道应当充分利用高清改造带来的契机,提升自身的传播效果,从而吸引更多的受众。

而广东体育频道虽然目前仍是标清传输,但已经尝到了高清播放的甜头。

媒介融合对中国体育电视业的影响

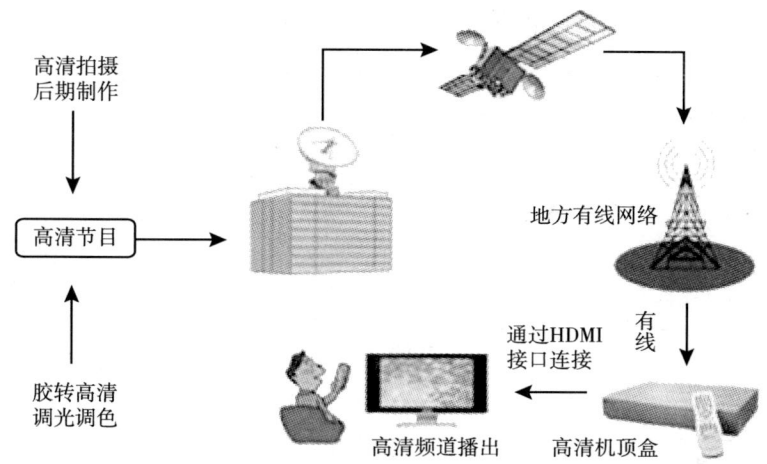

图 5　高清电视收看示意

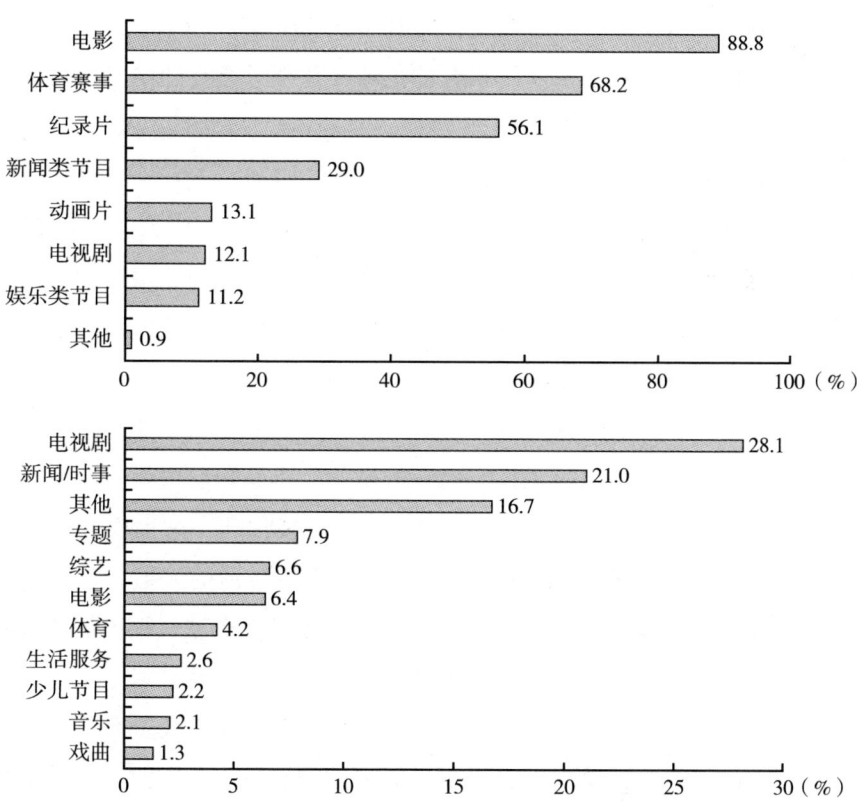

图 6　受众对高清节目内容的选择

资料来源：CSM 中央电视台索福瑞，《2006 年中国广播影视发展报告》。

例如2013年亚洲足球冠军联赛决赛第二回合，广州恒大主场与首尔FC的比赛，广东电视体育频道以及广东卫视（高清转播）的收视率，均创下了近年来同类节目的最高水平。2013年亚冠赛收视情况如表4所示。

表4 2013年亚冠决赛收视情况

单位：%

频道	广东体育频道	广东卫视
收视率	10.904	1.468
收视份额	29.266	3.969

2013年12月，广东体育频道正式开始高清改造，2014年5月完成，届时广东体育频道将以全新姿态面对受众，尤其是在2014年6~7月的巴西世界杯中，在为广东地区的受众带来前所未有的足球比赛视觉盛宴的同时，也必将使自己在与新媒体的竞争中占据优势。

（2）资源共享加强与新媒体的双赢合作。

新媒体的繁荣已不可逆转，作为传统媒介的体育电视媒介，只能迎头赶上，而不能消极回避。广东体育频道也必须从根本上加强与新媒体的合作。目前，广东体育频道各类节目广泛使用的新媒体传播手段包括微博互动、微信互动等，可以通过主持人、名记者、名嘉宾的博客、微博的评论，吸引网友关注。

例如广东体育频道足球解说嘉宾何辉的微博，单是粉丝数量就有15万人，也就是说，何辉的每一条评论，就会有10余万人接收到，这里面还没算上他所参与的节目"辉常足球""评球品足"等节目官方微博的人数，这种惊人的宣传力和准确的信息到达率，不仅实实在在地宣传了广东体育频道的赛事和节目，而且"广东体育"的影响力也会在无声无息中逐渐扩大。

除此之外，广东体育频道一天三档的日播类节目《体育新闻》，也在新浪微博开通了自己的主页，希望通过当下最时兴的新媒体互动方式，与受众进行交流。

GDTV体育新闻官方微博除了每天会对当天节目的热点话题、主要资讯通

媒介融合对中国体育电视业的影响

过微博进行预告之外，还会定期推出一系列微博活动，与观众互动。例如2013年11月9日亚冠决赛前夕，GDTV体育新闻官方微博便在其网站上发起了投票活动，让受众预测亚冠决赛哪支球队能够获胜，预测正确的观众有机会获得由体育新闻栏目组送出的纪念品。

这样类似的活动，能够拉近体育新闻与受众之间的距离，可以极大地提升受众的参与感，对培养体育新闻的忠实受众以及吸引新的目标受众，都是大有裨益的。

另外，广东体育频道也可以和国内知名网站进行合作，例如2012年中国网球公开赛，广东体育频道便邀请了新浪体育著名解说员詹俊，对网球名将李娜的比赛表现进行了即时的现场点评。

这种"借力"网络的做法，便是典型的利用网络人气资源，为自己的节目增加受众群体，将网络受众吸引到传统体育电视媒介。

（3）对自制视频资料进行再加工并以网络传播。

视频资料是体育电视媒体发展最重要的因素之一，也是在新媒体融合中占得先机的重要保证。

体育电视媒体怎样合理地利用自身资源的优势，做出适合网络传播的素材，这将在进军新媒体的过程中起到重要的作用。这一点其实很多体育电视媒体都在尝试，以广东体育频道为例，从2013年5月1日起，频道每天6次播出《体育闪报》，在资讯的时效性上已经贴近了网络媒体的传播速度，还有很多类似《体坛三棱镜》《十分好球》这样的短、评、快节目，这样的视频素材都被各大网站引用，用于新媒体的传播，这不仅仅是全面占领电视、电脑、平板和手机四个显示屏，也是为增加频道的品牌影响力和广告价值。

但是受制于人手和政策等因素，广东体育频道暂时没有开发新媒体产品市场。目前，广东体育频道只在自己的广东电视网上，设立了同步视频直播。

相信在不久的将来，广东体育频道一定会全力进军新媒体，打造专属自己的新媒体终端，扩展自身的传播渠道。例如英国著名的天空体育电视台，便搭建了从个人电脑、平板电脑、手机到机顶盒等的一系列收视终端。

其实，电视台自建网站是传统媒介借力新媒介最为有效且直接的方法。在中国所有的电视台中，广东电视台在1996年率先"触网"，开启了电视台建

137

立网站的先河。同年，中央电视台官方网站"中央电视台国际"成立，掀起了一轮电视台网站创办的高潮。此后，上海电视台、东方卫视等多家上海本地电视媒体纷纷开始创建专属的网站。截至2010年8月，全国共有广播电视网站411家，其中电视台网站173家，占总数的42%。2010年第4季度至2012年第3季度中国网络视频广告收入如图7表示。

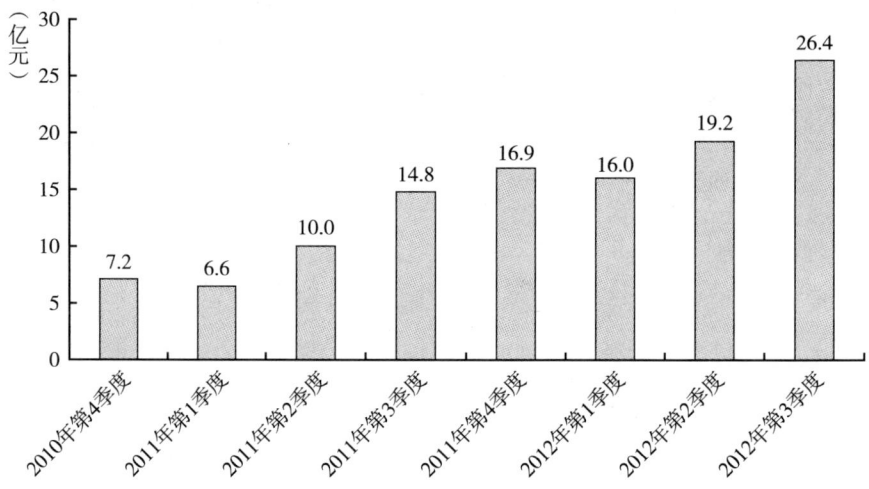

图7　2010年第4季度至2012年第3季度中国网络视频广告收入

然而，如同国内大部分电视台网站一样，广东体育频道的自建网站仍然存在很多问题，例如网站管理体制落后、网站内部架构不成熟、网站人员组成不合理、网站定位模糊、原创内容匮乏、台网各自为战缺乏统一部署、网络视频遭遇版权危机、网站盈利模式单一等。要克服这些问题和困难，广东体育频道应当从以下几方面入手。

加强台网互动，打造全媒体平台。作为一直以来人们生活中重要组成部分的电视媒体，电视互动的理念是从"传者本位"到"受众本位"的巨大转变。而作为逐渐融入并开始影响人们生活的网络媒体，网络传播的核心特点就是互动性，这也是新旧媒体的重要区别。以互联网为代表的新媒体面对主流的电视媒体，不再是取代与被取代的关系，而是优势结合、双向互动的关系。电视台融入新媒体以开办网站为起点，电视台的专属网站在与电视观众的互动中扮演了重要的角色。作为电视媒体的衍生品，网站应重视与母体的互动，将新媒体的传播渠道优势与电视媒体的内容优势进行完美融合，充分实现传统媒体与新媒体的双赢。经历了从 WEB1.0 时期的台网联动（网为台服务，台为网铺路），到 WEB2.0 时期的台网互动（台网平行，互动前行），再到现如今的 WEB3.0 时期的台网融通（网为中心，台为辅助）的三个发展阶段，网站逐渐从最初的服务和宣传功能转化为传播体系的核心，这一判断同样符合未来世界的传播趋势。

明确定位，打造网站品牌。现如今，各式各样的网站层出不穷，同质化现象日益严重，如何在众多的网站中脱颖而出，网站自身的定位至关重要。对于依托电视台建立的专属网站而言，应立足于母体丰富的频道资源，充分利用、整合现有资源，延续频道的定位，充分挖掘和开发已有资源，发挥电视媒体与网络媒体的融合与互动的优势，实现资源价值的最大化。以安徽卫视为例，作为国内首家引进"独播剧概念"的电视频道，频道定位为"剧行天下，爱传万家"，突出了电视剧的特色。而在频道网站的建设上，其很好地延续了母体的定位，网站设置了海豚 TV 和热剧频道板块，将频道拥有的独家播映权的影视剧信息进行整合细分，从文字、图片、视频等多个方面为受众提供了多角度、立体化的报道，同时为受众提供电视频道影视剧的在线点播功能，逐渐成为影视剧信息发布的专业网络平台，形成了独特的网站品牌。可见，拥有明确的网络定位能够将网站推向高速行驶的快车道，在网络宣传和业务拓展方面先人一步。

加强网站内容创新，凸显网络特色。俗话说，"巧妇难为无米之炊"，对于网站而言亦是如此，无论何时何地，内容永远是网站立足和发展的关键所在。虽然网络传播不受地域和时间的限制，具有广泛的受众群体，但与此同时，网络信息浩如烟海，如发布的信息不具有吸引力和冲击力，将会很快被埋没在网络之中。因此，网站在信息发布时，应努力突出消息的标题特色和核心内容，在最短的时间内吸引网友点击观看，在消息内容的编排方面，要采用"短、平、快"的编辑手法，将最精彩的内容在最短的时间内呈献给网友，给网友带来视听上的冲击，达到过目不忘的效果。在传播渠道愈发重要的今天，传播内容依然是网站的核心所在，内容的精彩与否很大程度上决定着网站未来的发展潜力与空间。

（4）充分利用4G契机扩展传播渠道。

2013年12月，中国三大运营商正式获得4G牌照，这意味着移动终端的网络传播速度将得到质的提升。4G（第四代移动通信技术）是继3G以后的又一次无线通信技术的演进，由于其具有传输速率高、延时短、频谱效率高等特点，为广播电视借用"现代通信"手段实现高清电视信号的实时无线传输提供了新的手段。从2G时代发展到现如今的4G时代，网络体系的不断发展与完善，必将引发传统媒体与新媒体的深度合作。

以往人们在使用移动终端观看网络视频时，网速无疑是一大瓶颈，但随着4G时代的到来，这一瓶颈将被突破，而广东体育频道也应当利用这一契机，认真考虑受众在使用移动终端观看电视时的需求。2014年，广东体育频道将重点打造自身的多媒体平台，由于该频道目前超过80%的节目版权已经享有互联网、手机电视、IPTV等新媒体的转播权利，因此在4G时代，广东体育频道的电视节目在移动终端上的转播，也将进入全新的时代。

具体来说，广东体育频道对于4G技术的应用，可以直接体现在体育新闻的制作过程之中（见图8）。

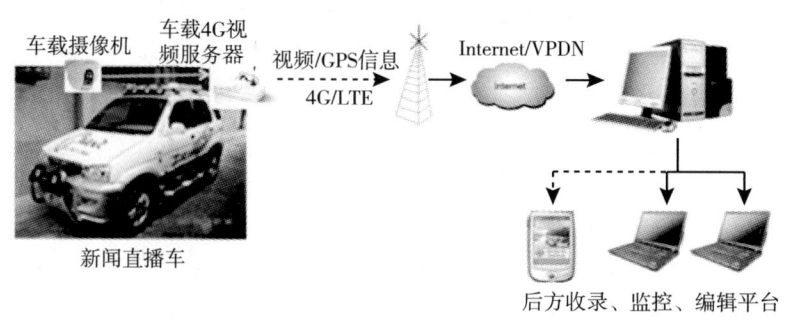

图8 4G电视新闻直播系统实现流程

对于突发性的体育新闻事件，广东体育频道便可利用4G技术，实时传输相关信号，第一时间将第一手资讯带给观众。

除了体育新闻之外，广东体育频道在赛事转播方面，也可以大胆采用4G技术。其实早在2010年广州亚运会期间，广东移动与广东电视台便签订了亚运会期间合作传输协议，为体育频道供设备和技术支持，主要应用于火炬接

媒介融合对中国体育电视业的影响

力、新闻连线直播、赛事报道等。作为首批试点城市之一,中国移动在广州建设了200个室外站、20个室内点,主要覆盖珠江新城和科学城区域,成为国内最大的TD-LTE演示网。在当时的网络配置下,TD-LTE的下行峰值可达到70Mbps,上行可达到9Mbps。亚运会期间,室内外共30个站点(室外19个、室内11个),主要覆盖场馆包括海心沙广场(开闭幕式主会场)、天河体育中心、奥体中心、亚运城、亚运企业馆(TD-LTE主展示区)。

现在4G技术正式走入我们的生活,而在体育领域,广州本地每年也有众多体育赛事,例如中超联赛、CBA联赛、广州国际马拉松等,如果能够如同广州亚运会一样,继续应用4G技术,广东体育频道一定能在赛事直播和报道上,更上一层楼。

(5)利用机顶盒功能打造全新的IPTV。

目前,有线数字机顶盒已经具备了回看功能以及时移功能,这使得传统电视迈进了IPTV数字电视的崭新阶段。IPTV(Internet Protocol Television)是指互联网协议电视。传统电视与IPTV受众消费行为对比如表5所示。IPTV的出现,变革了传统电视的收视行为,有效地联系起通信网络、电视网络以及互联网,体现了三网融合的特色。

表5 传统电视与IPTV受众消费行为对比

	传统电视	IPTV
消费模式	被动接收模式(你播我看)	交互视频娱乐模式(我点你播)
消费特点	● 单向传播 ● 定时收看 ● 频道分制	● 互动化 ● 个性化 ● 异时性
消费行为	● 为了一个节目苦苦等待播放时间的到来 ● 忍受广告的折磨 ● 频道从1换到40,依然没有感兴趣的节目	● 随时收看电视剧中的任何一集 ● 一边看电视一边同时在电视上网/聊天 ● 通过电视玩在线游戏 ● 通过电视参加社区KTV大赛/电视购物 ● 上传自己的DV影像,建立电视播客 ● 自主收视,跳过广告
评价	● 用户时间浪费 ● 节目资源浪费 ● 不能定制化 ● 无互动性,被动接受	● 随心所欲收看节目,用户导向,节约用户时间 ● 节目有的放矢 ● 个人定制化 ● 充满互动娱乐性

回看功能和时移电视是 IPTV 的两种应用模式。其中，电视回看功能是指用户可以根据 EPG 电子节目单选择昨天或是一周内的已经录制的直播节目内容，它不需要用户定义录制，由业务运营商完成录制，并在 EPG 上提供。

而时移电视（TSOC）更是彻底颠覆了原先的收视方式。时移电视是指观众在观看数字节目时，可以通过时移菜单进入时移节目列表选择之前漏看的电视节目，也可以通过在电视直播过程中按遥控器"后退/快进"键进入时移，也可以选择几天前的电视节目。

而对于广东体育频道来说，有了数字回看功能之后，那些因为时间原因而错过收看时机的受众，便可以重新回看电视节目，继续享受由电视带来的体育视觉盛宴。因此，广东体育频道也应当利用有线电视数字机顶盒所提供的回看功能，并且争取将回看收视率纳入传播效果的评估体系，从而提高自身的收视率，以创造更好的广告经营环境。

要实现这一目标，广东体育频道应首先提高受众对于 IPTV 的知觉有用性。在内容为王的时代，进一步丰富节目内容，提供更具有吸引力的特色产品，以此强化用户的知觉有用性，从而吸引更多的用户选择使用 IPTV，更有效地提升市场占有率以及增加普及率，扩大市场。其次，提升 IPTV 的操作简单性。进一步优化操作系统，使操作过程更为便捷，使操作界面更为简洁，从而成功培养用户使用 IPTV 的习惯。最后，充分挖掘 IPTV 的差异性优势。与传统电视相比，IPTV 拥有非线性传播、互动、及时点播、回放等优势，这也是 IPTV 的根本竞争力。因此，要充分发挥创新意识，进一步挖掘差异性优势，开发新的传播形态。

三　结论

媒介融合现象再次印证了媒介形态发展中的共存（Co-Exist）原则。以互联网为代表的新媒介的出现和繁荣，并不意味着以报纸、广播和电视为代表的传统媒介的末日即将到来。相反，传统媒介与新媒介可通过互相融合，互取优势，为原来的传播模式开通新的传播渠道，使固有的媒介生态环境焕发新的生机和色彩。

马歇尔·麦克卢汉说:"我们透过后视镜看现在,我们倒退着进入未来。"纵观媒介形态演进的历史过程,我们不难发现,任何一种新媒介的诞生,都离不开之前的旧媒介,都是用一种新的方式去从事旧有的活动。而将来未知的媒介形态,也必定是以一种新的传播形式来从事人类历代相传的传播活动,即"倒退着进入未来"。

因此,在媒介融合的大背景下,以电视为代表的传统媒体并不会消失,而其中的体育电视更加不会完全让路于以互联网为代表的新生媒体。相反,包括广东体育频道在内的体育电视媒介,应当利用媒介融合带来的新型传播手段,丰富自身的传播内容,从而为受众带来更好的收视体验。具体来说,广东体育频道可以从高清改造、借力新媒体、视频资源再利用、抓住4G通信契机以及利用机顶盒打造全新IPTV等多个方面,拓展自身的传播渠道、提升自己的传播效果,从而与以互联网为代表的新媒体在媒介融合的大背景下分庭抗礼。我们有理由相信,在媒介融合背景下成功生存的体育电视媒介,将比以往的传统电视媒介具有更大的受众吸引力。

参考文献

Carey, James W., *Communication as Culture:Essays on Media and Society*, Unwin Hymans, 1989.

Eisenstein, Elizabeth L. Eisenstein, "The Printing Press as an Agent of Change:Communications and Cultural", *Transformations in Early Modern Europe*, Vols. I and II, 1979.

Gitelman, Lisa, *Always Already New:Media, History, and the Data of Culture*, The MIT Press, 2006.

Hartley, John, *Communication, Cultural and Media Studies:The Key Concepts*, Routledge, 2002.

Innis, Harold A., *The Bias of Communication*, University of Toronto Press, 1951.

Jenkins, Henry, *Convergence Culture:Where Old and New Media Collide*, New York University Press, 2006.

Levinson, Paul, *Digital McLuhan:A Guide to the Information Millennium*, Routledge, 2001.

Marvin, Carolyn, *When Old Technologies Were New:Thinking About Electric Communication in the Late Nineteenth Century*, Oxford University Press, 1990.

McLuhan, Marshall, *The Gutenberg Galaxy*: *The Making of Typographic Man*, University of Toronto Press, 1962.

McLuhan, Marshall, *Essential McLuhan*, Basic Books, 1996.

McLuhan, Marshall, *Understanding Media*: *The Extension of Man*, The MIT Press, 2004.

McLuhan, Marshall, *Understanding Me*: *Lectures and Interviews*, The MIT Press, New Edition, 2005.

McLuhan, Marshall/McLuhan, Eric, *Laws of Media*: *The New Science*, University of Toronto Press, 1992.

Negroponte, Nicholas, *Being Digital*, Vintage, 1996.

Ong, Walter J., *Orality and Literacy*, Routledge, 2 edition, 2002.

Babbie, Earl:《社会研究实践》,第9版,清华大学出版社,2006。

Baldwin, Thomas, McVoy, Stevens, Steinfield, Charles:《大汇流:整合媒介、信息和传播》,龙耘、官希明译,华夏出版社,2000。

Baran Stanley J. Davis, Dennis K:《大众传播理论:基础、延展和未来》,清华大学出版社,2005。

Castells, Manuel:《网络星河:对互联网、商业和社会的反思》,郑波、武炜译,社会科学文献出版社,2007。

Dominick, Joseph R.:《大众传播动力学:数字时代的媒介》,中国人民大学出版社,2003。

Fidler, Roger:《媒介形态变化:理解新媒介》,明安香译,华夏出版社,2000。

Levinson, Paul:《数字麦克卢汉》,何道宽译,社会科学文献出版社,2001。

Lowery, Shearon A./DeFleur, Melvin L.:《大众传播媒介效果研究的里程碑》,中国人民大学出版社,2003。

McQuail, Denis:《麦奎尔大众传播理论》,崔保国、李琨译,清华大学出版社,2006。

Meyrowitz, Joshua:《消失的地域:电子媒介对社会行为的影响》,清华大学出版社,2002。

Mosco, Vincent:《传媒政治经济学》,胡正荣等译,华夏出版社,2000。

Pavlik, John V.:《新媒介技术:文化和商业前景》,周勇、张平锋、景刚译,清华大学出版社,2005。

Severin, Werner J., Tankard, James W. Jr.:《传播理论:起源、方法和应用》,郭镇之译,中国传媒大学出版社,2006。

Straubhaar, Joseph/LaRose, Robert:《今日媒介:理解媒介、文化和技术》,清华大学出版社,2004。

Wimmer, Roger D., Dominick, Joseph R.:《大众传播研究方法导论》,清华大学出版社,2006。

杜骏飞:《网络新闻学》,中国广播电视出版社,2005。

高钢、陈绚:《关于媒体融合的几点思索》,《国际新闻界》2006年第9期。

何道宽：《麦克卢汉在中国》，《深圳大学学报》（人文社会科学版）2000年第6期。

何道宽：《天书能读——麦克卢汉的当代诠释》，《四川外语学院学报》2003年第1期。

何姗：《整合媒介——媒体发展趋势》，《青年记者》2007年第8期。

黄匡宇：《广播电视学概论》，暨南大学出版社，2005。

黄匡宇：《电视新闻语言学》，中国广播电视出版社，2000。

李幸、刘荃：《传播媒介的历史之光：广播电影电视史论》，南京师范大学出版社，2004。

刘连喜：《新媒体论：cctv.com的第一个十年》，中国国际广播出版社，2007。

刘婧一：《媒介融合的动力分析》，《东南传播》2007年第8期。

路杨、王毅：《大众文化与传媒》，上海三联书店，2000。

孟建、赵元珂：《媒介融合：作为一种媒介社会发展理论的阐释》，《新闻传播》2007年第2期。

闵大洪：《数字传媒概要》，复旦大学出版社，2003。

彭兰：《中国网络媒体的第一个十年》，清华大学出版社，2005。

邵培仁：《媒介生态学：媒介作为绿色生态的研究》，中国传媒大学出版社，2008。

王菲：《媒介大融合——数字新媒体时代下的媒介融合论》，南方日报出版社，2007。

王鸿涛：《媒介融合的现状与前景》，《中国记者》2007年第6期。

徐颖：《互动·整合·大融合——媒体融合的三个层次》，《国际新闻界》2006年第7期。

殷晓蓉：《网络传播文化——历史与未来》，清华大学出版社，2005。

热点篇
Hotspot

B.7
中国三大球产业发展分析

摘　要： 以职业竞技联赛为代表的体育竞赛表演业,是中国整个体育产业的核心构成,对于其他体育用品业、体育中介业、体育场馆业、体育传媒业等体育产业具有强劲的拉动效应,对于文化产业、旅游产业、休闲产业以及广播电视传媒产业等具有巨大的辐射效应。我国各个级别的职业体育赛事数量很多,但最具有社会影响力、社会关注度、经济效益以及市场预期的职业体育类别,是以足球、篮球和排球运动这"三大球"为基础的相关球类联赛。但是,相对于国际层面的三大球赛事,我国的三大球联赛存在着行政干涉过度、市场开发不充分、技战术环节薄弱、公共关系维护不足等多方面的问题,导致我国三大球产业发展不充分,还有很大的潜力可以挖掘。2013年底,中国共产党十八届三中全会提出,"将促进经济体制改革……使市场在资源配置中起决定性作用",也就意味着长时期在低谷徘徊的三大球产业再次面临一个重要的发展机遇。如何充分运用这一改革期，提振我国三大球产业，提高我国三大球竞技水平及其国际影响力，将是摆在我们面前的重大议题。

为服务于中国三大球产业的振兴，促进三大球产业的快速腾飞，进而助力我国全民健身运动和社会体育的开展。本文首先分析了美国、欧洲等地的"三大球"及其产业发展的状况，以期为中国三大球及其产业发展提供国际经验借鉴；其次，从中国男子职业足球超级联赛（以下简称中超）、中国男子职业篮球联赛以及中国女子职业排球联赛等入手，分析了各个职业赛事的组织架构、运营机制的相关情况，并对其产业未来前景进行预判；最后，在了解了中国三大球及其产业概况的基础上，总结出三大球及其产业的特征，厘清中国三大球发展中所遇到的困难和矛盾，探索问题产生的根源并提出优化措施。

关键词：

足球　篮球　排球　产业

一　国外三大球及其产业发展经验借鉴

以足球、篮球以及排球等运动形式为主的职业体育在欧美国家具有悠久的历史传统，其赛事产业化的进程也比较早。在 20 世纪中后期，职业足球赛事、职业篮球赛事已经处于产业成熟期，在各个具有相关联赛的欧美国家，已经形成了稳定的、收益丰厚的市场运作机制。自 20 世纪 90 年代起，随着全球经济水平的提升，人们的物质文化生活不断提高，职业体育作为一种彰显人类优秀素质、体验人类身体美学的文化精神产品加入全球主流经济产品的行列。尤其是奥运会普及了专业运动员的体育情怀、闲暇时间增多扩大了运动参与人群，欧美发达国家的体育竞赛表演业从新兴产业一跃成为"支柱产业"，在国民经济构成中有着举足轻重的分量。相关统计表明，在欧美国家中，体育产业产值约占整个国家国民生产总值的 2%～3%，而职业体育作为体育产业中的核心，其拉动效用和辐射力更是不容忽视。

在国际三大球及其赛事的发展中，以北美和欧洲这些老牌的发达国家市场发展最为成熟。为了有效地引荐经验，本文将着重介绍美国职业橄榄球联赛NFL及其产业价值、美国职业篮球联赛NBA及其产业状况，以期能够从更宏观的角度分析各个国家的体育产业状况，给中国三大球发展提供借鉴。

（一）国际优秀球类联赛及其产业引介

美国体育产业机制成熟、规模庞大。以美国职业橄榄球联赛、职业篮球联赛、职业冰球联赛以及职业棒球联赛为主的四大联盟，每年能够获得大约240亿美元的收入，这还不包括相关的特许商品、体育视频游戏、收藏拍卖品、体育运动明星广告、运动员代言收入、体育场馆的经营与冠名权收益等诸多关联细分市场的收入。据估计，整个美国的体育市场规模在4000亿美元至4350亿美元之间，这个数字几乎是美国国民生产总值的2.78%。

虽然美国经济遭受了次贷危机带来的经济衰退的重创，职业球队的门票、赞助权益以及转播权等销售受到影响，就连美国第一大职业赛事联盟——NFL都宣布不得不裁员150名以自保，美国男子职业篮球联赛曾面临停摆危机，但美国劳工统计局统计数据显示，2011~2012年，美国各个职业体育联盟内部有12630名职业运动员，193810名教练及球探，此外还有15630名裁判和其他体育从业者。此外，美国各个健身俱乐部吸纳了489200名工作者、雪地滑雪场有39700名工作者、保龄球中心有68300名工作者、乡村俱乐部和高尔夫球场有342300名工作者。总体来讲，大约有130万美国人直接从事体育娱乐休闲产业、45000人从事体育用品批发贸易，另有245800人在零售体育用品商店工作。

1. NBA

NBA，即美国篮球职业联赛（National Basketball Association，简称"美职篮"），是职业篮球赛事中全球化运作最为成功的联赛，其比赛转播信号覆盖全球。该联赛由来自美国的30支篮球队伍组成，在近9个月的年度赛季中举办约近1300场高水平竞技篮球赛事。美国普兰基特研究公司数据显示，2010~2011赛季美职篮联赛总值约为43亿美元，球队均值近4亿美元（见表1）。

表1 美国职业篮球联赛（NBA）运营简明表

指标	总计	年度/季度	资料来源
联盟总产值	43亿美元	2010年11月	PRE
年度运营收益	1.75美元	2010年11月	Forbes
球队数	30支	2010年11月	NBA
场均观众（每队均赛82场）	17273位	2010年11月	ESPN
球队平均价值	3.93亿美元	2010年11月	Forbes

资料来源：普兰基特研究公司。

尽管2011~2012赛季受到停摆的影响，每支球队仅举办了66场的赛事，但NBA已经取得了收益极其丰厚的电视转播合同，使得2011年的联盟内球队平均收入达到3.93亿美元，较2010年上升6.5%。洛杉矶湖人队签订了一份20年的合同，时代华纳有线电视公司从2012~2013赛季开始，以平均每年2亿美元的价格购买其球队的所有比赛转播权。TNT和华特·迪士尼公司旗下的ESPN/ABC每年共同出资9.3亿美元，获得针对全美播放的NBA比赛转播权。可以说，美职篮在赛事转播方面的收益颇为丰厚（见表2）。

表2 美国职业篮球联盟（NBA）转播合同

传播渠道	合同内容
集团电视网	与美国广播公司(ABC)签约： 2008~2009至2015~2016赛季，以每年9.3亿美元(与ESPN共同出资)的价格，购买15场常规赛、5场季后赛、总决赛的转播权
有线电视	与娱乐与体育节目电视网(ESPN)签约： 2008~2009至2015~2016赛季，以每年9.3亿美元(与ABC共同出资)的价格，购买75场常规赛、数场季后赛、NBA选秀的转播权 与特纳电视网(TNT)签约： 2008~2009至2015~2016赛季，以每年9.3亿美元的价格，购买52场常规赛、数场季后赛的转播权
卫星电视	Direc TV：自2009~2010赛季起，独家享有"Out-market-games"转播权
无线广播电台	ESPN电台：2008~2009至2015~2016赛季
卫星广播电台	Sirius XM: Exclusive contract, 24/7 NBA Radio
电子游戏	美国艺电公司(EA)；Take-Two Interactive游戏公司；索尼电脑娱乐美国公司
互联网	NBATV：90场常规赛和若干季后赛首轮比赛

资料来源：普兰基特研究公司。

与 NFL 的经营理念有所区别的是，美职篮并不奉行"利益共享"原则，各个球队收益的多寡取决于自己俱乐部的运营能力以及所辖市场的大小。在美职篮中，球队价值最高的是位于洛杉矶的湖人队，其俱乐部在 2011 年的总价值约为 9 亿美元，较之 2010 年升值 40%，年运营收入达到 2.08 亿美元。其次是纽约尼克斯队，2011 年球队总价值达到 7.8 亿美元，年运营收入为 2.44 亿美元。然而，美职篮中的另一支球队，密尔沃基雄鹿队 2011 年的总价值仅为 2.68 亿美元（较 2010 年升值 4%），年运营收入 0.92 亿美元。

2. NFL

NFL，即美国职业橄榄球联盟（National Football League，缩写为 NFL），该联盟是世界上最大、最成功的职业橄榄球赛事运营方。该联盟由 32 支来自美国不同城市的俱乐部球队组成。1920 年该联盟以"美国职业美式足球协会"（American Professional Football Association）之名成立，在 1922 年改名为国家橄榄球联盟（National Football League）。NFL 内的各个俱乐部都是私人投资，并按照公司模式运作。橄榄球联赛在美国拥有最多球迷，其他联盟也试图和 NFL 竞争，但都没能像 NFL 那样获得这么大的支持。美国职业橄榄球联盟是全球体育产业界中的巨擘。据福布斯杂志针对足球、橄榄球、篮球、棒球和冰球等多个球类项目的调查，全球十大最具价值的职业球队中有 6 支是 NFL 内的球队。2011 年，美国职业橄榄球联盟（NFL）内的单个球队平均价值约为 10.4 亿美元。但是，NFL 依旧继续追求更高的收益——在最大、最贵的场地上比赛，吸引超过其他所有赛事的观众来呐喊助威。以美国十大联赛平均票价为例，NFL 联赛的平均票价约为 113 美元，NHL 的平均票价约为 58 美元，NBA 的平均票价 49 美元，MLB 的平均票价约为 27 美元（见表 3）。

表 3　美国职业橄榄球联盟（NFL）运营简明表

指标	总计	年度/季度	资料来源
联盟总产值	95 亿美元	2012	PRE
年度运营收益	9.79 亿美元	2010/2011	Forbes
球队数	32 支	2010/2011	NFL
场均观众(每队均赛 16 场)	67413 位	2010/2011	ESPN
球队平均价值	10.4 亿美元	2010/2011	Forbes

资料来源：普兰基特研究公司。

尽管收益已经如此丰厚，NFL 仍然还在努力取得更高的价值回报，2010～2011 赛季，NFL 联盟总收入达到了创纪录的 90 亿美元，2011～2013 年赛事转播权转让收入仅仅增长了 3.5 亿美元——相较于从 2005 年的 26 亿美元到 2010 年的 38 亿美元——涨幅明显放缓。2011 年 7 月，为期四个月的停摆危机得到妥善处理，劳资双方达成和解，保证了 2011～2012 赛季联赛能够按时开始，据预估数据统计，NFL 联盟总收入将在 95 亿美元左右（见表 4）。

表 4　美国职业橄榄球联盟（NFL）转播合同

转播渠道	合　同　内　容
集团电视网	与美国哥伦比亚广播公司（CBS）签订合同： 2006～2013 年，以每年 6.225 亿美元获得 AFC 联盟周日下午赛事、2013 年超级碗的转播权 2014～2022 年，以每年 10 亿美元购买 AFC 联盟的所有赛事的转播权
	与福克斯广播公司（FOX）签订合同： 2006～2013 年，以每年 7.125 亿美元购买 NFC 联盟周日下午赛事、2011 年、2014 年超级碗的转播权 2014～2022 年，以每年 11 亿美元购买 NFC 联盟的所有赛事的转播权
	与美国全国广播公司（NBC）签订合同： 2006～2013 年，以每年 6.5 亿美元购买周日晚上的赛事、2013 年超级碗的转播权 2014～2022 年，以每年 9.5 亿美元购买大联盟周日晚上赛事的转播权
有线电视	与 ESPN 签订合同： 2006～2013 年，以每年 11 亿美元购买"周一橄榄球之夜（Monday Night Football）"播放权 2014～2021 年，以每年 19 亿美元购买"周一橄榄球之夜（Monday Night Football）"播放权
卫星电视	与 Direc TV 公司签订合同： 2011～2014 年，以每年 10 亿美元购买"Out-market-games"转播权
电子游戏	与美国艺电公司（EA）签订合同： 2009～2013 年签约独家代言合同，合同价值超过 3.5 亿美元

资料来源：普兰基特研究公司。

从经营策略上看，NFL 坚持以下几个理念。首先是强调对联赛内的运动员薪酬成本的控制。在二十多年的联盟发展历程中，NFL 球员的工资年均增长率仅为 9%，而在 NHL、NBA 和 MLB 等其他联赛中，这个比率通常高达 12%～16%。

其次，NFL强调联赛维持各个俱乐部之间实力的均衡。这种"公平竞赛"的理念建立在收入共享、球员无偿代理这两个制度之上。在NFL之内，所有的赛事转播权、特许商品经营权都由联盟出面打包出售，而收益由各个球队均分。以2013年到2020年为例，随着与CBS、ESPN、FOX和NBC等广播电视公司的合同到期，NFL相关联盟合同的年均总收入将从如今的31亿美元上升到大约50亿美元。这两个制度产生的一个最重要结果，就是联盟内的32家球队——无论球队资产和年均盈利多寡——都有机会聘请顶级运动员来争取比赛的胜利。每支球队都能够招募极具天赋的球员，这让比赛充满悬念，能够最大限度地保证赛事的精彩程度。

最后，NFL积极开拓国外市场，重视联赛的国际化运营和发展。1996年NFL国际分部成立。该分部主要有六个优先市场：首先是墨西哥、加拿大；其次是英国、德国；最后为中国和日本。从1999年的52位增长到2009年的70位，NFL联盟内的非美裔球员人数上升35%。此外，NFL部分常规赛比赛也开始在美国海外市场进行。2005年10月，新英格兰爱国者队与圣路易斯公羊队的比赛在伦敦举行；12月，西雅图海鹰队和布法罗比尔队的比赛在多伦多举行。在多伦多罗格中心进行一场常规赛是比尔队常规赛的一部分，2012年5月，该中心与比尔队达成延期协议，双方同意将次活动延展至2017年。

3. 欧洲足球六大联赛

欧洲的足球职业赛事十分繁荣，以意大利足球甲级联赛、英格兰足球超级联赛、西班牙足球甲级联赛、德国足球甲级联赛、法国足球甲级联赛、土耳其足球超级联赛为代表的欧洲足球六大联赛，更是全球最受关注、最具影响力的联赛。全球四大国际会计师事务所之一——德勤会计师事务所（Deloitte Touche Tohmatsu）在2014年1月公布的报告 ALL to play for Football Money League 显示，2012~2013赛季的欧洲足球联赛中收入最高的20家足球俱乐部总营业收入约为54亿欧元，较上一赛季增长8%。

该报告还详细总结了2012~2013赛季部分表现卓越的欧洲足球队在2013年的运营情况，包括票房收入、赞助费、电视转播费、俱乐部相关产品和活动收入等。从报告内容上看，欧洲各地的足球俱乐部在欧洲宏观经济条件并不乐观的情况下，收入不仅没有任何疲软的态势，反而依然保持近8%的强劲增长。以西班牙联赛中的皇家马德里足球俱乐部为例,2012~2013赛季皇家马德里足球俱乐部的年度运营收入达到51890万欧元,虽然较上一赛季的51300万欧元增速缓慢,但依然超出排位第二的巴塞罗那足球俱乐部近3600万欧元。"西甲双雄"虽然笑傲榜单,德甲豪门拜仁足球俱乐部也按照稳定的快速的涨幅继续上扬,2012~2013赛季凭借问鼎德甲冠军、世俱杯冠军等闪亮战绩,拜仁俱乐部的收入增长近17%,达到43120万欧元,超过英超第一豪门曼联足球俱乐部42380万欧元的运营收入,居欧洲最盈利的20家足球俱乐部第3位(见图1)。

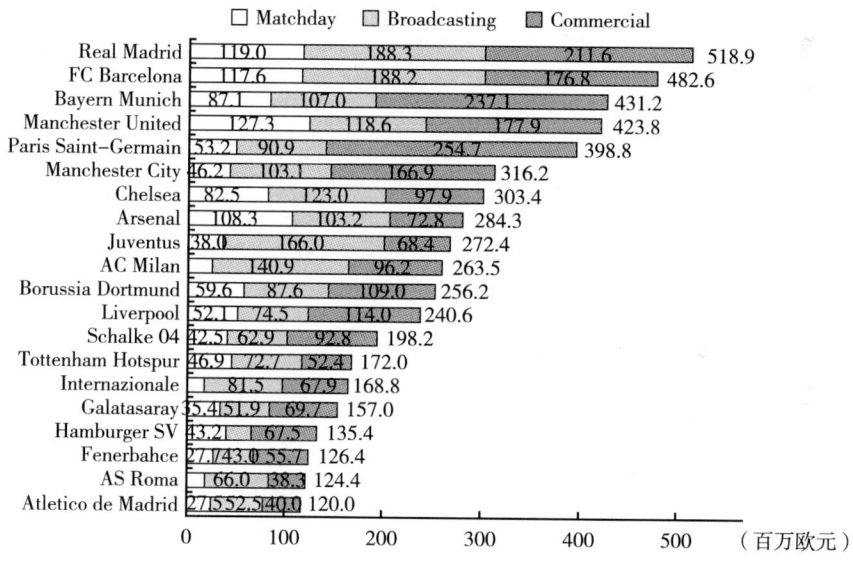

图1 欧洲最盈利足球俱乐部TOP20(2012~2013赛季)

注:Matchday指比赛日收益,主要包括门票收入等;Broadcasting指转播权收益,主要包括电视转播收入海外电视版权、新媒体版权收入等;Commercial指其他商业收入,主要是指通过各种商业活动获得的收入。

资料来源:国际足联。

值得注意的是,法国足球甲级联赛中的巴黎圣日耳曼足球俱乐部,以81%这一惊人的增长率,超越了切尔西、阿森纳、尤文图斯以及曼城等诸多俱乐部,以39880万欧元的年度收益排在第5位。而2011~2012赛季,该俱乐部的总体收入不过22100万欧元(见图2)。

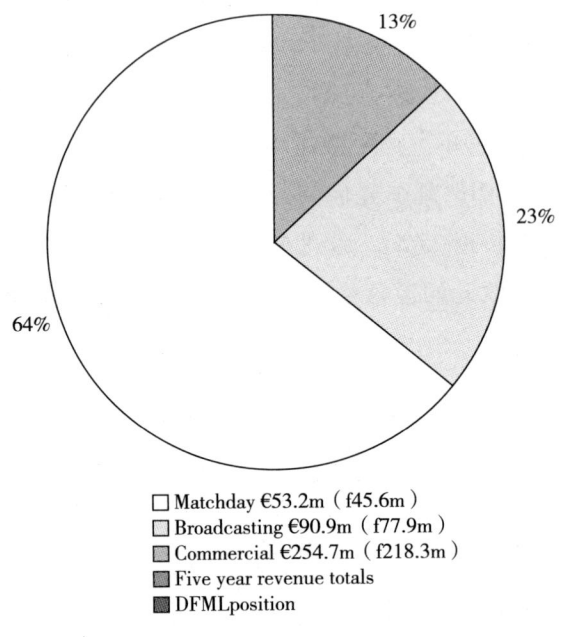

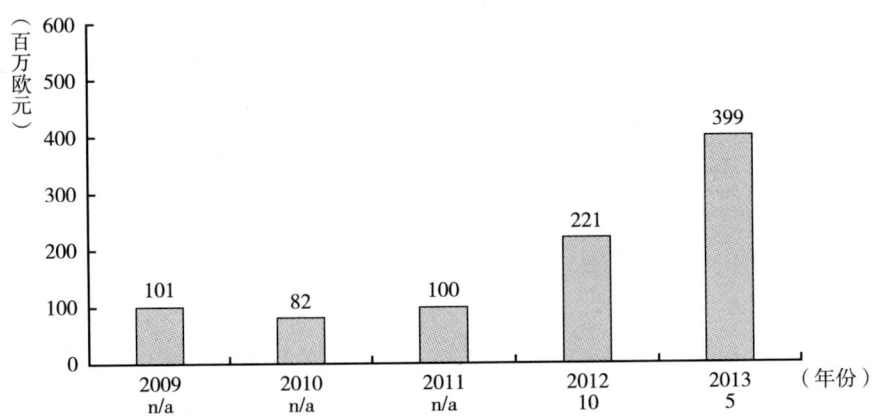

图 2 法甲巴黎圣日耳曼足球俱乐部收益

资料来源：国际足联。

从六大联赛内部来看，西甲的竞争主要在皇家马德里、巴塞罗那之间展开，整个联赛的收入分配和各种资源都在向这两个俱乐部强烈倾斜；英超的竞争格局比较复杂，大部分的传统豪门球队都有着较强的竞争力量；意甲凭借往昔的辉煌成就，依然能够为全世界的观众奉上部分经典赛事；德甲凭借新一代年轻球员的表现，迅速积累着属于自己联赛的底蕴；法甲、土耳其超级联赛也凭借巨额投入在世界足球产业顶级资源平台上获得了立足之地。总体分析来看，欧洲足球产业不仅稳定，还能够摆脱欧洲宏观经济的影响，保持强劲的增长态势。

但是，英超联赛依然雄踞"全球第一足球联赛"的位置，无论是新兴豪门还是传统豪门俱乐部，年度收入总额都保持令人惊讶的增长幅度。以曼联为例，虽然格雷泽家族攫取巨额利润引起球迷不满，但美国人的精明也确实帮助曼联在商业活动方面收入颇丰。与美国雪佛兰汽车达成的3.58亿英镑的球衣赞助之后，又马不停蹄地促使中国建设银行、娃哈哈饮料和日本Kansai油漆加入赞助商行列。曼联足球俱乐部的第一级赞助商已多达38家。其市场经理里格比曾这样讲道①：

"根据我们对自己品牌的了解，商业开发达到极限是不可能的事情，我们看到了曼联品牌的活力不断增长，球迷基础不断扩大，参与水平不断提高，可见的数字也在不断增加。我们不知道还能扩展到何种程度，肯定没有达到极限。现在的模式运作得很好，我每天看到的迹象似乎表明我们的赞助商们都能成为曼联的一部分，他们受益匪浅……我们也应时刻意识到其他俱乐部在效仿我们，这让我们不断前进，比其他俱乐部在这个领域投入更多。我们在全球广阔的球迷基础和成功的商业模式，帮助我们筹资购买顶级球员，让球队保持在顶尖行列。"

（二）国际球类联赛成功经验

1. 内生型产业演进逻辑

美国和英国是世界上最早开展职业体育的国家，其职业体育都脱胎于业余体育。早在1845年，美国历史上第一支棒球俱乐部——纽约人棒球俱乐部在

---

① 《从德勤报告出发：欧洲足球豪门收入数据分析》，http：//bbs.tianya.cn/post-fans-348257-1.shtml。

纽约成立。1865年棒球运动开始职业化之后四年，第一支职业化的棒球队成立，并在1871年成立第一个职业联盟。英国是现代足球运动的发源地，也是世界职业足球的鼻祖。早在1862年，英格兰第一个足球俱乐部就在诺丁汉郡成立；1870年，英格兰有39个足球俱乐部；到1881年，英格兰的足球组织发展到128个。正是在这样的基础上，英国的职业足球在1885年合法化，三年以后就催生了世界上最早的职业足球联赛。

美国职业棒球联赛的产生过程就是一个以球员为主体的俱乐部民主协商的结果。1871年，芝加哥、克里夫兰和波士顿等美国东、北部球团中的球员代表在纽约柯利尔俱乐部集会，这10多个人事先甚至没有沟通，聚集在一间雪茄烟缭绕的大厅，一夜之间就决定成立美国历史上第一个职业棒球组织。这是当时以球员为主的俱乐部体制下的特殊产物，在拥有近千个俱乐部的当时全美最大的业余棒球组织NABBP（National Association of Base Ball Players）中，球员和一些自愿出钱、出力的金主的权力超过球队，因此"国家职业棒球员协会"这个职业棒球组织一夜之间就得以组成。

从上述情况可以看出，美国和英国职业球员的诞生早于职业俱乐部和职业联赛。职业体育脱胎于业余体育，职业体育是自下而上构建的。美国棒球从1842年成立第一个业余俱乐部到1871年职业联赛诞生前后经历了30年；英国足球从1862年第一个足球俱乐部成立到1888年职业联赛产生前后经历了20多年。值得注意的是，美国和英国最早的职业联赛还分别有3年、4年的合法化认定期，认定期内主要是传统的业余体育习惯势力与新兴的职业体育新生力量的对抗，最终职业体育冲破重围，建立了有别于业余体育的日渐完备的体系。

表5 美国职业棒球联赛价值一览

指标	总计	年度	资料来源
联盟总产值	77亿美元	2012年	PRE
年度运营利润收入	4.32亿美元	2011年	Forbes
球队数	30支	2011年	MLB
场均观众（每队均赛162场）	29950位	2011年	ESPN
球队平均价值	6.05亿美元	2011年	Forbes

资料来源：美国普兰基特研究公司。

综上所述，美国和英国的职业体育良性的内生型逻辑，形成了有效的联赛框架（见图3）。从历史和逻辑统一的角度看，美国职业棒球和英国职业足球是世界上最早的两个职业体育的典范，两者不仅为我们展示了鲜活的职业体育发源的强大的民间动力，而且其发展至今的历程也表明了职业体育演进的基本逻辑：自下而上的原动力和利益均沾的运作机制。并基本明确职业体育的两个必要的构成要素：球员、球迷的需求；俱乐部、投资人的利益。至于媒体的介入、社区的支撑、广告的植入等，都是这两个要素衍生出来的。强势的媒体可以成为投资人，一般的媒体可以被投资人和俱乐部所利用；强大的社区是球迷的支持体系，广告可以是俱乐部融资的重要来源。

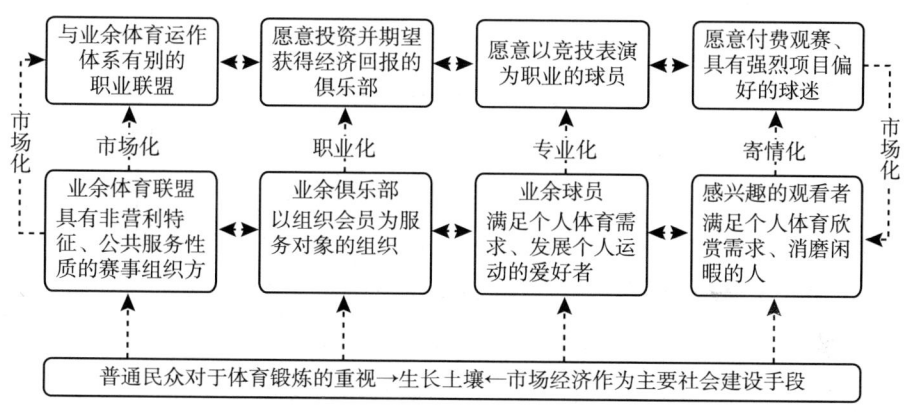

图3　欧美等发达国家三大球产业及其联赛框架

2. 先进经验与特点

虽然国情不同，三大球的传统和水平不同，但西方发达国家职业体育已经逐渐走向成熟稳定，具有很多可以值得学习借鉴之处。以下分析即以美国职业男子篮球联赛为例，站在提升中国国家篮球队的比赛成绩和职业篮球运营水平的立场上，为中国三大球事业发展提供国际经验借鉴。

首先，应当让联赛球队之间保持竞争性平衡，确保赛事的悬念性和观赏性。美国NBA通过工资帽、拉里·伯德条款、中产阶级条款、新秀条款等，使球队之间的实力相对均衡，比赛的交锋紧张、激烈、精彩，使观众如痴如醉大饱眼福，实现球迷、球队、球员、联盟、媒体的多赢。中国的CBA联赛19年来主要

由八一和广东这两支球队垄断冠军的局面应该通过制度创新的形式打破，否则，这个联赛的悬念和观赏性下降之日，也是联赛商业价值和关注度下降之时。

其次，应当将职业联赛看作特殊的娱乐产品，保持赛事的魅力和商业价值。律师出身的斯特恩深切地懂得，只有把NBA变成大众的娱乐狂欢，才能吸引媒体、球迷、赞助商等多方的关注。于是他通过出售转播权、吸引广告赞助、球员交易等市场化手段，运用啦啦队、大篷车等表演形式，将NBA变成一种特殊的娱乐手段，使NBA成为一个全世界都喜欢的抢手商品，用《今日美国》的话说："NBA就是一个庞大的经济体，这里存在的只有交易，斯特恩把最好的商品提供给世界，世界回报给大联盟丰厚的利润。"中国的CBA联赛虽然一直在学习NBA的娱乐理念甚至具体手法，但在与国民心理、商业元素、篮球文化等的结合上始终考虑不周，出现过"画虎不成反类犬"的尴尬。唯有深入研究篮球赛事作为一种特殊商品的娱乐内涵，将其与本土文化紧密结合，才能创造出篮球商业奇迹。

再次，必须将赛事品牌植入民众心中，使联赛获得可持续发展的不竭动力。其实在美国本土，NBA充其量是与MLB、NFL、NHL并列的四大职业联盟之一，其在国内的市场规模和受欢迎程度还不如MLB、NFL，但是斯特恩的高明之处在于，他从一开始就大力走国际品牌化之路，将NBA的篮球文化植入世界篮球迷的心中，使联盟获得了广泛的不竭的发展动力。斯特恩亲自创造出"I love this Game"这句宣传语，他高度重视联盟的精神品牌、球迷的忠诚度以及合作伙伴，设立NBA有线电视、NBA网站、NBA商店、NBA流动大巴等娱乐项目，通过制定经纪人制度、球员工会与俱乐部谈判制度、引进工资上限、反毒品公约等，打造出世界各国篮球联赛争相效仿的运作和管理模式，从而广泛宣传了NBA的国际品牌。中国的CBA要成为一个著名的国内乃至国际品牌赛事，不能仅仅把眼光专注在篮球赛场上，而应该将更多的精力放在管理制度创新和运作方式创新上来。

最后，要认清职业球员是职业体育的主体，把球员的利益置于核心地位。在斯特恩管理下的NBA，球员始终是主体，巨星是不可替代的稀缺资源，这个理念使得NBA成为世界上薪酬最高的联盟之一。乔丹的最高年薪曾达3314万美元，奥尼尔在热火队的年薪超过2700万美元，平均每天可以到手

73972.6美元。科比和湖人队签的是7年1.36亿美元的合同。加内特、邓肯的年薪也在2000万美元以上。球员工会就球员收入与联盟进行斡旋的事情在NBA历史上已经不止一次了。今后的CBA联赛宣传和管理应该更加突出和强化球员的核心地位。当不少中国足球运动员年收入动辄几百万元的时候，一个中国杰出的篮球运动员一年收入800万元就不应该是被大肆炒作的新闻。

此外，还需要促进职业俱乐部与利益相关者和谐共存，把俱乐部利益放在首位。斯特恩虽然从不讳言NBA的赢利欲望，但他一直注意凝聚各方力量，妥善处理好与利益相关者的关系。完备周到的媒体公关、细致入微的赞助商服务、无微不至的社区关系维护，无一不彰显着一种明确的理念：大家围绕NBA形成一种共赢的利益共同体格局。大家的利益就在于为NBA做出贡献的回报中。中国的CBA由于管理经验欠缺等，始终没有形成这种和谐的共赢局面，如何理顺与俱乐部的利益关系、如何维护社区和球迷的关系等，依然是今后繁重的任务。

二 中国三大球及其产业发展分析

自2008年北京奥运会成功举办至今，中国体育事业一直向着迈出"金牌至上"阴霾的目标而努力。体育竞赛表演业作为体育产业的核心构成，发展迅速。尤其是以中国篮球职业联赛、足球职业联赛以及排球职业联赛，从赛事运营、产品推广到传媒服务、公共关系维护等方面都积极借鉴欧美发达国家职业体育的成功经验，联赛的社会影响、经济带动等辐射效应明显。从各个联赛的资金投入上看，三大球产业已经初具规模。然而，从体育事业上看，虽然中国体育代表团在奥运会上的成绩节节拔高，但三大球的成绩却不尽如人意，甚至已经成为中国体育代表团在奥运会总结时的一个"不完美"的借口，也是继续努力加大投入的一个理由；从体育产业上看，三大球产业规模越做越大，但产业结构、产业效益、联赛水平屡屡受到诟病，已经成为中国职业体育备受责难的"重灾区"。

（一）中国三大球回顾

2008年北京奥运会上并没有亮点，甚至还有个别球员被人指责有球场暴力行为。中国女子篮球国家队拿到伦敦"入场券",媒体的评论比较平淡,而中国女子足球国家队的出局,让很多媒体人心气难平,更有很多网民对于"从事足球运动的女性人口太少"这样的解释无法接受。

2011年下半年,是中国的男女三大球集中争取第二年伦敦奥运会参赛资格的高度紧张阶段。中国男女足球先后梦断伦敦,中国男足离巴西世界杯渐行渐远,中国女篮第一个挺进伦敦,中国男篮异常惊险地进入伦敦奥运会,中国男排、中国女排也走上了通往伦敦奥运会的路。但是在2012年的伦敦奥运会上,三大球却纷纷遭遇"滑铁卢",再次沦陷,成为历届表现最差的一次奥运会征战。中国女排在2008年北京还斩获铜牌,本届却难以搏进前四名。中国男排的"奥运会恐惧症"再次发作,在奥运会赛场上缩手缩脚。姚明的提前退役,对中国男篮造成致命的打击,目前看来无解,易建联尽管表现不错,但和姚明相比,显然还称不上队中的领袖。中国女篮伦敦奥运会以后,一大批老队员相继退役,青黄不接就在眼前。

2013年更是成为中国三大球的"灾年"。2013年6月15日,中国男足国家队在一场热身赛中以1:5大比分惨败亚洲弱旅泰国队,中国男子国家足球队输球又输气势的状态引起了社会舆论的极大批判。事后,迫于压力的中国足协与男足国家队外籍主教练卡马乔终止合作,并发表致歉信。2013年8月9日,中国男篮国家队在菲律宾举行的男子篮球亚洲锦标赛1/4决赛中,以78比96大比分不敌来自中国台湾的中华台北队,无缘半决赛,被媒体称为"中国男篮近40年最惨失利"。19次参加亚锦赛并15次夺冠的中国队近年来在国家队构建、俱乐部、球员利益与国家队利益平衡等诸多的表面和深层原因的合力下,居然在CBA联赛逐渐好转之时呈现出"崩盘"态势。2013年9月20日,由"铁榔头"郎平率领的中国女排在女子排球亚洲锦标赛的半决赛中以2:3惜败泰国队,这是中国女排自1975年以来首次无缘亚锦赛决赛;在随后的季军争夺战中,中国女排以同样的比分负于韩国女排,获得第4名,创造了中国女排38年亚锦赛历史最差纪录。

(二)中国三大球产业发展概况

1. 演进逻辑

与美国和英国相比,中国的职业体育孕育于专业体育,中国的职业体育是自上而下建立的。中国的三大球率先开始职业化尝试，足球、篮球、排球先后于1994年、1995年、1996年推出职业联赛。然而，中国的职业联赛与职业体育的一般要求相比，至少有三个致命的缺陷：联赛的发起者是体育行政管理部门，其动机是改变国家队在国际赛场上的落后地位，如足球改革的动因是国家队先后在奥运会和世界杯预选赛上失利；而俱乐部的投资主体最初是地方体育行政管理部门和部分并不想也没有盈利能力的企业，如不少俱乐部早期连市场开发部门和人员都没有或极少；俱乐部的球员是一批在专业体育体制下缺乏动力的专业球员，球迷对于中国的业余足球赛事失去了观赏的兴趣。

由于是体育行政管理部门主导，中国职业体育的目的或主要目的并不是让俱乐部通过市场赢利，而是希望通过职业联赛机制提高中国国家队的水平，于是一些专业化体制下过度管制的集权做法一直延续不断，足球的体能测试和万米跑、春节强制集训动辄就让联赛给国家队比赛让路，联赛管理委员会中俱乐部不占主导地位及百般限制球员转会等都是典型的违背职业体育管理规律的做法。

也就是说：我们的职业体育管理者从一开始就不相信职业体育主体——俱乐部和运动员的内生力量，而是迷信自己的行政管理威力。因此，中国职业体育就像一个襁褓中的婴儿，被严严实实地包裹起来了。这种行政管制造成的现实就是：管理部门和俱乐部都戴着镣铐跳舞，无法焕发职业体育制度的威力，无法调动民间和基层的力量与热情。职业体育的发育不良从一开始就已注定！

中国的职业体育发展过程与世界职业体育几乎相反（见图4）。俱乐部的主要投资者没有通过足球获得市场回报的动机和能力，导致中国职业体育有几个诡异的现象：俱乐部给球员大大超出其竞技能力的工资和奖金，俱乐部无法通过联赛的运作获得市场回报，多数俱乐部干脆就不抱有市场回报的想法，把俱乐部当成是赢得政府支持和城市面子的筹码。一个水平一般的中国职业球员年收入超过百万元，大大高于其他项目运动员和普通百姓的收入；联赛的运作过程中俱乐部是从属于行政管理部门的，市场利益始终是微薄的；民营企业不堪重负纷纷退出，国有企业成为职业俱乐部的主要投资者；一些企业通过办俱乐部获得政府支持和赢得市民关注，达到目的就退出，根本没有长远做职业体育的想法。

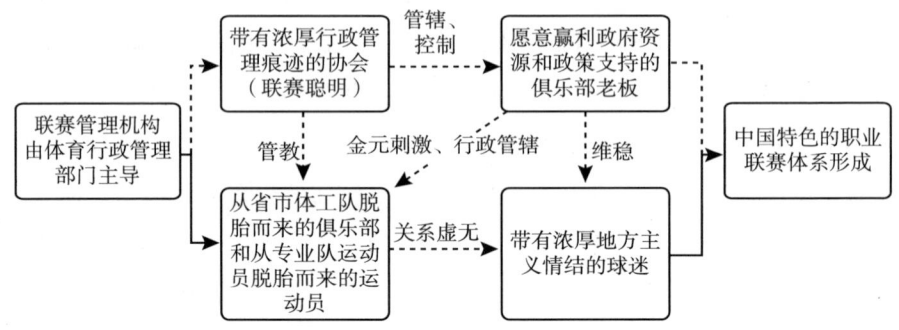

图4　中国三大球及其职业联赛的基本框架

2. 运作模式

足球、篮球和排球及其相关的职业赛事，基本上已经是我国目前发展相对良好的商业赛事。当然，甚至可以从某种程度上说，中国男子足球超级联赛以及中国男子篮球联赛已经成为我国体育竞赛表演业中的代表赛事。为了有效说明我国三大球运作模式的特征以及了解各个联赛的具体运作模式，本文选取中国足球协会超级联赛、中国男子篮球职业联赛作为案例进行说明。

联赛的管理体制。随着奥运会之后市场经济的发展，我国体育竞赛表演及其相关产业的整体市场格局已经形成，主要囊括了各级职业联赛、依照市场需求运作的职业俱乐部、自由流动的运动员及教练员队伍、相对稳定的门票收入以及相关赞助商。当然，由于我国特殊的国情，中国三大球职业联赛有着与西方职业体育联赛截然不同的运作模式。具体来讲，我国三大球职业联赛及其产业是由各个单项的国家协会负责组织运营的、由中国国家体育总局监督领导的、由各个职业联赛所属公司全面负责开发维护的职业赛事运动。其产业的收益虽然由各个俱乐部享有，但需经过各个单项的国家协会进行统筹再分配。

（1）中国男子篮球职业联赛管理体制。中国男子篮球职业联赛由中国篮球协会主办，是我国水平最高的职业篮球赛事。中国篮球协会简称"中国篮协"，其英文全称为"Chinese Basketball Association"，简称为"CBA"。中国篮球协会是具有独立法人资格的全国性群众体育组织，是由各省、自治区、直辖市篮球协会，各行业篮球协会及解放军相应的运动组织为团体会员组成的、全国性、非营利性的联合组织，也是代表中国参加国际篮球联合会和亚洲篮球联合会的唯一合法组织。

1997年11月24日,国家体育总局实行体育管理体制改革和运行机制转变,成立了国家体育总局篮球运动管理中心。国家体育总局篮球运动管理中心是具有篮球项目行政管理职能的事业单位,也是中国篮球协会的办事机构。篮球运动管理中心下设综合部、运动队管理部、国家队管理办公室、竞赛管理部、青少年管理部、社会发展部、培训办公室(见图5),对全国篮球的协会建设、外事、财务、各级竞赛、各俱乐部、运动员、教练员、裁判员注册、培训、产业开发、青少年后备人才培养和群众性篮球运动的开展实行全面的管理。根据《中国男子篮球职业联赛委员会章程》,在CBA的管理体系中,联赛委员会全体会议与常务委员会是最高的权力和执行机构。联赛办公室在联赛委员会的领导下处理联赛的各项日常工作,包括联赛的日常运营、训练培训、竞赛周边、市场开发、媒体公共关系等。

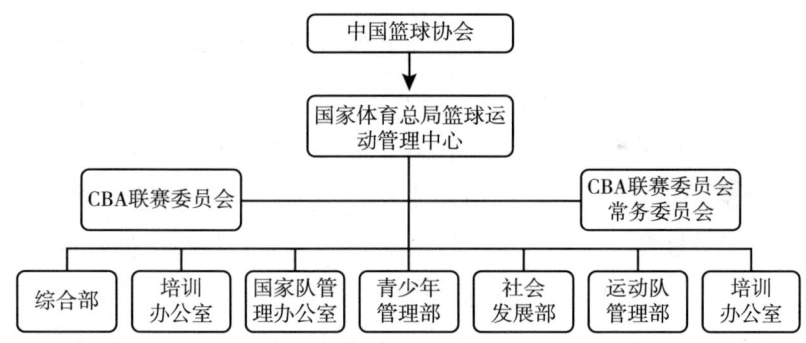

图5 中国男子篮球联赛管理体制

(2)中国职业足球协会超级联赛。中国足球协会超级联赛,简称"中超"(Chinese Football Association Super League,英文简称为CSL)是由中国足球协会组织的,中国最优秀的职业足球俱乐部参加的全国最高水平的足球职业联赛。由于我国特殊的经济社会体制,全国性职业足球赛事由中国足球协会负责管理,各个地方性足球协会按照相关规制参与或进行竞赛,各个地方足球俱乐部在中国足球协会、地方足球协会两个机构下开展工作。中超联赛由中国足球协会主办,并由中国足球协会超级联赛委员会进行组织运营。日常管理机构有竞赛部、裁判部、技术部、商务部、安保部、新闻部以及财务部等多个职能单位。此外，还有相关的监督监管委员会进行分工协作（见图6）。

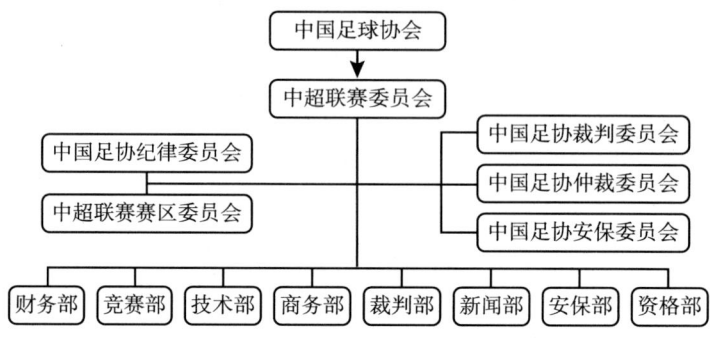

图6 中国足球协会超级联赛管理体制

3. 产业概况

2012年，中国足球协会超级联赛十六支球队单赛季投入超过30亿人民币（约5亿美元），为历届最高。据国际足联在2013年发布的《2012年度全球足球转会市场中期报告》（*Mid-year Review of the International Transfer Market*）显示，中国在外籍球员引进方面耗资巨大，投入资金大约为4080万美元，居全球转会资金投入首位，但同时中国籍球员在国际市场上却并不受欢迎，他们大多都在中小足球联赛中生存，虽然转出了近50名足球球员，但收益仅有10万美元，人均只有5000美元，远远低于整个国际足球市场的行情。

继2011赛季二次转会引入南美新生代球星孔卡之后，一些财力雄厚的俱乐部亦招募了诸如"魔兽"德罗巴、阿内尔卡、罗申巴克、卡努特、雅库布、巴里奥斯等全球知名足球球星，2012年全年的票房亦为2004年中超成立以来最高（见表6）。2013年中国足球超级联赛赛季初期，虽然阿内尔卡，德罗巴离开分别加盟尤文图斯和加拉塔萨雷，但中国足球协会超级联赛依旧吸引了米西莫维奇、埃尔克森等球星的加盟。国际足球历史和统计联合会（IFFHS）2013年公布的世界足球联赛排行榜数据显示，中超联赛以430.5分排在世界第34位，亚洲第4位，排在乌拉圭、波兰、瑞典、美国等国家的联赛之前。值得一提的是，中超联赛较2012年排名提升了36个位次，上升幅度在亚洲联赛中居第一位。

表6 2012年部分国家球员转会人数及收支一览

单位：人，百万美元

国家	外籍球员引进数	球员转出数	外籍球员引进支出	本国球员转会收入	收支差额
巴西	487	230	62.02	64.95	2.93
英国	140	186	55.43	58.83	3.4
阿根廷	73	174	7.98	9.76	1.78
法国	85	106	57.39	22.9	-34.49
西班牙	59	128	17.08	11.43	-5.65
俄罗斯	58	121	64.39	24.03	-40.36
中国	111	51	40.9	0.1	-40.8
日本	65	81	5.11	1.4	-3.71
韩国	38	84	5.93	2.35	-3.58

资料来源：国际足联。

在"三大球"产业方面，虽然国家队战绩不佳、联赛水平处于恢复阶段，但相关市场十分火爆。中国足球协会数据显示，2013年中超共有近500万球迷到场观看比赛，场均上座人数超过1.8万人次，表现好于2012年。其中，广州赛区（恒大主场）、北京赛区和江苏赛区的观众人数最多，恒大主场4万余人，国安则有3.9万余人次，江苏赛区有接近2.9万人次。上海赛区（申鑫主场）、青岛赛区观看比赛的人数最少，场均人数均为8000多人次。联赛总盈利也节节高升，网易公司与中国足球协会共同发布的《中超联赛价值报告》显示，2013年中国足球公司营业收入在3.5亿~4亿元，较之上几个赛季有大幅度增加（见图7）。

然而，在2013赛季的中超联赛中，俱乐部享受到"大投入、大回报"的只有广州恒大足球俱乐部，其他足球俱乐部虽然总体形势看好，但在战略规划、媒体关系以及日常运营等方面的理念较差，使得联赛总收益与各个俱乐部的收益之间并不成线性关系（见图8）。

中国篮球联赛则因为国家队战绩不佳、麦迪等巨星未续约，2013~2014赛季上座率、收益略低。但这无碍于CBA篮球产业的收益，目前CBA已经拥有二十多家赞助商，共分为四级。第一级别的李宁公司，以每年4亿元（5年共计20亿元）的金额成为其官方战略合作伙伴；第二级别的是中国大地保

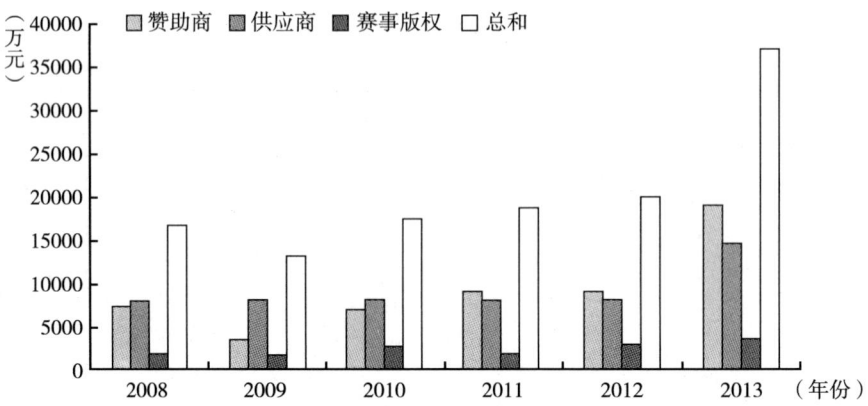

图7 2008~2013年中超公司营业收入

资料来源：网易。

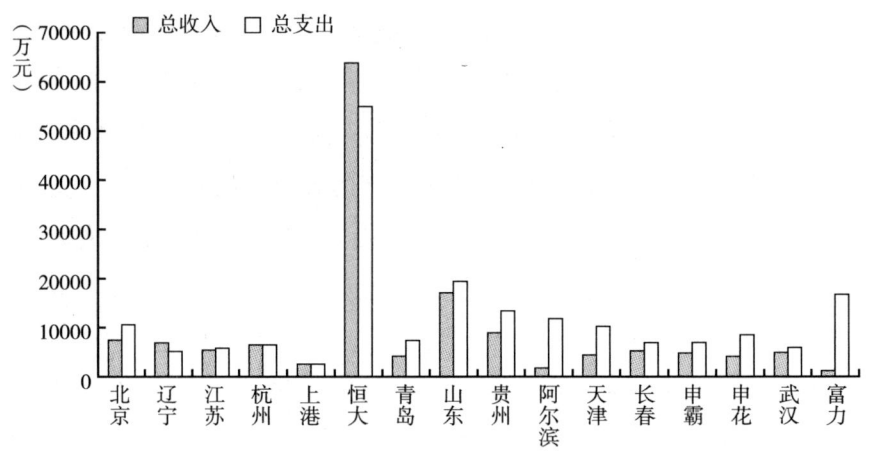

图8 2013赛季中超俱乐部投入支出一览

资料来源：网易。

险、美孚速霸、PPTV聚力网络电视、搜狐网络有限公司、史丹利、青岛啤酒等，每年各赞助金额2500万元，成为官方合作伙伴（Official Partners）；第三级别的是耐克运动、柯尼卡美能达、云控照明、TCL公司以及UPS美国联合包裹服务公司，每年赞助1000万元成为其官方赞助商（Official Sponsors）；第四级别的是卡宾服饰、百岁山矿泉水、金陵体育、达利集团、乐视网、三沟酒业、SBS浔兴股份、顺辉瓷砖、万好绿色照明、玉林制药、增致牛仔、金六福酒业以及迈克达威，每年各赞助 500 万元成为其官方供应商（Official Suppliers），仅上述渠道，CBA 每年就能获得近 7 亿元的收入。

（三）发展评价

中国男子篮球的职业联赛开始于 1995 年。但是，整个中国职业体育从诞生起就注定是畸形的。一是没有建立起依托市场和球迷的回报机制；二是没有建立起产权明晰的运动员和运动队乃至体育场馆管理体系；三是行政力量乃至投机商人始终没有放弃对于纯粹职业体育的干预。虽然 CBA 联赛因为中国足球联赛的问题丛生而一度被认为是中国最好的职业联赛。但是从本次亚洲男篮锦标赛的现场观众上座率可以看出，我们的职业篮球联赛还没有培养出足够多的不局限于地域而纯粹欣赏篮球技艺的球迷。

从世界范围内看，从宏观视阈看，多数职业体育发达的国家其相应的国家队水平也比较高。虽然两者之间没有即时的一一对应关系，但大体表现出职业体育促进国家队水平提升的普遍逻辑。然而，中国的职业体育却似乎没有反映出这个普遍逻辑，原因在于中国的职业体育面临一个最不利的境况。

当欧洲职业足球和美国职业篮球已经在中国电视球迷心目中获得了至高无上的地位时，中国的职业足球和篮球无法为自己的球迷奉献高水平的表演，只能依靠强烈的地方主义和家乡情结等来吸引球迷的注意。这使得职业体育所应有的超越地域情感局限的项目文化总体偏好失去了生存和发展的机遇，这不能不说是中国职业体育的不幸！

同时，中国的国家体育行政管理部门推行职业体育的强烈动机是改变国家队在国际上落后的局面，这种具有鲜明"政绩体育"倾向的改革也使得球迷介入职业体育市场时自然抱有同样的"成绩体育"心理——过分看中球队的成绩。于是，中国足球无论是在以国家为参赛单元的奥运会等世界赛场上，还是在以俱乐部为参赛单元的国际国内赛场上，都有挥之不去的"成绩或名次至上"的心理阴影。反复多次的恶性循环，终于使中国足球的整体面貌和社会形象一落千丈！

中国职业体育运作的初期，国家体育总局的运动项目管理机构一直处于强势的主导地位，随后一些俱乐部的利益逐渐渗透到联赛的决策体系中。目前，

体育蓝皮书

中国的职业体育领域形成了比较明显的项目主管机构和俱乐部争夺权益、运动员权益难以得到保障的局面。

一个比较尴尬的现实是：推行职业化的项目并没有实现体育主管部门的预期目标——提高国家队的水平。中国足球的地位如江河日下，中国篮球始终没有突破历史上的最好成绩，而中国排球的职业化程度较低，却保持了相对比较好的成绩。

热点聚焦：恒大拯救中国三大球？

虽然中国足球国家队的拉练赛、热身赛屡屡失利，但中超联赛中的广州恒大却成为三大球中的唯一慰藉。在2013年底的亚冠决赛上，广州恒大队以两回合总比分3:3、凭借客场入球优势战胜了韩国首尔FC队，勇夺亚冠联赛的冠军；并在随后的世俱杯比赛中力克非洲冠军阿尔阿赫利、完败德国拜仁、憾负南美劲旅米内罗竞技队最终取得第四名。2010~2013年广州恒大足球队大事记如表7所示。

表7　2010~2013年广州恒大足球队大事记

年份	重要事件
2010	恒大集团以1亿元买断广州足球俱乐部股权,更名广州恒大足球俱乐部
2010	球队获得中甲联赛冠军
2011	球队以创中国转会纪录的价格引入阿根廷球星孔卡
2011	球队获中超冠军,是中国足球史上首支升上顶级联赛后就夺冠的球队
2011	穆里奇囊括最佳球员、最佳射手荣誉
2012	球队引入世界名帅"银狐"里皮,签入当红球星巴里奥斯
2012	球队获得中超联赛冠军,成为首支卫冕中超冠军的球队
2013	球队获得亚冠联赛冠军,是亚冠改制后,中国俱乐部球队首次捧杯
2013	球队获得世俱杯赛第四名,是中国足球俱乐部球队首次参加世俱杯比赛

而另一方面，"恒大女排"也动作频频，2009年广州恒大女排俱乐部投入2000万元进行球队建设，队员月薪超过5万元，并且大部分的比赛被中央电视台直播。但是我们不可被恒大女排带动全国排球市场的短期表面景象而蒙蔽，而应该冷静地分析目前中国排球市场存在的问题。

中国三大球产业发展分析

首先，从职业联赛的共生效应看，恒大一家再强大也无法带热整个中国女排市场。目前看只是恒大的比赛关注人多，其他没有恒大参与的比赛观众人少，时间一长，如果比赛毫无悬念，观众的热情恐怕马上就会消退。要看这些明星，以前的女排甲A比赛都很容易看到，但没有多少人去看，而国家队的明星则是最集中的。话说回来，职业体育赛事自身作为一个整体品牌，其比赛质量和实力制衡是相当重要的，只有一家独大的比赛绝对不能持久地吸引注意力。乔丹所在的公牛队在NBA虽然曾连续拿下三连冠，但每次都不是那么轻而易举的，而是经历了艰苦拼搏，所以才会给球迷留下无数经典的场面。

其次，一项职业赛事的运作必须有稳定、可靠、持续的收入来源，以确保俱乐部的发展和球员的利益。从目前媒体披露的情况看，全国女排甲A俱乐部一年的赞助费用，全国均价100万元左右，差一些的队伍可能一分钱赞助都拉不到，很多队伍经费紧张，只能将排球运动管理中心下发给赛区的办赛补贴拿来贴补球队。而根据笔者了解，中央电视台转播全国排球联赛也是不挣钱的，和不少赞助企业一样，其中考虑比较多的是人情，感念的是中国女排过去的辉煌及其对中国国民精神的贡献。这种依靠非市场力量获得的赞助和支持，时间一长就容易发生变化。可以说，如果没有建立起职业排球自身的运营机制，使赞助商、电视转播商、俱乐部、球迷等形成良性的互动机制，我们就不能奢望职业排球能长期风光无限。

最后，一个国家的职业体育市场容量是有限的，也是具有国民性格、历史文化、体育传统等因素过滤机制的。目前全国的职业足球、篮球、网球、乒乓球、羽毛球、台球等已经在职业化之路上走了一段时间，相关的体育赞助资源和观赏市场也基本分割完毕。从中国体育观赏市场已经被免费的高端国外足球和篮球、网球、高尔夫球等赛事所填充的背景看，要让女排这样的市场抢走风光，确实是一件异常艰难的事情。即使是美国这样的体育大国，也只有四个职业大联盟，它的女排和女足成绩比我们好，但联赛也兴盛不起来；而澳大利亚最火爆的联赛也主要是橄榄球和足球联赛等，而它的女篮比我们强。中国的职业体育观赏市场要容纳和养活三个以上大的集体球类项目职业联赛，恐怕是很困难的。时任江苏省体育局长孔庆鹏曾指出中国养活20多支职业足球俱乐部

都困难。

所以，虽然目前的恒大借助郎平的名望、几位国家队队员的明星效应，以及超常规的投入引起了媒体和球迷的关注，但笔者认为恒大的前景以及中国女排市场的前景都不太乐观。不改变制约整个排球市场的根本性问题——排球赛事的质量（绝不仅仅指实力和水平），不建立起涵盖球迷、赞助商、俱乐部、媒体的健康机制，就不要奢望我们的排球市场能火爆起来。

三　中国三大球产业的主要问题及其改善对策

从一般的意义上讲，在强有力的国家体育行政管理系统下开展的专业竞技体育，基本上是争光甚至增光体育、（政府或城市的）形象或面子体育、政绩或成绩体育；而职业体育应该主要是观赏甚至欣赏体育、（俱乐部、球队、球员的）荣誉或荣耀体育、表演和艺术体育。在行政力量支撑下的专业竞技体育中常常有这样的现象：很多中国人关注奥运会主要是关注金牌数量而不关心其产生过程，我们的"奥运争光计划"的基本目的也在于此，对于运动员的评价和奖励甚至有"千银不抵一金"的说法。

（一）存在的主要问题

1. 行政管制介入过于严重

应该说，体育行政主管部门并非要刻意压制职业俱乐部的营利动机，但政绩体育的压力使得关键时刻国家队成绩至上就成为他们决策和行事的主要依据，客观上使得联赛让步和俱乐部让利成为一种现实。同理，俱乐部并非没有通过足球产业从市场上营利的动机，但现实中俱乐部在职业联赛管理委员会中的弱势地位和发育不完全的职业体育市场环境等，使得俱乐部实现足球产业的良性循环意图难以实现，于是政策甚至政府支持就退而求其次地成为众多俱乐部追逐的主要目标，这也是民营企业大量退出和国有企业积极进入中国职业体育市场的原因。

再者，球员也并非没有提高水平为国争光的意识，但行政管制的强行介入（如转会和集训制等）与俱乐部管理理念之间的矛盾、脱离专业体育体制之后的真空与尚未建立起职业体育合理规则的缺陷使得球员难以专心致志地寻求个人能力的提高，金钱至上和娱乐至死成为一些球员的生活信条，职业精神日渐丧失。

可以说，当今世界职业体育的一个显著标志是体育迷对于职业体育俱乐部的拥戴已经脱离了早期的地域情结乃至民族、国家局限，而更多地热衷于欣赏运动项目的高超技艺。可是，中国国内的职业体育还停留在强烈的地域情结中，中国的专业体育还无法摆脱浓重的民族和国家情结。以往在国内举办的亚洲男篮锦标赛中，只要没有中国队出场的比赛，现场观众就少得可怜。倒是著名的欧洲五大足球联赛和美国的NBA帮助我们培养了无数超越地域和民族情感的球迷。

对于中国来说，短期内还难以成立独立于国家体育行政管理部门之外的职业联盟，如果要让国内联赛既承担愉悦球迷的商业属性，又担负提升国家队水平的行政功能，势必需要做一些折中的考虑。例如在引进外援时能否多元化，是否应该多引进一些欧洲和南美的球员，以使我们的国家队队员有更多机会与不同国家的运动员过招，同时也可以活跃我们的外援市场，增加对球迷的吸引力。或者请国际知名研究专家进行综合评估研究，对中国国家队的打法进行系统研究，并结合中国特点确立比较稳定的战术，摒弃10年来往往依靠或围绕一两个高大内线球员制订战术的功利思想。此外，还可以在青少年的赛事中有意识地培养运动员的战术素养，而不是一味地看中眼前的成绩和名次。

2. 严重依赖外援

中国在国家运动管理中心这个事业单位的领导下推行职业联赛，而这个单位最重要的使命是提升中国国家队在世界赛事中的名次。可是为了提升联赛的观赏性，我们最近几年来引进了无数的黑人球员。仅从满足受众需求这一出发点看，大量引进外援并不断放松对外援上场时间和人数的限制本无可厚非，但是，一个十分鲜明的毋庸置疑的现实是：我们本土的球员被不断削减上场时间，本土球员之间的战术配合机会明显减少。在这种情势下，我们的篮球联赛一度让外援垄断得分榜的前10多名，在各项技术统计指标的优势者中，本土球员的踪迹难觅（见表8）。

表8　2013～2014赛季CBA联赛球员得分榜

名次	球员	球队	场数	总得分	平均得分	三分总数	扣篮总数	平均扣篮
1	乔纳森·吉布森	广厦	37	1203	32.5	111	9	0.2
2	鲍比·布朗	东莞	38	1155	30.4	107	12	0.3
3	兰多夫·莫里斯	北京	38	1034	27.2	1	52	1.4
4	莱斯特·哈德森	新疆	38	992	26.1	158	3	0.1
5	多米尼克·琼斯	辽宁	38	935	24.6	64	21	0.6
6	马库斯·威廉姆斯	山西	32	925	28.9	30	19	0.6
7	特尔费尔	天津	35	912	26.1	127	0	0
8	迈克尔·菲巴	四川	30	911	30.4	86	8	0.3
9	易建联	广东	37	858	23.2	3	112	3
10	普·杰特	山东	33	852	25.8	126	0	0
11	昆西·杜比	上海	29	844	29.1	57	6	0.2
12	约什·阿克格农	青岛	30	839	28	124	0	0
13	谢尔顿·威廉姆斯	天津	37	813	22	0	51	1.4
14	查尔斯·甘尼斯	山西	33	809	24.5	0	0	0
15	丹泽尔·鲍勒斯	吉林	31	809	26.1	2	0.1	40

资料来源：中国男子篮球联赛公布数据。

外援霸占得分榜的尴尬事实，同样出现在中国职业足球的赛场。以2013/2014赛季的中超联赛为例，中国籍球员挤入进球榜、助攻榜榜单前列的人，也是少数（见表9）。

表9　中国足球协会超级联赛2013～2014赛季个人球员得分榜

排名	球员	所在球队	出场场次	出场时间	进球	助攻
1	埃尔克森	广州恒大	28	2291′	24	10
2	瓦伦西亚	天津泰达	29	2552′	16	2
3	雅库布	广州富力	29	2229′	15	5
4	武磊	上海上港	26	2283′	15	3
5	孔卡	广州恒大	26	2135′	14	9
6	埃杜	辽宁宏运	23	2068′	13	2
7	王永珀	山东鲁能	29	2393′	11	7
8	张稀哲	北京国安	30	2469′	11	11
9	莫雷诺	上海申花	21	1702′	11	1
10	拉斐尔	广州富力	30	2223′	11	4

续表

排名	球员	所在球队	出场场次	出场时间	进球	助攻
11	格隆	北京国安	25	1574′	11	6
12	恺撒	上海申鑫	23	2004′	11	3
13	菲拉斯	上海申花	29	2430′	10	6
14	拉法	贵州人和	29	1905′	10	4
15	艾德华多	上海申花	27	1528′	9	0

资料来源：中国足球协会超级联赛公布数据。

好的职业联赛为了保持竞争性平衡，促进联盟的共生，并依靠球迷和媒体、赞助商和广告商的投入获得回报，势必会把比赛的观赏性放在首位。而国家队参与的国际赛事，取胜是更加明确的目标，势必突出获胜的功利性。从逻辑上说，这是两种不同性质和追求目标的体育。

首先，一国的联赛如果尽是外援唱主角，那就不能说明本国运动员水平提高了。像日本那样在足球联赛中引进一些过气的一流球星带动本土年轻球员的做法，在中国从来就没有出现过，我们从一开始做的就是功利地引进能直接为球队取胜做贡献的二三流的当打之年的外援。其次，国家队与职业队的比赛对象不同，甚至比赛动力都不同，这势必不可等量齐观。国家队的队员之间的配合相对于职业球队队员之间的配合，情况显然不同。如果那些长期在职业联赛中互相配合的队员没有同时出现在国家队的一套阵容中，队员之间的默契程度当然要大打折扣。

可以归结为：要想确保联赛的观赏性，提高联赛的商业价值，确实需要引进外援；但要想提高国家队的水平，提升其在国际赛事中的成绩，确实需要给本土球员更多的锻炼机会。

3. 急功近利，缺少稳定的长期战略规划

中国三大球水平之所以沦落到今天的地步，其中一个重要问题是：我们总想追求一个短周期内的好成绩（如奥运会、世界杯），不能像日本、韩国那样不在乎一场比赛或一次赛事的胜负而把眼光放得更长远些，因此我们就根据一个短周期来选择教练和球员。一旦上一个周期的成绩不佳，我们就会重新进入下一个短周期内的轮回。这就是中国足球的恶性循环，一个永远难以终结的循

环！中国足球只能从头再来，从扎扎实实地打基础开始，从不追求短期内的好成绩入手，从给各级教练员更多的时间进行技术和战术训练出发，从默默地进行包括联赛在内的基础建设开始。

频繁换帅是近几年三大球国家队的主要特点，这必然导致运动员无所适从，也导致教练员难以有持续和稳定的技术战术风格的树立。急功近利的心态，怎么可能产出稳定持续的优异成绩？姚明就曾谈到，篮球运动管理中心对于他参加2012年伦敦奥运会的期望太高，其实他个人并不能改变国家队整体疲弱的实力，关键还是要提高球队整体水平。

无视稳定风格的建立和精神意志培养，这应该是中国足球等项目被日本、韩国甩得越来越远的重要原因。日本人利用自身特点强化细腻技术和稳健战术，通过引进国外优秀球员进入联赛带动技术水平和战术素养的提高，已经使得日本各级男女足球队的风格高度稳定，处变不惊的战术素养也令人称道。而我们的足球队一方面觉得自己的体能优于人家，一方面觉得球员的个人技术不比人家差，但一比赛就溃不成军，主要原因是始终没有适合自己特点的稳定风格，以及精神意志和道德教育严重缺失。

4. 强功利性，弱娱乐性

很多人关注世界比赛中中国运动员的表现或国内赛事中本地运动员的表现，抱有强烈的关注国家形象或地区形象、面子的心理动因，全运会的奖金高于奥运会就是一个典型现象。不少官员格外关注国际赛事中中国运动员的成绩或国内赛事中本地运动员的成绩，其实就是关注自身的政绩，确实有因为运动员成绩不佳让官员丢"乌纱帽"的现象。职业体育则往往为我们展示另一番图景：很多人来到赛场或坐在电视机前观看比赛，主要是由衷地热爱该项运动，高端的球迷甚至会持续多年坚持欣赏一个联赛。

不少人钟情自己喜爱的球队可能有家乡情感等因素在内，但他们更多关注的是球队的精神面貌和技术、战术水平，球员也很珍惜自身和球队的荣誉。NBA的30支球队的每一个球员都在为NBA的荣誉、为球队的荣誉、为自己的荣誉战斗着，正是这种至高无上的荣誉追求在激发着球员们努力拼搏。球迷关注运动员的水平，但更关注的是比赛的精彩和激烈程度等，技艺纯熟和精巧的运动员往往是球迷的主要关注对象，运动员以卓尔不群的表演赢得尊重。

相对而言，以国家为参赛单元的世界比赛不追求表演艺术和技巧，而是实用，能取得胜利战胜对手就行，而以俱乐部为参赛单元的职业联赛就不能只讲究取胜而没有一丝表演甚至作秀的成分。

从社会经济环境变革的角度看，我们的竞技体育体制进入更加功利化的轨道，国内各省市区的全运成绩之争日益白热化，养人成本最高的三大球对于欠发达省份来说太不值得，不少省份已经解散了球队，或者维持着极其有限的投入。人才储备已经出现严重断档，女足和女排等可以选择的优秀后备人才已经到了屈指可数的地步。即便是一些项目搞所谓的职业化，也没有树立通过联赛挖掘新人和培养项目文化与产业的良性机制，个别联赛几乎成为计划体制下变相烧钱和捞钱的游戏。被认为很成功的职业男篮联赛，其对于外援的选择和使用政策也不支持培养本土优秀运动员。

5. 草根运动开展不足，漠视联赛根基

漠视群众基础和体育文化根基的打造是一个长期话题，但绝不是软命题。虽然竞技体育和群众体育在某些项目上并没有一一对应的链条式影响关系。但是，没有全民健身做基础，没有体育文化和产业做支撑，一个项目要长期保持高水平，也是绝对不现实的。西方国家很多体育项目的全民参与和精英表演的围观之间的联系，是我们羡慕的，也是应该学习的。美国有上千首棒球歌曲，每年有7000万现场棒球观众，德国的多家足球俱乐部及相关标志产品就有几百种，意大利的足球彩票收入占整个体育经费的半数以上，这些数字和事实的背后，当然是群众体育和体育文化根基。

目前世界上竞技体育比较发达的多数国家，其群众体育基础很好，并且往往呈现两者之间的直接线性关系，即在国际赛事中成绩优异的项目往往有着深广的群众基础。比如美国和澳大利亚的游泳、古巴的拳击和日本的柔道、巴西和阿根廷的足球、意大利和法国的击剑等。反观中国，不少高水平的竞技项目并没有广泛的群众体育基础，比如体操、跳水。可以说，在世界范围内，虽然中国不是参与奥运会项目最多的国家，但恐怕是为了全面参与奥运会比赛项目而付出最大代价的国家。比如美国就很少为了参加更多的项目去硬性组织国家队，它这些年采取的是引进自己弱项的选手，比如从非洲引进长跑运动员，中国的高军也成为美国乒乓球队的一员。

正因为如此，中国国家体育管理体系其实承担着巨大的压力，不少没有传统和群众基础的项目必须要开展（国内还存在南方部分省份付出巨大代价开展冰雪项目的事情），这势必要付出超常的代价，也在客观上影响我们的某些优势或特色项目发展的集中度，所以我们的足球运动员比别人少也在情理之中，我们的很多运动项目人口比很多国家少也是正常的。

我们很容易看到，在北欧的一些国家，冰雪项目人口数量庞大；在南美的一些国家，足球项目人口众多；在澳大利亚，游泳运动十分盛行，这些都是这些国家竞技体育项目的群众基础深厚的显现。可是在中国，我们看到了多少人在从事与我们的竞技体育项目一致的健身活动呢？所以，在当下的中国，逐渐减少的专业足球运动员是我们竞技体育体制发展到今天的一个无奈的结局。如果我们把竞技项目的开展与群众参与的积极性而不是拿世界冠军的难易程度结合起来，我们恐怕就不会为3万专业足球运动员而伤感，或许我们会为几百万专业羽毛球运动员而自豪。

（二）改进的对策措施

1. 改革运动员管理方式

长期以来，中国的运动员管理实行的是集中食宿、统一训练、团队管理。运动员一般每周训练5~6天，每天训练6小时左右。这种管理方式的特点是：运动员的活动空间基本都是在宿舍、食堂、训练场馆、浴室，其他场所很少涉足；运动员的生活时间基本消耗在训练、饮食和睡眠方面，个人文化提升和闲暇时间十分有限；运动员的交往对象主要是领队和教练、对手和陪练、医生和厨师等后勤保障人员，其他人员接触很少。

应该承认，这种管理方式是中国竞技体育取得突出成绩的重要保障。但与此同时，由于体育社会化、产业化、科学化、国际化程度的日益加深，这种管理方式不可避免具有一些缺陷。这些缺陷主要包括：一是运动员的生活时间过多地投入在训练中，文化学习和个人余暇时间被大量挤占；二是运动员的活动空间过多地集中在场馆中，社会交往和个人生活空间被严格限制；三是运动员的接触对象过多地集中于系统内，交往体验和个人社会认知被长期固化。

上述影响运动员个人发展的情形，如奥运会冠军不会从取款机中取款、不

中国三大球产业发展分析

认识裤子上骂人的外文、打出租回家不认得家门等极端现象，需引起社会的广泛关注。必须承认，媒体热炒的退役运动员再就业事件等，这些个人的悲剧绝对不能归结于我们的运动员训练和管理体制上。但依然可以追问：如果在运动员退役前就加强文化学习、人格完善、技能培养、交往能力提升，恐怕类似悲剧出现的概率会小很多。历届外籍教练对中国三大球的批评与建议如表 10 所示。

表 10　历届外籍教练对中国三大球的批评与建议

教练/期限	批评/建议言论
福拉多 2007~2008 年	球员的思想负担太重……如果球员能够轻松面对比赛的话，就不会出现红黄牌太多的情况……我们需要为球队创造宽松的环境，包括教练和媒体
阿里·汉 2002~2004 年	可能我一批评谁，谁就丢面子了。对于一名中国球员来说，无论男女，丢面子都是件很难堪的事情……就算你犯错了，谁又不能杀了你，你只会从错误中学到教训。但我们怎么才能说服他犯错和面子没关系呢？我想这是最大的问题之一，必须从失误中吸取教训，否则永远也不会进步……他们的（指中国）文化是教你做什么你就做什么，但在足球中，你必须富有创造力。你做什么是你自己的事，不踢球的那些人，谁也不能替你作决定……在国家队里有一些球员训练和比赛都不投入，我看得出他们明显有保留。我认为他们是为了自己在俱乐部的利益才这么做的，这主要是如何对待金钱和荣誉的问题。他们担心的是如果在国家队受伤或是影响状态，回到俱乐部打不上比赛，就会影响收入，这是一个球员的职业素质的问题……我看了很多场中国的职业联赛，但是好的球员不多。一些 14 岁、15 岁的年轻球员，我看起来他们比较有发展潜力，但他们的训练有一些问题，训练方法不够科学。他们往往训练时间很长，但是效果并不好……这个年龄组的球员必须学会用脑踢球，这就需要在训练中引进一些科学的监测和科研手段
卡马乔 2011~2013 年	与泰国队比赛前我明确强调队员们要高度重视，但队员们自我定位高，忽视对手，最终酿成大比分输球……中国队在对阵强队时还往往表现得不错，能发挥出自己的水平，但与弱队比赛时却屡屡出现懈怠情绪……中国球员在场上不喜欢拼抢，有时候不喜欢伸腿，忌惮冲撞，当对方由守转攻后，前场球员还在那里发呆，没有及时回防。为此，我只能不断强调位置和不停拼抢的重要性。此外，世界上任何球员都会做的事，在这里却非常困难，因为中国球员在场上没有交流，更没有互相鼓励，这些还需要我告诉他们
米卢 2000~2002 年	过于的保守，进攻中投入太少的兵力，比赛中的注意力也不够集中。当然还有队员的问题，他们对于足球的理解不够，中国球员和世界足球强国的差距还非常大，要走的路也很长……想拥有一支强大的国家队，必须要鼓励更多的青少年去参与联赛，这样国家队与联赛的发展才能齐头并进……我曾经说过，我对中国足球的建议就是要激励更多的年轻人去参与这项运动，我们之所以能够成功（打入世界杯决赛圈）就是因为拥有一代出色的年轻球员

177

续表

教练/期限	批评/建议言论
哈里斯 2004年	"一软、二散、三马虎"：一，比赛打得太软，不够硬朗。比赛中要拼命跑、拼命抢，拼命进攻、拼命防守；二，没有配合，一盘散沙。篮球是个集体项目，各打各的，那是绝对赢不了球的；三，传球马马虎虎，失误接连不断。每个队员都应该更加严格地要求自己，更加认真地对待训练和比赛
尤纳斯 2005~2008年	我们的队员很可能是低估了这场比赛，在精神状态上准备得很差……在场上一支没有斗志的球队要想把比赛打好是很难的……有些队员的表现真的是很糟糕，不知道他们是不是认为自己肯定是国家队主力，每次都能首发上场
邓华德 2010~2012年	我们就要百分之百地努力，但这并不意味我们一定要把所有的球员、所有的战术都像大赛那样运用到极致。所以，无论输赢，热身赛都要以保护我们的球员健康和不受伤为前提。而我们现在就是坚持这样的原则，我认为我们是对的，我们还将这样继续坚持下去，除非我被解聘掉

资料来源：依各外籍教练采访材料总结。

根据项目特点、运动员自身特点、场馆条件、训练地点等的差异，减少运动员的训练时间，开放运动员的活动空间、拓展运动员的交往范围，是培养体育人而不是体育机器的必由之路。

具体的改善途径有：首先，科学规划和合理制定运动员的时间管理规划。在科学训练和合理安排时间的原则下，尽可能给予运动员更多的自我支配的时间。有些运动员可能只需要每天训练4小时甚至更短时间，这样就能为他们赢得个人学习和业余休闲的时间，甚至可以回家与家人共度节日。那种春节期间一律不放假的做法，看似保障了训练时间，实则降低了训练效益。其次，理性选择运动训练的场所。在以人为本的原则下，尽可能让运动员在日常的训练和生活中有进入其他社会空间的机会（目前比较时髦的军营不应该是其唯一选择）。有些运动员可以被允许参与一些社会活动，进入一些非体育的社会空间，甚至可以在家中居住而不是在运动队中居住。最后，规范媒体、企业等社会组织与运动队的关系。在不干扰训练和影响运动员训练效益的前提下，为运动员接触更广泛的人群提供机会，提高他们的社会认知和交往能力。大赛前一律阻断运动员与媒体、企业接触的做法并不明智。

当然，实现这些目标，需要确立科学训练的原则，明确运动训练时间和空间管理的合理方法，并结合实际稳步推进。笔者深信：即便是在大赛之前的紧张备战阶段，对运动员时间、空间和交往的管理也不宜一律从紧，那种试图把人完全管起来、控制起来乃至隔离开来的做法，最终可能事与愿违。

2. 形成相互信任的教练员与运动员关系

那些动辄打骂运动员的粗野的教练员，他们心中缺少基本的人与人之间的相互关爱，那些出现人命的极端事例更是凸显出当事教练员的野蛮和非人道。这些事件中的丑陋主角，无一不会被钉在中国体育的耻辱柱上。在中国足球历史上的一些教练员与队员、球队与媒体、球员与裁判之间的尴尬场景，教练员在新闻发布上辱骂记者、运动员和教练员在休息室对骂甚至打架、球队老板和教练员相互揭短、运动员在场上追打裁判，这些现象都曾经是只有15年历史的中国职业足球的黑镜头。

通常，在相互信任和关爱的教练员与运动员关系格局中，平等的民主结构关系是主要表现形式，运动员是教练员执教意志的体现，是教练员理念的传达者。但是，在相互不信任的教练和运动员的关系格局下，森严的威权结构关系是主要表现形式，运动员俨然是教练员的工具，是为其创造好成绩的机器。总结来讲，教练员和运动员之间的关系，无论从人道原则还是经济理性出发，都不应该是僵化的、等级森严的统治与服从关系，而应该是民主的、人格平等的指导与执行关系。

如果我们的教练员能充分尊重运动员的努力，并由衷地感谢运动员为球队所做的贡献，并加强科学训练，相信我们的运动队生态会日渐好转。教练员和运动员的关系，取得优异成绩与表现良好风格的关系，对于任何一个运动队来说都是永恒的命题。

3. 球员技战术水平改善应建立在团队技战术水平之上

当前三大球的技战术水平提高理念，或是想通过单个高水平运动员来带动整个团队的技战术水平提升，或是想通过高水平教练来将运动员的水平有效整合，这种思路并没有注意到个体与群体之间的相互作用。以职业足球运动员为例，第一，应当认识到足球是一门艺术，在没有胜负压力时的自由发挥往往能使运动员和球队激发出巨大的力量或挥洒自如。第二，足球是一项凸面对凸面的运动，技术动作的偏差和离散性显然更大。第三，集体球类项目不存在有效

的"独"! 足球是一项典型的集体球类项目,必须经过团队配合才能取胜。一个优秀的球员必须善于为队友创造机会,而不是自己一花独放。第四,体能和技艺是不能分割的。运动训练学从木桶理论到非均衡结构补偿理论,一直很注意构成人的运动能力的各要素之间的内在有机联系,而不是外在的机械的联系。中国足球协会一直搞了很多年的十二分钟跑和万米训练在理论上和逻辑上是说不通的。足球技艺离不开体能,也离不开技艺。但最好的足球水平一定是艺内体能而非艺外体能,两者本质不同。

4. 维护媒介公共关系、与媒体建立战略合作伙伴关系

三大球职业联赛是面向市场,为球迷提供高水平竞技娱乐产品的产业。在传媒主导的现代社会,职业联赛形象的传递、运动明星的价值,在很大程度上需要媒体协助。三大球职业赛事与媒体机构建立长期的、稳定的战略合作伙伴关系,实际上是职业体育赛事价值转换的、必不可少的渠道。当前我国三大球职业联赛之中,许多俱乐部、运动员以及赞助方并未和媒体建立和谐互动的关系,而这并不是互动互利而是相互戒备、相互诋毁。这样的对立结果,导致我国国内三大球联赛品牌价值受到损害、品牌价值下挫。可以说,体育界的状况并不令人乐观。中国目前所有的数百家冠名为"职业体育俱乐部"的组织大部分没有从事媒体公关的经验,多数新闻发布会、新闻通气会和媒体日流于形式。以中国男子篮球联赛为例,在处理与维护传媒公共关系方面,CBA一直走在国内相关职业联赛的前沿。在联赛初期就成立新闻委员会并重视该委员会之内形成的相关意见,甚至请其直接参与决策。赛季初期举行的媒体恳谈会,除了向各类媒体介绍新赛季工作之外,还认真了解相关媒体的意见和诉求。但是即便这样,在各个赛区设置的新闻发言人都带有浓厚的行政色彩,多数由当地政府的宣传部长兼任,基本无法进行专业化的服务。

客观来讲,与欧美国家的职业体育相比,中国的职业体育在媒体公共关系方面的差距十分明显。主要体现在:几乎没有一家俱乐部建立了稳定的球迷组织并通过服务球迷获得收益;与媒体的关系时常出现恶化而导致社会公共形象不佳;多数俱乐部没有建立专门维护和修缮媒体关系的机构;多数职业体育机构没有建立起利用网络、出版物等媒介手段实现形象传播的目标;多数俱乐部对于赞助商、广告商等利益相关者的利益维护、信息沟通以及资源服务等不到位；多数职业体育俱乐部并没有和所在区域形成战略友好协作关系，很少有明星参与或经常参与社会公益活动，难以形成健康良好的形象。

5. 严格规范三大球竞赛表演业，加强市场监管

从职业俱乐部自身财务收支平衡的角度看，客观上也需要防范那种不图回报（或者不图职业俱乐部的市场回报，只追逐所谓的政府关系和广告效应）的疯狂投资。这样的结果是：俱乐部自身作为一个市场组织，根本无法做到收支平衡，总是采取外部输血的方式来延续生命。这样一来，俱乐部就难扎扎实实地进行长期的内涵式建设，比如青少年后备力量培养、基础设施和训练体系建设等，只能引发更多的短期功利行为和规模扩张冲动。更可怕的是，不少俱乐部所有者和投资人并没有真正的体育情结，很可能因为一点变故就撤资和作甩手掌柜，从而毁灭俱乐部的有机生命。职业俱乐部需求的共生性生态更无从建立！

所以，大凡世界上成熟的职业体育，都强化两种监管：一是维护联盟或联赛的竞争性平衡从而防范一个或少数俱乐部实力明显强于多数俱乐部；二是通过俱乐部自身的财务平衡来控制非理性和疯狂的投资行为，防止那种利用职业体育来实现其他目的而损害职业体育的行为。

四 尾论：改革体制、尊重市场方能重振三大球

从中国的奥运会征战史不难看出，与中国的奥运会金牌数和在金牌榜上的排名逐级提升相反的是，基本实行职业化的中国男女三大球的成绩总体上呈下降之势。自从中国确立"竞技优先""金牌至上"的原则以后，在竞争白热化的全运会上，每次都要公布代表团总分和金牌总数排名，各省体育部门领导乃至主管省市政府领导都会在金牌数和排行榜计算中很煎熬地度过全运会的每一天。投资个人项目而不是集体项目逐渐成为很多省市体委的"经济理性人选择"。尤其是1987年第六届全运会上沈坚强为上海代表团夺得7枚金牌这一个案，更是让许多地方体育部门坚信，养一支三大球的球队，平时的运动装备、场地设施乃至后勤供给，实在没法和培养一个个人项目运动员相提并论，代价和成本是几十倍计！于是，很多省市的体育机构开始裁撤三

大球运动队。

然而，这种由各地方体育机构做出的看似理性的选择，真的是合乎理性的吗？真的是最有效益和效率的吗？

中国通常在奥运会、全运会的体育比赛竞争之中，把金牌总数作为排名依据。这种做法看似合理，实则相当不合理。以奥运会上的国际通行做法为例，国际奥委会在排名时并不作代表团金牌总数排名，其网站上仅仅罗列出每届奥运会所有项目前八名的运动员姓名及其成绩，但没有代表团金牌数的排名。

奥运会和全运会这种综合性运动会的一个共同特征是，其竞争往往是非充分、不完全、未对等的。首先，项目的设立本身就让一些代表团没有站在一个起跑线上竞争，比如多数重竞技项目（尤其是大级别项目）对于不少南方省份不利。其次，由于各地体育传统、体质特点、营养和地理环境等的不同，各地制定的体育发展战略往往不同，往往会倾向于某些项目而相对忽略甚至舍弃某些项目。最后，在大型综合性运动会上，金牌总数的排名通常不是参赛代表团之间竞技实力的真正对比，因为相互之间的竞争不对等，你不能说金牌总数第一的代表团竞技体育实力一定强于其他代表。

不做金牌总数排名，是为了祛除混沌竞争而追求个性化乃至精细化竞争，是不泯灭每个参赛代表团个性和特质的合理化选择。不做金牌总数排名，也是为了破除笼统评价而追求特定评价，是不轻视每个特殊个体自身优势的科学化取舍。不做金牌总数排名，还是为了消除模糊评价而追求清晰评价，是不抹杀总数排名靠后的代表团真正实力的公正性评判。

"三大球"相对于柔道、摔跤、举重、射击、跳水等很多个人项目而言，具有十分鲜明的优势和特性。尤其在我们这个总体上运动人口就不多的国家，三大球具有公共性和私用性、公益性和独享性、社会效益和经济效益结合最紧密的优势，具有将竞技体育和群众体育联系最密切的优势。或许正因为我们的体育规则制定者并不在意一个综合性运动会的金牌数排名与群众体育的关系，所以他们坚定地认为：全运会这样的全国规格最高的综合性运动会，绝对不能忽略金牌总数排名。但事实上，已经没有多少百姓太过关心本省的全运会金牌总数排名，而会很在意自己平时就经常参与的三大球项目上本省运动队的表现。

国际上三大球运动的竞技成绩通常能极大地振奋本项目运动人口的精神，进而大幅度推动该项目的普及，形成项目特有的文化和产业环境。而一个刘翔即便成绩再好，恐怕也无法带动中国田径总体水平的提高，甚至对于中国田径运动的普及也难有显著的推进价值。这就是三大球这种群众乐于日常参与和国际赛事水平不断提高的良性循环的基本逻辑。

三大球的公共性体现在百姓参与人群多、场地多，而私用性指百姓自身可以在不同层面体味参与运动的乐趣；公益性是指这些项目因为参与和关注人群的广泛性，其影响效益具有公众共享的特点，而个人在项目参与上的收益则具有独享而排他的特点；社会效益是指这些项目具有很强的自组织性和团队属性，对促进社会和谐具有特殊价值，经济效益是指这些项目的普及能带动民众健身和消费，进而带动三大球相关服务业的发展。可以说，从经济学角度看，三大球项目具有无可比拟的边际效益和良好的外部性。站在整个社会的高度看，站在竞技体育的利益角度看，站在竞技体育和群众体育协调发展的高度看，我们都应该加大对三大球的投入，包括场地设施、人才培养、产业扶持、政府倾斜，而不是为了所谓的综合性运动会的金牌舍弃三大球。

总而言之，中国的三大球走到今天，是一种短视的狭隘的体育政绩观导致的。如果我们还执着于一个全运会和奥运会的金牌总数排名，我们或许能保全所谓的奥运金牌榜前列的位置，但我们的三大球却永远只能时常在奥运会的大门外徘徊！

参考文献

吴金元、任海：《我国"三大球"的滑坡与后备力量的培养》，《体育与科学》2001年第1期。

茅鹏：《一元训练理论与三大球（上篇）》，《体育与科学》2004年第4期。

茅鹏：《一元训练理论与三大球（下篇）》，《体育与科学》2004年第5期。

于立贤：《三大球魅力的价值学研究》，北京体育大学出版社，2002。

茅鹏：《论球艺——中国三大球的训练出路何在？》，《体育与科学》1997年第1期。

李宁:《后奥运时期我国三大球成绩滑坡原因初探》,《体育研究与教育》2011年第6期。

杨桦、任海:《转变体育发展方式由"赶超型"走向"可持续发展型"》,《北京体育大学学报》2013年第1期。

李卫东:《我国"三大球"后备人才培养的政府职能》,《武汉体育学院学报》2013年第10期。

王丁:《三大球上不去死不瞑目——贺龙同志开创新中国体育事业片断》,《体育文史》1986年第2期。

田麦久、孙大光、田雨普、任海、许立群、李元伟、沈望舒、易剑东、金汕、姚颂平、胡光宇、郝勤、徐济成、崔乐泉、常建平、黄亚玲、鲍明晓、熊晓正、谭华、杨越:《中国体育:体育强国的辨析与建设——中国科协新观点新学说学术沙龙观点摘编》,《体育文化导刊》2009年第8期。

易剑东:《中国体育体制改革的逻辑基点与价值取向》,《体育学刊》2011年第1期。

茅鹏:《为何难圆足球梦》,江苏文艺出版社,1998。

国家体育总局主编《改革开放三十年的中国体育》,人民教育出版社,2008。

鲍明晓:《中国职业体育评述》,人民体育出版社,2010。

熊晓正、钟秉枢等主编《新中国体育60年》,北京体育大学出版社,2010。

江和平、张海潮:《中国体育产业发展报告(2008~2010)》,社会科学文献出版社,2010。

于振峰:《新时期我国竞技篮球项目后备人才培养研究》,北京体育大学出版社,2012。

池建:《体育大国的崛起——新中国具有重大影响的体育大事》,学习出版社,2012。

杨桦、冯潮、黄亚玲等:《转变体育发展方式的探索》,北京体育大学出版社,2013。

白国华:《单刀:直击恒大足球王朝》,广东人民出版社,2014。

B.8 全运会场馆探析

摘　要： 第十二届全运会场馆是辽宁体育场馆的精华。第一，全运会场馆是城市的新地标，场馆造型新颖、体系先进，已成为当地的风景线。第二，节俭办全运，只是起点。辽宁省在承办全运会过程中，没有展示自己的"胸肌"，而是提出"节俭全运"的理念，以赛事为契机将节俭之风传向全省。第三，"全民健身，共享全运"，全运会场馆成为体育公共服务提供的主力军。第四，全运会场馆，城市拓展的先锋营，场馆建设与城市发展同步推进。第五，在高校建设比赛场馆，实现教育与体育的有机融合。

关键词： 全运会　体育场馆　公共服务

第十二届全运会已于2013年8月31日至2013年9月12日在辽宁省顺利举行，本届全运会共设31个大项40个分项350个小项。自从2009年1月辽宁省成功申办全运会后，辽宁成为继北京、上海、广东、江苏与山东之后，第6个主办全运会的省市。

一　辽宁全运会场馆基本情况

2013年7月25日，第十二届全运会（简称"十二运"）组委会召开新闻发布会，通报了第十二届全运会场馆建设情况。本次全运会共需场馆117个，其中比赛场馆64个，训练场馆53个。比赛场馆共有64个，其中新建场馆25

个,占场馆总数（117个）的21.4%。其中纯粹为全运会新建的只有10个,占场馆总数的8.5%；其中有10个场馆承办的主要是辽宁省尚未广泛开展的一些项目,比如：激流回旋、帆船帆板、马术等。一些临时建设场地,主要是运用于举办沙滩排球,公开水域游泳,公路、山地自行车等全运会比赛的场地,赛后将恢复原貌。其余15个场馆,9个建在大学,6个建在盘锦和葫芦岛两市。沈阳市作为此次全运会的主赛场,其场馆的修建以改造为主,沈阳市属的25个全运会场馆中仅有3个为新建场馆,且悉数建在大学校园内。资金投入方面,辽宁省新建的25个场馆总投资约32.7亿元,政府投资12.1亿元,占37%。除去高校9个场馆投资的4亿元和盘锦、葫芦岛两个城市的6个场馆投资的24.1亿元,其余10个新建场馆投资为4.6亿元,其中政府投资3.6亿元,企业自筹1亿元（大连帆船帆板赛场）。

借助承办大型体育赛事的契机,稳步推动当地经济社会的快速发展,已经成为促进城市发展的重要战略途径,辽宁举办全运会在项目布局上充分考虑到了这一因素。十二运项目整体布局方案以沈阳地区为主赛场,借助大连地区的分赛场,通过沈大高速公路连接沿线城市,辐射周边城市,形成相对集中的综合竞赛环境。诸如主赛场沈阳市,其安排了将近60%的体育竞赛项目,还承接本次全运会开、闭幕式,保证主赛场整体气氛的隆重、热烈,产生较多金牌,具有较强的观赏性；当然,大连市作为主要分赛场同样安排了相对较多的竞赛项目,而其他12个城市平均安排了1~4个不等的竞赛项目。这样,在辽宁14个地级市都有全运比赛,也都有全运场馆。

1. 沈阳

2013年的"十二运",主会场沈阳使用32个场馆迎接全国体育健儿。这32个场馆是这样规划的：新建6个场馆,改造9个场馆,4个保留使用,3个备用比赛场馆和10个训练场馆。

新建6个场馆：沈阳体育馆——武术散打比赛,占地5万平方米,建筑面积3.5万平方米,设座位1.5万个；训练场馆场地长70米、宽40米、高12.5米。沈阳橄榄球中心——占地面积10万平方米左右,建筑面积4万平方米,可容纳5000名观众,并配有2块橄榄球比赛场和4块辅助训练场。沈阳网球中心——占地面积6公顷,建筑面积3万平方米；建有一个决赛场,5000个座位；两个半决赛场，各2000个座位。沈阳高尔夫球场——选址在东陵区李相新城。沈阳大学体育馆——柔道比赛场地，占地面积3.5万平方米，建筑面积2万平方米，设固定座位600个；热身训练馆场地长70米、宽40米、净高为12.5米。沈阳马术运动中心。

9个改造的体育场馆：奥体中心五里河体育场、东北大学刘长春体育馆、铁西区体育场、辽宁大学体育馆、沈阳航空航天大学体育馆、沈阳体育学院体育场、铁西区体育馆、沈阳工业大学体育馆、皇姑区体育馆。

2. 大连

此次大连承办第十二届全运会的5个项目的比赛，包括花样游泳、艺术体操、足球、棒球、网球，并投资48亿元建设了大连市体育中心。大连市体育中心，占地80万平方米，建筑面积46万平方米，场馆单体项目包括"两场三馆一基地"（两场：体育场、棒球场；三馆：体育馆、游泳馆、网球馆；一基地：运动员训练基地）。

3. 鞍山

为了配合举办全运会，鞍山市兴建了新的体育中心。此外，鞍山市有6个体育场馆可承接本次全运会的乒乓球、羽毛球、篮球比赛项目。新建的鞍山奥体中心占地面积23.6万平方米。其中，体育场建筑面积53755平方米，观众座席4万个；体育馆建筑面积1.96万平方米，场地面积2600平方米，可容纳观众6065人。改造后的鞍钢体育馆观众座席4700个。鞍山体育中心体育馆可容纳观众6000人；游泳馆观众座席1000个。

4. 抚顺

作为第十二届全运会的分赛场，抚顺承办了青年男子足球的比赛。为了更好地举办全运会的足球比赛，抚顺将雷锋体育场进行了整体翻修，同时借助全运会带动群众体育活动的开展；此外，抚顺还新建了一个足球场、一个综合训练馆、一个游泳馆、一个羽毛球馆以及一个市民活动中心。

5. 阜新

阜新体育馆于2008年兴建，共计投入9000万元巨资，是一座现代化的综合体育馆。十二运之前，已成功举办了多项赛事。据调查，阜新体育馆设施齐全、功能完备，拥有固定及可移动座位5000个左右，还配备有队员休息室、裁判员

休息室、新闻发布厅、副馆等配套功能用房,承担了全运会篮球比赛任务。

6. 锦州

为更好地满足全运会比赛的需要,锦州市政府新建了滨海体育中心。该中心坐落在锦州经济开发区,距市区20公里。滨海体育中心设有一场二馆,即体育场、体育馆、综合训练馆以及其他附属设施。该体育中心总占地面积33.4万平方米,建筑面积10万平方米,其中体育场5.6万平方米,可以容纳观众43000人,同时兼具举办全国性和单项国际比赛的能力。体育馆面积1.6万平方米,设观众席6200个,比赛厅尺寸为70米×40米;训练厅面积为1800平方米,可以满足体育赛事、集会、文艺演出等多种需求。该中心被建设成为一座集"竞赛、训练、健身、休闲、娱乐"为一体的现代体育城,满足了全运会的羽毛球、足球比赛需要。

7. 营口

营口市承办了排球、沙滩排球等比赛项目,这需使用两个比赛场馆。其中,为举办十二届全运会排球比赛项目的红运体育馆于2004年建成,已投入使用;举办沙滩排球比赛的山海广场金沙滩浴场,新建了6座高标准沙滩排球场。

山海广场金沙滩排球比赛场地,建设规模为15000平方米,分为6个比赛场地;而可容纳3000多人的红运体育馆,自2004年建成后,曾先后举办过全国男子排球职业联赛及全国男子篮球职业联赛等多项赛事,设施条件完备。

8. 铁岭

铁岭市承办了本次全运会女子排球青年组及女子足球C组全部比赛。承办这2项赛事共计使用4块场地。

9. 盘锦

盘锦市体育场和辽河油田体育馆均按照承办全运会赛事的要求进行了相关改造和修建。盘锦市辽滨奥体中心的一场三馆,也按甲级体育场馆建筑标准建设。据介绍,辽滨奥体中心总投资约13亿元,体育场看台座位共计3.6万个;体育馆则有座席5300个。整个辽滨奥体中心于2012年底投入使用。

10. 葫芦岛

葫芦岛市龙湾中央商务区核心区体育中心包括体育场、体育馆和游泳馆。

11. 辽阳

辽阳市体育馆位于南郊街南侧39号，东面与民主路相邻。体育馆总用地面积34000平方米，总建筑面积为15675.6平方米。其中：体育馆主体建筑面积为12674平方米，承接了全运会武术散打项目。该体育馆可承接篮球、排球、手球、体操、健美、乒乓球、武术、柔道、摔跤、跆拳道、拳击等各级各类体育比赛及观演集会，并且是文艺表演、大型会议、演出等活动的绝佳场所。在此基础上还配备了训练馆和运动员公寓及网球场地、篮球场地、排球场地等众多的场地设施。辽阳市体育馆还主要承担各类体育项目专业队伍的日常训练任务，成为市内地区的全民健身与竞技活动的中心，是一座现代化、多功能的综合体育场馆。

12. 丹东

丹东市体育中心体育馆坐落于丹东新城区，可容纳观众6000人，主要承接全运会青年女子篮球比赛项目。

13. 本溪

本溪体育馆承办全运会成年女子篮球比赛。体育馆总建筑面积达3万多平方米，拥有座位6550个，是本溪市新的标志性建筑物。

14. 朝阳市

朝阳市作为第十二届全运会的承办城市之一，承办男子排球比赛项目。朝阳市体育馆总建筑面积15800平方米，可容纳观众5000人。

二 全运会场馆遗产分析

（一）全运场馆，城市的新地标

2013年辽宁省为了更好地承办第十二届全国运动会，新建了一批体育场馆及相应的配套设施。其中较有代表性的当属大连市体育中心的一场四馆、丹东新城区体育中心的一场三馆、营口奥体中心的一场三馆、锦州滨海体育中心的一场二馆等项目。这些体育场馆造型新颖、体系先进，俨然已成为当地一道亮丽的风景线。

1. 大连市体育中心一场四馆

大连市体育中心规划建有一场四馆，总占地面积 80 万平方米。体育场主场观众席 8 万个，附设 2 个标准田径练习场，占地约 18 万平方米。其中心体育馆可容纳观众 1 万人，占地约 4 万平方米，是可以举办世界 A 级比赛的综合性体育馆。网球比赛馆可容纳 1 万人，附设 20 片室外网球训练场地，占地约 4 万平方米。游泳比赛馆可容纳 5000 人，占地约 4 万平方米。综合训练馆则承担篮球、排球等项目的日常训练，占地约 10 万平方米。

2. 锦州滨海体育中心一场二馆

总建筑面积 10 万平方米的锦州滨海体育中心，包括可容纳 4.3 万人的体育场和可容纳 6000 人的体育馆和综合训练馆。

3. 丹东新城区体育中心一场三馆

位于新城区内的丹东市体育中心，毗邻鸭绿江大道，是一座集体育赛事、文艺展演、全民健身、休闲娱乐等功能为一体的综合性体育中心。其总建筑面积达到 9.5 万平方米，包含可容纳 3 万人的体育场以及可容纳 6000 人的体育馆、游泳馆、训练馆。

4. 营口沿海产业基地奥体中心

位于营口市沿海产业基地的辽宁营口沿海产业基地奥体中心包括营口体育中心一场三馆，可满足各类地方性、群众性、企业性的运动会比赛、训练、娱乐的需求。

全运会场馆是传承全运会精神用好全运会资产最直观的载体，被看作当地城市的地标性建筑。全运会场馆要根据所承担的全运会项目特色和所在区域的体育文化特点，进行错位利用、差异化发展，把全运会场馆打造成集中展示全运城市的人文精神的形象标志，进一步擦亮全运会城市品牌，凸显全运城市形象。以体育场馆为中心，充分结合周边旅游资源、社会人文环境，打造一批集体育、旅游、餐饮、娱乐为一体的体育休闲旅游景点。

（二）节俭办全运，只是起点

举办全运会往往被视为一个地方综合实力的体现。城市在举办全运会的过程中，均会借机展示其经济、文化、体育等方面的综合实力。然而，地区生产总值和公共预算收入均居全国第七的辽宁省在承办整个十二届全运会过程中，并未过于展示自己的"胸肌"，而是巧妙地提出"节俭全运"的理念。

2012年底，新一届党中央领导集体果断提出"八项规定"后，勤俭节约、求真务实逐渐成为全党和全社会的集体共识，这也给辽宁筹办全运会提出了新的要求。辽宁省在认真贯彻学习党中央会议精神的基础上，经过缜密研究，将"全民健身、共享全运、力求节俭、回归体育、开创新风"作为筹办和举办全运会的总体思路。我们看到的是一个全新的全运会。

压缩赛会规模，参赛单位由46个缩减到38个；参赛运动员由11000人压缩到9500人以内；裁判员和教练员减少了500人。

缩小火炬传递范围，调整为在省内传递；各项接待一律从简。取消欢迎、答谢宴会，一律安排自助餐并注意节俭；开幕式在下午举办，取消焰火燃放和大型文艺演出，总时间压缩至120分钟；尽可能充分利用各类现有场馆，本次全运会新建场馆25个，占全运会场馆总数的21.4%，远低于国家的30%（中办发〔2011〕24号规定：现有训练、比赛场馆至少达到总量的70%）的"红线"。如果说宏观规划层面的节俭已足以打动人心，那细微之处的节俭则更让人动容：十二运击剑馆里，志愿者收集喝剩下的"半瓶矿泉水"集中到水桶里，作为拖地、擦桌椅的循环用水；十二运举重场中，志愿者使用的一次性纸杯都写上了名字，每人一天只用一个。

全运会是我国国内规模最大、水平最高、影响力最广的综合性运动会。举全省之力办好十二运是辽宁人的庄严承诺。在如此重大的活动中，非常好地坚持了节俭办赛事的理念，必将对辽宁的工作作风、经济建设产生正面的积极示范效应，将节俭之风推向全省各项工作的方方面面，或许这是辽宁举办全运会的最大精神财富，全运会场馆就是这种精神财富的载体。赛后，全运会场馆也是节俭之风的坚定执行者、体现者，将节俭之风进行到底。

（三）共享全运，场馆先行

"全民健身，共享全运"，这是十二运会叫得最响的一句口号。如何将口号变成行动,这是一项更为艰巨的任务。全运会不单单是奖牌数量的比拼,它的真正意义是要形成一种全民运动的文化和精神,全民的参与比竞技更重要。应该借助举办全运会这样的有利契机向大众普及推广体育理念,让更多的老百姓投入到体育锻炼中。

本届全运会辽宁提出了"全民健身,共享全运"的理念。全运会从开幕式到闭幕式一共只有13天,从开始筹办到正式闭幕,赛会组织方会通过一系列活动,让百姓深入其中,直接感受全运带来的阳光气息。此外,为了使全省14个省辖市的百姓都能感受到全运带来的实惠,现场感受国内最高水平体育赛事的精彩,辽宁各辖市都有分赛区和比赛项目。此外,全运会门票采用便民惠民的票务办法,降低比赛门票价格,完善门票发放途径,同时积极组织各地区优秀、有特殊贡献的群体和市民免费观赛。这极大地调动了当地群众参与和观看全运会的热情。

如何将老百姓的体育热情变为一种习惯传承下去,对个人、对国家意义非凡。应该说,通过举办全运会,辽宁省的全民健身设施有了较大改善。据悉,辽宁省各市、县社区健身路径覆盖率几乎达到100%,行政村"农民体育健身工程"覆盖率达到80%左右,并按计划修建各类健身广场1000多个。辽宁全运会不仅促进了一大批体育场馆的建设、改造和维护,广大市民的健身场地也随之增多,其中有19个全民健身中心相继建成并投入使用。其中,市级全民健身中心5个,区级健身中心14个。

然而,全运会场馆以及全民健身场馆都需要恪守一个原则,即赛后都要坚持公益性原则,提供科学合理的公共服务,满足广大民众的健身需求。一般而言,全运场馆提供公益服务主要有以下几种形式。

1. 免费开放

免费,是最吸引眼球的公益表现方式,但未必是最好、最有效的公益表现方式。

人面对激励会采取相应的措施,这是经济学的基本原理之一。例如:广州亚运会筹办初期,所有公交免费、造成万人抢乘,交通瘫痪等不良状况。按照经济学的理论,单纯的免费公共交通并不符合经济学原理,最终只会被误用,对于那些选择公交的乘客,现在大多会选择较舒服便利的地铁,最终导致地铁超负荷。然而，使用现金交通补贴则是较明智的举措，现金在手，市民就会减少不必要的出行，同时也会理性地选择交通出行方式。收费，实际上也是一种甄别需要的过程，剔除"凑热闹""看新鲜""占便宜"等无效需求的过程。

同理，一味强调免费开放体育场馆，也会导致过度消费，加快体育场馆的损耗。另外，免费会使消费人数在某个时点超过核定"拥挤点"，进而可能引发一些连带的社会问题。因此，我们虽然强调体育场馆的公共服务功能，但也不能谈公益就是免费开放。在实践中，全民健身路径、室外简易体育场等应该免费开放。简易场馆免费开放过度消费的可能性较小。例如：济南市全民健身中心室外篮球场、乒乓球场、轮滑场、网球场、健身步道、健身路径等公共体育场所实行全年全天免费开放，夜间18:00~21:00还开启场地灯光以满足广大民众的健身需求。体育场馆免费开放，提供公共服务，所需费用政府应全额拨款。简单地说，就是"市民健身、政府买单"。采取免费开放，也要采取有效措施，合理分流人群，切忌一拥而上，引发其他问题。从实际操作层面看，免费开放有多种方式。

鸟巢在进行市场化运作的同时，长期奉行"社会性、公益性、群众性"的理念，在确保场馆经济指标平衡的前提下，又不失承担相应社会责任，坚持以人为本的基本原则，最终把"鸟巢"建成"百姓场馆"，使更广泛的民众感受奥运情怀、享受体育魅力。"鸟巢"免费开放的举措有教师节向教育工作者免费开放；接待国庆受阅官兵；与中国红十字会合作，免费供孤儿游玩；七十岁以上老人参观鸟巢免费等。教师节向教育工作者免费开放，乍一看具有特定性，不符合公益性，实际上选择不同的时机，向各式各样的特殊人群免费开放也是不特定性，也是公益行为。

依照《全民健身条例》规定，公共体育设施应当在全民健身日（8月8日）当天向公众免费开放。再比如，北京工人体育场建成50周年，2010年3月北京市总工会与北京职工体育服务中心推出长达15天的羽毛球场地免费使用活动。济南奥林匹克体育中心于2013年3月8日举办了以庆"三八"妇女节送健康为主题的活动，免费为3000名女性发放健身体验券，并向所有当天前来的女性开设免费健身课程专场。

2. 优惠

优惠是最常用的公益表现方式。如鸟巢寒暑假期间对学生、60岁以上老人推出半价票等。特殊时间优惠，如北京大学生体育馆推出羽毛球晨练卡（8:00~11:00），每人每月150元，吸引了周边居民前来健身。

3. 公益健身指导

公共体育场馆是健身人群的集散地，也是倡导科学健身的主阵地。应该说，随着全民健身计划的深入开展，在初步解决了"动起来"的问题之后，"科学动"的问题需要迫切提上日程。因此，科学指导大众健身为体育场馆更加科学合理地提供公共服务指明了发展的方向。场馆可以通过设立公益健身指导服务站、健身指导服务岗亭、举办科学健身大讲堂等多种行之有效的公益健身措施，帮助老百姓掌握科学健身知识和科学健身技能。

4. 广场免费开放

大型公共体育场馆一般都是城市的景观性标志，场馆周边一般都设有广场，甚至有绿地、人造湖泊、起伏矮山上的树林，是人们乘凉休闲的好去处。场馆要创造条件，吸引老百姓前去，这也是实实在在的公益性表现方式。

5. 举办、支持公益活动，为社会提供丰富精彩的文化体育产品

公共场馆可以利用其在当地巨大的影响力，积极开展低投入、高影响的公益性活动，结合媒体推动与政府、机构宣传及民众口碑流传，塑造公益场馆的形象，让场馆的公益主张、公益行为、公益活动影响辐射社会。例如：广州市奥林匹克体育中心以纪念"5·12"汶川大地震一周年为主题，举办了名为"携手同行、明天更美好——5·12汶川大地震周年纪念晚会"，并且本次晚会的入场券全部通过爱心捐款的方式获取，用以帮助地震灾区、贫困地区寒门学子继续学业。

6. 为运动队的训练提供训练保障

公共场馆是各地运动队、青少年业余体校，甚至国家队训练的重要场所，是实现奥运争光计划的重要保障。

7. 提供应急避难服务

公共场馆一般占地面积较大，具备相关的配套设施，而且它本身就是针对高人群高密集的要求来设计和建造的。城市在建设公共场馆的初期，一般都会

把公共体育场馆纳入城市的应急避难场所内。在应对地震、火灾、洪水、爆炸、疫情等影响严重的突发公共事件时，公共场馆可以较好地发挥安置难民、伤员等不同受灾群体的功能。

（四）全运场馆，城市拓展的先锋营

众所周知，体育盛会的举办及体育场馆的建设，往往会成为一座城市发展史上的"分水岭"。六运会促使广州整体的发展规划和布局加以改善，广州自此开启了东进的里程，广州天河体育中心应运而生。

为了筹办好六运会，广州市大刀阔斧搞场馆建设，在原本十分荒芜且鲜有人迹的机场旁边建设天河体育中心，其占地面积约0.52平方公里。建成后使当地村民和群众改变了长期购物难、交通难、上学难的生活状况。

天河体育中心包含体育场、体育馆和游泳馆及其他相关的配套设备设施。1987年11月，轰动一时的第六届全国运动会在天河体育场正式拉开了帷幕，正式开启了广州全运文化的拓展模式。

六运会之后，广州天河地区的经济得到了迅速发展，商务中心、新式住宅小区拔地而起，气势恢宏的火车东站迅速完工并投入使用，纵贯南北东西的道路相继建成。数十年间，市长大厦、中信广场、宏城广场、天河城、正佳广场等商业中心的相继落成极大地促使该区域成为中央商务区和大型商圈。昔日荒凉的"天河"成为繁华的代名词。

全运会之后，天河体育中心自身也在不断地发展建设，相继兴建了棒球场、网球场、保龄球馆、门球场、树林舞场、露天篮球场、羽毛球场、健身活动小区等一系列竞赛及群体活动的场馆和项目设施。天河体育中心自此促进了广州体育场馆与城市发展的良性互动。

十二运会场馆同样可以在城市发展中起到巨大的作用。特别是一些新建场馆，规划之初就始终坚持场馆规划设计与城市发展相协调，场馆建设与城市发展同步推进，实现了以点带面，提升城市服务功能，促进城市开发建设的目标。以盘锦奥体中心和葫芦岛奥体中心的建设为例，它们不仅仅为全运会服务，更为整个城市发展空间拓展、为新城区的建设开发，起到极大的促进作用。通过十二运会场馆及配套设施的建设，提升了当地的体育设施和文化设施

等城市基础设施水平,带动了城市建设、招商引资和旅游、餐饮、房地产及其他服务业的发展,给当地经济社会发展带来了新的机遇。赛后场馆的核心任务,就是通过举办各种各样的活动,吸引老百姓,吸引媒体,积攒人气,从而推动地区的发展。

(五)高校场馆,教育与体育的有机结合

十二运会期间,高校设有9个比赛场馆,把赛时场馆需求与赛后教学利用相结合,极大地提高了全运会场馆的利用率。赛后,这些全运会场馆主要有三大功能。

1. 体育教学、训练功能

作为学校特殊教室的体育场馆,其首要职能就是满足学校体育教学需要,满足学生、教职工等相关群体日益增长的体育需求。具体是以下几种。

体育是学校教育的重要组成部分。《学校体育工作条例》中明确指出,"普通学校、农业中学、职业中学、中等专业学校各年级和普通高等学校的一、二年级必须开设体育课。普通高等学校对三年级以上学生开设体育选修课"。学校体育场馆的基本职能就是服务于教学。

学生的课外体育活动,参与面广、形式多样、内容丰富。《学校体育工作条例》明确规定,"普通学校、农业中学、职业中学每天应当安排课间操,每周安排三次以上课外体育活动,保证学生每天有一小时体育活动的时间(含体育课)。中等专业学校、普通高等学校除安排有体育课、劳动课的当天外,每天应当组织学生开展各种课外体育活动"。学校体育场馆管理相关部门要保证学生的课外体育活动的时间、空间,协助学校有关部门营造较好的校园体育文化氛围,促使学生养成良好的锻炼习惯,进而有效提高学生体质健康水平。

——课余体育训练与竞赛

学校体育是国家竞技体育发展的后备基础。《学校体育工作条例》明确规定,"学校应当在体育课教学和课外体育活动的基础上,开展多种形式的课余体育训练,提高学生的运动技术水平,有条件的普通学校、农业中学、职业中学、中等专业学校经省级教育行政部门批准,普通高等学校经国家教育委员会

批准,可以开展培养优秀体育后备人才的训练"。此外,2011年国家教育部确定了268所高校可以招收高水平运动队。必须要依靠与时俱进的体育物质环境载体的支撑,方可促进高水平运动队出成绩,为竞技体育事业打下坚实的基础。

2. 全民健身功能

随着我国经济社会的发展,高校体育场馆逐步衍生出全民健身功能。首先,高校绝大部分体育场馆设施均属于公共财政投资,其自身公共财政的属性使其不能只为特殊群体服务,而是要为更多的人群服务;其次,高校体育场馆设施如果单纯运用于教学、训练,就存在着使用率不高、资源闲置等问题。从以上两点看来,高校体育场馆不仅要考虑如何满足学校教学、训练的需要,而且还要更加充分地考虑怎样使高校体育设施功能发挥到极致,进而满足周边社区居民的体育需求,使其成为社区居民体育健身活动的场所,并加以制度化的保证。

3. 体育产业功能

体育场馆作为发展体育产业的核心要素之一,无论是全民健身、体育培训,还是体育竞赛表演等活动都要依托体育场馆。高校一般位于城市经济、文化水平总体较高的地区,该区域居民的收入水平普遍较高,具有很强的消费能力和较前卫的体育消费意识。现代大众体育既是健身的手段,也是娱乐的方法。随着我国全民健身事业的深入可持续发展,越来越多的民众对体育的内涵有了更深入的了解和认识,投入到体育健身之中的人也越来越多。与此同时,高校兼具众多的专业体育师资,开展羽毛球、篮球、游泳等项目体育培训条件优越。高校体育场馆还可以举办商业赛事,既可提高学校的社会知名度和影响力,又能获得一定的经济收益,缓解高校体育场馆资金不足等问题。因此,高校体育场馆可以为我国体育产业的发展贡献一份力量。

(六)全运场馆,先进体育文化的宣传阵地

13天的全运会,赛场上每天都有许许多多故事发生。回想2013年9月4日,一封真诚朴实的感谢信,将全运会正能量传播开来。一封由辽宁省帆船帆

板队公示的感谢信贴在运动员下榻的酒店大堂里,借以感谢四川帆板队的马娇弃赛救人的英雄行为,这种精神让本届全运会的精神境界上升到了一个新的层次。

辽宁帆板队在感谢信中写道:"九月三日第十二届全运会帆船帆板比赛中,我队队员郝秀梅在进行女子 RS:X 级比赛中,由于风急浪涌、心情紧张、操作失误,不慎落水,当时风大流急,板体瞬间被拖至百米开外。郝秀梅奋力追赶,体力下降,生命受到威胁时,四川队员马娇毅然退赛,奋不顾身冲入激流,对郝秀梅实施营救。在马娇的全力帮助下,我队队员郝秀梅才脱离了危险。在此,我们感谢四川队马娇舍生忘死、舍己救人的大无畏精神,学习她想他人之所想、急他人之所急的先人后己的献身精神,学习她毫不利己、专门利人的无私精神。辽宁队全体人员被马娇的英雄行为所感动!向马娇学习致敬!并向四川队表示衷心感谢和崇高敬意!"

各大新闻媒体纷纷报道了马娇的英雄事迹,短短两个小时,一条有关此事的微博转发量就超过了 1600 次,评论多达数百条,迅速成为广受关注的体育热门事件。

"这才是体育精神的精髓!""正能量需要扩散!"各界人士纷纷赞赏马娇的救人举动,皆称这比任何一块奖牌都更有分量!

全运场馆是体育比赛、体育事业发展的平台,也是体育文化宣传展示的平台。赛后,全运场馆应通过专门设立文化墙、文化栏等形式,将体育中的正能量传递到社会,让人们感受体育的魅力!

参考文献

武岳、曹正罡、李方会:《聚焦十二届全运新建场馆建设》,《中国建设报》2011 年第 12 期。

李中文、陈晨曦、刘硕阳:《体坛聚焦:办赛改革站上新起点——十二运会启示录·上篇》,《人民日报》2011 年 9 月 17 日。

《学校体育工作条例》,中华人民共和国国家教育委员会第 8 号令,1990。

霍建新、李苹:《高校体育场馆路在何方》,《环球体育市场》2010 年第 2 期。

霍建新、李苈：《我国高校体育场馆综合利用研究》，《天津体育学院学报》2007年第2期。

易剑东：《体育文化学》，北京体育大学出版社，1999。

马岳良：《体育文化在全面建设小康社会中的价值》，《体育学刊》2004年第2期。

卢元镇、倪依克、庹权等：《现代化进程中的中国社会体育》，《体育学刊》2003年第1期。

B.9
新形势下对全运会几个问题的分析

摘　要： 本文选择了全运会的价值、全运会举办地选择标准和竞技成绩与经济实力的关系这三个全运会的重要问题进行研究，得出如下结论：在新时期，全运会具有体育价值、文化价值、政治价值和经济价值；从经济总量、富裕程度和市场规模的角度看，河南省、河北省、四川省、湖南省、湖北省和福建省可成为备选举办地；从运动竞技水平、场馆数量、赛事数量和项目数量的角度看，四川省、福建省可成为备选举办地；全运会成绩与全运会周期GDP的相关性不断上升，从中度相关发展为高度相关；全运会成绩与全运会周期人均GDP中度相关，相关系数趋向稳定；全运会成绩与居民消费总额的相关性不断上升，从中度相关发展为高度相关。

关键词： 全运会　举办地　GDP　场馆

中华人民共和国全国运动会简称"全运会"，是我国水平最高、规模最大的综合性运动会，是我国特有的赛会组织形式。

2013年8月31日至9月12日，第十二届全运会在辽宁省举行，9000多名运动员参加了31个大项40个分项350个小项的比赛。新一届全运会的举办再次激起了关于全运会利弊、存废的讨论。

在激烈的讨论中，总有些问题处于最基础、最核心的位置。我们甄选出三个具有代表意义的问题，来全方位地反思全运会。

问题一：新的社会经济形势下全运会的价值何在？

价值是全运会存在的意义之所在，从历史的角度回顾不同时期全运会的发展状况和所具有的价值，在不断变化的社会经济形势中探究新时期全运会的多元价值体系。

问题二：全运会举办地的选择有怎样的标准？

全运会的举办是对举办地资源在短期内的高强度集中消耗，关于全运会举办地的选择一直以来都存有争议。到底是怎样的标准决定了全运会的归属，而在这个过程中又体现出怎样的导向？

问题三：竞赛成绩之争本质上是经济实力的较量？

不可否认，运动竞技水平与经济实力之间存在密切的关系。而近几届全运会，东道主花大价钱力争奖牌榜第一的举动，又使我们不得不重视这个问题。在运动竞技水平和经济实力之间，到底存在怎样的关系？

一 新的社会经济形势下全运会的价值

要回答新的社会经济形势下全运会的价值问题，需要具有历史的观念和价值的观念。

历史的观念是要将全运会放在不同的历史阶段，在整个社会经济发展的潮流中把握其价值。

价值的观念是要在以全运会为客体的主客体关系中全面分析价值关系，并探求全运会的核心价值。

（一）全运会发展历程

新中国成立60余年来，全运会共举办了十二届。全运会的发展与我国体育和社会发展历程息息相关，受社会环境的影响深刻，有鲜明的历史烙印。

1. 初步兴起时期

20世纪50年代初，新中国各项事业百废待兴，面临严峻的国际环境。

为抗议国际奥委会"两个中国"的政策，我国于1958年8月15日退出国际奥委会和多个国际单项体育组织，从此失去了国际体育舞台，与国际体育竞赛隔绝开来。

在毛泽东同志"发展体育运动，增强人民体质"口号的感召下，全社会形成了参与体育健身的热潮。新中国的社会主义建设成就也为大型综合性运动会的举办奠定了物质基础。

新中国的体育发展在1959年迎来了检验和展示的平台。第一届全运会于1959年9月13日至10月3日在北京隆重举办，集中地展示了新中国体育和社会发展的成就。以全运会为中心的国内竞赛体制初步形成。

1965年9月11日至28日，第二届全运会在北京的召开，表明新中国体育发展迎来了第二个高峰，与社会发展相适应的全运会发展模式逐渐完备。

受国际国内环境的影响，这一时期的全运会体现出鲜明的时代特征，项目设置具有鲜明的民族特色和军事色彩。

在全运会的指引下，新中国体育事业取得的辉煌成就，激发了全国人民参加体育健身的热情，提升了中华民族的凝聚力，展现了新中国的建设成就和中国人民自立、自信的态度。

全运会作为展示新中国体育发展成就乃至社会主义建设成就的重要平台，在与国际体育组织断绝联系的情况下，成为检验体育发展水平的标准。

2. 全面停滞时期

"文化大革命"的爆发严重地破坏了我国体育的发展，体育事业陷入全面瘫痪状态，全运会也未能幸免。

"文化大革命"后期，伴随着社会各领域的拨乱反正，全运会才逐步走上稳步发展的轨道。

1975年9月12日至28日，第三届全运会在北京举行，除个别项目，多数项目的运动水平停滞不前或下降，竞技体育跌入低谷。

3. 恢复发展时期

党的十一届三中全会拉开了改革开放新时期的帷幕，中国体育也随之步入恢复发展的新阶段。

1979年，随着在国际奥委会合法席位的恢复，我国体育竞赛开始全面走向世界体育舞台。

1979年9月15日至30日，第四届全运会在北京召开，与前三届全运会相比，竞赛程序无显著变化，但在成绩上，与世界体育强国的差距已渐明显。

国际奥委会合法席位的恢复促使中国竞技体育走向国际化，并确立了奥运会作为我国竞技体育的最高层次。为了备战1984年洛杉矶奥运会，1983年9月18日至10月1日在上海举办的第五届全运会按照奥运会的竞赛项目进行了调整，首次将备战全运与奥运紧密联系起来。

1987年11月20日至12月5日，第六届全运会在广州举行，会徽、吉祥物、广告牌的首次引入，开依靠社会力量办全运会的先河，全运会的经济价值逐渐显现，服务经济社会的功能开始呈现。

这一时期的全运会以发展竞技体育、服务奥运为主要目标，体现出竞技体育优先发展的战略。

4. 深化改革时期

随着1992年邓小平同志"南方谈话"的发表和党的十四大的召开，"建立社会主义市场经济体制"的改革战略目标得以确立，中国进入全面深化改革时期，体育改革也随之深入。

1993年，国家体委下发《关于深化体育改革的意见》进一步明确了体育改革的目标和任务，即实现由计划经济体制下的体育机制向与社会主义市场经济体制相适应的体育体制转变，逐步建立符合现代体育运动发展规律、国家调控、依托社会、自我发展、充满活力的体育运行机制。

1993年9月4日至15日，第七届全运会在北京举行（8月15日至24日四川赛区），以"开放的中国盼奥运"为主题。

《全民健身计划纲要》《奥运争光计划》《体育产业发展纲要》等文件的相继出台，适应了中国体育协调发展战略的要求。1996年《国民经济和社会发展"九五"计划和2010年远景目标纲要》颁布实施，明确提出体育要走产业化道路。

1997年10月12日至24日，第八届全运会在上海举行，为了适应市场经济条件下承办全运会的需要，主办方通过商业化运营，自行筹资56亿元人民币建设场馆，全运会营运模式突破计划经济的框架。

2001年7月13日北京成功申奥，我国体育的发展如何与国际竞技体育赛事接轨成为重要议题，全运会则是最好的试验平台。

2001年11月11日至25日，第九届全运会在广东举行，集资模式发生了改变，通过市场化方式运作项目冠名及电视转播权，总收入突破2亿元大关。

赛区分布范围扩大，不仅减轻了政府的财政负担，也推动了各地市区的场馆建设，激发了各地群众的体育热情。

2005年10月12日至23日，第十届全运会在江苏举行，"体育的盛世，人民的节日"成为办赛理念，体现了竞技体育与群众体育协调发展的思想。

这一时期，全运会开始利用市场机制筹资，积极推进产业化、市场化。在建设小康社会的背景下，以成功申办北京奥运会为契机，通过学习国外大型赛事的经验，全运会的办赛程序逐步规范。

5. 转型发展时期

2008年北京奥运会的成功举办提升了我国的国家地位和国际形象，我国正处于由体育大国向体育强国转变的阶段。

2009年10月16日至28日，第十一届全运会在山东举行。

2013年8月31日至9月12日，第十二届全运会在辽宁举行。

中国体育以举办北京奥运会为契机，以协调可持续发展为重要指导思想，开始了更深入的探索。

（二）全运会的多元价值体系

价值是客体功能对主体需求的满足，在这个意义上看全运会的价值，那便是全运会这一客体对不同主体需求的满足。

随着社会经济环境的变迁，全运会的功能不断发生变化，而社会中各种主体的需求也日新月异，全运会便具有了不断演变的价值。

1. 全运会的体育价值

作为我国最高级别的综合性体育赛事，全运会的价值首先体现在体育领域。全运会是提高我国竞技体育水平、实现奥运战略的重要抓手，为促进我国体育事业的发展做出了突出的贡献。

全运会是中国体育和社会蓬勃发展的缩影，从"体育自强"到"为国争光，走向世界"，再到"和谐中国，全民全运"，全运会折射出了不同阶段的时代精神。

全运会是提高、发挥和展现我国竞技体育实力的重要阵地。全运会通过比赛选拔后备人才，备战奥运会，形成了竞技体育人才选拔、培养和输送的体制。

同时，全运会也具有满足人民群众不断增长的多元体育需求的价值。无论是赛会场地设施的规划与建设中对百姓健身需求的考虑，还是赛会筹办过程中对健身知识的宣传，都有利于提升全民族的运动意识和健康素质。第十一届全运会积极探索全运会战略与全民健身机制的有效结合方式，充分发挥了大型体育赛事的多元功能和综合社会价值。全运会后山东省经常参加体育锻炼的人达42%，而全运会举行之前，山东省经常参加体育锻炼的人占33.63%。

2. 全运会的文化价值

全运会不仅是体育运动的盛会，也是精神文明的动员和大检阅，对于推动精神文明和体育文化的发展具有明显、积极的作用。

全运会规模宏大的开闭幕式文艺演出，各种体育文化艺术活动，将体育运动与文化艺术有机结合，对推动体育文化艺术的发展有深刻、广泛和长远的意义。

第八届全运会期间举办了中国体育美术展、中国当代体育摄影精品展、体育集邮展、上海艺术博览会、体育收藏展和中国体育百年回顾展等展览。第十一届全运会期间举办了全国体育科学大会、群众体育先进表彰大会、中国体育60年辉煌成就展、全运会50年体育发展论坛。

此外，全运会还是传承中国传统文化，加强各民族体育文化交流的体育盛会。

3. 全运会的政治价值

（1）提振民族精神。

第一届全运会举办时，社会主义中国仍处于资本主义世界的封锁之中。全运会成为展示我国体育水平、弘扬国威、振奋民族精神的重要平台，显示了中国人民强身健体，加快建设祖国的决心，鼓舞了人心，提升了民族自豪感。

（2）提高国家地位。

全运会的举办有利于挖掘和培养体育人才，提高竞技体育水平，在国际赛场上取得优异成绩，显示社会主义中国的实力。我国在第24届夏季奥运会上的获奖项目基本都是前几届全运会上成绩突出的强项。

（3）扩大国际影响。

全运会是一个扩大政治影响的舞台，反映我国在竞技体育方面所取得的突出成绩，充分展现我国在奥林匹克大家庭中的重要地位和实力。

全运会是扩大国际影响的重要窗口，也是世界了解中国的桥梁。

4. 全运会的经济价值

市场经济时代，体育的经济效益逐渐凸显。全运会作为大型综合性运动会，具有非常大的市场潜力，但自第八届、第九届全运会起才开始有了商业开发。

（1）全运会的直接经济收益。

全运会可带来巨大经济效益，其中门票、彩票、纪念品、广告、电视转播权是直接的经济收益。

（2）全运会的间接经济价值。

全运会能创造大量的就业机会。无论是新建、改建或维修体育场馆，还是赛事运营，都需要大量的工作人员。

城市借助全运会的东风，能够刺激和推动经济发展，提升市政建设的速度。六运会的举办使广州天河区焕然一新，九运会则进一步加快了广州市政建设的步伐。

全运会的举办会提升举办城市形象，拉动旅游业的发展，刺激与旅游业相关的交通、食宿、购物、娱乐等产业的发展，为旅游业、餐饮业、服务业、会展业、文化产业、房地产业、金融保险业、媒体传播业等行业的发展带来新的商机，促进产业结构优化升级。

二 全运会举办地的选择标准

作为全国历史最悠久、规模最大、水准最高的综合性运动会，全运会举办地的选择是相关决策中最重要的一个。

回顾十二届全运会，不难发现在举办地的选择上，呈现出"北京独办——北上广轮流举办——多省举办"的趋势，体现出让更多有能力、有意愿的省份举办全运会，扩大全运会影响力的"扩散化"取向。

在全运会改革逐渐深入的今日，在商业化、市场化特色越来越浓厚的今日，全运会举办地的选择更多地考虑经济效益，既要考虑"开源"——经济实力、市场规模对全运会举办的促进，也要追求"节流"——整合现有体育资源，降低全运会举办成本的"集约化"取向。

这两个取向将成为今后全运会举办地选择的主要方向。

与奥运会举办地的选择相同，全运会举办地的选择也是一个复杂综合的决策过程，举办地的经济发展水平、历史文化积淀、运动竞技水准都会影响最终的决策。

本文主要分析全运会举办地选择的经济因素和体育因素，探寻在十二届全运会的历史中，举办地选择是怎样受到了经济与体育因素的影响，并在"扩散化"和"集约化"取向下，分析今后几届全运会举办地的选择。

（一）全运会举办地选择的经济因素

举办地的经济发展水平直接影响着全运会能够得到多少的经济支持和能够取得怎样的经济效益。

一般情况下，我们认为经济发展水平越高，能够为全运会提供的经济支持就越多，举办地承受全运会举办压力的能力就越强，所以选择GDP来分析经济发展水平与全运会举办地选择的关系。

在全运会运营越来越市场化的今日，全运会举办地的选择应该具有越来越明显的市场导向，经济效益成为重要的影响因素，因此选择市场规模来分析可能取得的经济效益对举办地选择的影响。

1. GDP与全运会举办地的选择

全运会的举办需要耗费大量的人力、物力、财力，对举办地的经济实力是全面的考察，要求举办地能够承担得起这样的消耗，而不至于带来较大的财政负担。

从1959年起的十二届全运会的举办地选择都考虑到了经济发展水平的因素，全运会都是在经济较发达的省市举行。

为全面地考察举办地的经济发展水平，采用了全运会周期GDP和全运会周期人均GDP这两个指标。

全运会举办年和前三年组成了共四年的全运会周期。用这四年里的GDP

和人均GDP的平均值，能够比较全面地代表举办地的经济发展水平，其中全运会周期GDP能较好地反映举办地在全运会筹备期间的整体经济发展水平，而全运会周期人均GDP则补充了从人均角度衡量的富裕程度。

（1）全运会举办地的全运会周期GDP。

全运会周期GDP是对举办地在全运会筹备和举办期间整体经济发展水平的最直接衡量，图1展现了历届全运会举办地全运会周期GDP和GDP的75%分位值和平均值，可以看出当时举办地在全国省市经济发展水平中所处的位置。

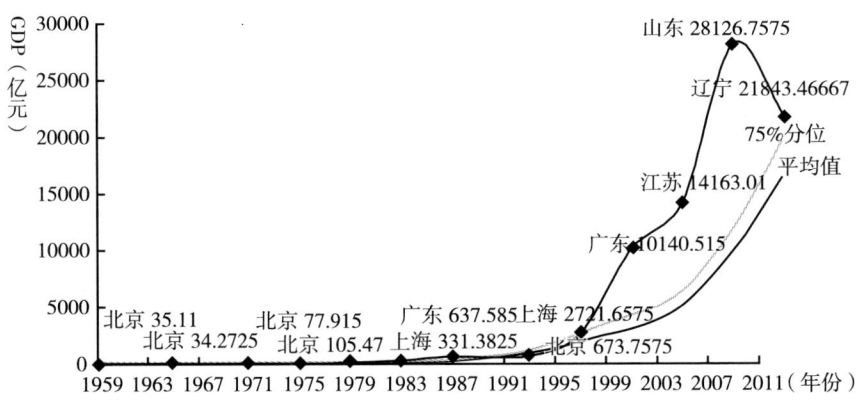

图1 历届全运会举办地全运会周期GDP

由于自1959年第一届全运会以来，省市GDP的增量巨大，图1无法细致地表现前四届全运会的举办地全运会周期GDP所处的位置，因此又专门绘制了前八届全运会的全运会周期GDP，见图2。

前四届全运会都在北京市举办。在这四个全运会周期里，北京市的GDP位列全国15名以后，不仅低于75%分位数，而且低于平均值。在全运会举办初期，举办地的选择似乎并不是基于由GDP所代表的经济总量的决策。

这一局面在全运会首次走出北京市的时候得到了改变。1983年第五届全运会在上海市举行，开始了全运会由北上广轮流举办的阶段。上海市以331亿元的GDP位列全国第三，仅次于江苏省和山东省。

1987年，广东省举办了第六届全运会，此时的经济大省广东省GDP达到

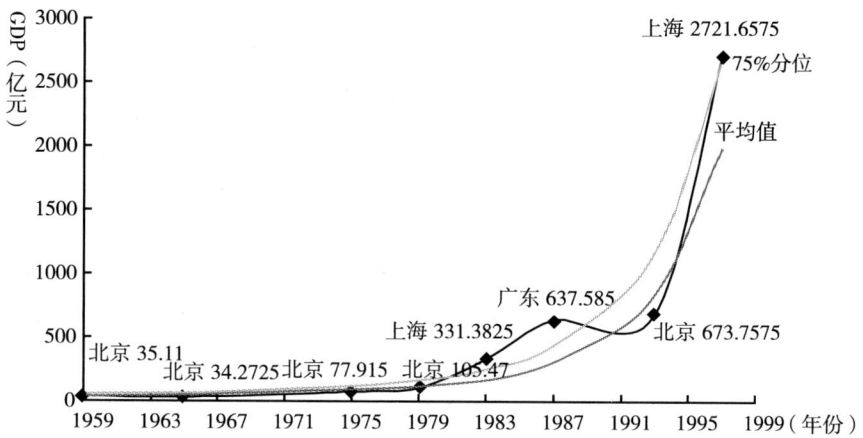

图 2　全运会举办地全运会周期 GDP（1959～1999 年）

637 亿，位列全国第三，仅次于山东省和江苏省。

当第七届全运会重回北京时，北京市的 GDP 为 673 亿元，虽有进步，但仅列全国第 15 位，依然低于 75% 分位数和平均值。

1997 年，全运会第二次来到上海市，此时上海市的 GDP 为 2721 亿元，虽高于 75% 分位数，但仅列全国第 8 位。排在上海市前面的省份有广东省、江苏省、山东省、浙江省、河南省、河北省和辽宁省。

2001 年，全运会第二次来到广东省，此时广东省的 GDP 为 10140 亿元，位列全国首位。

这一阶段是北上广三家轮流举办的局面，除了广东省在 GDP 所代表的经济总量上拥有比较明显的优势外，北京市和上海市并不是以经济总量取胜。而这一阶段，虽然江苏、山东等省的经济实力很突出，但还没有机会举办全运会。

2005 年，全运会首次突破"北上广"三家轮流举办的局面，来到江苏省，此时江苏省的 GDP 为 14163 亿元，仅次于广东省，位列全国第二。

2009 年，举办全运会的山东省的 GDP 为 28126 亿元，仅次于广东省和江苏省，位列第三。

2013 年，全运会在辽宁省举行，辽宁省的 GDP 为 21843 亿元，列全国第 7。

表1 第十二届全运会周期GDP

单位：亿元

序号	省　市	全运会周期GDP	序号	省　市	全运会周期GDP
1	广东省	52097.08667	7	辽宁省	21843.46667
2	江苏省	48197.99	8	四川省	20694.98667
3	山东省	44848.33667	9	湖南省	19287.25
4	浙江省	31568.83	10	湖北省	19283.44
5	河南省	26540.9	11	上海市	18847.79667
6	河北省	23828.34333	12	福建省	17333.02667

表1展示了第十二届全运会周期GDP超过平均值的省份，其中：高于GDP 75%分位数的省份有广东省、江苏省、山东省、浙江省、河南省、河北省、辽宁省和四川省，其中广东省、江苏省、山东省和辽宁省已举办过全运会，而浙江省、河南省、河北省和四川省还未举办过全运会。

GDP低于75%分位数、高于平均值的省份有湖南省、湖北省、上海市和福建省，除上海市外，其他省份都未举办过全运会。

这一阶段前期，全运会举办地的选择呈现出比较强的GDP导向，经济大省江苏省和山东省都迎来了全运会，而后期辽宁省能够举办全运会，相信除了受GDP影响之外，还应该受运动成绩等其他因素的影响。

（2）全运会举办地的全运会周期人均GDP。

全运会周期GDP可代表全运会筹备与举办期内省市的经济发展总量，而人均GDP则更能体现出省市的富裕程度，图3展现了历届全运会举办地的周期人均GDP和人均GDP的75%分位值，由此可看出当时举办地在全国省市富裕程度中所处的位置。

虽然GDP总量排名不高，但前四届全运会的举办地——北京市在人均GDP上的排名较靠前。

1959年举办第一届全运会时，北京市的人均GDP为564元，列全国第2，仅次于上海市。

1965年举办第二届全运会时，北京市的人均GDP为458元，列全国第3，仅次于上海市和天津市。

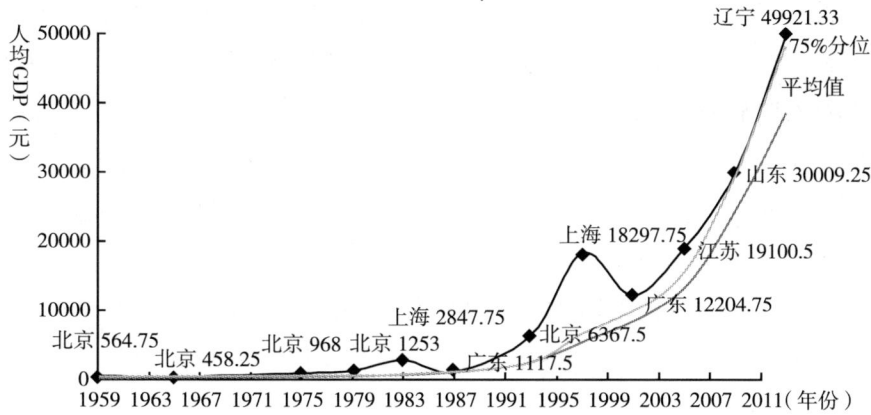

图 3　历届全运会举办地全运会周期人均 GDP

1975 年，北京市的人均 GDP 为 968 元，列全国第 2，仅次于上海市。

1979 年，举办第四届全运会的北京市的人均 GDP 为 1253 元，依然仅次于上海市。

虽然这四个全运会周期里，北京市的 GDP 排名在全国省份中位列中游，但人均 GDP 排名却非常靠前。这个时期的北京市是全国最富裕的城市之一，有举办全运会的经济实力，而此时的上海市、天津市在富裕程度上也比较靠前，但未举办过全运会。

1983 年，第五届全运会在人均 GDP 最高的上海市举办，此时上海市的人均 GDP 为 2847.75 元，比位列第 2 名的北京市高出 1000 余元，优势非常明显。

1987 年，举办第六届全运会的广东省虽然 GDP 位列全国第三，但人均 GDP 为 1117.5 元，仅列全国第 8，优势并不明显。排在广东省之前的省市有上海市、北京市、天津市、辽宁省、浙江省、江苏省和黑龙江省。

1993 年，北京市再次举办全运会，此时北京市的人均 GDP 为 6367.5 元，仅次于上海市。

1997 年，上海市第二次举办全运会，此时上海市的人均 GDP 为 18297.75 元，领先第二名的北京市近 5000 元。

2001 年，全运会第二次来到广东省，此时广东省的人均 GDP 为 12204.75 元，次于上海市、北京市、天津市和浙江省，位列全国第 5。

在北上广轮流举办的阶段，北京市和上海市在人均GDP上的优势非常明显，虽然广东省人均GDP与其他经济发达省份相比优势不明显，但在GDP总量上却拥有明显的优势。

2005年，全运会来到江苏省，此时江苏省的人均GDP为19100.5元，次于上海市、北京市、天津市、浙江省和广东省，位列全国第六。而此时，江苏省的GDP已经位列全国第二。

2009年，山东省的人均GDP为30009.25元，次于上海市、北京市、天津市、浙江省、江苏省、广东省和内蒙古，位列全国第八，而同时山东省已经是GDP全国第三。

2013年，全运会在辽宁省举行，辽宁省的人均GDP为49921元，与GDP总量一样列全国第7。

表2 第十二届全运会周期人均GDP

单位：元

序号	省市	全运会周期人均GDP	序号	省市	全运会周期人均GDP
1	天津市	83793.33333	6	内蒙古	56402.33333
2	上海市	81335.66667	7	辽宁省	49921.33333
3	北京市	80996.33333	8	广东省	49879.33333
4	江苏省	61159	9	山东省	46736.33333
5	浙江省	58111.33333	10	福建省	46721.66667

表2展示了十二届全运会周期人均GDP超过平均值的省份，其中：高于人均GDP 75%分位数的省份有天津市、上海市、北京市、江苏省、浙江省、内蒙古、辽宁省和广东省，其中上海市、北京市、江苏省、辽宁省和广东省已举办过全运会，天津市即将举办2017年第十三届全运会，浙江省和内蒙古还未举办过全运会。

人均GDP低于75%分位数、高于平均值的省份有山东省和福建省，山东省已举办过全运会，福建省还未举办过全运会。

这一阶段，全运会举办地的选择呈现出比较强的人均GDP导向，其中北京市独占全运会和北上广轮流举办全运会的阶段，呈现出更强的人均GDP导向，全运会在更广的范围内举办后，举办省份人均GDP的优势相对较弱。

2. 市场规模与全运会举办地选择

由于市场化导向的凸显，全运会举办地的选择应越来越考虑市场规模的大小。本地市场规模越大，对全运会竞赛产品和相关产品的消费能力就越强，为全运会提供的市场支持就越大。

由于对全运会竞赛产品和相关产品的消费金额比较难获得，因此采用全运会周期内年度居民消费总额来描述市场的大小，虽然无法展现出消费者对体育产品的偏好，但消费总额也能体现出体育消费的可能。居民消费总额通过年末总人口数和人均消费额来获得。

由于居民消费额从1984年开始统计，因此只获得从第六届全运会到第十二届全运会举办地的居民消费总额（见图4）。

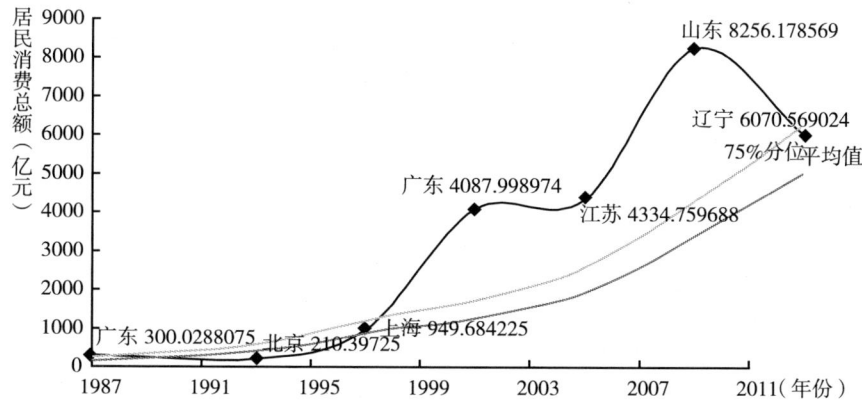

图4 全运会举办地居民消费总额（1987～2013年）

1987年，第一次举办全运会的广东省的年居民消费总额达到300亿元，仅次于江苏省和山东省，体现出了旺盛的消费能力。

1993年，第五次举办全运会的北京市的年居民消费总额为210.40亿元，列全国第21位，远低于75%分位数和平均值。排在北京市之前的省份有广东省、四川省、江苏省、山东省、浙江省、辽宁省、河北省、湖南省、湖北省、湖南省、黑龙江省、安徽省、福建省、上海市、云南省、吉林省、江西省、陕西省和山西省。

1997年，第二次举办全运会的上海市的年居民消费总额为949.68亿元，列全国第12位,低于75%分位数、高于平均值。排在上海市之前的省份有广东省、江苏省、四川省、山东省、浙江省、河南省、辽宁省、湖南省、湖北省、河北省和福建省。

2001年,第二次举办全运会的广东省的年居民消费总额达到4088亿元,居全国首位,比第二名的山东省高出逾1000亿元,体现出其在消费市场的优势。

在北上广轮流举办全运会的阶段,除广东省的市场规模具有较大优势外,上海市和北京市的优势都不明显,尤其是北京市,居民消费总额列全国后1/3。在这一阶段,江苏省、山东省和四川省等省份的居民消费总额排名靠前,但还未举办过全运会。

有一种解释是,在这一阶段全运会举办地的选择上,市场规模可能并不是重要的考量因素。当然,用整体的市场规模来代替体育市场的规模也确实存在不准确之处,因为各省市的体育消费倾向注定不同,而在本文的分析中,假设各省市的体育消费倾向相同。

2005年,首次举办全运会的江苏省的年居民消费总额达到4334.76亿元,仅次于广东省和山东省,列第3,远高于75%分位数和平均值。

2009年,山东省的年居民消费总额达到8256亿元,仅次于广东省,远高于75%分位数和平均值。

2013年,举办全运会的辽宁省的年居民消费总额达到6070.57亿元,列第10位,低于75%分位数、高于平均值。

表3 第十二届全运会周期省市居民消费总额

单位:万元

序号	省市	年均居民消费总额	序号	省市	年均居民消费总额
1	广东省	189009276.5	8	湖南省	62568470.49
2	江苏省	120208306.2	9	河北省	62363549.38
3	山东省	118200586.4	10	辽宁省	60705690.24
4	浙江省	103291396.2	11	湖北省	56028103.45
5	河南省	77438047.58	12	安徽省	52246404.29
6	上海市	76241932.37	13	北京市	51760964.55
7	四川省	70576649.01			

表3展示了第十二届全运会周期居民消费总额超过平均值的省份,其中:高于居民消费总额75%分位数的省份有广东省、江苏省、山东省、浙江省、河南省、上海市、四川省和湖南省,其中广东省、江苏省、山东省和上海市已举办过全运会,浙江省、河南省、四川省和湖南省还未举办过全运会。

居民消费总额低于75%分位数、高于平均值的省份有河北省、辽宁省、湖北省、安徽省和北京市,其中辽宁省和北京市已举办过全运会,其他省份还未举办过全运会。

这一阶段,全运会举办地的选择呈现出比较强的居民消费总额导向,后期随着全运会举办范围的扩大,全运会举办省份的居民消费总额优势相对变弱。

3. 小结

在第十二届全运会周期里,代表经济总量的GDP、代表富裕程度的人均GDP和代表市场规模的居民消费总额这三项指标,均高于平均值的省市,广东省、江苏省、山东省、辽宁省和上海市都已经举办过全运会,浙江省还未举办过全运会,今后的全运会举办地可以考虑浙江省,并向这些省市之外的省市扩展。

如果以全运会在更广阔范围内的举办为导向,那就会产生全运会备选举办地的选项。在第十二届全运会周期里,在GDP、人均GDP、居民消费总额中两项高于平均值的省份来选择之后的全运会举办地。这些省份包括河南省、河北省、四川省、湖南省、湖北省、福建省和北京市,除北京市外其他省份均未举办过全运会,都可以成为今后几届全运会的备选举办地。

(二)全运会举办地选择的体育因素

运动竞赛的举办与体育发展水平之间似乎存在天然的联系。人们总是认为,体育发展水平高的省市更能胜任全运会的举办任务,也总是期待东道主在赛场上有出色的表现。

体育发展水平表现为运动竞技水平和体育资源存量两个方面。

运动竞技水平是体育发展水平的重要体现,运动竞技水平不仅影响全运会的赛场成就,更影响着运动魅力的展现。

体育资源存量是体育发展的硬件和软件长期积累的成果,体育资源越丰富,举办全运会的效益就越好,成本就越低。

1. 运动竞技水平与全运会举办地选择

从十二届全运会的奖牌榜中可发现,历届全运会举办地在奖牌榜上都名列前茅。

表4 历届全运会东道主奖牌榜排名

届次	举办地	名次	届次	举办地	名次
第一届	北京市	三	第七届	北京市	四
第二届	北京市	三	第八届	上海市	一
第三届	北京市	二	第九届	广东省	一
第四届	北京市	二	第十届	江苏省	一
第五届	上海市	二	第十一届	山东省	一
第六届	广东省	一	第十二届	辽宁省	二

注:排名包含解放军及行业体协。

在北京市独占全运会举办地的阶段,北京市在全运会的奖牌榜上排名一直列前三名,其中第一、二、四届全运会奖牌榜第一名是解放军代表队。

在北上广轮流举办全运会的阶段,北京市、上海市、广东省在奖牌榜上的成绩也非常突出。第五届全运会上,广东省、上海市和北京市分列第一、第二和第四;第六届全运会上,广东省、上海市和北京市分列第一、第三和第五;第七届全运会上,广东省、上海市和北京市分列第二、第三和第四;第八届全运会上,上海市、广东省和北京市分列第一、第四和第七;第九届全运会上,广东省、上海市和北京市分列第一、第四和第六。在这一阶段前期,北京市、上海市和广东省的运动竞赛成绩非常突出,在这一阶段中后期,辽宁省、浙江省、山东省、江苏省的运动成绩逐步提升,北上广的优势逐渐被超越。

在举办地逐渐扩大的第三阶段,体育大省江苏、山东和辽宁扛起了全运会的大旗,其中江苏和山东成为在奖牌榜上成功登顶的东道主,而辽宁省也取得了排名第二的好成绩。

奖牌榜的排名以金牌为主,金牌相同的情况下再看银牌,依此类推。对于运动竞技水平的反映较为单一。若根据全运会积分规则,对奖牌数量进行计分,则可以得到历届全运会举办地在积分榜上的排名(见表5)。

表5　历届全运会东道主积分榜排名

届　次	举办地	积分	名次	届　次	举办地	积分	名次
第一届	北京市	1408	一	第七届	北京市	723	三
第二届	北京市	822	二	第八届	上海市	1240	二
第三届	北京市	1028	一	第九届	广东省	1946.5	一
第四届	北京市	1364	一	第十届	江苏省	1566	一
第五届	上海市	1103	一	第十一届	山东省	1763	一
第六届	广东省	1447	一	第十二届	辽宁省	1667.5	二

注：排名不包含解放军及行业体协。

在北京市独占全运会的阶段，北京市在全运会的积分榜上一直位列前两名，优势十分明显。

在北上广轮流举办全运会的阶段，北京市、上海市、广东省在积分榜上的成绩也非常突出。第五届全运会上，上海市、广东省和北京市分列第一、第二和第三；第六届全运会上，广东省、上海市和北京市分列第一、第二和第四；第七届全运会上，广东省、北京市和上海市分列第二、第三和第四；第八届全运会上，上海市、广东省和北京市分列第二、第三和第五；第九届全运会上，广东省、上海市和北京市分列第一、第三和第四。在这一阶段前期，北京市、上海市和广东省的运动竞赛成绩非常突出，在这一阶段中后期，辽宁省、山东省的运动成绩逐步提升，北上广的优势逐渐被超越，尤其是辽宁省，自第六届全运会起，积分排名未低于前三。

在举办地逐渐扩大的第三阶段，体育大省江苏、山东和辽宁相继举办了全运会，其中江苏和山东以东道主的身份列积分榜首位，辽宁省在第十二届全运会积分榜上列第二（见表6）。

综合奖牌榜和积分榜中东道主的排名，可以清晰地看到全运会举办地的选择中，具有很强的成绩导向。

积分大于75%分位数的省份有山东省、辽宁省、上海市、广东省、江苏省、浙江省、北京市和黑龙江省。其中，山东省、辽宁省、上海市、广东省、江苏省和北京市已经举办过全运会，浙江省、黑龙江省还未举办过全运会，黑龙江省排名靠前与在冰雪项目上的巨大优势有关。

表6　第十二届全运会积分榜

序号	省份	第十二届积分	序号	省份	第十二届积分
1	山东	1797.5	6	浙江	1065
2	辽宁	1667.5	7	北京	987
3	上海	1478	8	黑龙江	741
4	广东	1396	9	四川	725
5	江苏	1340	10	福建	712

积分小于75%分位数、大于平均值的省份有四川省和福建省，均未举办过全运会。

2. 体育资源存量与全运会举办地选择

体育资源在全国的分布是不均衡的，由于全运会的举办是对体育资源的集中消耗，拥有相对丰富体育资源的省市在举办全运会时的新增消耗就会相对较少，成本也就更低。在全运会高峰过后，赛事数量锐减，体育场馆赛后利用成为世纪难题，如何高效地利用体育资源存量就变得尤为重要。

与全运会举办相关的体育资源可以分为硬件和软件两类。硬件主要是指举办赛事所需要的场馆设施；软件主要是指举办赛事所需要的专有知识技能等。

（1）体育场馆资源分布。

为精确考查与全运会相关的体育场馆资源在各省市的分布，本文以第十二届全运会的竞赛项目为依据，分析了2010年、2011年全国举办的近3000项赛事，从中甄选出可举办全运会赛事的体育场馆资源（注：由于冬季项目的举办地较集中，因此对体育场馆资源的分析不包含冬季项目场馆）。在2010年、2011年赛事信息的基础上，总结出725个可以举办全运会项目赛事的场馆，主要的分布省市见表7。

表7　2010年、2011年全运会项目场馆分布

单位：个

序号	省市	全运项目场馆	序号	省市	全运项目场馆
1	广东	102	6	四川	43
2	北京	59	7	上海	40
3	浙江	59	8	辽宁	33
4	江苏	58	9	江西	27
5	山东	56	10	福建	26

场馆数量大于75%分位数的省份有广东省、北京市、浙江省、山东省、四川省、上海市和辽宁省。其中，广东省、北京市、山东省、上海市和辽宁省已经举办过全运会，浙江省、四川省还未举办过全运会。

场馆数量小于75%分位数、大于平均值的省份有江西省和福建省，均未举办过全运会。

（2）体育专有知识技能分布。

举办的赛事越多，积累的关于赛事的专有知识技能就越丰富，在举办全运会这样的大型赛事时就越有优势。

以第十二届全运会的竞赛项目为依据，通过对2010年、2011年两年全国各省市所举办赛事的分布研究，可以把握与全运会相关的体育专有知识技能的分布（见表8）。

表8　2010年、2011年全运会项目赛事数量分布

单位：个

序号	省　市	全运会项目赛事数量	序号	省　市	全运会项目赛事数量
1	广　东	201	6	上　海	88
2	江　苏	141	7	四　川	88
3	北　京	129	8	辽　宁	62
4	山　东	124	9	湖　北	60
5	浙　江	113	10	江　西	60

赛事数量高于75%分位数的省份有广东省、江苏省、北京市、山东省、浙江省、上海市、四川省和辽宁省，其中广东省、江苏省、北京市、山东省、上海市和辽宁省已举办过全运会，浙江省、四川省还未举办过全运会。

赛事数量低于75%分位数、高于平均值的省份有湖北省和江西省，都未举办过全运会。

前十二届全运会的举办地基本覆盖了赛事数量较多的省份，对赛事资源的利用较充分。

除了考查各省市举办的全运会项目赛事数量，还应考虑到赛事覆盖项目的数量。赛事覆盖的全运会项目越多，举办全运会所需要增加的人员、部门就越少，整体上效率就越高（见表9）。

表9 2010年、2011年省市赛事所涵盖的全运会项目数量

单位：个

序号	省市	项目数量	序号	省市	项目数量
1	广东	37	9	福建	18
2	江苏	29	10	湖北	18
3	北京	25	11	河南	17
4	山东	25	12	安徽	16
5	上海	24	13	天津	16
6	江西	23	14	河北	15
7	浙江	22	15	重庆	15
8	四川	21			

项目数量高于75%分位数的省份有广东省、江苏省、北京市、山东省、上海市、江西省、浙江省和四川省，其中广东省、江苏省、北京市、山东省和上海市已举办过全运会，浙江省、江西省和四川省还未举办过全运会。

项目数量低于75%分位数、高于平均值的省份有福建省、湖北省、河南省、安徽省、河北省和重庆市，除天津市即将举办2017年第十三届全运会外，其他省市都未举办过全运会。

前十二届全运会的举办地基本上覆盖了赛事项目数量较多的省份，能够充分地利用已有的赛事资源。

3. 小结

在第十二届全运会周期里，代表运动竞技水平的积分，代表体育资源存量的场馆数量、赛事数量和项目数量这四项指标，均高于平均值的省市有山东省、上海市、广东省、北京市和四川省，其中山东省、上海市、广东省、北京市都已经举办过全运会，四川省还未举办过全运会，是今后举办全运会的重要备选。

如果以全运会的举办能够更好地利用现有的体育资源为导向，那就会产生更多的全运会备选举办地。

在第十二届全运会周期里，积分、场馆数量、赛事数量和项目数量这四项指标中三项高于平均值的省份有辽宁省、江苏省、福建省、江西省，其中，辽宁省、江苏省已经举办过全运会，福建省、江西省还未举办全运会。由于

2011年，江西省举办了第七届全国城市运动会，因此在基于2010年、2011年赛事信息的分析中，江西省排名较靠前。

在第十二届全运会周期里，在积分、场馆数量、赛事数量和项目数量这四项指标中两项高于平均值的省份有湖北省，还未举办过全运会。

这些省份都可以成为今后几届全运会的备选举办地。

三 竞赛成绩之争本质上是经济实力的较量

全运会作为全国最高水平的综合性赛事，是各省市体育工作成果的最集中展示，也是最重要的体育舞台。

在这个舞台上的演出影响着政府对体育职能部门业绩的评价，在全运会竞赛不断升温的今日，我们也不禁思量，影响竞赛成绩的最根本因素是什么？体育运动的传统、运动项目的开展、人力资源的配备等，都与竞赛成绩息息相关，而在这一切背后，又都存在经济发展水平的影子。

人们不禁要问：竞赛成绩与经济实力之间有怎样的关系？

为了找到这个问题在我国的答案，我们选取了代表经济发展水平的GDP、代表富裕程度的人均GDP和代表市场规模的居民消费总额三个指标，考察省市的全运会成绩与经济发展水平之间的关系。

（一）全运会成绩与经济发展水平的相关性分析

全运会成绩的指标采用前述运动竞技水平的积分；经济发展水平的指标采用全运会周期GDP。

1. 历届全运会成绩与GDP的相关性

在省市的层面上，分析历届全运会成绩与全运会周期GDP的相关性，得到以下几个结论。

第一届全运会的竞赛成绩与GDP之间的相关系数为0.516，P为0.008（0.01水平显著）。此时，省市代表团的积分与经济发展水平中度正相关。

第二届全运会的竞赛成绩与GDP之间的相关系数为0.588，P为0.002（0.01水平显著）。此时，省市代表团的积分与经济发展水平中度正相关。

第三届全运会的竞赛成绩与 GDP 之间的相关系数为 0.432，P 为 0.024（0.05 水平显著）。此时，省市代表团的积分与经济发展水平中度正相关。

第四届全运会的竞赛成绩与 GDP 之间的相关系数为 0.529，P 为 0.003（0.01 水平显著）。此时，省市代表团的积分与经济发展水平中度正相关。

第五届全运会的竞赛成绩与 GDP 之间的相关系数为 0.611，P 为 0.000（0.01 水平显著）。此时，省市代表团的积分与经济发展水平中度正相关。

第六届全运会的竞赛成绩与 GDP 之间的相关系数为 0.737，P 为 0.000（0.01 水平显著）。此时，省市代表团的积分与经济发展水平高度正相关。

第七届全运会的竞赛成绩与 GDP 之间的相关系数为 0.695，P 为 0.000（0.01 水平显著）。此时，省市代表团的积分与经济发展水平中度正相关。

第八届全运会的竞赛成绩与 GDP 之间的相关系数为 0.725，P 为 0.000（0.01 水平显著）。此时，省市代表团的积分与经济发展水平高度正相关。

第九届全运会的竞赛成绩与 GDP 之间的相关系数为 0.829，P 为 0.000（0.01 水平显著）。此时，省市代表团的积分与经济发展水平高度正相关。

第十届全运会的竞赛成绩与 GDP 之间的相关系数为 0.866，P 为 0.000（0.01 水平显著）。此时，省市代表团的积分与经济发展水平高度正相关。

第十一届全运会的竞赛成绩与 GDP 之间的相关系数为 0.829，P 为 0.000（0.01 水平显著）。此时，省市代表团的积分与经济发展水平高度正相关。

第十二届全运会的竞赛成绩与 GDP 之间的相关系数为 0.801，P 为 0.000（0.01 水平显著）。此时，省市代表团的积分与经济发展水平高度正相关。

2. 全运会成绩与 GDP 相关性的变化趋势

考察全运会成绩与全运会周期 GDP 的相关性，可以把握其变化趋势，见图 5。

从图 5 可见，相关系数在 1975 年第三届、1993 年第七届全运会出现了下降，整体上，全运会成绩与全运会周期 GDP 的相关系数呈现出不断上升的趋势，从中度相关发展为高度相关。

（二）全运会成绩与富裕程度的相关性分析

全运会成绩的指标采用前述运动竞技水平的积分；富裕程度的指标采用全

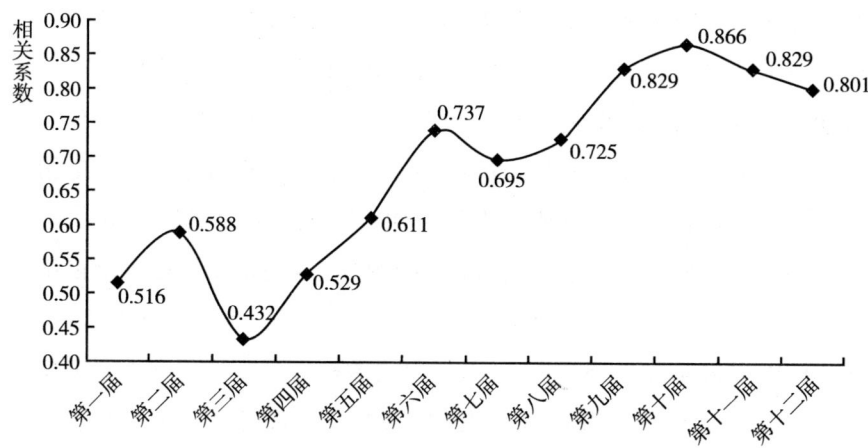

图 5　全运会竞赛成绩和 GDP 相关系数的变化趋势

运会周期人均 GDP。

1. 历届全运会成绩与人均 GDP 的相关性

在省市的层面上，分析历届全运会成绩与全运会周期人均 GDP 的相关性，得到以下几个结论。

第一届全运会的竞赛成绩与人均 GDP 之间的相关系数为 0.673，P 为 0.000（0.01 水平显著）。此时，省市代表团的积分与富裕程度中度正相关。

第二届全运会的竞赛成绩与人均 GDP 之间的相关系数为 0.819，P 为 0.000（0.01 水平显著）。此时，省市代表团的积分与富裕程度高度正相关。

第三届全运会的竞赛成绩与人均 GDP 之间的相关系数为 0.534，P 为 0.004（0.01 水平显著）。此时，省市代表团的积分与富裕程度中度正相关。

第四届全运会的竞赛成绩与人均 GDP 之间的相关系数为 0.599，P 为 0.001（0.01 水平显著）。此时，省市代表团的积分与富裕程度中度正相关。

第五届全运会的竞赛成绩与人均 GDP 之间的相关系数为 0.688，P 为 0.000（0.01 水平显著）。此时，省市代表团的积分与富裕程度中度正相关。

第六届全运会的竞赛成绩与人均 GDP 之间的相关系数为 0.493，P 为 0.007（0.01 水平显著）。此时，省市代表团的积分与富裕程度中度正相关。

第七届全运会的竞赛成绩与人均 GDP 之间的相关系数为 0.483，P 为 0.007（0.01 水平显著）。此时，省市代表团的积分与富裕程度中度正相关。

第八届全运会的竞赛成绩与人均 GDP 之间的相关系数为 0.677，P 为 0.000（0.01 水平显著）。此时，省市代表团的积分与富裕程度中度正相关。

第九届全运会的竞赛成绩与人均 GDP 之间的相关系数为 0.548，P 为 0.001（0.01 水平显著）。此时，省市代表团的积分与富裕程度中度正相关。

第十届全运会的竞赛成绩与人均 GDP 之间的相关系数为 0.666，P 为 0.000（0.01 水平显著）。此时，省市代表团的积分与富裕程度中度正相关。

第十一届全运会的竞赛成绩与人均 GDP 之间的相关系数为 0.64，P 为 0.000（0.01 水平显著）。此时，省市代表团的积分与富裕程度中度正相关。

第十二届全运会的竞赛成绩与人均 GDP 之间的相关系数为 0.637，P 为 0.000（0.01 水平显著）。此时，省市代表团的积分与富裕程度中度正相关。

2. 全运会成绩与人均 GDP 相关性的变化趋势

考察历届全运会成绩与全运会周期人均 GDP 的相关性，可以看出其变化趋势，见图 6。

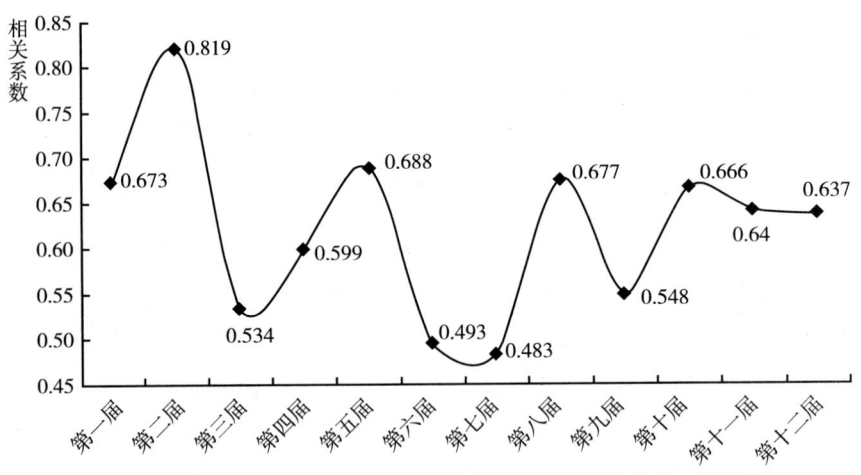

图 6　历届全运会竞赛成绩和人均 GDP 相关系数的变化趋势

从图 6 可见，全运会竞赛成绩与人均 GDP 之间的相关系数在 1965 年第二届全运会时达到了最高，整体上，全运会成绩与全运会周期人均 GDP 之间存在中度相关关系，相关系数早期变动较大，近期趋向于稳定。

（三）全运会成绩与市场规模的相关性分析

全运会成绩的指标采用前述运动竞技水平的积分；市场规模的指标采用全运会周期居民消费总额。

1. 历届全运会成绩与居民消费总额的相关性

在省市的层面上，分析历届全运会成绩与全运会周期居民消费总额的相关性，得到以下几个结论。

第六届全运会的竞赛成绩与居民消费总额之间的相关系数为0.628，P为0.000（0.01水平显著）。此时，省市代表团的积分与居民消费总额中度正相关。

第七届全运会的竞赛成绩与居民消费总额之间的相关系数为0.642，P为0.000（0.01水平显著）。此时，省市代表团的积分与居民消费总额中度正相关。

第八届全运会的竞赛成绩与居民消费总额之间的相关系数为0.692，P为0.000（0.01水平显著）。此时，省市代表团的积分与居民消费总额中度正相关。

第九届全运会的竞赛成绩与居民消费总额之间的相关系数为0.835，P为0.000（0.01水平显著）。此时，省市代表团的积分与居民消费总额高度正相关。

第十届全运会的竞赛成绩与居民消费总额之间的相关系数为0.812，P为0.000（0.01水平显著）。此时，省市代表团的积分与居民消费总额高度正相关。

第十一届全运会的竞赛成绩与居民消费总额之间的相关系数为0.792，P为0.000（0.01水平显著）。此时，省市代表团的积分与居民消费总额中度正相关。

第十二届全运会的竞赛成绩与居民消费总额之间的相关系数为0.782，P为0.000（0.01水平显著）。此时，省市代表团的积分与居民消费总额中度正相关。

2. 全运会成绩与居民消费总额相关性的变化趋势

由全运会成绩与全运会周期居民消费总额的相关性，可以看出其变化趋势，见图7。

从图7可见，相关系数在2001年第九届全运会时达到了最高，整体上，全运会成绩与居民消费总额的相关系数呈现出不断上升的趋势，从中度相关发展为高度相关，在近两届全运会略有下降。

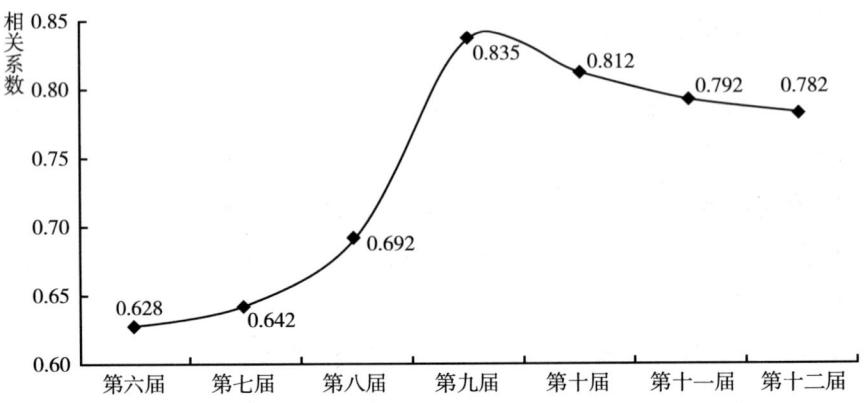

图7 全运会竞赛成绩和居民消费总额相关系数的变化趋势

3. 小结

全运会成绩与全运会周期 GDP 的相关系数呈现出不断上升的趋势,从中度相关发展为高度相关。

全运会成绩与全运会周期人均 GDP 之间存在中度相关关系,相关系数早期变动较大,近期趋向于稳定。

全运会成绩与居民消费总额的相关系数呈现出不断上升的趋势,从中度相关发展为高度相关,在近两届全运会略有下降。

B.10 北京市东城区中小学体育学科教学质量监控与评价

——北京市东城区中小学体育教师基本情况调查分析报告

摘　要： 本文根据调查的结果，分析如下：①第一个维度调查问卷及反映基本情况的十个方面。②第二个维度调查教师培训和学习的基本情况的六个方面。③第三个维度调查教师教学基本情况的十三个方面。④第四个维度调查教师教学评价的几个方面。⑤第五个维度调查教师态度、语言表达能力、与人交往能力的情况，这个维度采用自陈量表的形式来进行。调查结论是以下五个方面：①体育教师队伍有了很大的变化。②教师的学历有了较大提高。③教师根据课程标准要求开展教学活动。④中学体育教师给学生布置作业的检查评价情况不好。⑤对教师的教学态度、教学能力、语言表达能力、与人交往能力的调查结果与分析表现，绝大部分教师都属于基本符合和难以判断的层面上。本文提出以下几点建议：①进行北京市东城区中小学体育学科教学质量监控与评价，有利于全面贯彻教育方针，推进素质教育，提高教学质量，更有利于教师专业化的发展。②进行北京市东城区中小学体育学科教学质量监控与评价应加大培训力度。③进行北京市东城区中小学体育学科教学质量监控与评价，关键是要以国家教育方针法规政策为依据，从培养现代化人的需要出发。④进行北京市东城区中小学体育学科教学质量监控与评价，在实施北京市九年义务教育阶段教学质量监控与评价的过程中，在提高教学质量的同时，根据《体育法》《学校体育工作条例》的要求搞好各项体育工作。

关键词：
中小学　体育学科　教学　质量　监控

一　调查的目的与任务

中小学体育教育是要提高全体学生的思想道德素质、科学文化素质、健康素质，促进人的全面发展，构建终身教育体系的重要工程。学校教育以树立健康第一为指导思想，中小学体育教育应当以高标准、高质量提高全体学生的健康水平的教学质量为发展目标，为促进首都的经济建设和社会发展提供优质的服务。

北京市东城区中小学体育学科的教学质量监控与评价，旨在提高全区中小学的课堂教学工作，全面实施素质教育，推进国家新的课程标准，教师的作用是非常重要的，通过这次对教师外显行为的表现及相关认识表现的调查与分析，我们能够比较深入地了解目前教师队伍的基本情况，为政府和教育行政部门对教育改革和发展的决策提供相关的依据。

二　调查的范围、时间

调查范围：东城区全区中小学，采用随机抽样的方式，中学调查173位教师，小学调查133位教师。我们所采集的数据就是通过对这些教师的调查所获得的。

调查时间：2012年11月。

三　调查的方法与内容

（一）方法

根据北京市教委设计的整体评价方案，采用对教师进行问卷调查的方法来进行。中学发放问卷173份，回收有效问卷173份，有效率100%；小学发放问卷133份，回收有效问卷133份，有效率100%。

（二）内容

本调查问卷分为五个维度。

（1）第一个维度是教师的基本情况：包括教师的性别、年龄、职称、工作年限、学历、学科、专业等教师的个人背景资料。

（2）第二个维度是教师的培训和学习情况，包括教师的学历进修、继续教育、参加研讨会的情况、参加课题研究的情况、读书和上网学习的情况。

（3）第三个维度是教师的教学情况，涉及教师备课、上课、教学工作量、教学方式等。

（4）第四个维度是教师对学生的学业评价，包括对学生评价的次数、评价的内容、评价的方法等。

（5）第五个维度是教师的教学态度、语言表达的能力、与人交往的能力等。

四 调查结果与分析

（一）第一个维度调查问卷及反映了基本情况的十个方面

1. 教师性别

中学：从调查的结果看在173位教师中男教师104位，占60.12%；女教师69位，占39.88%；总计100%。中学男、女教师所占的比例差异比较大。小学：从调查的结果看在133位教师中男教师98位，占73.68%；女教师35位，占26.32%；总计100%。小学男、女教师的比例差异更大。

2. 教师年龄

中学：35岁以下88人，占50.87%；35~45岁46人，占26.59%；46~55岁32人，占18.50%；55岁以上7人，占4.05%；总计100%。从教师的年龄结构上看青年教师的比例较大，占了半数以上，应该加强对青年教师的培养。小学：35岁以下80人，占60.15%；35~45岁34人，占25.56%；46~55岁18人，占13.53%；55岁以上1人，占0.75%；总计100%。从年龄结构上看青年教师的比例较大，占了半数以上，应该加强对青年教师的培养。

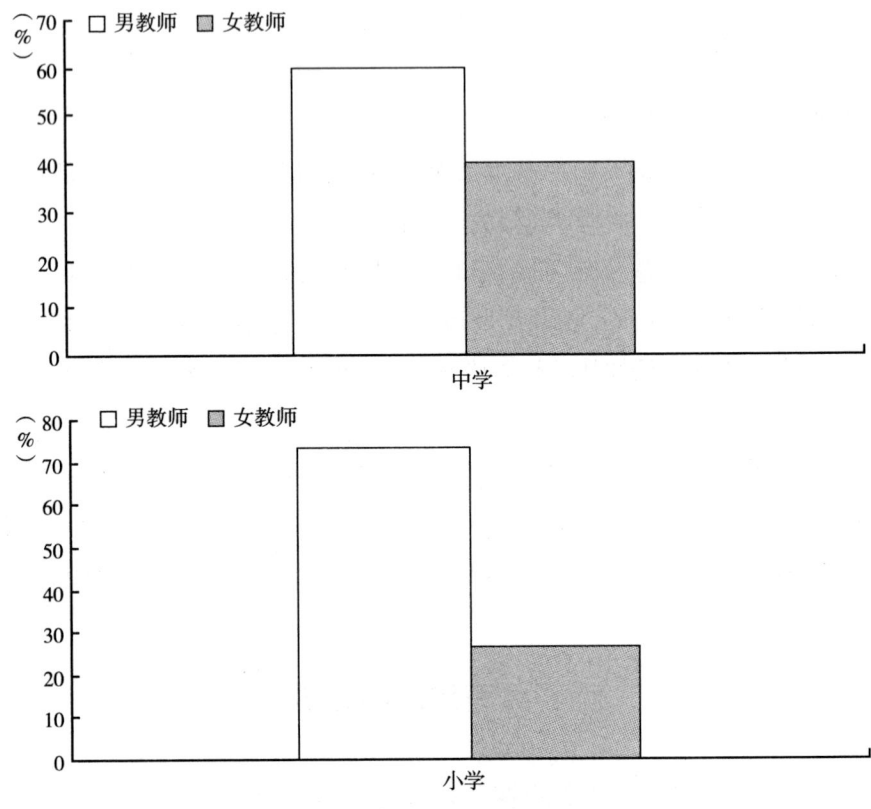

图1 所调查教师的性别结构

3. 教师职称

中学：二级教师44人，占25.43%；一级教师76人，占43.93%；高级教师41人，占23.70%；特级教师0人；见习教师6人，占3.47%；缺失6

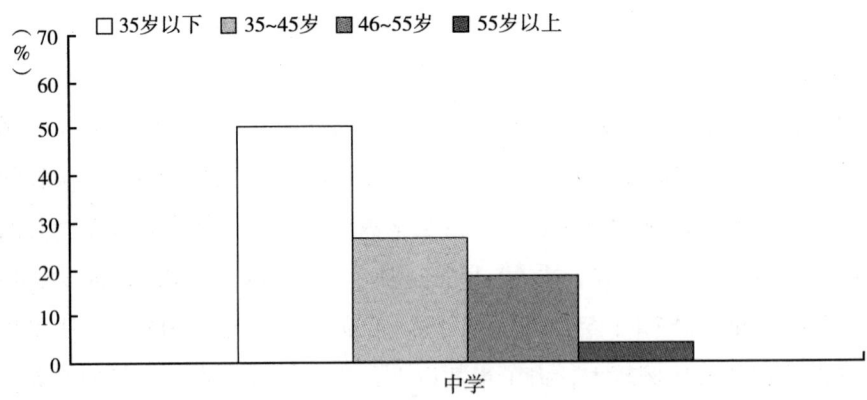

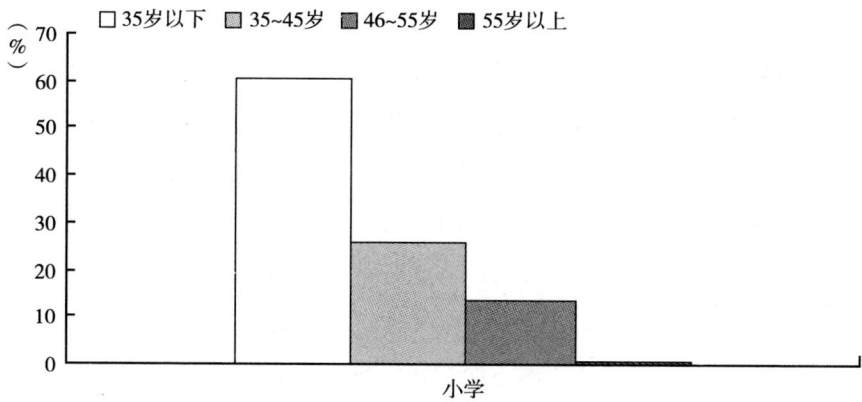

图 2　所调查教师的年龄分布

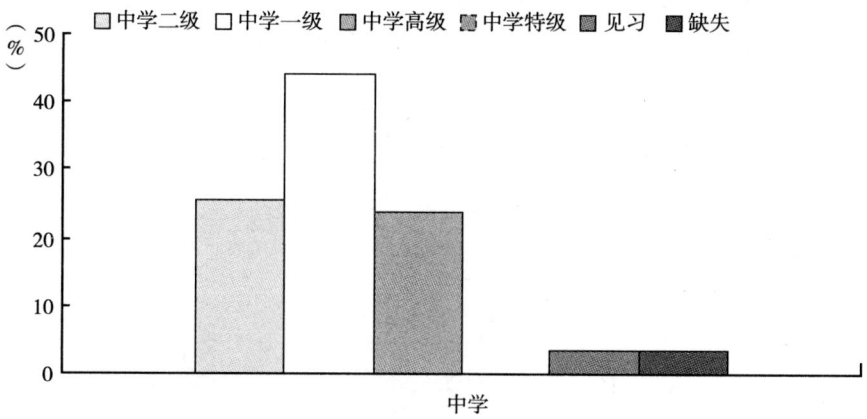

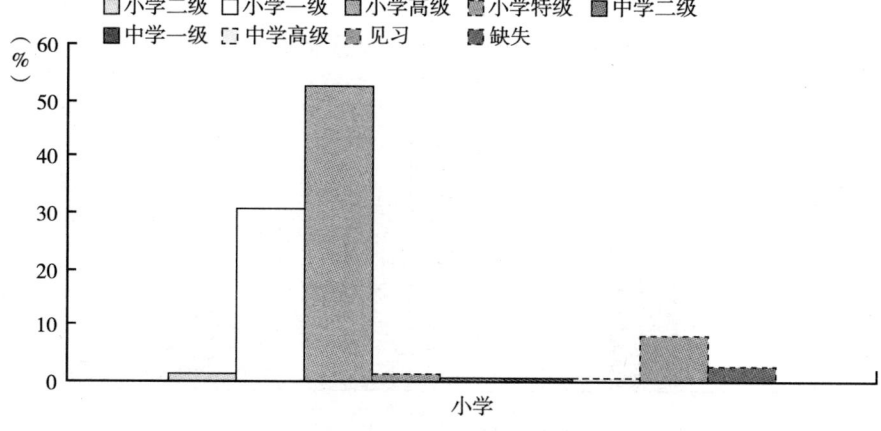

图 3　所调查教师的职称情况

人,占3.47%;总计100%。从体育教师的职称结构方面看,高级教师的比例偏低,没有特级教师,应加强对教师的业务培养,提高高级教师的比例,要有特级教师。同时应该提高体育教师职称在学校教师中的地位。小学:二级教师2人,占1.50%;一级教师41人,占30.83%;高级教师70人,占52.63%;特级教师2人,占1.5%;见习教师11人,占8.27%;中学二级教师1人,占0.75%;中学一级教师1人,占0.75%;中学高级教师1人,占0.75%;缺失4人,占3.01%;总计100%。小学体育教师的比例较为合理,小学应有中学高级教师。小学教师从职称方面看在学校中是有较好地位的。

4. 教师工作年限

中学:少于1年教龄的教师5人占2.89%;1~5年教龄的34人占19.65%;6~10年教龄的38人占21.97%;11~15年教龄的28人占16.18%;16~20年

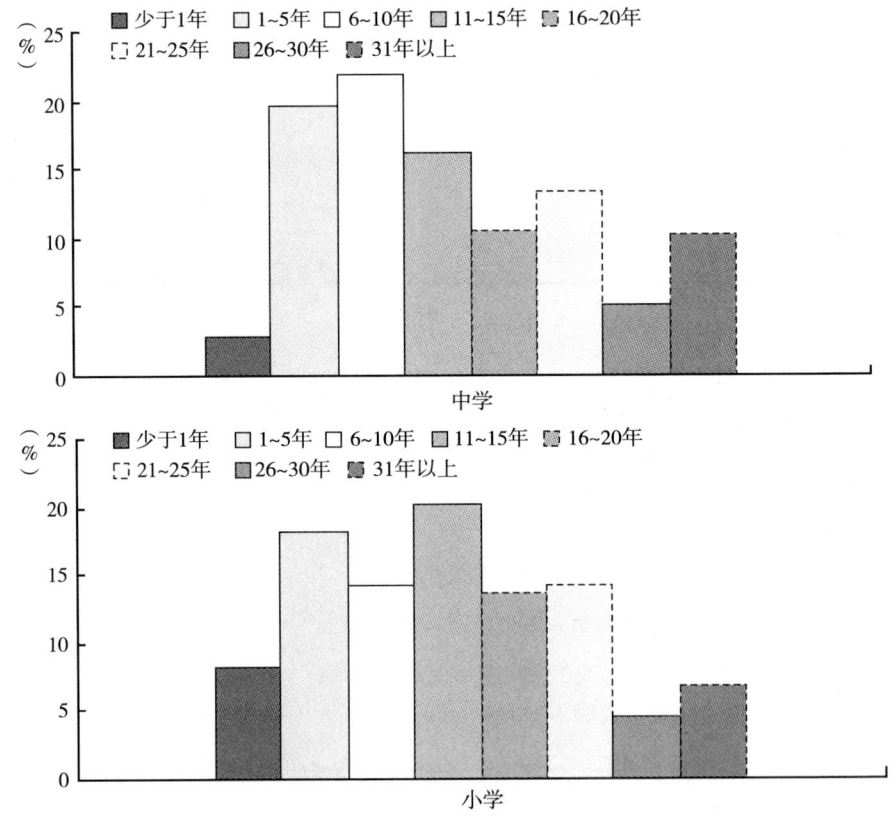

图4 所调查教师的工作年限

教龄的 18 人占 10.40%；21~25 年教龄的 23 人占 13.29%；26~30 年教龄的 9 人占 5.20%；31 年以上教龄的 18 人占 10.40%；总计 100%。小学：少于 1 年教龄的教师 11 人占 8.27%；1~5 年教龄的 24 人占 18.05%；6~10 年教龄的 19 人占 14.29%；11~15 年教龄的 27 人占 20.30%；16~20 年教龄的 18 人占 13.53%；21~25 年教龄的 19 人占 14.29%；26~30 年教龄的 6 人占 4.51%；31 年以上教龄的 9 人占 6.76%；总计 100%。

5. 教师从事教学工作以前的学历

中学：高中、中专的 20 人占 11.56%；大专的 11 人占 6.36%；大本的 141 人占 81.50%；硕士研究生以上的 0 人；其他 1 人占 0.58%；总计 100%。小学：高中、中专的 83 人占 62.41%；大专的 20 人占 15.04%；大本的 29 人占 21.80%；硕士研究生以上的 0 人；其他 1 人占 0.75%；总计 100%。

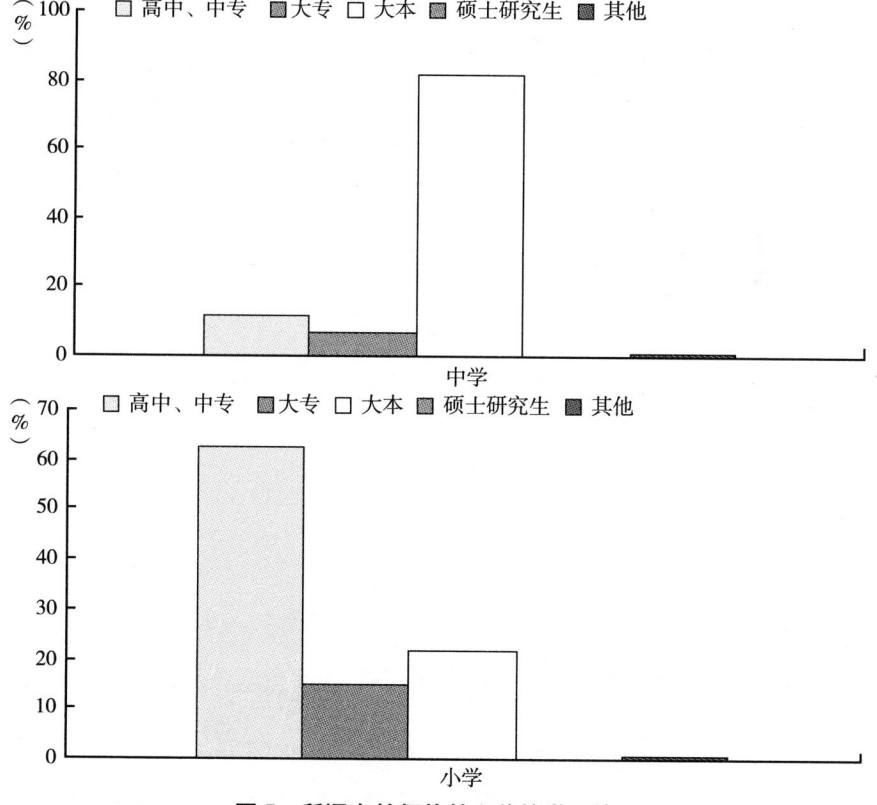

图 5　所调查教师从教之前的学历情况

6. 教师现在的学历

中学：高中、中专的2人占1.16%；大专的17人占9.83%；大本的151人占87.28%；硕士研究生以上的3人占1.73%；其他0人；总计100%。小学：高中、中专的12人占9.02%；大专的51人占38.35%；大本的70人占52.63%；硕士研究生以上的0人，其他0人；总计100%。

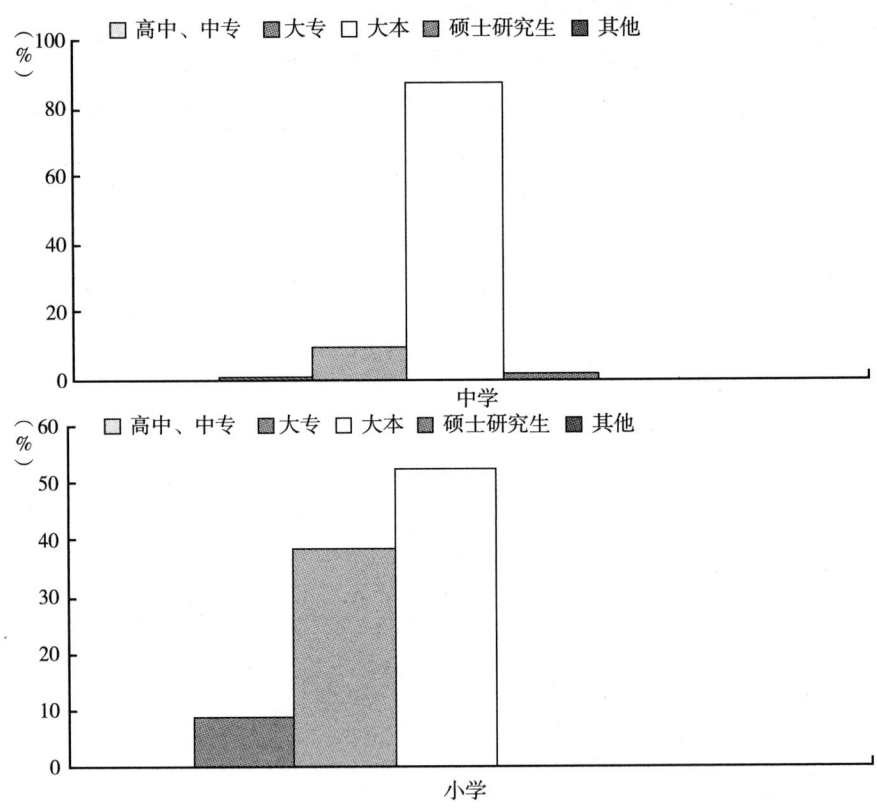

图6 所调查教师的现有学历情况

以上（见图5、图6）两个学历问题，从调查的结果上看，目前有了很大的提高，按照区教委的学历达标计划，2005年底中学154人占89.02%，达到大本以上学历。小学121人占90.98%，达到大专以上学历。特别可喜的是有70人占52.63%的教师达到大本学历。

7. 从教师工作之前在大学或中专等学校学习时最擅长的一项专业的情况看

在涉及的18个专业中,中学:体育专业148人占85.55%;其他专业25人占14.45%;总计100%。小学:体育专业109人占81.95%;其他专业24人占18.05%;总计100%。

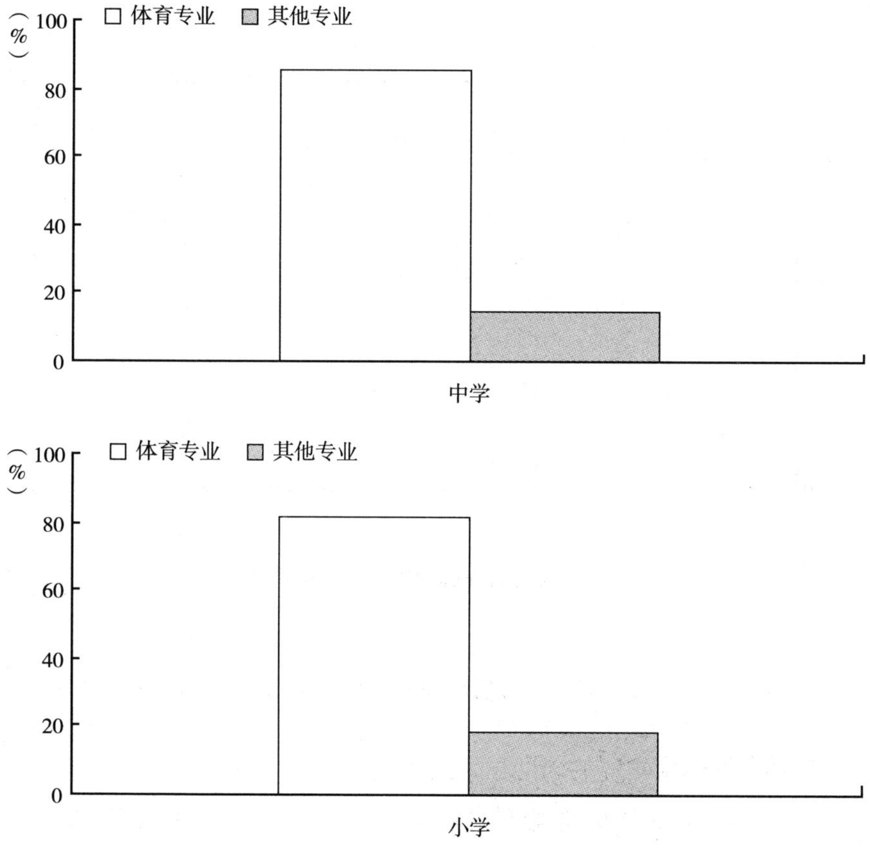

图7 所调查教师从教之前学习时期最擅长的专业情况

8. 从教师现在所教的学科看

中学:教授体育学科的172人占99.42%;教授形体的1人占0.58%;总计100%。小学:教授体育学科的130人占97.74%;教授数学的1人占0.75%;教授历史的1人占0.75%;教授社会的1人占0.75%;总计100%。

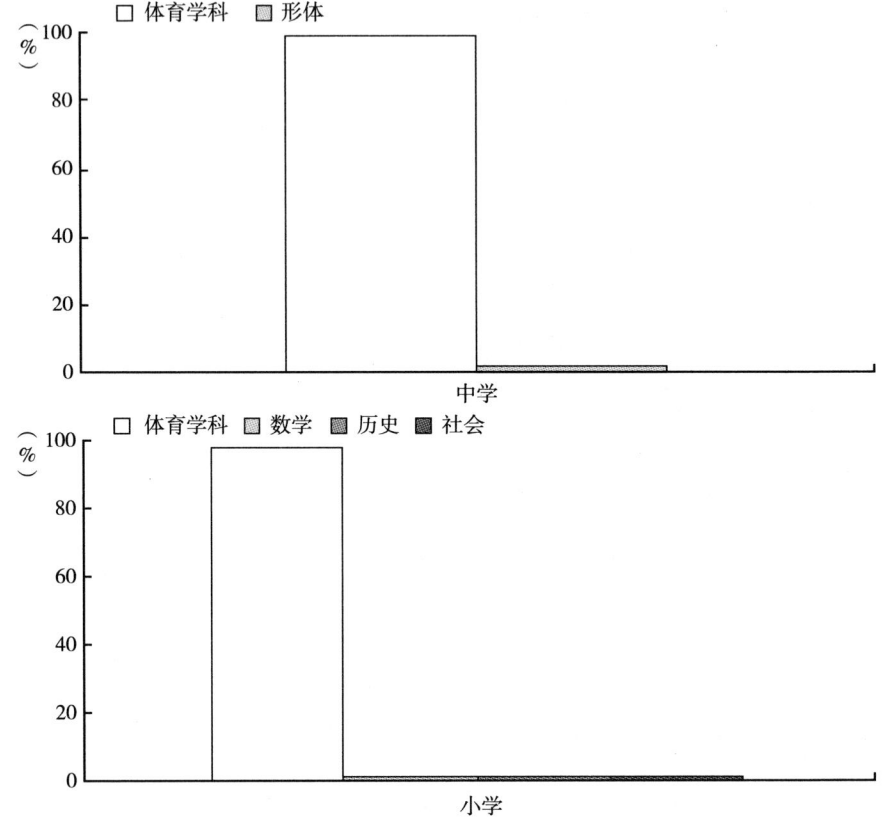

图8 所调查教师现在所教学科情况

（二）第二个维度调查教师培训和学习的基本情况的六个方面

1. 教师参加体育学科的培训学习的情况

中学：参加大专学历进修的11人占6.36%；专升本进修的10人占5.78%；研究生学历进修的85人占49.13%；没有参加的67人占38.73%。小学：参加大专学历进修的40人占30.08%；专升本进修的41人占30.83%；研究生学历进修的18人占13.53%；没有参加的34人占25.56%。从教师参加各类学习和培训的情况看比较差，中学、小学都有较多一部分教师近年来没有参加过各类学习，这对教师的知识更新、掌握了解新的教学理念非常不利，应重点加以解决。在调查中发现有些体育教师多年来一直坚持参加各类培训学习，学历也从中专到大专再到本科、研究生不断提高，这是值得广大教师去学习的。

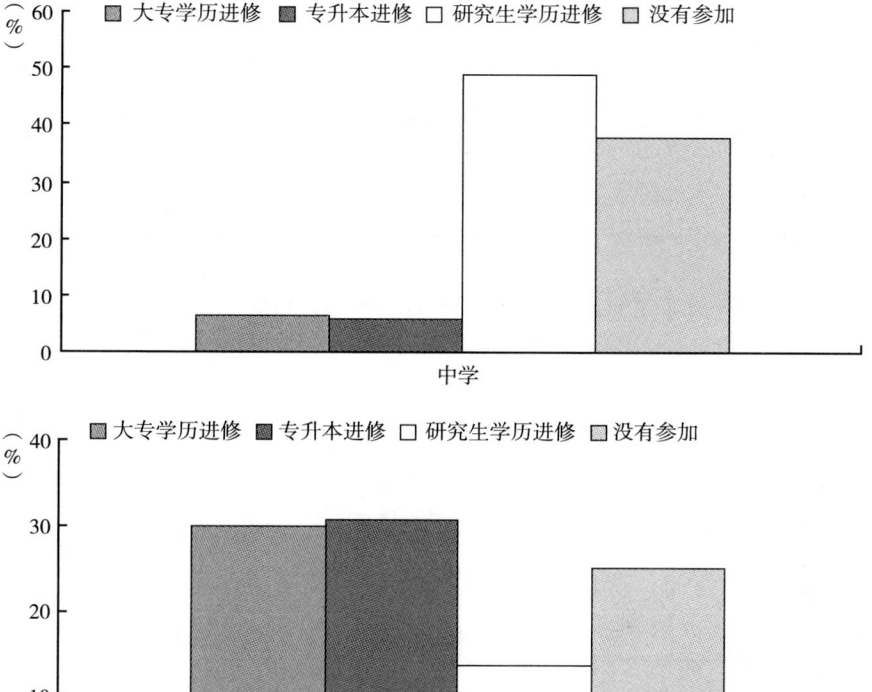

图9 所调查教师参加体育学科相关培训学习的情况

2. 教师参加继续教育每周所用时间的情况

中学：每周一小时以下的46人占26.59%；1～2小时的82人占47.40%；3～4小时的32人占18.50%；5小时以上的5人占2.89%；缺失8人占4.62%；总计100%。小学：每周一小时以下的26人占19.55%；1～2小时的74人占55.64%；3～4小时的21人占15.79%；5小时以上的2人占1.50%；缺失10人占7.52%；总计100%。中小学体育教师参加继续教育的时间每周绝大部分人在2小时以下，应增加学习时间。

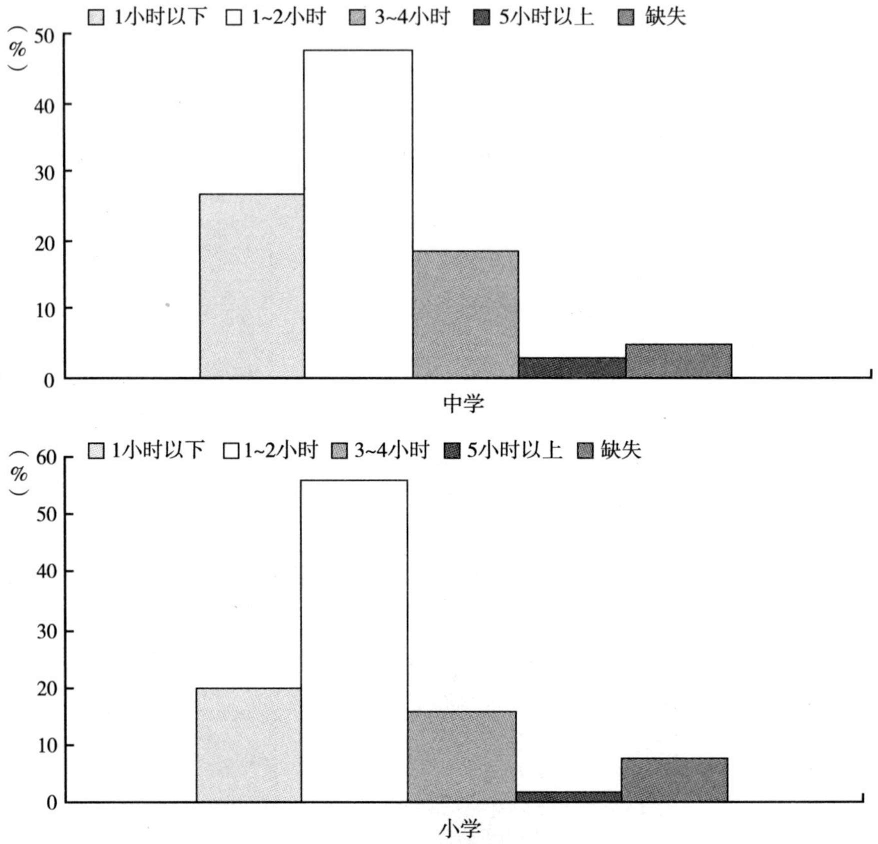

图10 所调查教师每周参加继续教育的时间

3. 教师每月参加体育学科研讨会的情况

中学：每月参加市级研讨会1~2次的22人占12.72%；一次也没参加的151人占87.28%。每月参加区级研讨会1~2次的61人占35.26%；3~4次的37人占21.39%；5~6次的2人占1.16%；一次也没参加的73人占42.20%。每月参加校级研讨会1~2次的65人占37.57%；3~4次的62人占35.84%；5~6次的12人占6.94%；7~8次的2人占1.16%；9次以上的3人占1.73%；一次也没有参加的29人占16.76%。小学：每月参加市级研讨会1~2次的13人占9.77%；3~4次的2人占1.50%；一次也没参加的118人占88.72%。每月参加区级研讨会1~2次的66人占49.62%；3~4次的24人占18.05%；一次也没参加的43人占32.33%。每月参加校级研讨会1~2

次的50人占37.59%；3~4次的48人占36.09%；5~6次的7人占5.26%；一次也没有参加的28人占21.05%。从中小学教师参加各类研讨会的情况看，大部分教师每月都能有机会参加各种级别的研讨会，其中以参加校级研讨会的情况最好，参加区级研讨会的情况较好，但参加市级研讨会的机会相对较少。

4. 教师参加与体育学科有关的课题研究情况

中学：参加国家级课题研究的35人占20.23%；参加市级课题研究的14人占8.09%；参加区或校级课题研究的62人占35.84%；没有参加课题研究的62人占35.84%；总计100%。小学：参加国家级课题研究的10人占7.52%；参加市级课题研究的11人占8.27%；参加区或校级课题研究的64人占48.12%；没有参加课题研究的48人占36.09%；总计100%。中小学体育教师参加体育学科

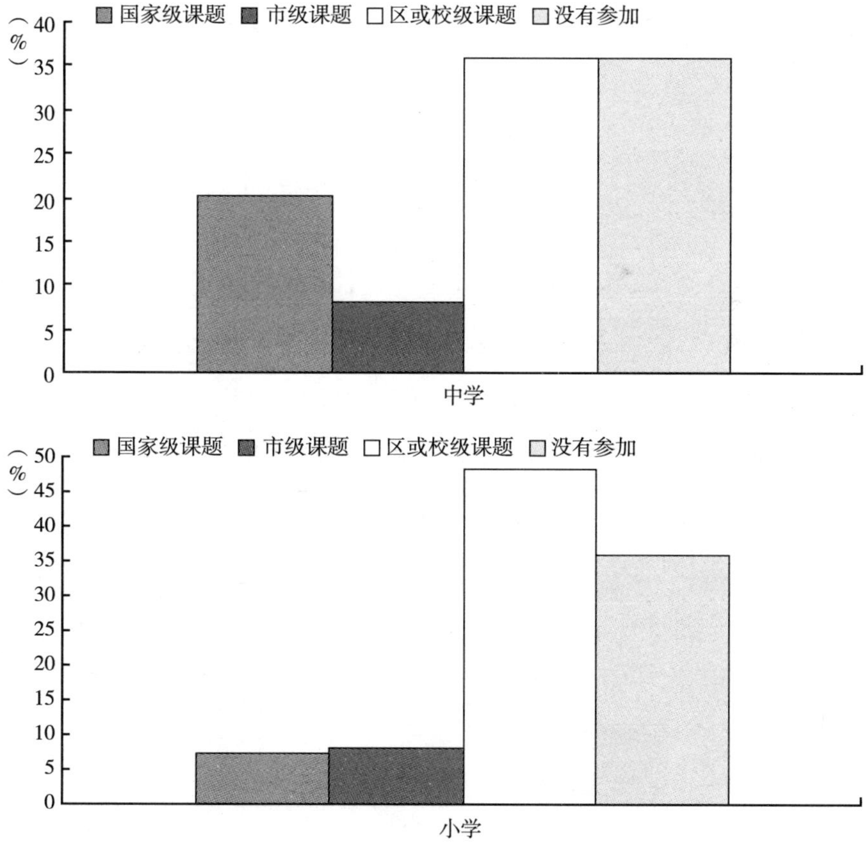

图11 所调查教师参加与体育学科有关的课题研究情况

相关课题研究的总体情况是比较好的，部分教师参加国家、市级课题研究，说明了东城区教师的科研水平和能力。大部分教师参加区、校级课题研究，东城区学校组织这些活动较多，教师参加的机会较多，有利于开展科研工作。

5. 教师每星期根据自己的兴趣爱好看书的时间情况

中学：每周看书 1 小时以下的 11 人占 6.36%；1~2 小时的 50 人占 28.90%；3~4 小时的 60 人占 34.68%；5 小时以上的 45 人占 26.01%；不看书的 7 人占 4.05%；总计 100%。小学：每周看书 1 小时以下的 13 人占 9.77%；1~2 小时的 50 人占 37.59%；3~4 小时的 49 人占 36.84%；5 小时以上的 21 人占 15.79%；总计 100%。中小学体育教师有一定的业余爱好和文化兴趣，有一定的专业以外的文化素养。

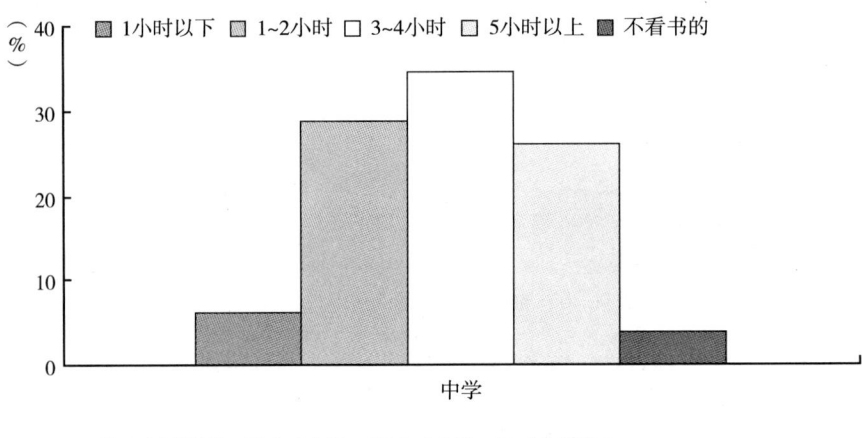

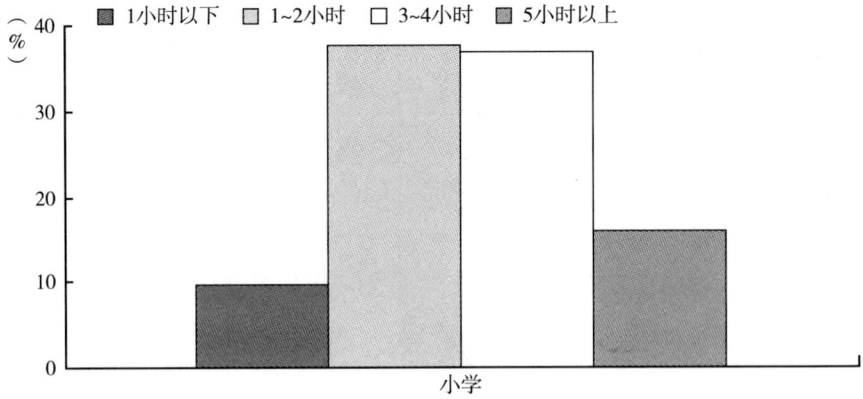

图 12　所调查教师与爱好相关书目的阅读时间情况

6. 教师每星期上网浏览阅读的时间情况

中学：1小时以下的21人占12.14%；1~2小时的35人占20.23%；3~4小时的36人占20.81%；5小时以上的69人占39.88%；不上网的12人占6.94%；总计100%。小学：1小时以下的24人占18.05%；1~2小时的35人占26.32%；3~4小时的29人占21.80%；5小时以上的42人占31.58%；不上网的3人占2.26%；总计100%。中小学体育教师通过现代化传播媒体学习，有一定的业余兴趣爱好和文化兴趣，有一定的专业以外的文化素养。

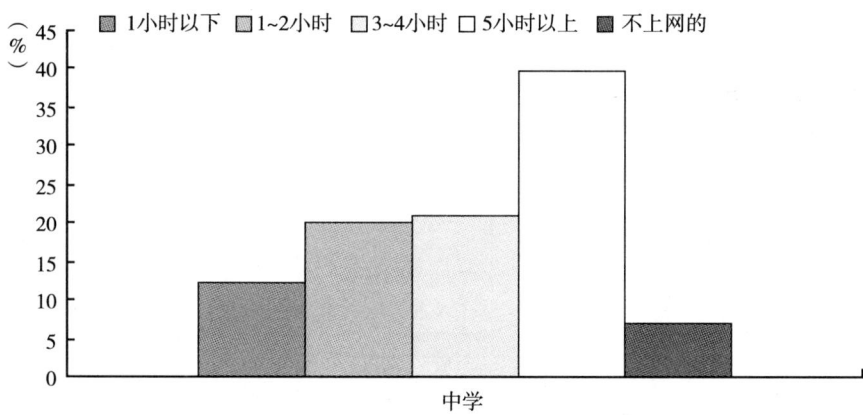

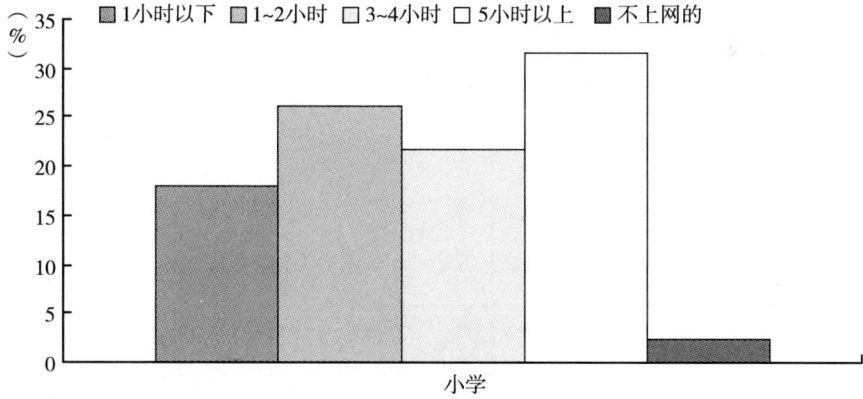

图13 所调查教师每星期上网浏览阅读的时间情况

（三）第三个维度调查教师教学基本情况的十三个方面

1. 教师备一节常规课所用的时间

中学：1小时以下的55人占31.79%；1~2小时的103人占59.54%；3~4

小时的 7 人占 4.05%；4~5 小时的 1 人占 0.58%；6 小时以上的 1 人占 0.58%；6 人未答此题占 3.46%；总计 100%。小学：1 小时以下的 26 人占 19.55%；1~2 小时的 78 人占 58.65%；3~4 小时的 16 人占 12.03%；4~5 小时的 3 人占 2.25%；6 小时以上的 2 人占 1.50%；8 人未答此题占 6.02%；总计 100%。中小学体育教师由于水平、经验等不同，备课所用的时间也不相同。此情况正常较好。

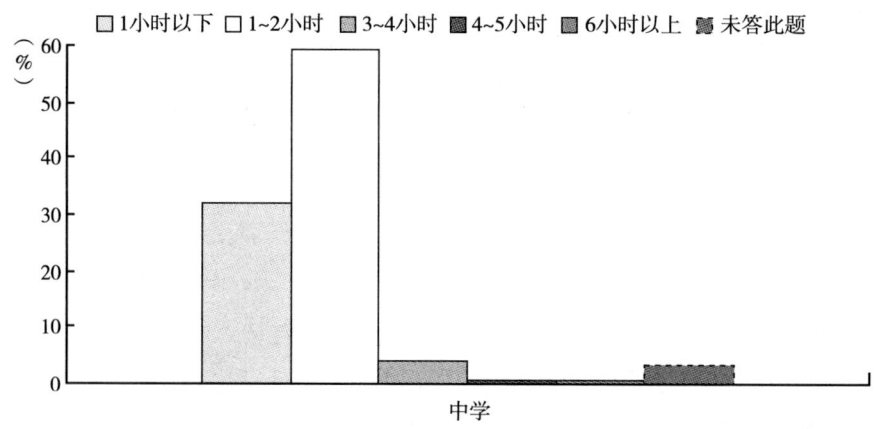

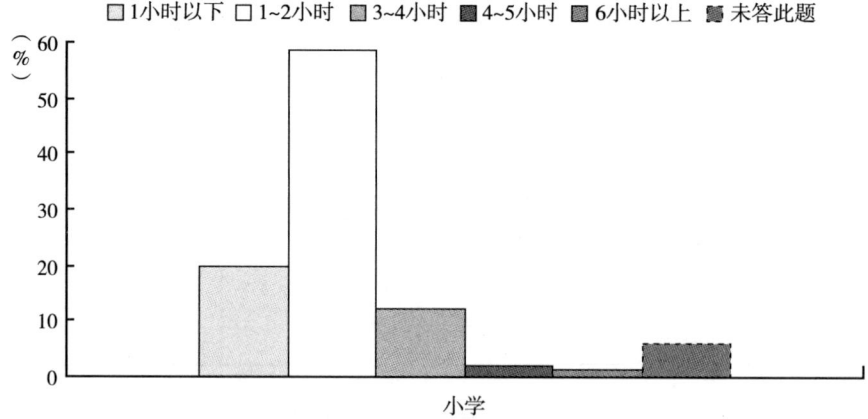

图 14 所调查教师备一节常规课所用的时间

2. 教师备课时教学参考用书数量的情况

中学：1 本的 18 人占 10.40%；2~4 本的 122 人占 70.52%；5~7 本的

22人占12.72%；8~10本的5人占2.89%；11本以上的4人占2.31%；2人未答此题占1.16%；总计100%。小学：1本的6人占4.52%；2~4本的108人占81.20%；5~7本的17人占12.78%；8~10本的0人；11本以上的2人占1.50%；总计100%。中小学体育教师备课时在考虑的因素方面多少和水平经验等不同，决定了使用教学参考书的数量，此情况正常较好。

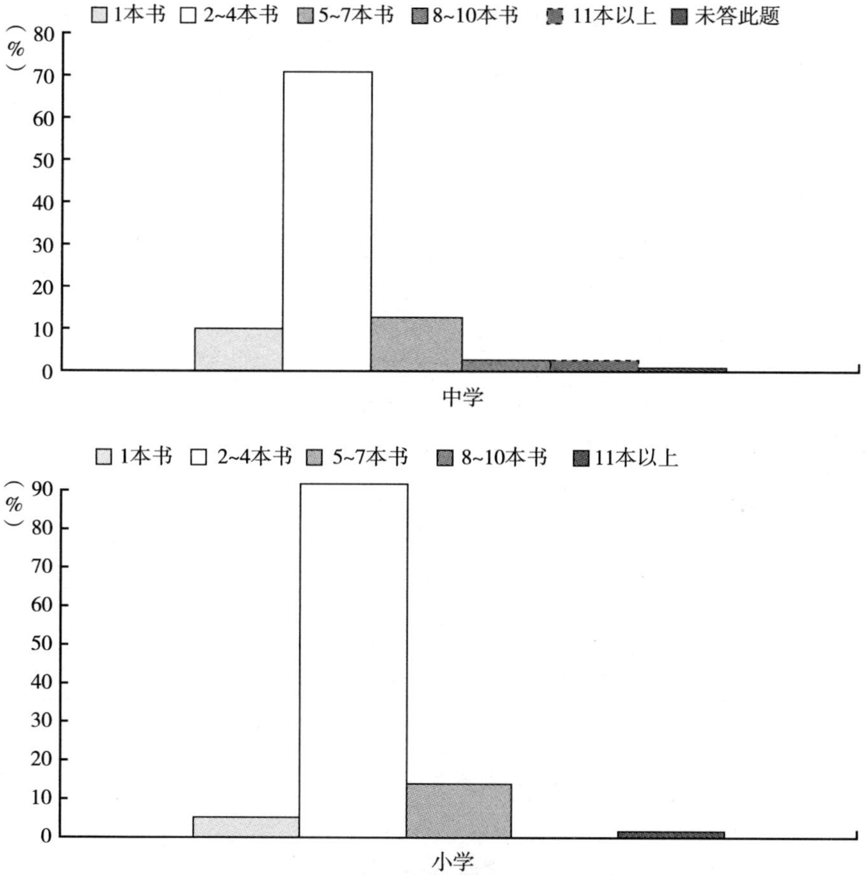

图15　所调查教师备课时教学参考用书数量的情况

3. 教师备课时上网查找资料的情况

中学：经常上网的70人占40.46%；偶尔上网的88人占50.87%；学校或家里没有联网的3人占1.73%；不会上网的12人占6.94%；总计100%。

小学：经常上网的73人占54.89%；偶尔上网的50人占37.59%；学校或家里没有联网的5人占3.76%；不会上网的5人占3.76%；总计100%。中小学体育教师运用现代信息传播媒体备课，情况良好正常。

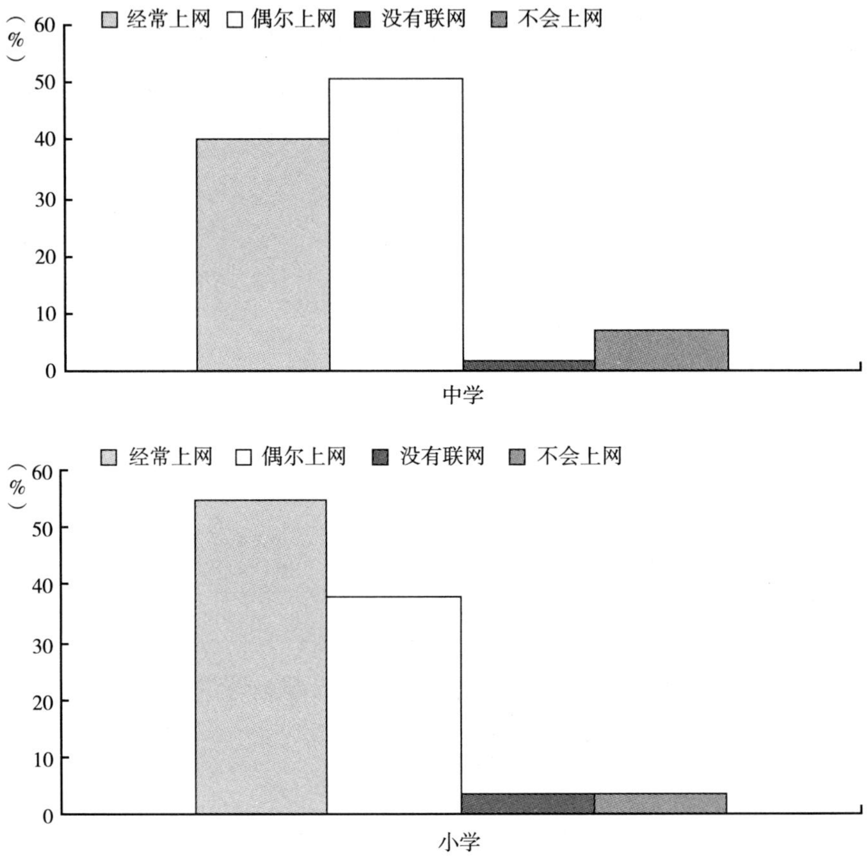

图16 所调查教师备课时上网查找资料的情况

4. 教师运用现代教育技术做课件的情况

中学：经常做课件的12人占6.94%；偶尔做的人97占56.07%；没有做过的64人占36.99%；总计100%。小学：经常做课件的12人占9.02%；偶尔做的86人占64.66%；没有做过的35人占26.32%；总计100%。对中小学体育教师在运用现代教育技术制作课件的统计结果分析发现，目前体育学科教师在使用课件方面还有差距，能经常制作课件的教师人数较少，这可能与学科的特点有关。

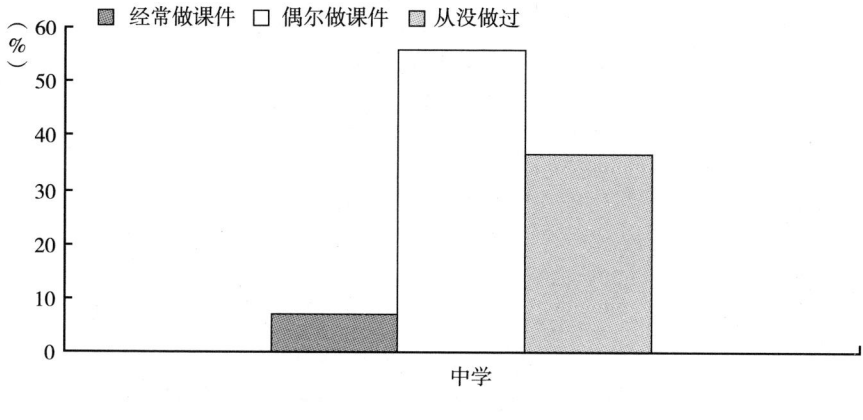

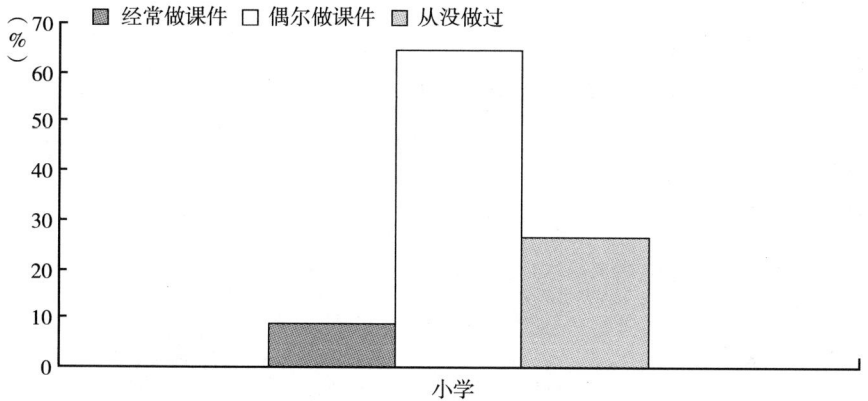

图17 所调查教师运用现代教育技术做课件的情况

5. 教师备课时一般考虑的因素情况

（1）中学。

①课程标准：没有的8人占4.64%；少许的24人占13.84%；较多的92人占53.19%；最大的45人占26.02%；缺失的4人占2.31%；总计100%。

②升学考试：没有的0人；少许的47人占27.17%；较多的68人占39.31%；最大的35人占20.23%；缺失的23人占13.29%；总计100%。

③教材：没有的0人；少许的10人占5.78%；较多的103人占59.54%；最大的49人占28.32%；缺失的11人占6.36%；总计100%。

④教学参考书：没有的0人；少许的59人占34.10%；较多的83人占47.98%；最大的12人占6.94%；缺失的19人占10.98%；总计100%。

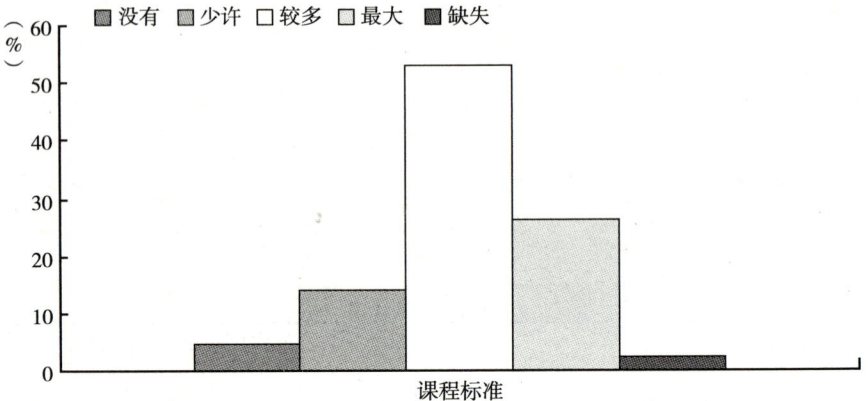

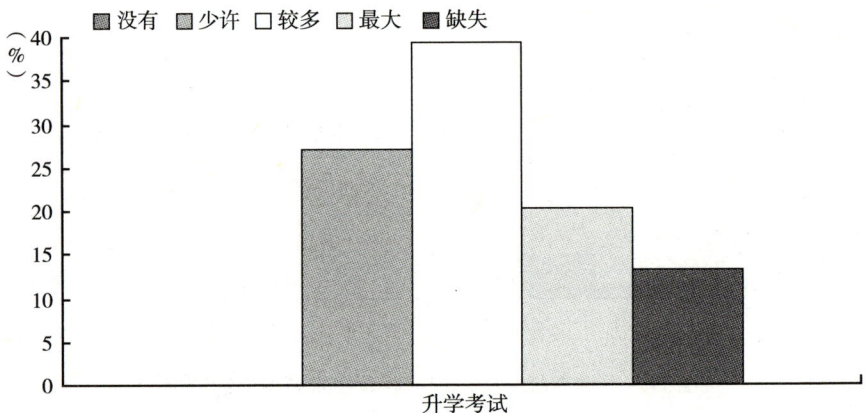

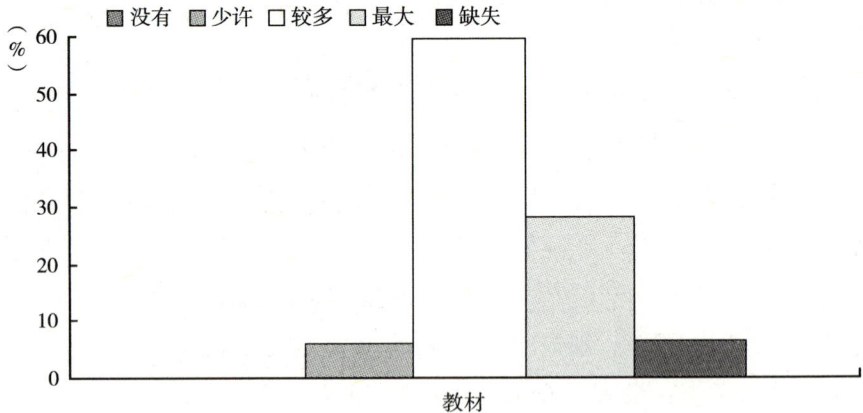

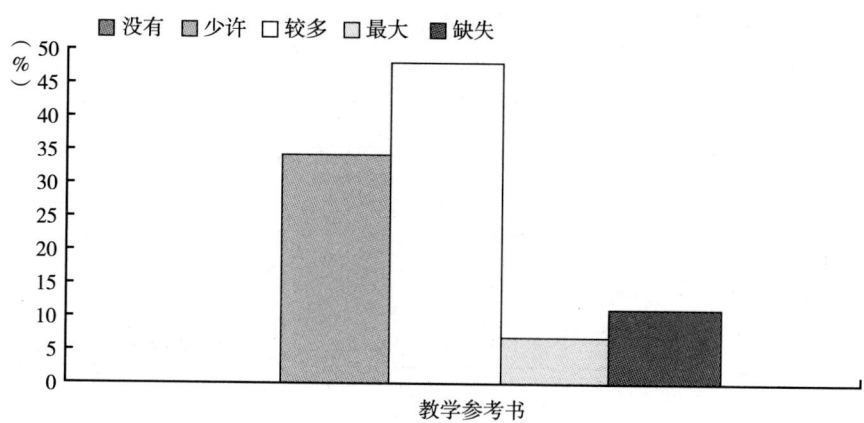

教学参考书

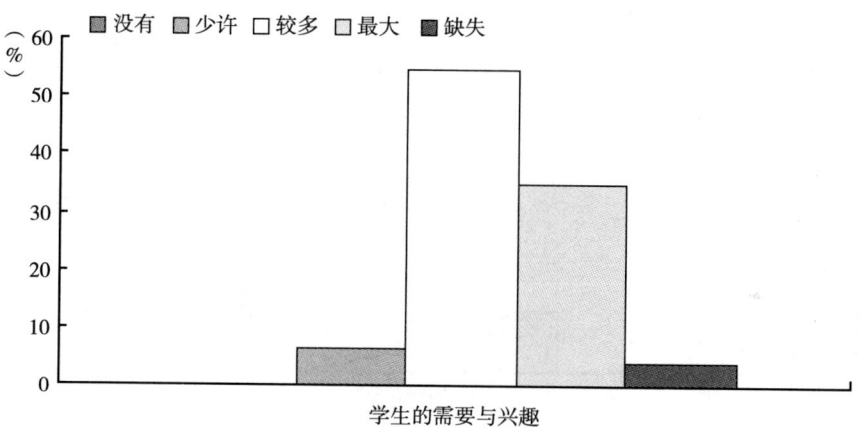

学生的需要与兴趣

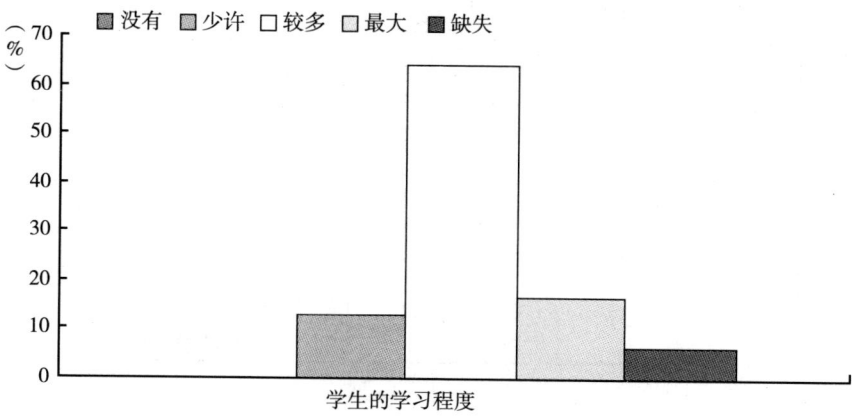

学生的学习程度

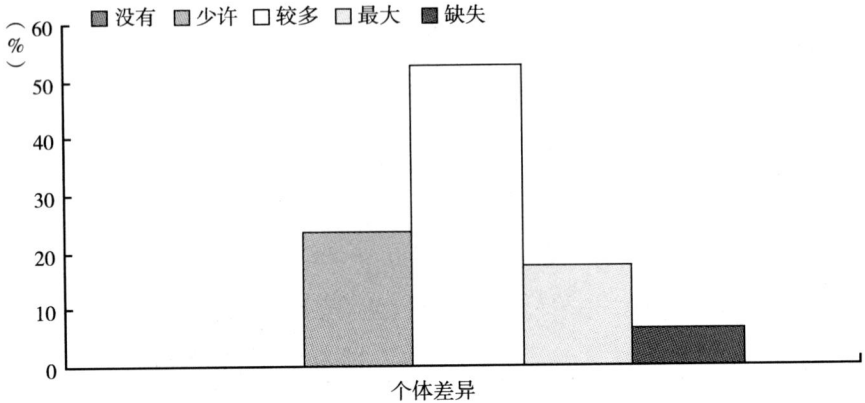

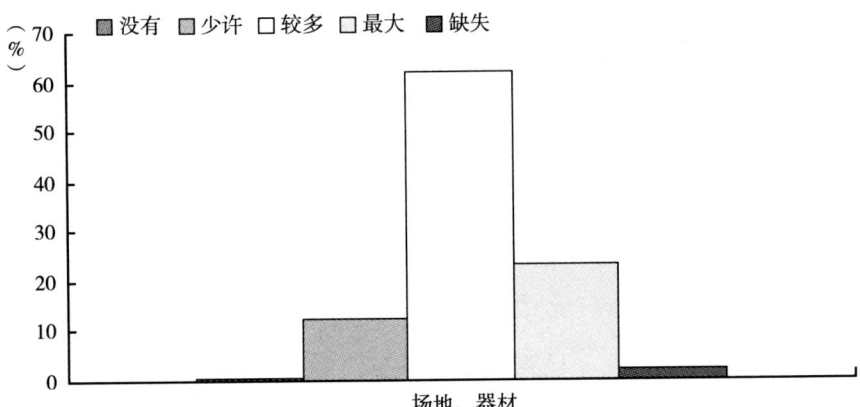

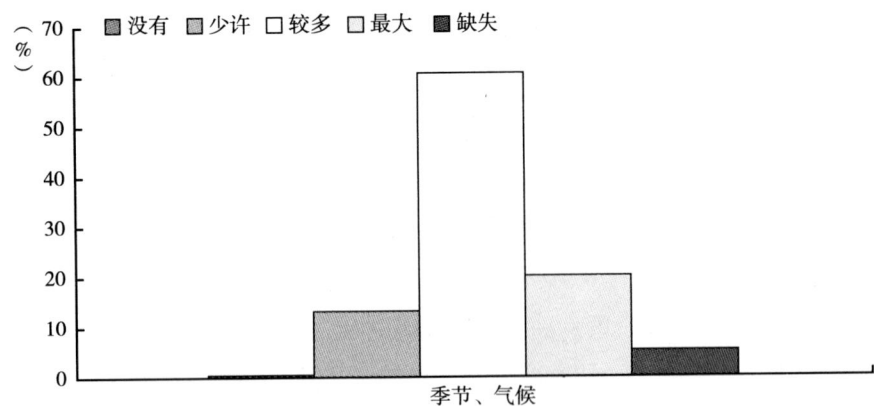

图18 所调查教师备课时一般考虑的因素情况（中学）

⑤学生的需要与兴趣：没有的 0 人；少许的 11 人占 6.36%；较多的 95 人占 54.91%；最大的 60 人占 34.68%；缺失的 7 人占 4.05%；总计 100%。

⑥学生的学习程度：没有的 0 人；少许的 22 人占 12.72%；较多的 111 人占 64.16%；最大的 29 人占 16.76%；缺失的 11 人占 6.36%；总计 100%。

⑦个体差异：没有的 0 人；少许的 41 人占 23.70%；较多的 91 人占 52.61%；最大的 30 人占 17.34%；缺失的 11 人占 6.36%；总计 100%。

⑧场地、器材：没有的 1 人占 0.58%；少许的 21 人占 12.14%；较多的 107 人占 61.85%；最大的 40 人占 23.12%；缺失的 4 人占 2.31%；总计 100%。

⑨季节、气候：没有的 1 人占 0.58%；少许的 23 人占 13.30%；较多的 105 人占 60.70%；最大的 35 人占 20.22%；缺失的 9 人占 5.20%；总计 100%。

（2）小学。

①课程标准：没有的 3 人占 2.26%；少许的 14 人占 10.53%；较多的 59 人占 44.36%；最大的 52 人占 39.10%；缺失的 5 人占 3.75%；总计 100%。

②升学考试：没有的 40 人占 30.06%；少许的 35 人占 26.32%；较多的 20 人占 15.04%；最大的 5 人占 3.76%；缺失的 33 人占 24.81%；总计 100%。

③教材：没有的 2 人占 1.50%；少许的 5 人占 3.76%；较多的 61 人占 45.86%；最大的 60 人占 45.11%；缺失的 5 人占 3.76%；总计 100%。

④教学参考书：没有的 2 人占 1.50%；少许的 24 人占 18.05%；较多的 68 人占 51.13%；最大的 39 人占 29.32%；总计 100%。

⑤学生的需要与兴趣：没有的 0 人；少许的 1 人占 0.75%；较多的 65 人占 48.88%；最大的 60 人占 45.11%；缺失的 7 人占 5.26%；总计 100%。

⑥学生的学习程度：没有的 0 人；少许的 8 人占 6.02%；较多的 76 人占 57.14%；最大的 42 人占 31.58%；缺失的 7 人占 5.26%；总计 100%。

⑦个体差异：没有的 0 人；少许的 16 人占 12.03%；较多的 85 人占 63.91%；最大的 27 人占 20.30%；缺失的 5 人占 3.76%；总计 100%。

⑧场地、器材：没有的 0 人；少许的 16 人占 12.03%；较多的 78 人占 58.65%；最大的 33 人占 24.81%；缺失的 6 人占 4.51%；总计 100%。

⑨季节、气候：没有的 0 人；少许的 14 人占 10.53%；较多的 76 人占 57.14%；最大的 36 人占 27.07%；缺失的 7 人占 5.26%；总计 100%。

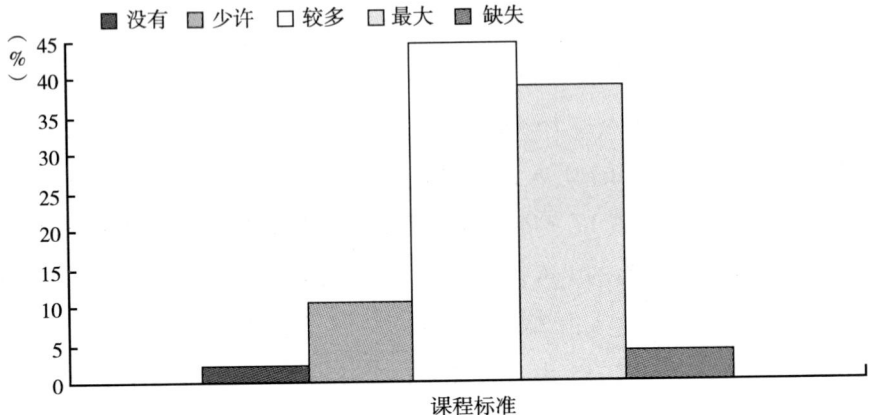

课程标准

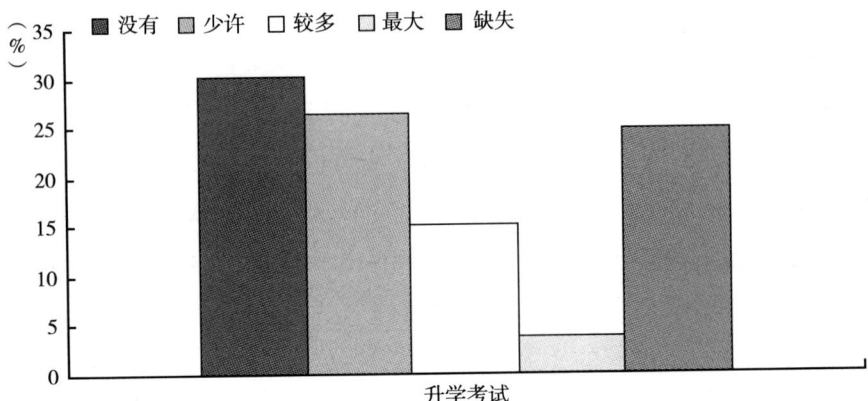

升学考试

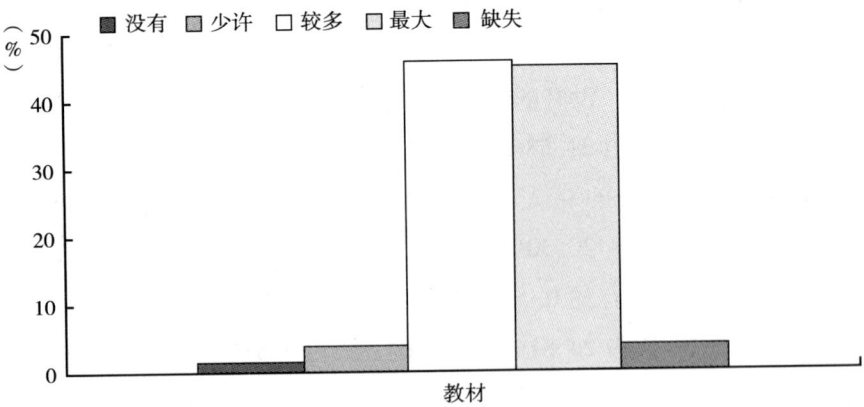

教材

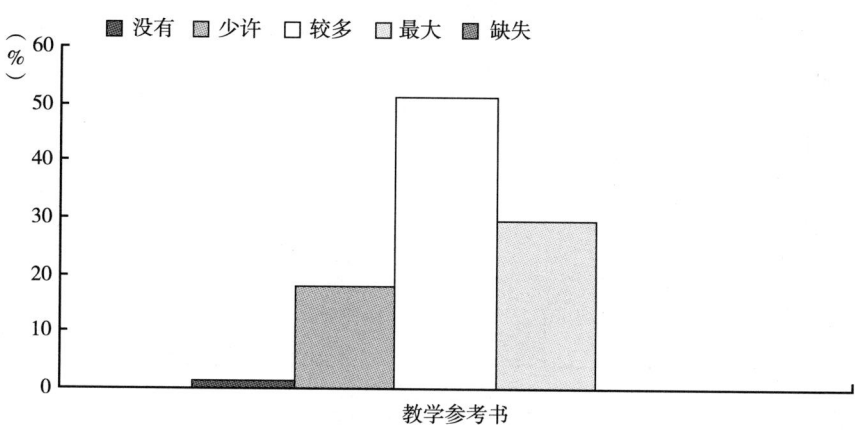

教学参考书

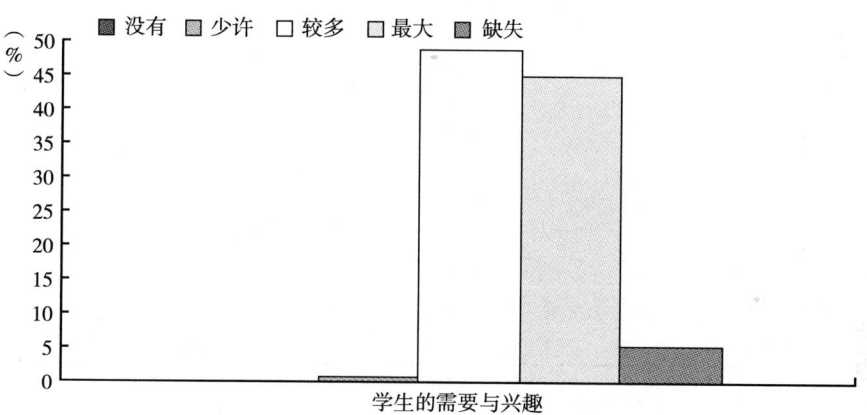

学生的需要与兴趣

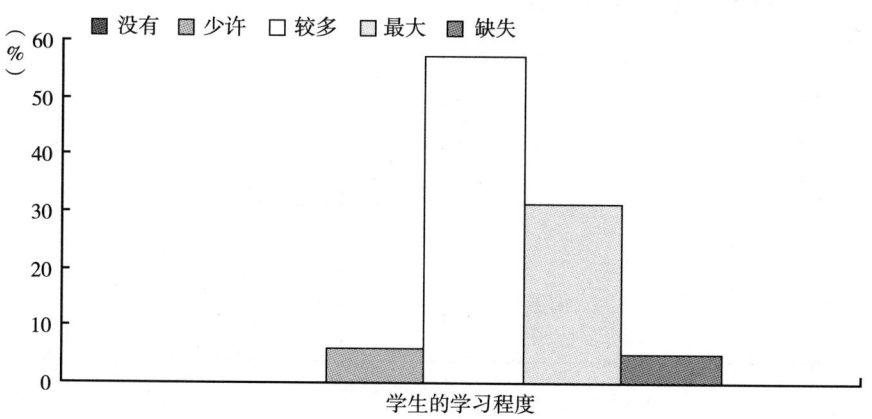

学生的学习程度

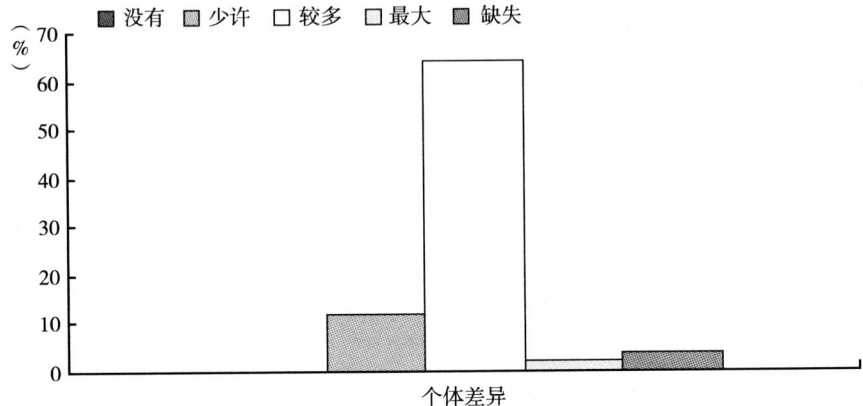

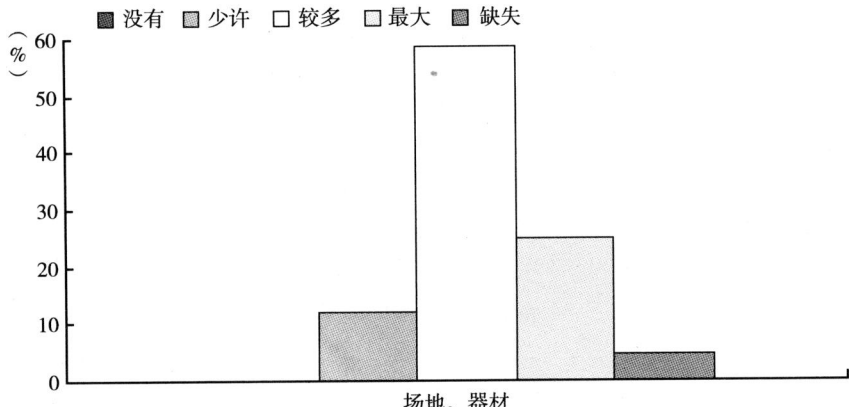

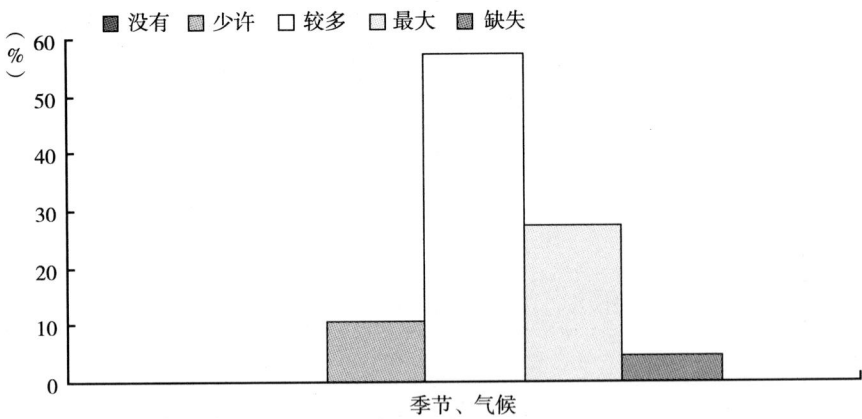

图 19 所调查教师备课时一般考虑的因素情况（小学）

通过调查的结果可以看出中小学体育教师在备课的过程中考虑涉及的因素比较多,考虑的因素相对比较分散,这也能体现出教师在备课的过程中综合考虑各方面的情况,表现出了教学的综合目标及体育学科的特点。

6. 教师在从事体育教学的同时还担任其他学科教师的情况

中学:担任其他学科的 8 人占 4.63%;没有担任其他学科的 165 人占 95.37%;总计 100%。小学:担任其他学科的 20 人占 15.04%;没有担任其他学科的 113 人占 84.96%;总计 100%。这部分教师在完成体育教学工作的同时还担任着其他学科的教学工作,说明他们还具备了除自己专业以外的水平和能力。

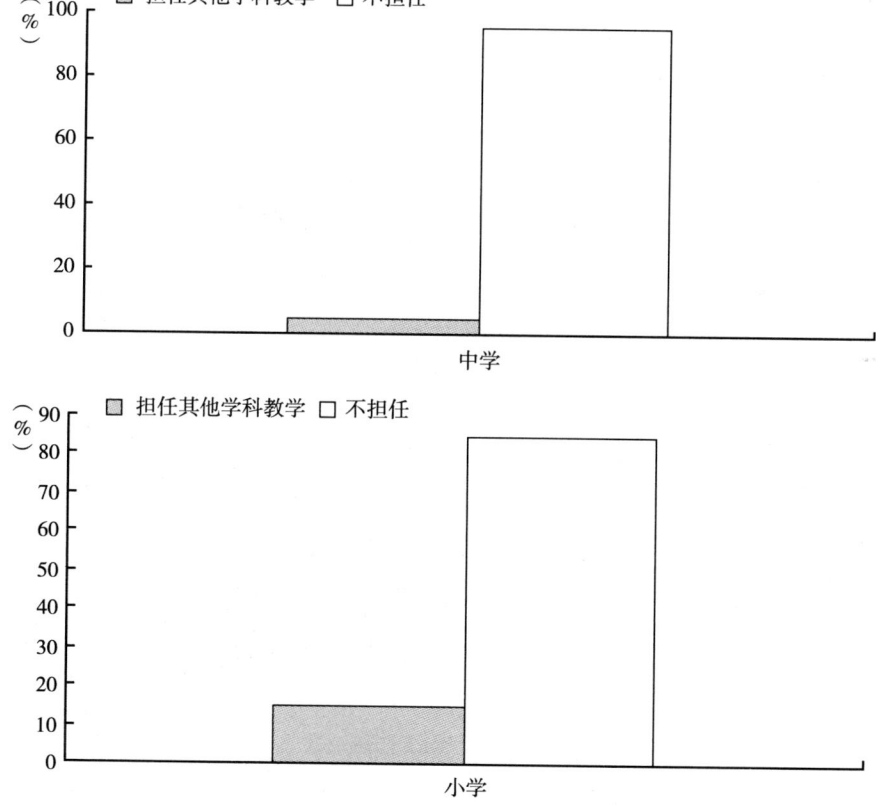

图 20　教师在从事体育教学的同时还担任其他学科教学的情况

7. 教师的工作量情况：工作量包括上课、带操、辅导课外体育活动和训练运动队等

中学：2~3小时的39人占22.54%；4~5小时的78人占45.09%；6~7小时的40人占23.12%；8小时以上的16人占9.25%；总计100%。小学：2~3小时的9人占6.77%；4~5小时的68人占51.13%；6~7小时的35人占26.32%；8小时以上的21人占15.78%；总计100%。从调查统计中可也看出中小学体育教师的工作量很大，特别是小学体育教师。

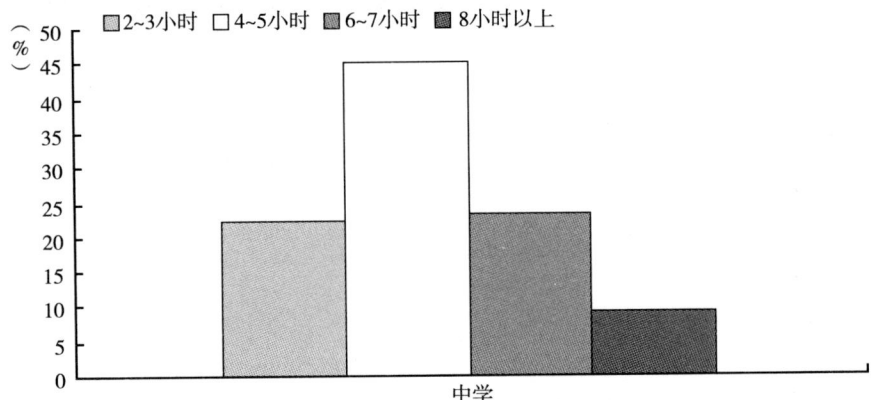

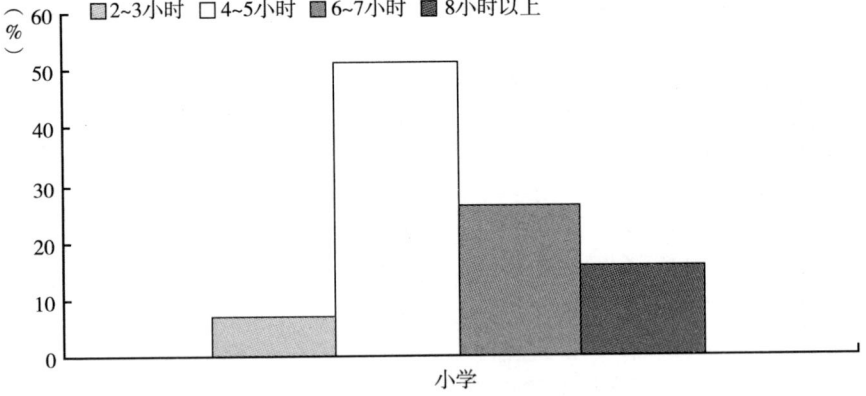

图21　教师的工作量情况

8. 教师采用什么方式来使学生参与到教学中去的调查情况

（1）中学。

①提供有趣的教学内容：经常使用的123人占71.10%；有时使用的42人

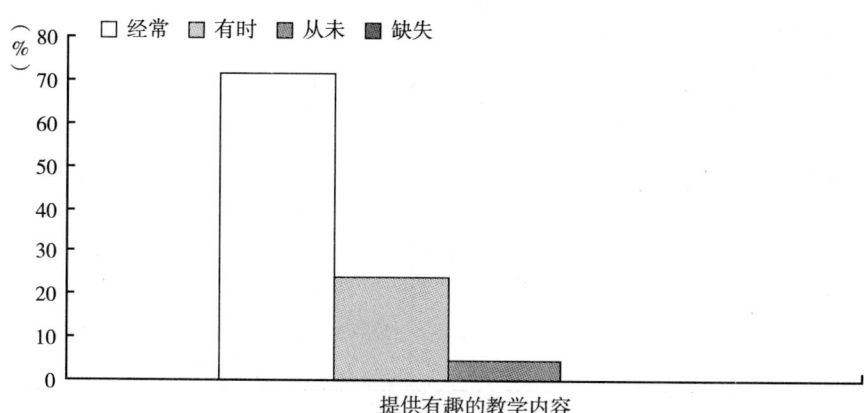

提供有趣的教学内容

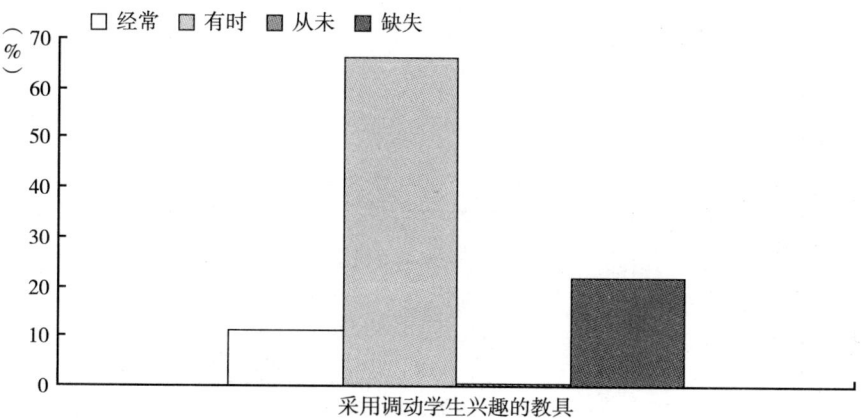

采用调动学生兴趣的教具

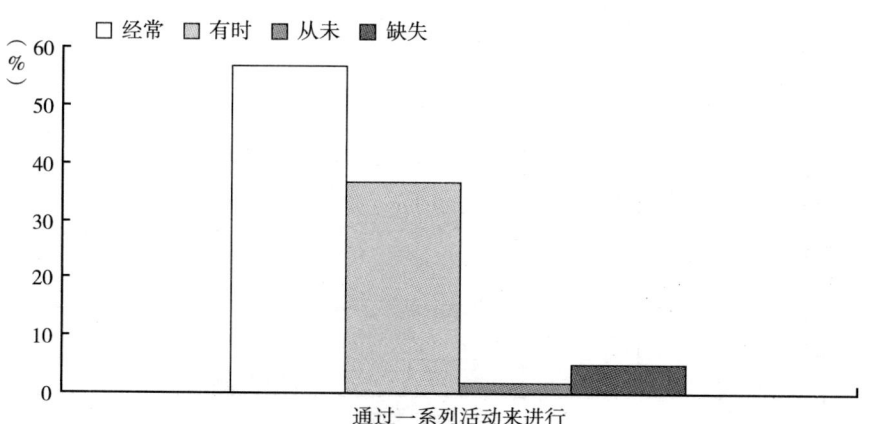

通过一系列活动来进行

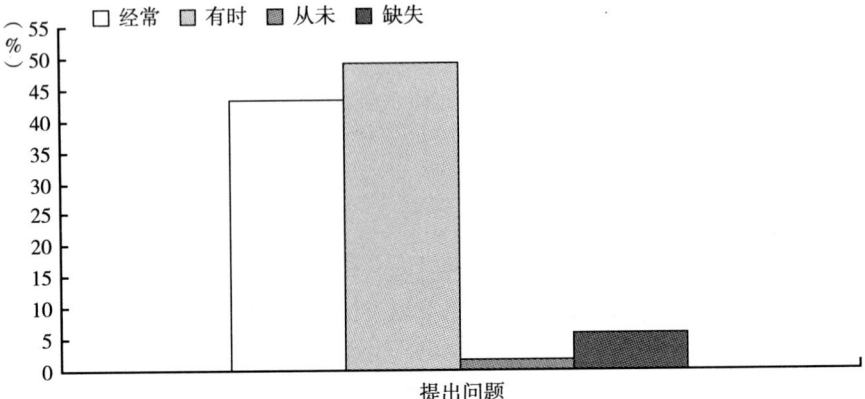

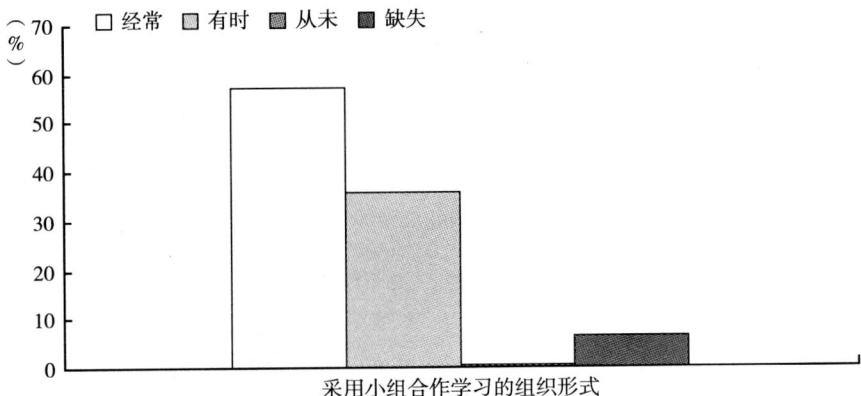

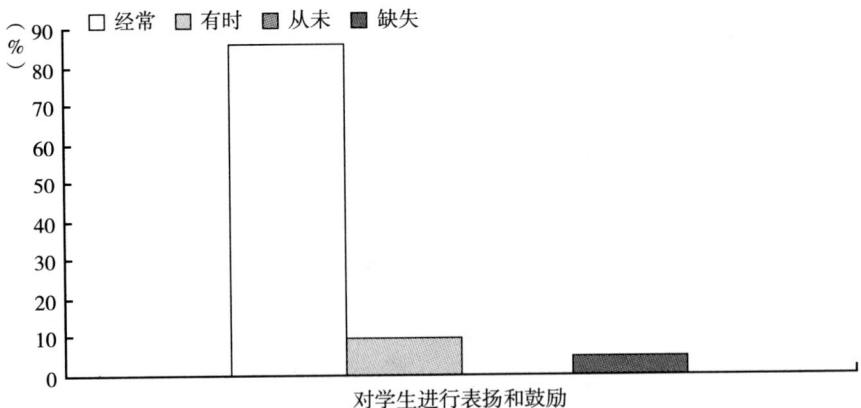

图22 教师使学生参与到教学中的方式（中学）

占24.28%；从未使用的8人占4.62%；总计100%。

②采用调动学生兴趣的教具：经常使用的19人占10.98%；有时使用的115人占66.47%；从未使用的1人占0.58%；缺失的38人占21.97%；总计100%。

③通过一系列活动来进行（如操作、游戏、讨论等）：经常使用的98人占56.65%；有时使用的63人占36.42%；从未使用的3人占1.73%；缺失的9人占5.20%；总计100%。

④提出问题：经常使用的75人占43.35%；有时使用的85人占49.14%；从未使用的3人占1.73%；缺失的10人占5.78%；总计100%。

⑤采用小组合作学习的组织形式：经常使用的99人占57.23%；有时使用的62人占35.84%；从未使用的1人占0.58%；缺失的11人占6.35%；总计100%。

⑥对学生进行表扬和鼓励：经常使用的148人占85.55%；有时使用的17人占9.83%；从未使用的0人；缺失的8人占4.62%；总计100%。

（2）小学。

①提供有趣的教学内容：经常使用的113人占84.96%；有时使用的16人占12.03%；从未使用的0人；缺失的4人占3.01%；总计100%。

②采用调动学生兴趣的教具：经常使用的45人占33.83%；有时使用的69人占51.88%；从未使用的7人占5.26%；缺失的12人占9.03%；总计100%。

③通过一系列活动来进行（如操作、游戏、讨论等）：经常使用的96人占72.18%；有时使用的31人占23.31%；从未使用的1人占0.75%；缺失的5人占3.76%；总计100%。

④提出问题：经常使用的79人占59.40%；有时使用的43人占32.33%；从未使用的0人；缺失的11人占8.27%；总计100%。

⑤采用小组合作学习的组织形式：经常使用的100人占75.19%；有时使用的29人占21.80%；从未使用的1人占0.75%；缺失的3人占2.26%；总计100%。

⑥对学生进行表扬和鼓励：经常使用的120人占90.23%；有时使用的9人占6.76%；从未使用的1人占0.75%；缺失的3人占2.26%；总计100%。

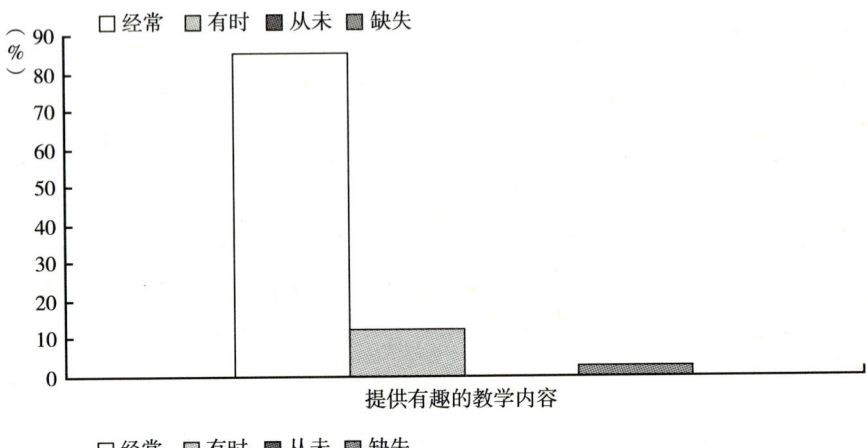

提供有趣的教学内容

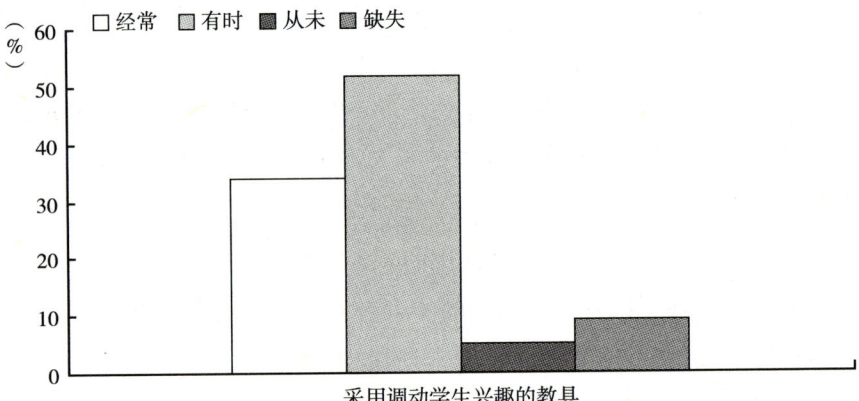

采用调动学生兴趣的教具

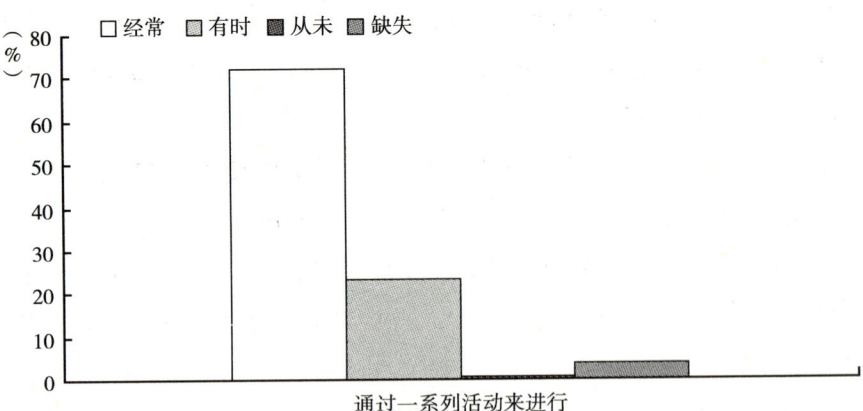

通过一系列活动来进行

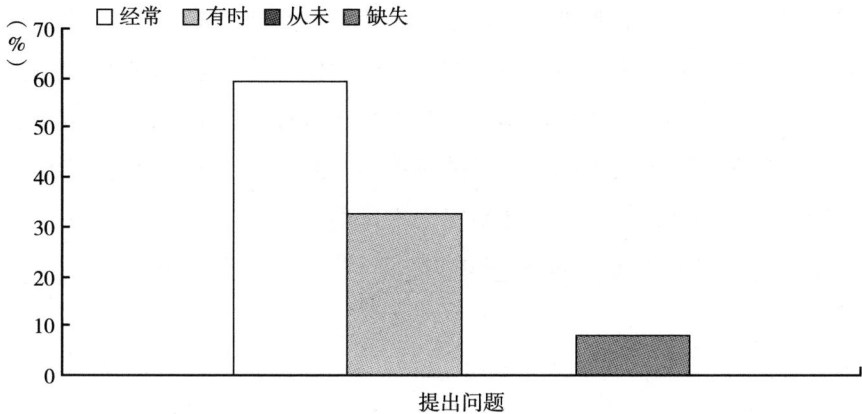
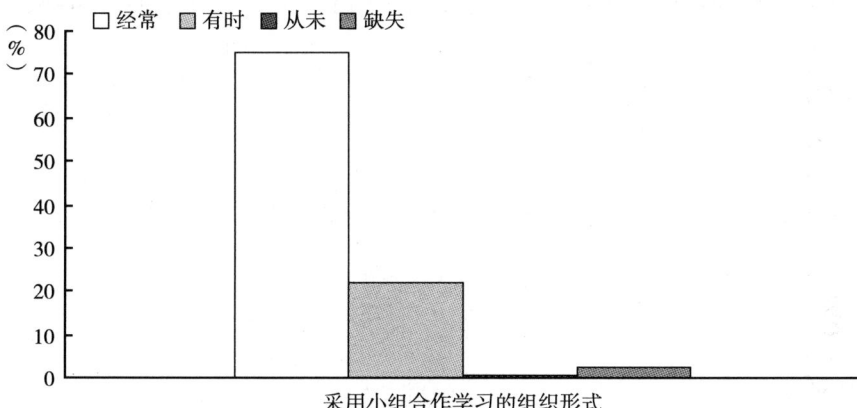
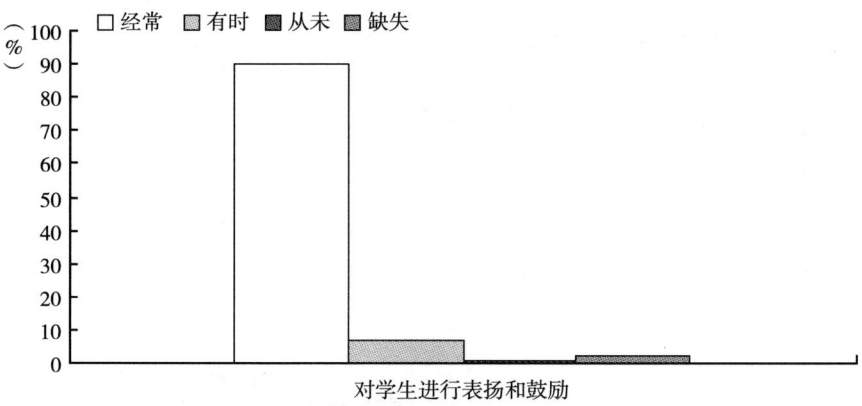

图 23　教师使学生参与到教学中的方式（小学）

通过对中小学体育教师采用什么方式来使学生参与到教学中的情况分析发现，经常使用的是对学生表扬和鼓励的方法；提供有趣的教学内容、通过系列活动、小组合作学习等方法，使用的人数较多比重较大。从未使用的方法在教师中极少，说明以上方法教师在教学的过程中都能使用，只不过是使用频率的大小不同，这也是根据教学的具体情况来安排的。

9. 教师经常使用的教学方式的调查情况（以一个教学班为例）

（1）中学。

①教师讲、学生练：经常使用的 125 人占 72.25%；有时使用的 37 人占 21.39%；从未使用的 0 人；缺失的 11 人占 6.36%；总计 100%。

②小组讨论：经常使用的 52 人占 30.06%；有时使用的 103 人占 59.54%；从未使用的 3 人占 1.73%；缺失的 15 人占 8.67%；总计 100%。

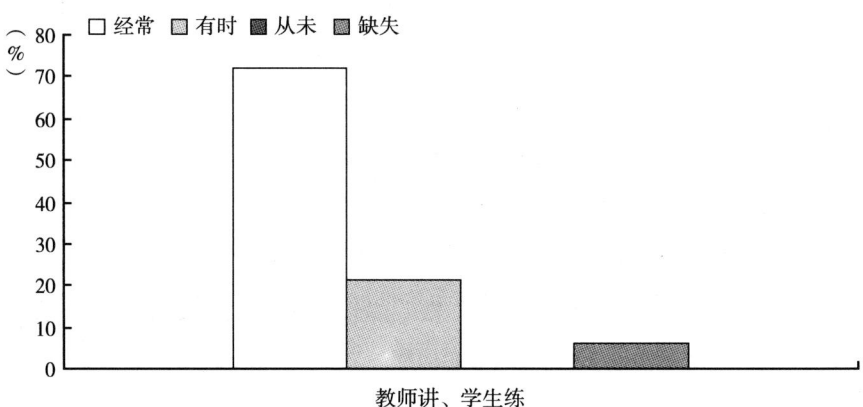

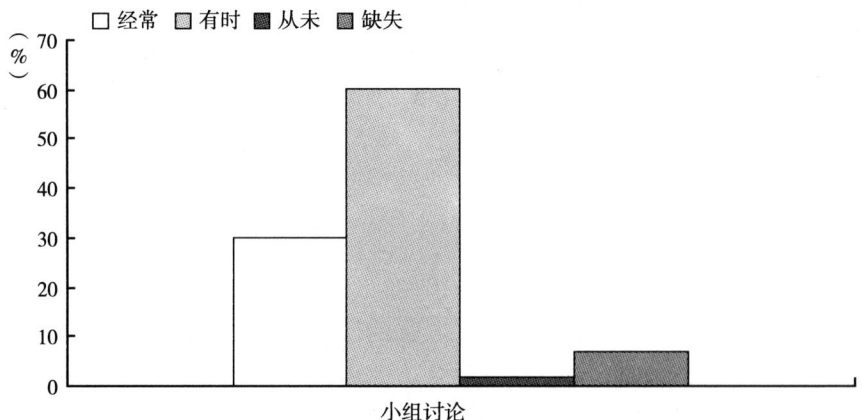

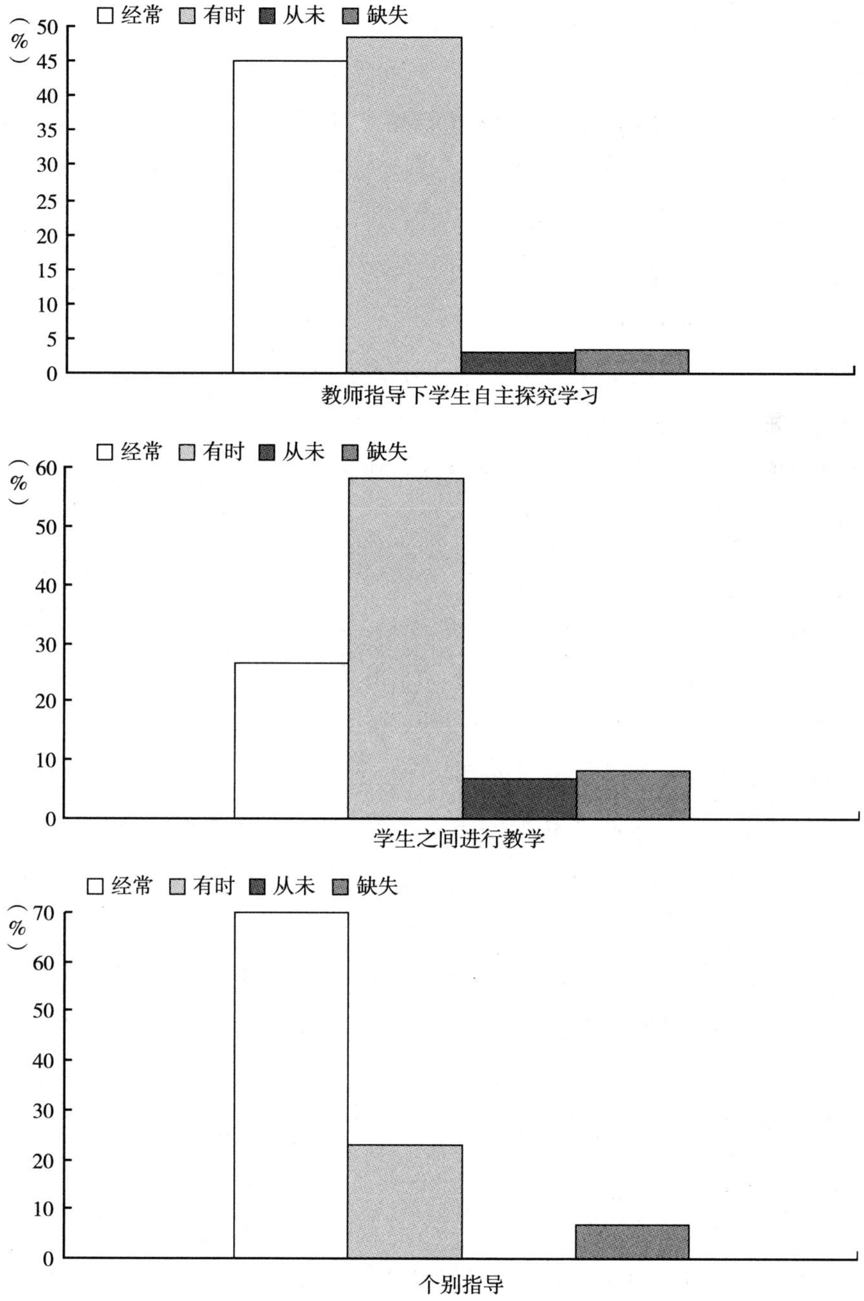

图24 教师经常使用的教学方式的调查情况（中学）

③教师指导下学生自主探究学习：经常使用的78人占45.09%；有时使用的84人占48.55%；从未使用的5人占2.89%；缺失的6人占3.47%；总计100%。

④学生之间进行教学：经常使用的46人占26.59%；有时使用的101人占58.38%；从未使用的12人占6.94%；缺失的14人占8.09%；总计100%。

⑤个别指导：经常使用的121人占69.94%；有时使用的40人占23.12%；从未使用的0人；缺失的12人占6.94%；总计100%。

在以上几种教学方式中，中学体育教师经常使用的（以一个教学班为例）是：教师讲、学生练。在参加调查的173人中有125人经常使用此项，占72.25%。运用这种方法有利于教师整体整班组织学生，传授知识，提出要求，进行教学。这种方式方法是教师熟练的。

（2）小学。

①教师讲、学生练：经常使用的76人占57.14%；有时使用的48人占36.09%；从未使用的0人；缺失的9人占6.77%；总计100%。

②小组讨论：经常使用的67人占50.38%；有时使用的52人占39.10%；从未使用的3人占2.26%；缺失的11人占8.27%；总计100%。

③教师指导下学生自主探究学习：经常使用的79人占59.40%；有时使用的48人占36.08%；从未使用的3人占2.26%；缺失的3人占2.26%；总计100%。

④学生之间进行教学：经常使用的45人占33.83%；有时使用的72人占54.14%；从未使用的5人占3.76%；缺失的11人占8.27%；总计100%。

⑤个别指导：经常使用的80人占60.15%；有时使用的40人占30.08%；从未使用的1人占0.75%；缺失的12人占9.02%；总计100%。

在以上几种教学方式中，小学体育教师经常使用的（以一个教学班为例）是：个别指导。在参加调查的133人中有80人经常使用此项，占60.15%。这说明教师的教学组织上个体练习较多，对于个体练习的教学中个别指导效果较好，但运用过多将影响整体教学。

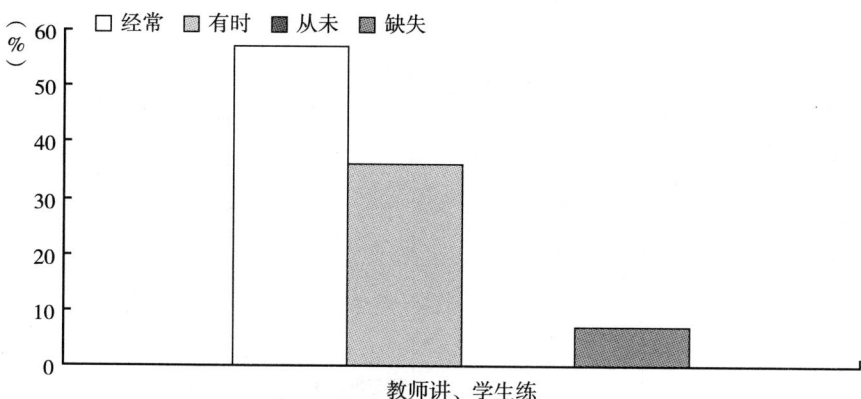

教师讲、学生练

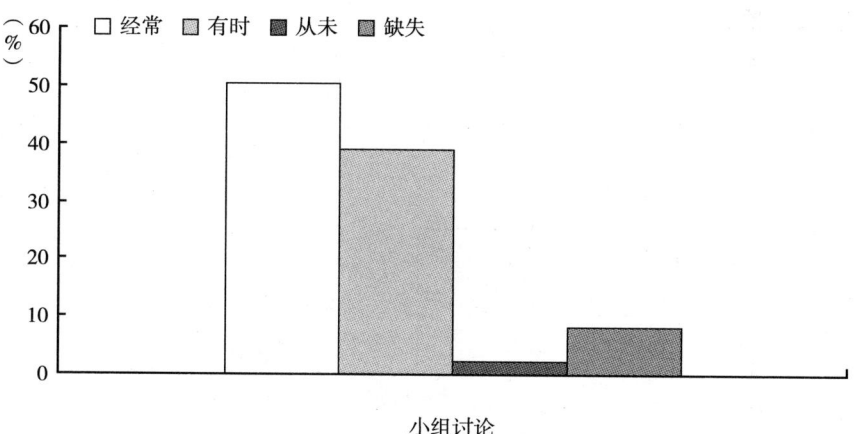

小组讨论

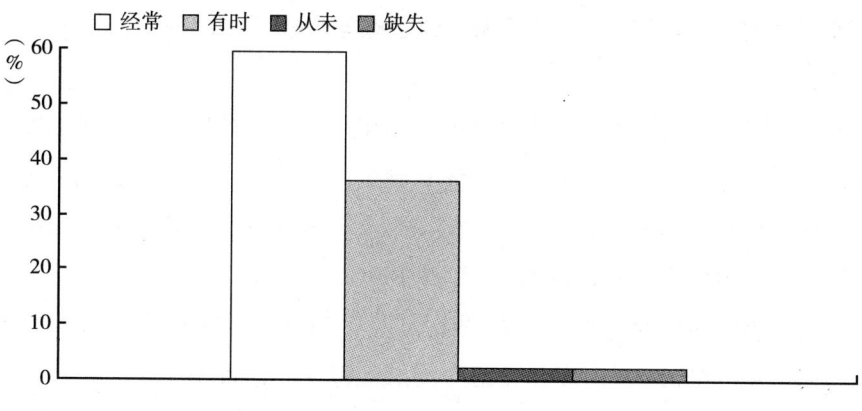

教师指导下学生自主探究学习

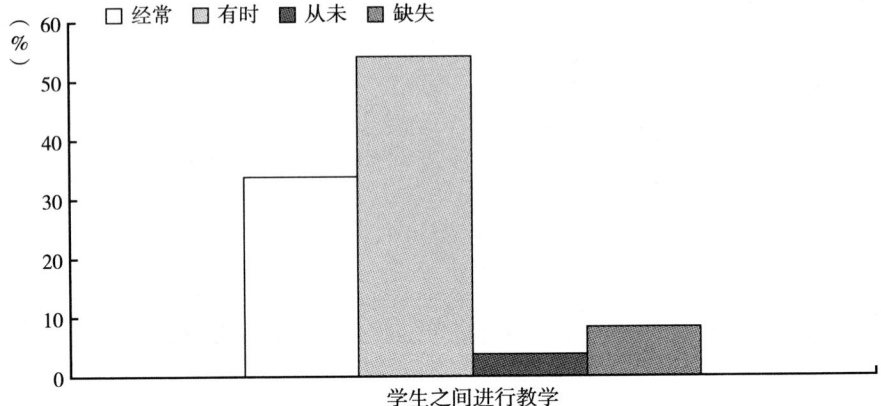

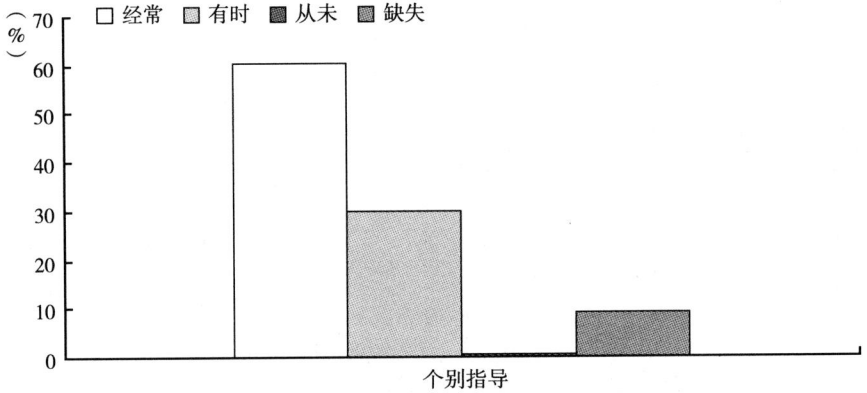

图25 教师经常使用的教学方式的调查情况（小学）

10. 教师在本学科教学中能够关注达到教学目标程度情况

（1）中学。

①基本知识：没有的1人占0.58%；少许的26人占15.03%；较多的111人占64.16%；最大的26人占15.03%；缺失的9人占5.20%；总计100%。

②基本技能：没有的0人；少许的8人占4.63%；较多的116人占67.05%；最大的49人占28.32%；总计100%。

③学生形成知识的过程：没有的1人占0.58%；少许的17人占9.83%；较多的119人占68.78%；最大的36人占20.81%；总计100%。

④学生学习、锻炼的方法：没有的1人占0.58%；少许的11人占6.36%；较多的87人占50.29%；最大的66人占38.15%；缺失的8人占

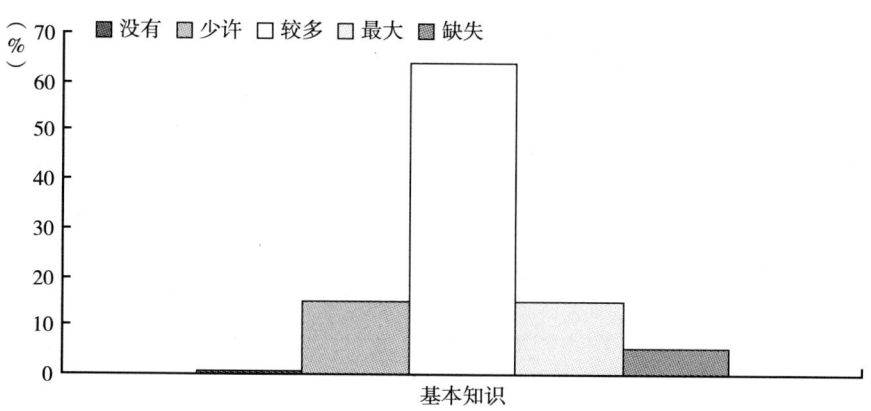

基本知识

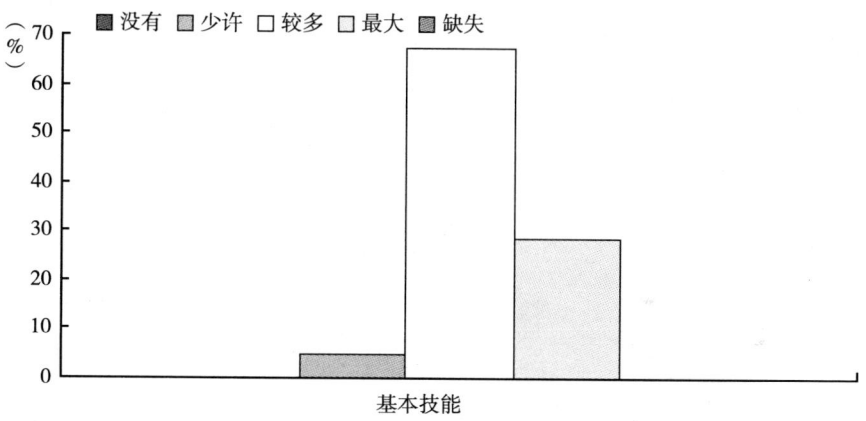

基本技能

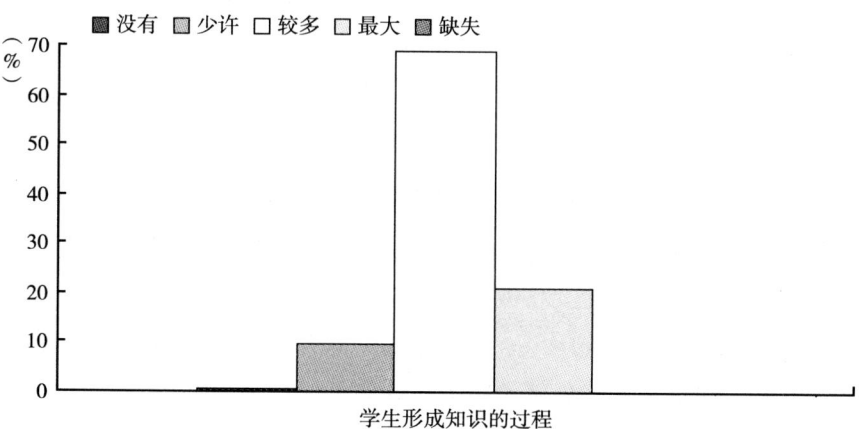

学生形成知识的过程

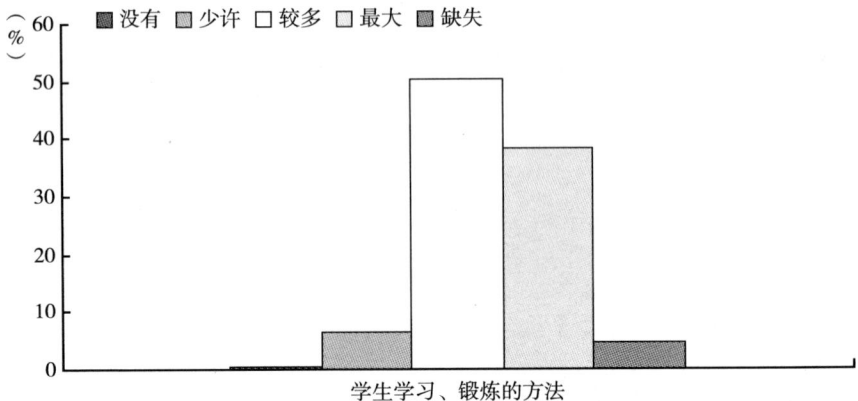

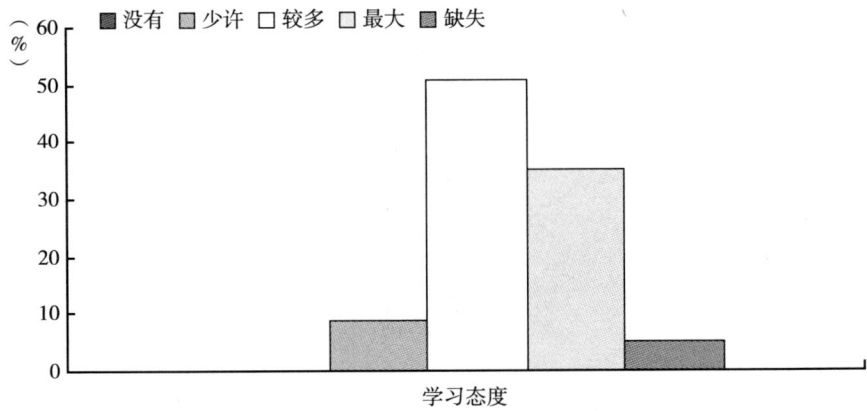

图 26 教师在本学科教学中能够关注达到教学目标程度情况（中学）

4.62%；总计 100%。

⑤学习态度：没有的 0 人；少许的 15 人占 8.67%；较多的 88 人占 50.87%；最大的 61 人占 35.26%；缺失的 9 人占 5.20%；总计 100%。

中学体育教师在教学中关注达到的教学目标的调查，选择最多的是学生形成知识的过程，也可以说是教学过程，在 173 人中此项的选择较多，为 119 人占 68.78%；第二是基本技能，为 116 人占 67.05%；第三是基本知识，为 111 人占 64.16%；第四是学生学习的态度，为 88 人占 50.87%；第五为学生学习、锻炼方法，为 87 人占 50.29%。教师关注最大的调查统计结果是：学生的学习和锻炼方法，调查的 173 人中该项选择得最多，为 66 人占 38.15%。根据中学的现状，这些调查结果是正常的。

（2）小学。

①基本知识：没有的 0 人；少许的 5 人占 3.76%；较多的 94 人占 70.68%；最大的 32 人占 24.06%；缺失的 2 人占 1.50%；总计 100%。

②基本技能：没有的 0 人；少许的 2 人占 1.50%；较多的 77 人占 57.90%；最大的 50 人占 37.59%；缺失的 4 人占 3.01%；总计 100%。

③学生形成知识的过程：没有的 1 人占 0.75%；少许的 3 人占 2.25%；较多的 83 人占 62.41%；最大的 40 人占 30.08%；缺失的 6 人占 4.51%；总计 100%。

④学生学习、锻炼的方法：没有的 0 人；少许的 3 人占 2.25%；较多的 70 人占 52.63%；最大的 57 人占 42.86%；缺失的 3 人占 2.26%；总计 100%。

⑤学习态度：没有的 0 人；少许的 5 人占 3.76%；较多的 52 人占 39.10%；最大的 76 人占 57.14%；总计 100%。

小学体育教师在教学中关注达到的教学目标，选择最多的是学生学习的态度，在调查的 133 人中有 76 人占 57.14%，这与学生学习态度的积极性有关。选择

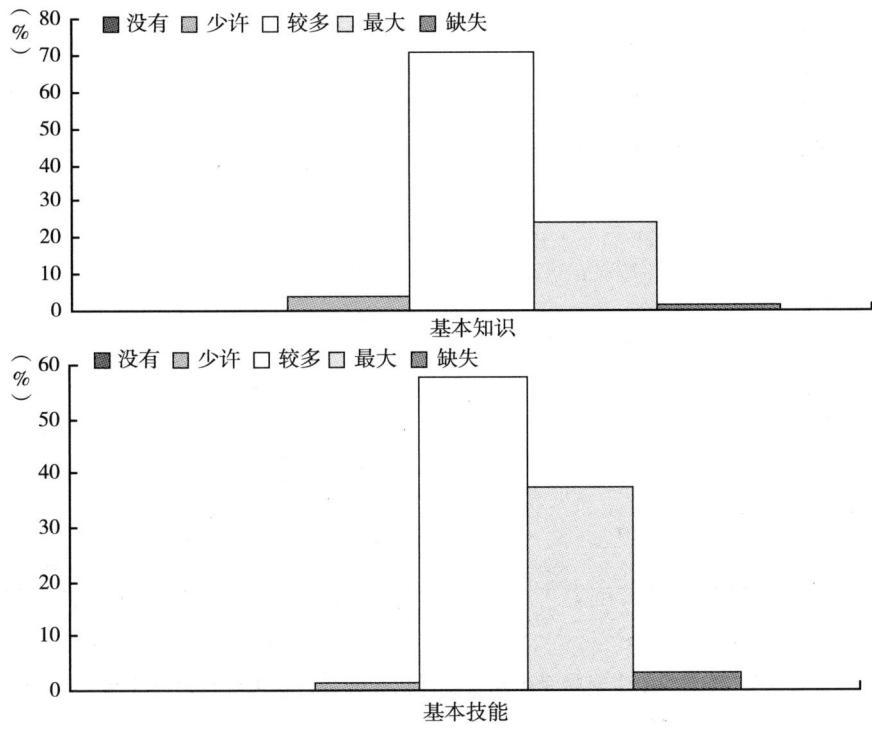

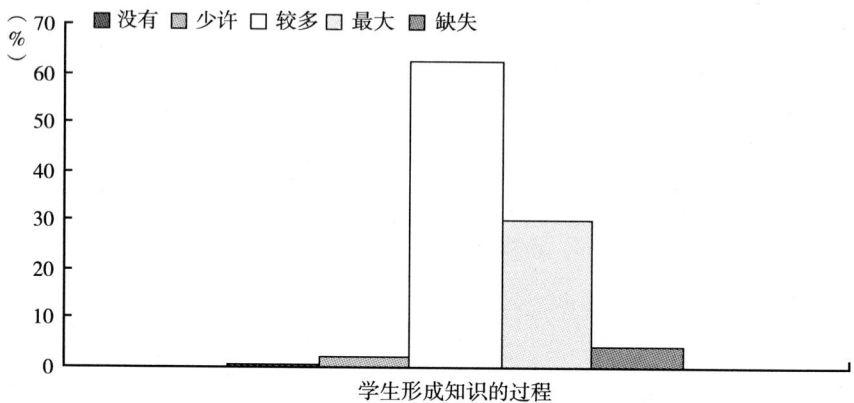

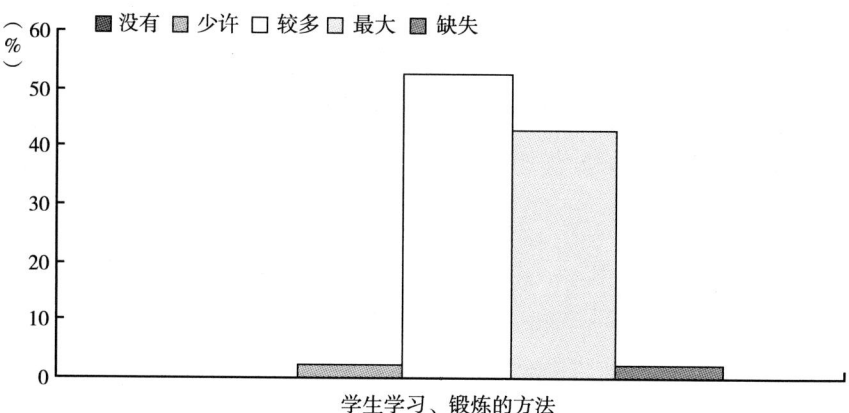

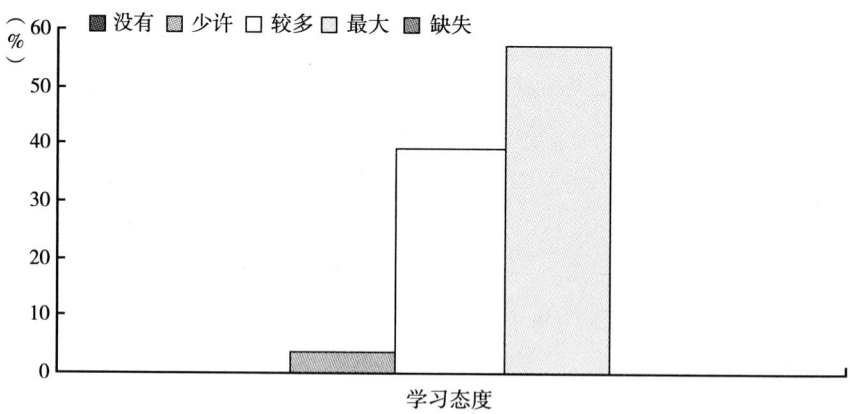

图27 教师在本学科教学中能够关注达到教学目标程度情况（小学）

较多排在第一的是基本知识有 94 人占 70.68%，小学阶段文化知识较少，教师重视基础知识，教授体育文化知识；第二是学生形成知识的过程为 83 人占 62.41%，教师重视教学过程；第三是基本技能；第四是学生的学习、锻炼方法；第五是学习态度；根据小学生的现状，这些调查结果是正常的。

11. 教师在课堂教学中使用计算机的情况

中学：学校教室里没有计算机的 29 人占 16.76%；不会使用计算机的 12 人占 6.94%；不愿意使用计算机的 17 人占 9.83%；偶尔使用计算机的 97 人占 56.07%；经常使用计算机的 10 人占 5.78%；未答此题的 8 人占 4.62%；总计 100%。小学：学校教室里没有计算机的 14 人占 10.53%；不会使用计算机的 4 人占 3.01%；不愿

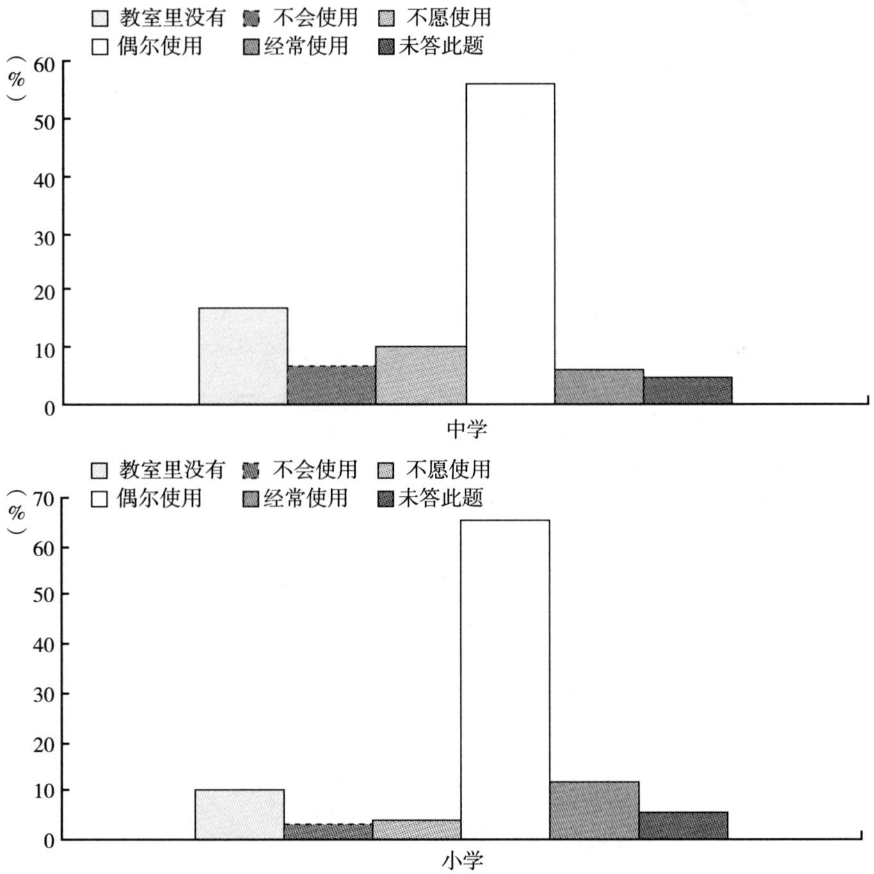

图 28　所调查教师在课堂教学中使用计算机的情况

意使用计算机的5人占3.76%；偶尔使用计算机的87人占65.41%；经常使用计算机的16人占12.03%；未答此题的7人占5.26%；总计100%。从教师使用计算机的情况看还不够理想，中学体育教学中经常使用计算机的为10人占5.78%，小学体育教学中经常使用计算机的为16人占12.03%，这与现代教育的要求差距比较大，特别是没有计算机和不会使用计算机的情况令人担忧，各级领导应尽快解决。另外体育学科教学绝大部分时间是在室外，由于这一特定的教学环境，不经常使用计算机这也是事实存在的，造成教师使用计算机的情况不够理想。

12. 教师在课后进行教学反思的情况

中学：每节课都写反思日记的20人占11.56%；经常反思但很少写的119人占68.79%；偶尔反思的28人占16.18%；没有反思的6人占3.47%；总计

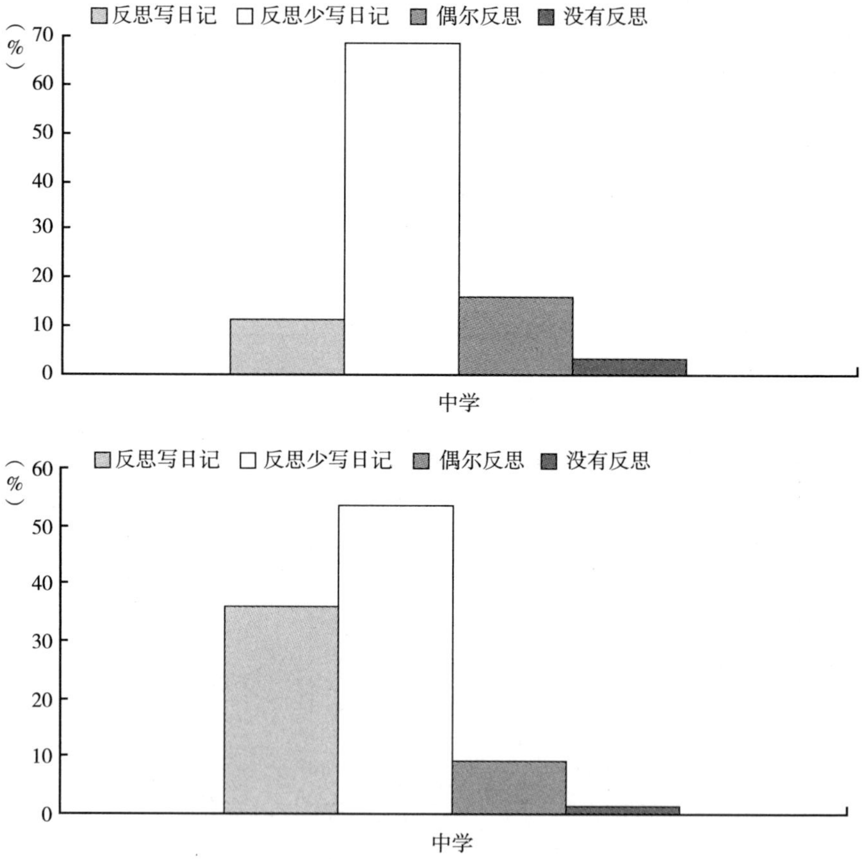

图29 所调查教师在课后进行教学反思的情况

100%。小学：每节课都写反思日记的48人占36.09%；经常反思但很少写的71人占53.38%；偶尔反思的12人占9.02%；没有反思的2人占1.50%；总计100%。从调查结果看情况不是很好，中小学教师的较大一部分很少写反思日记，在调查的中学173人中很少写日记的为119人占68.70%，小学133人中很少写日记的为71人占53.38%。在每次课后进行小结写反思日记是非常必要的，找出每节课的优点，发现存在的问题，写出来可加强记忆，为下次上课加以改进。造成教师很少写反思日记的原因是大部分体育教师缺乏动笔习惯，不勤于文字上的总结。经常写课后小结是进行教学科研之必需。

13. 教师给学生布置课后作业的情况

中学：经常布置的55人占31.79%；偶尔布置的114人占65.90%；从不布置的4人占2.31%；总计100%。小学：经常布置的50人占37.59%；偶尔

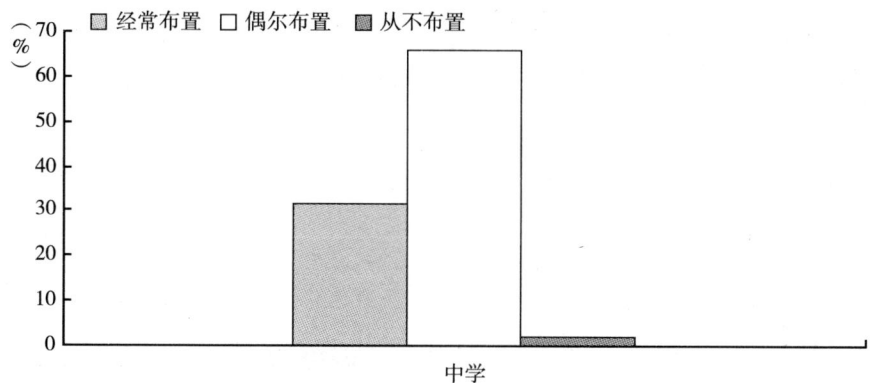

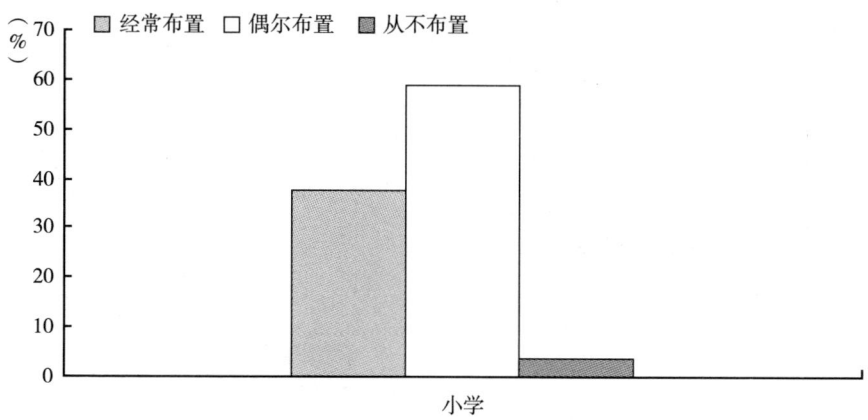

图30 所调查教师给学生布置课后作业的情况

布置的78人占58.65%；从不布置的5人占3.76%；总计100%。从调查结果看情况不是很好，按照教学要求应每节课都要给学生布置课后作业，但在调查的中学173人中经常给学生布置课后作业的只有55人占31.79%，小学133人中只有50人占37.59%，没有给学生布置课后作业的教师占绝大多数。这部分教师还没有充分认识到，学生的课后练习有助于课上教学内容的掌握巩固，有助于学生锻炼习惯的养成，有助于增强学生体质、提高学生身体的健康水平。

（四）第四个维度调查教师教学评价的几个方面

1. 教师给学生布置作业进行检查和评价的情况

中学：经常对学生作业进行检查和评价的教师62人占35.84%；偶尔进行检查和评价的教师105人占60.69%；从不进行检查和评价的教师6人占

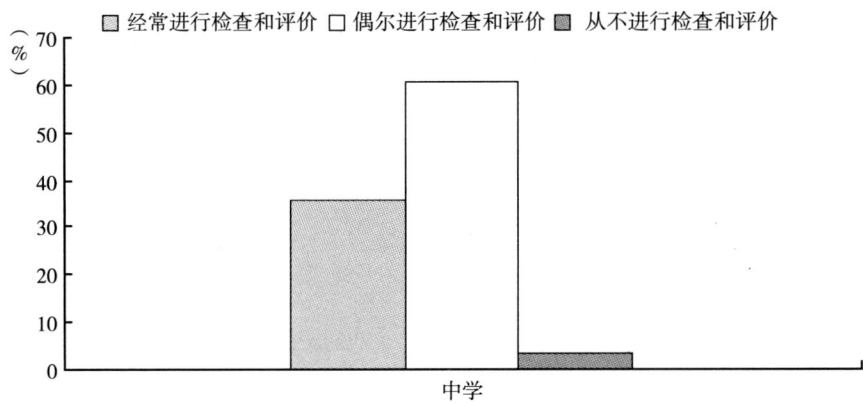

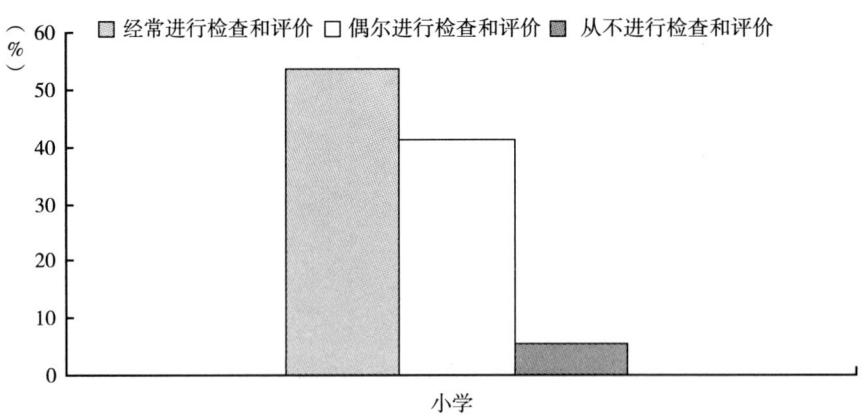

图31　所调查教师给学生布置作业进行检查和评价的情况

3.47%；总计100%。小学：经常对学生作业进行检查和评价的教师71人占53.38%；偶尔进行检查和评价的教师55人占41.35%；从不进行检查和评价的教师7人占5.27%；总计100%。中学教师的这种情况是不正常的，应经常对学生完成的作业进行检查评价，造成这种情况的原因，主要是教师上课时为了完成课上的教学任务而忽略了对布置作业的检查评价，主要是课上的时间有限，造成偶尔或从未检查评价作业的教师人数多比重大。应经常检查评价，合理安排课上时间，不要忽略。

2. 教师在教学中引导学生相互进行评价的情况

中学：经常引导学生相互进行评价的教师86人占49.71%；偶尔引导学生相互进行评价的教师82人占47.40%；从不引导学生相互进行评价的教师5

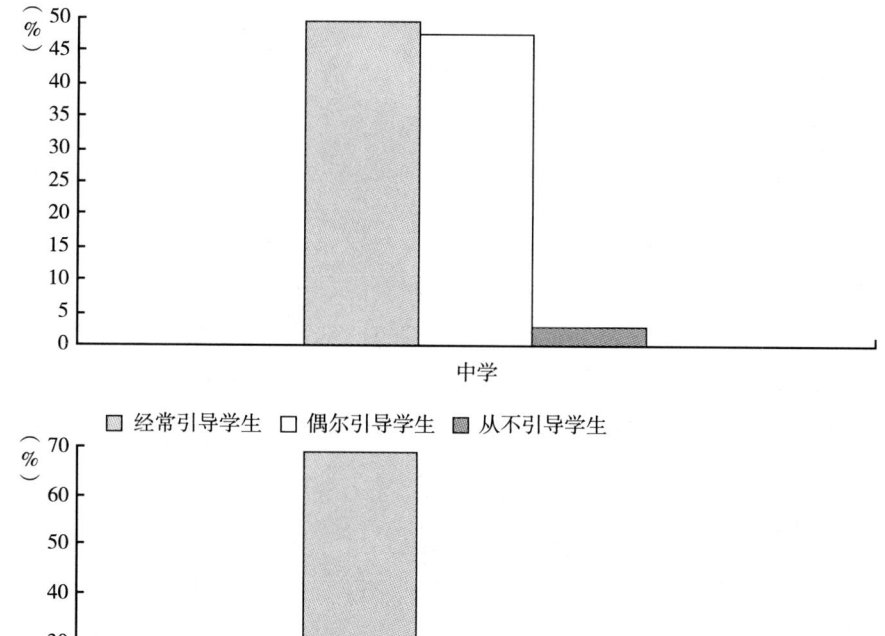

图32 所调查教师在教学中引导学生相互进行评价的情况

人占2.89%；总计100%。小学：经常引导学生相互进行评价的教师92人占69.17%；偶尔引导学生相互进行评价的教师37人占27.82%；从不引导学生相互进行评价的教师4人占3.01%；总计100%。引导学生相互评价是一种现代教学的方法，通过指导学生互相指出缺点，提高学生的认知和掌握能力，提高教学效果。从调查的结果看在中小学体育教师中目前运用这种方法的人较多，这也说明这种教学方法对教学活动的开展是非常有利的。

3. 教师在评价学生成绩时一般会考虑哪些因素的情况

（1）中学。

①基本知识：没有的0人；少许的68人占39.31%；较多的78人占45.09%；最大的15人占8.67%；缺失的12人占6.93%；总计100%。

②运动技术技能：没有的0人；少许的10人占5.78%；较多的121人占69.94%；最大的35人占20.23%；缺失的7人占4.05%；总计100%。

③课堂表现参与程度：没有的0人；少许的19人占10.98%；较多的100人占57.80%；最大的50人占28.90%；缺失的4人占2.31%；总计100%。

④身体素质测验成绩：没有的0人；少许的18人占10.40%；较多的104人占60.12%；最大的48人占27.75%；缺失的3人占1.73%；总计100%。

⑤各方面评价意见：没有的7人占4.05%；少许的53人占30.64%；较多的82人占47.39%；最大的17人占9.83%；缺失的14人占8.09%；总计100%。

⑥其他：没有的16人占9.27%；少许的59人占34.10%；较多的28人占16.18%；最大的6人占3.47%；缺失的64人占36.98%；总计100%。

（2）小学。

①基本知识：没有的1人占0.75%；少许的21人占15.79%；较多的88人占66.17%；最大的18人占13.53%；缺失的5人占3.76%；总计100%。

②运动技术技能：没有的1人占0.75%；少许的7人占5.26%；较多的84人占63.16%；最大的35人占26.32%；缺失的6人占4.51%；总计100%。

③课堂表现参与程度：没有的0人；少许的14人占10.53%；较多的83人占62.41%；最大的33人占24.81%；缺失的3人占2.26%；总计100%。

④身体素质测验成绩：没有的3人占2.26%；少许的15人占11.28%；较多的86人占64.66%；最大的25人占18.80%；缺失的4人占3.00%；总计100%。

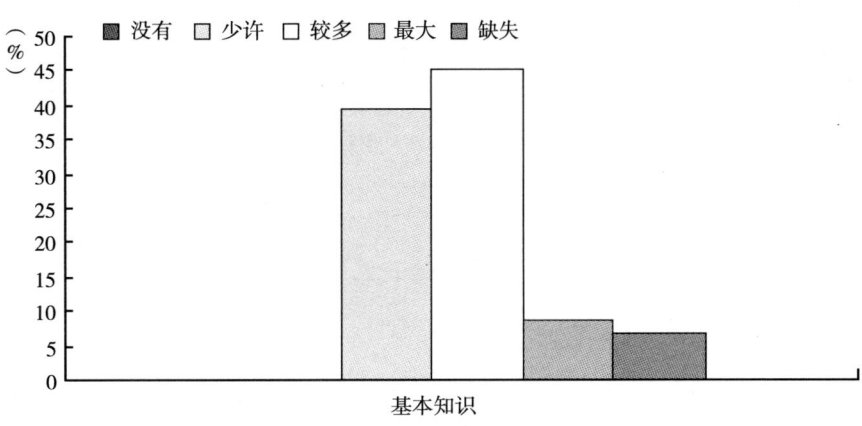

基本知识

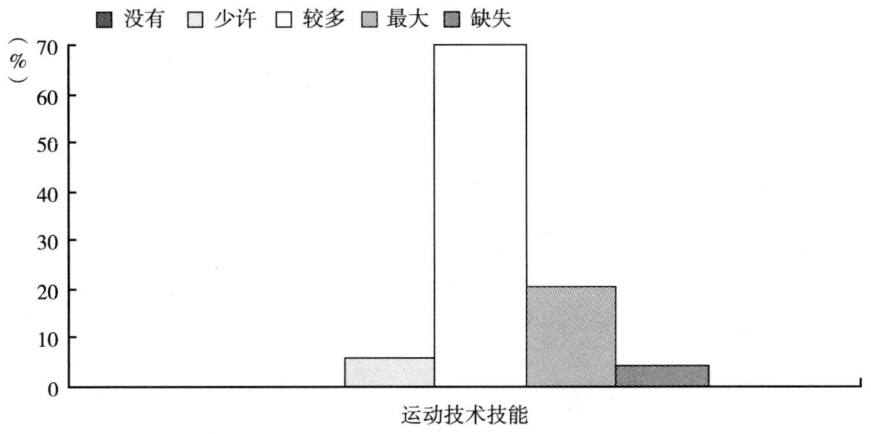

运动技术技能

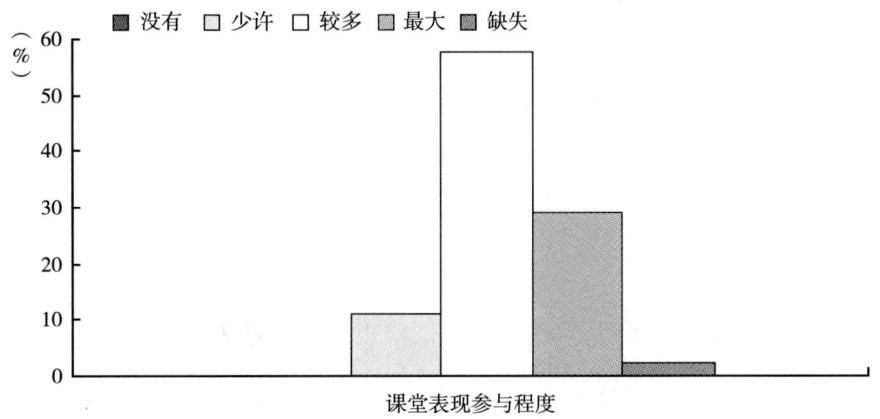

课堂表现参与程度

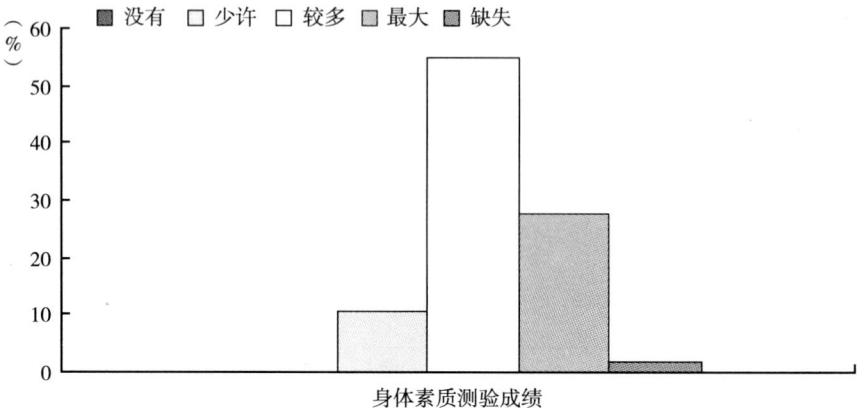

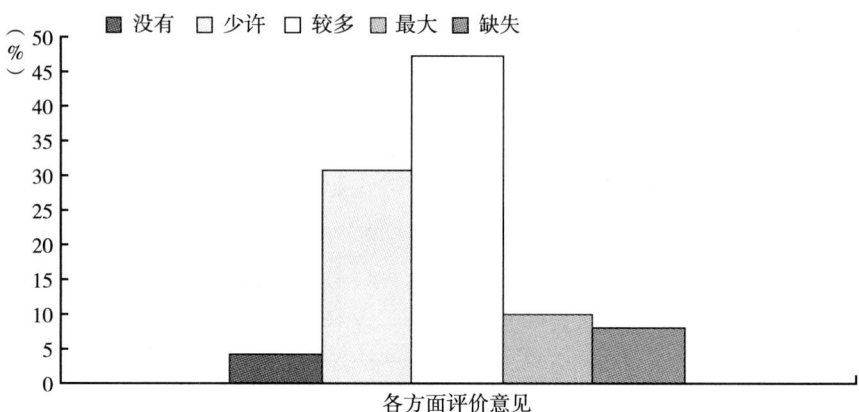

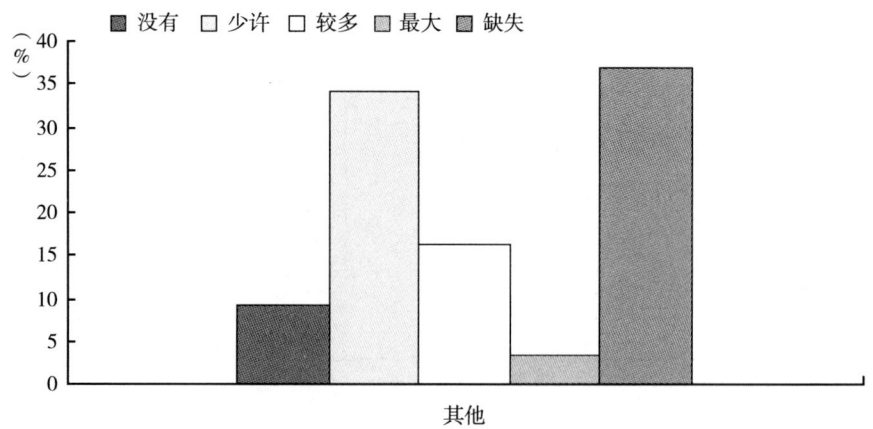

图33 所调查教师在评价学生成绩时考虑的因素（中学）

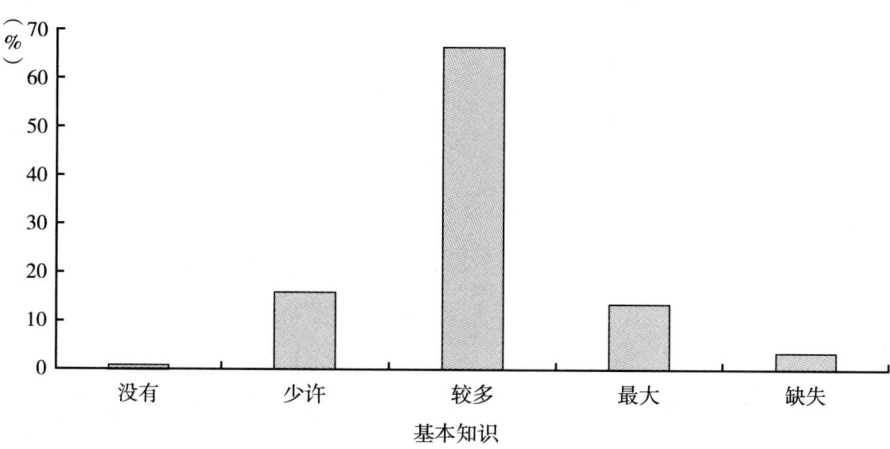
基本知识

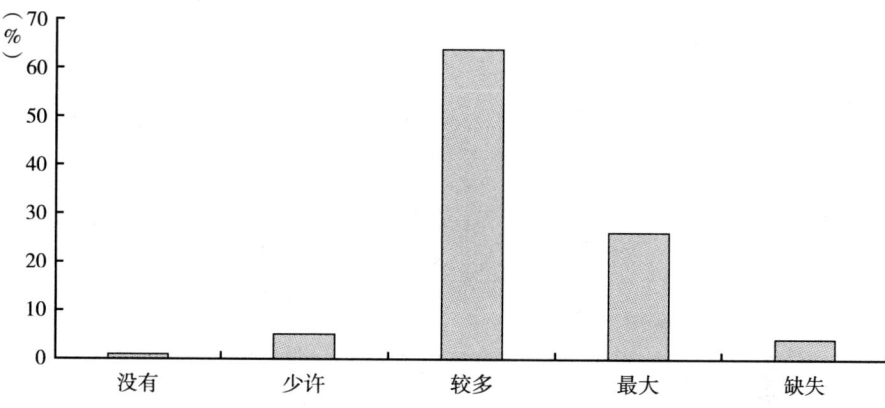
运动技术技能

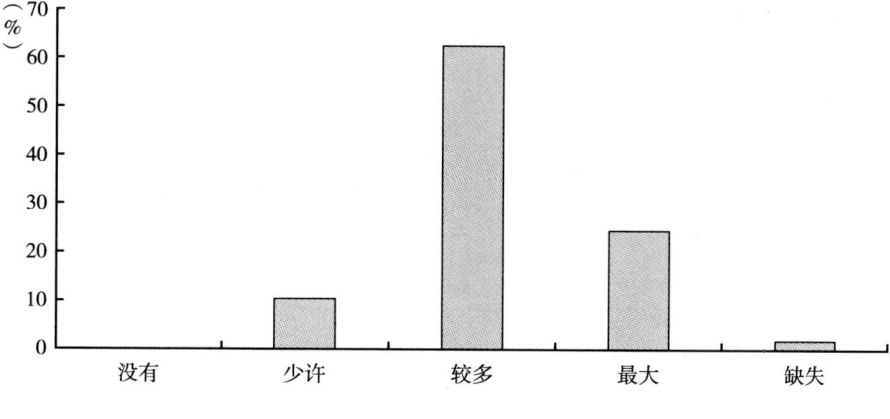
课堂表现参与程度

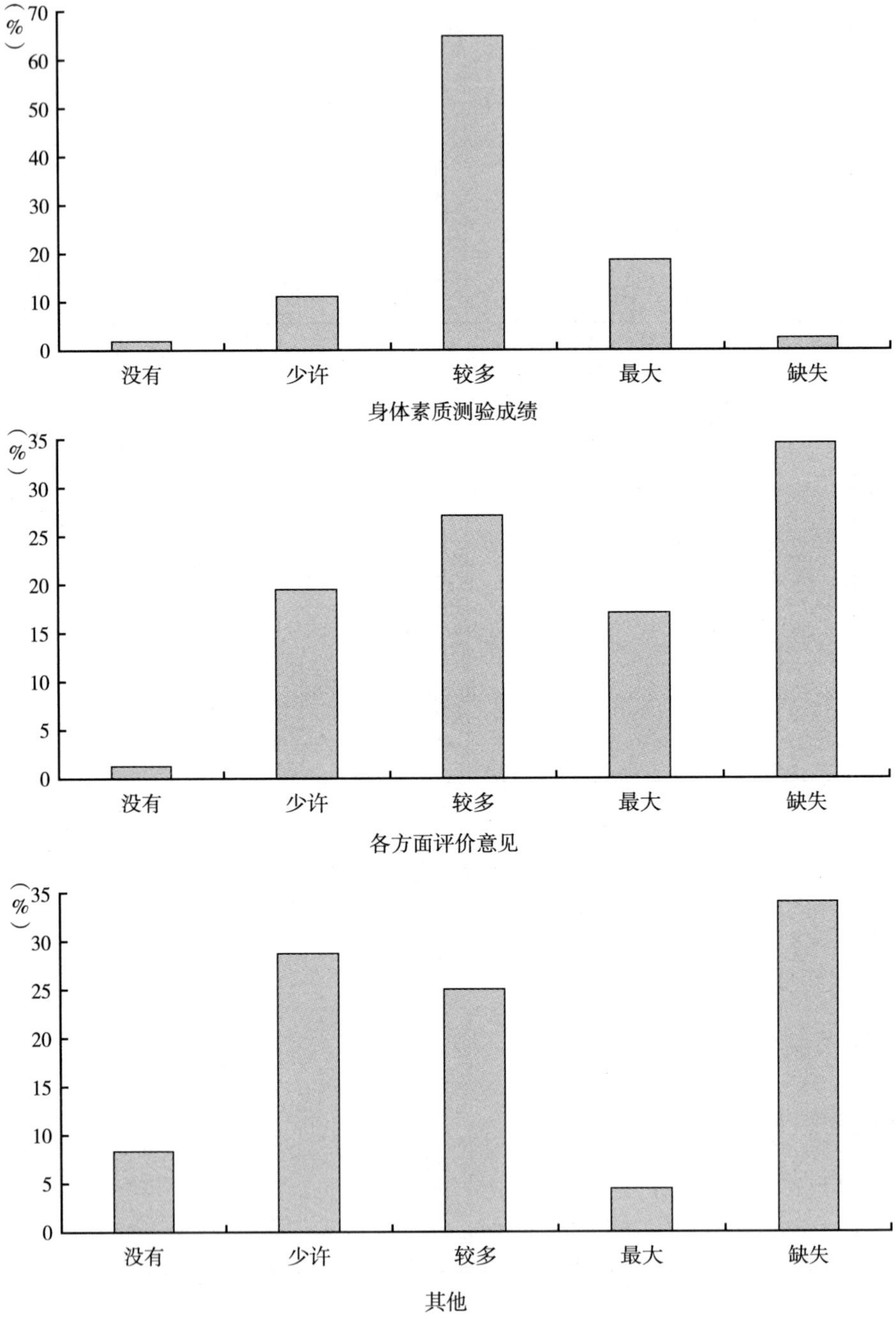

图 34 所调查教师在评价学生成绩时考虑的因素（小学）

⑤各方面评价意见：没有的 2 人占 1.50%；少许的 26 人占 19.55%；较多的 36 人占 27.07%；最大的 23 人占 17.29%；缺失的 46 人占 34.59%；总计 100%。

⑥其他：没有的 11 人占 8.27%；少许的 38 人占 28.57%；较多的 33 人占 24.81%；最大的 6 人占 4.51%；缺失的 45 人占 33.84%；总计 100%。

从以上中小学教师在评价学生成绩时一般考虑的六个因素调查的结果看，结果是正常的，检查体育教学的效果，评价学生成绩是非常重要的一个环节，合理、全面、公正地评价学生成绩，有助于学生参与体育教学活动，掌握运动知识技术技能，提高学生体质素质，促进学生全面发展。教师在评价学生成绩时应该综合考虑学生各方面的情况，教师现在评价学生成绩全面考虑各方面因素综合评价是比较合理的，涉及的因素相对比较统一，各项因素所占的比重也比较适合体育教学的情况。

4. 教师在体育教学中是否经常采用学生自我评价的情况

中学：经常采用学生自评方式的 49 人占 28.33%；偶尔采用学生自评方式的 106 人占 61.27%；从不采用学生自评方式的 18 人占 10.40%；总计 100%。小学：经常采用学生自评方式的 50 人占 37.59%；偶尔采用学生自评方式的 68 人占 51.13%；从不采用学生自评方式的 15 人占 11.28%；总计 100%。调查结果发现，经常采用学生自评方式的教师所占比重较小，偶尔采用的比重较大，其原因是教师对学生自评方式的重视不够，而让学生自我评价是提高教学效果的较为重要的方式方法，学生只有认识到自己的优缺点，才能提高发展自己。教学中教师应多采用学生自我评价的教学方式。

5. 教师在抽测班评价各项教学目标的情况

（1）中学。

①学科基本知识：经常评价的 78 人占 45.09%；偶尔评价的 81 人占 46.82%；从不评价的 14 人占 8.09%；总计 100%。

②学科基本技能：经常评价的 124 人占 71.68%；偶尔评价的 32 人占 18.50%；从不评价的 17 人占 9.82%；总计 100%。

③学科基本能力：经常评价的 124 人占 71.68%；偶尔评价的 34 人占 19.65%；从不评价的 15 人占 8.67%；总计 100%。

④学生学习方法：经常评价的 83 人占 47.98%；偶尔评价的 73 人占

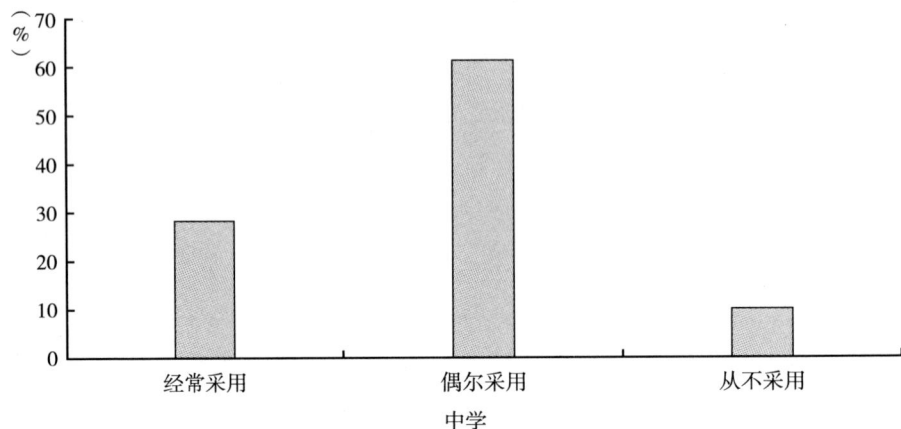

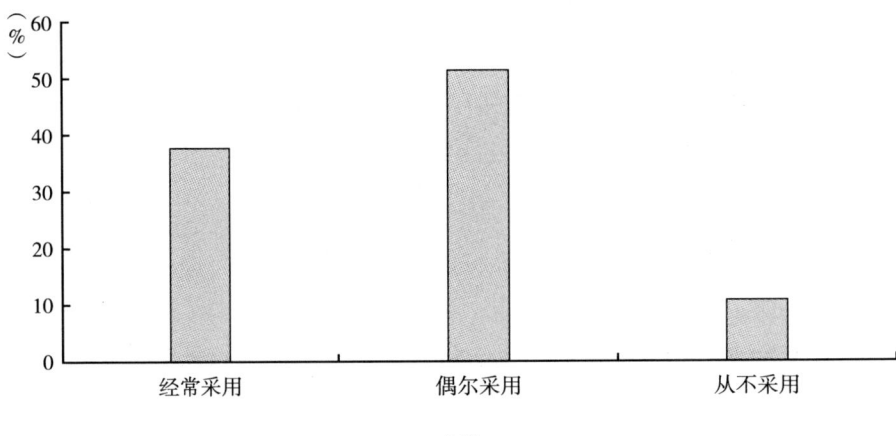

图35 所调查教师在体育教学中采用学生自我评价的教学方式情况

42.20%;从不评价的17人占9.82%;总计100%。

⑤学生学习态度:经常评价的125人占72.26%;偶尔评价的38人占21.97%;从不评价的10人占5.77%;总计100%。

⑥身体健康状况:经常评价的109人占63.01%;偶尔评价的49人占28.32%;从不评价的15人占8.67%;总计100%。

⑦心理健康状况:经常评价的80人占46.24%;偶尔评价的72人占41.62%;从不评价的21人占12.14%;总计100%。

⑧社会适应情况:经常评价的53人占30.64%;偶尔评价的90人占52.02%;从不评价的30人占17.34%;总计100%。

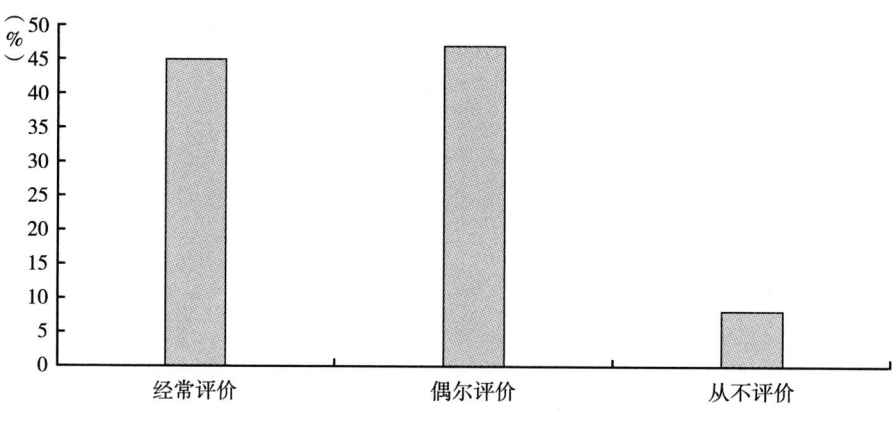

学科基本知识

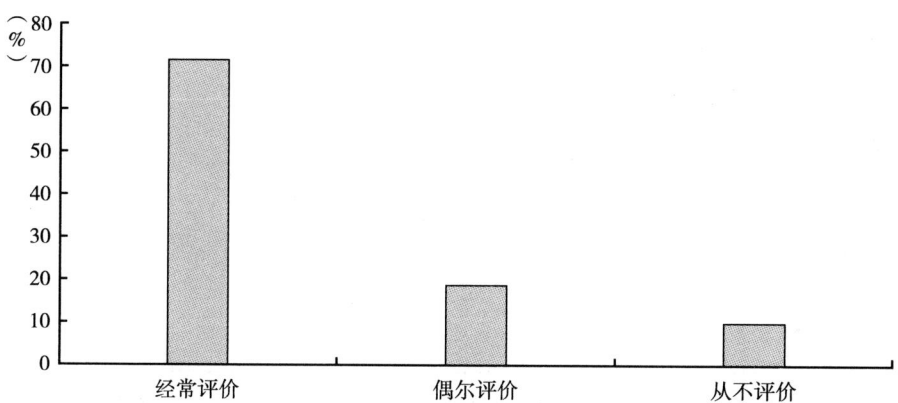

学生学习态度

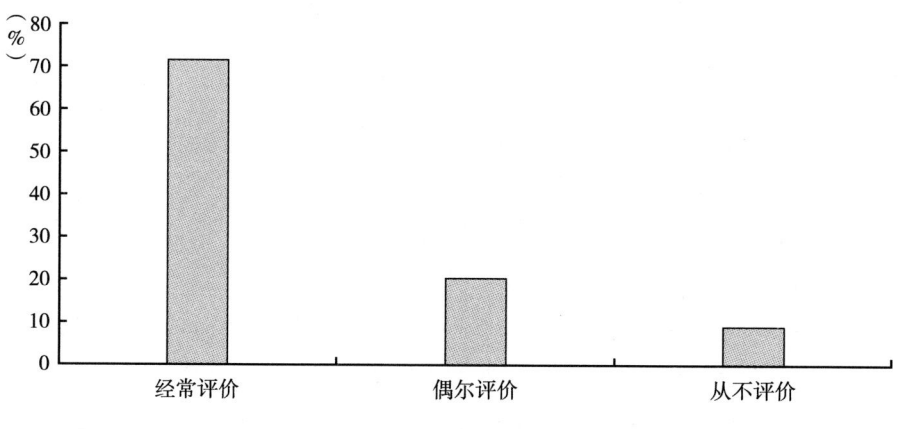

学科基本技能

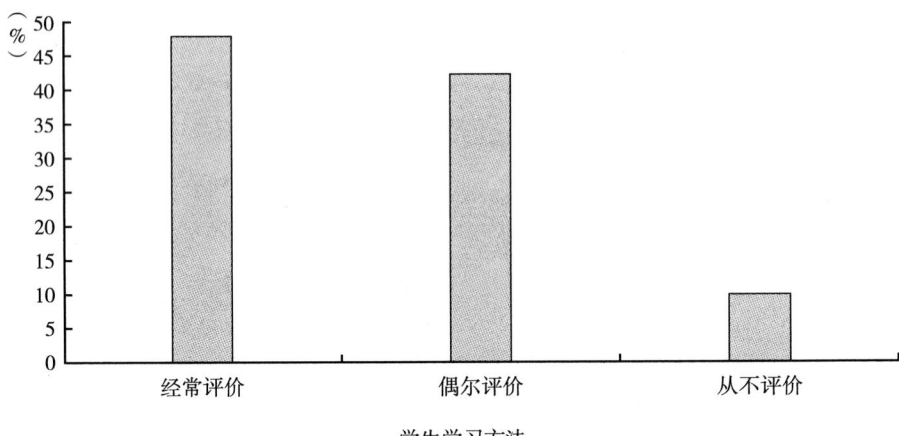

学生学习方法

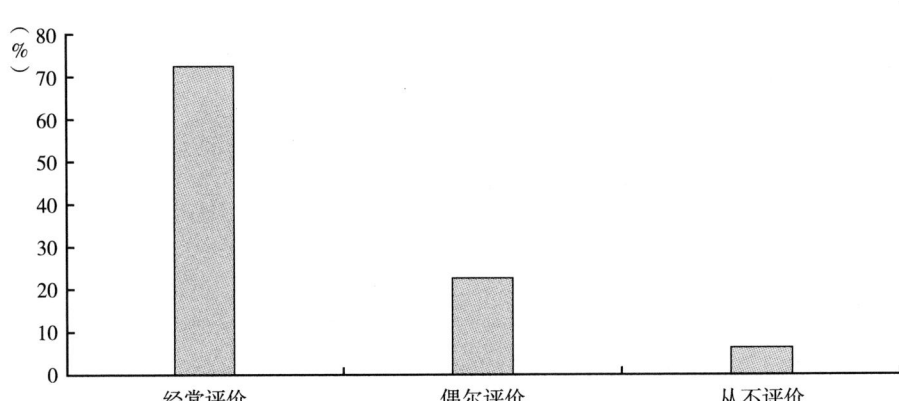

学科基本能力

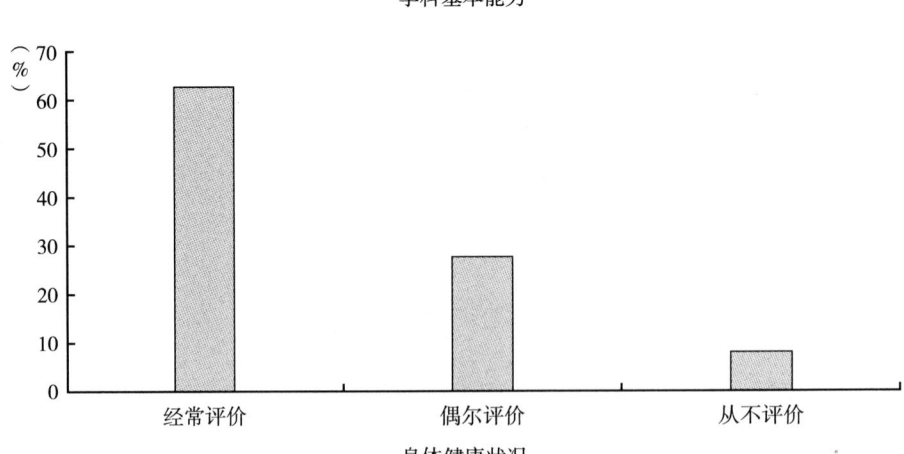

身体健康状况

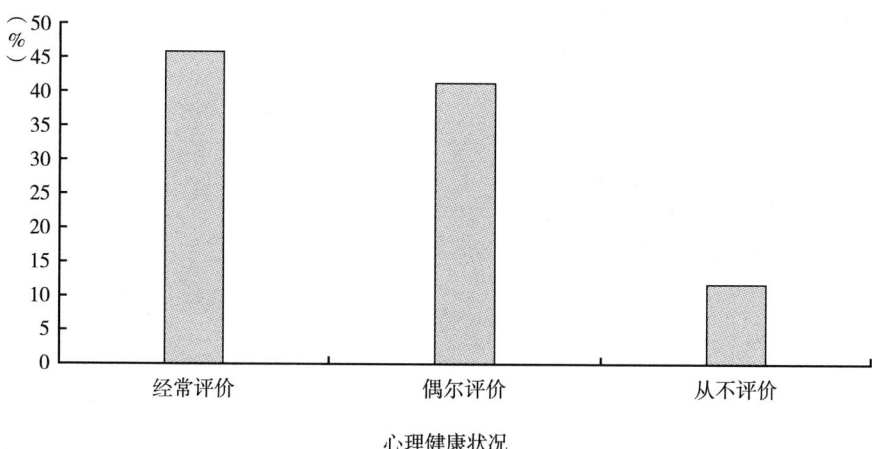

心理健康状况

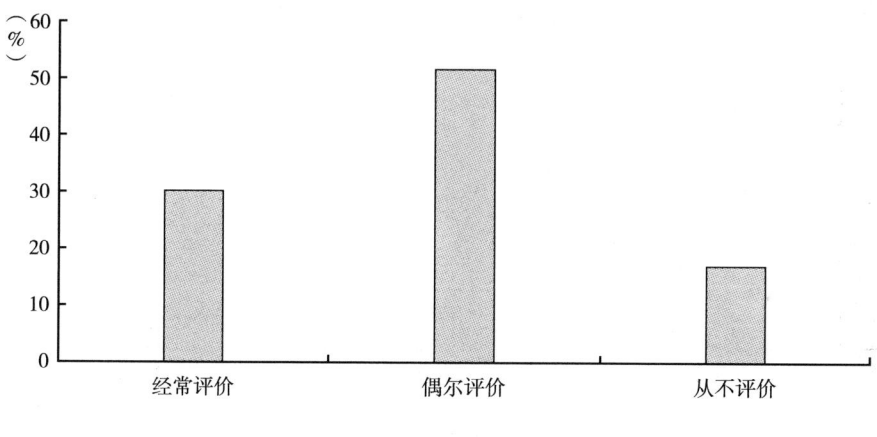

社会适应情况

图36 所调查教师在抽测班评价各项教学目标的情况（中学）

以上调查结果评价教学目标的情况显示，经常评价的目标排列的顺序是：学生学习态度、学科基本技能、学科基本能力、身体健康状况等。偶尔评价的目标是：社会适应情况、学科基本知识、学生学习方法、心理健康状况等。调查的结果显示中学体育教师在抽测班评价各项教学目标的情况正常。

（2）小学。

①学科基本知识：经常评价的73人占54.89%；偶尔评价的52人占39.10%；从不评价的8人占6.01%；总计100%。

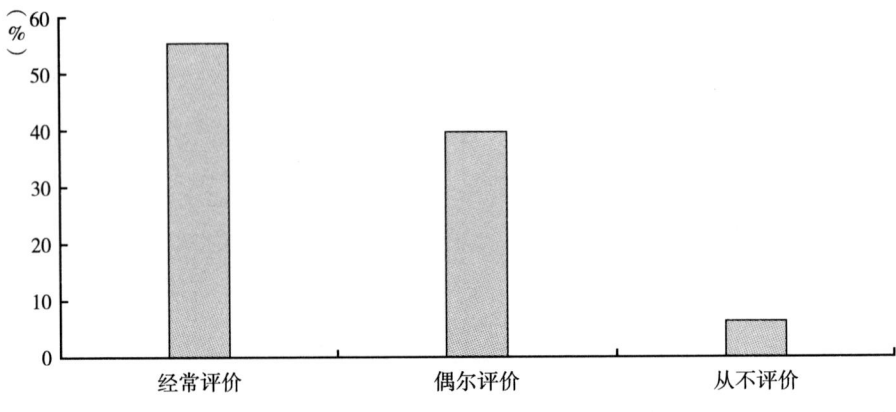

学科基本知识

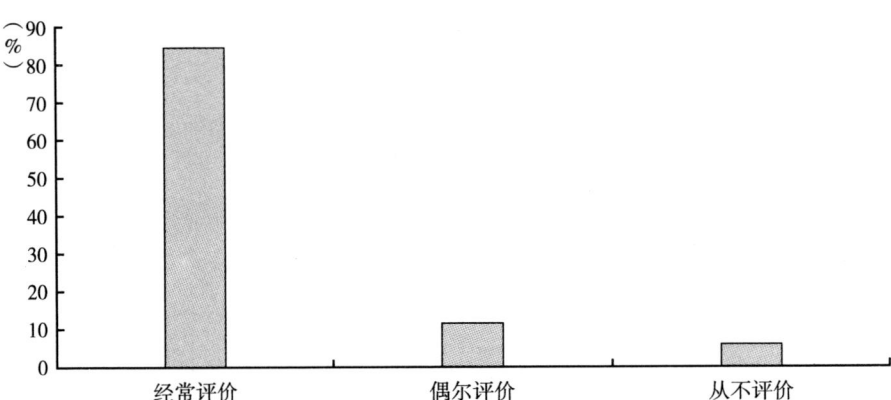

学科基本技能

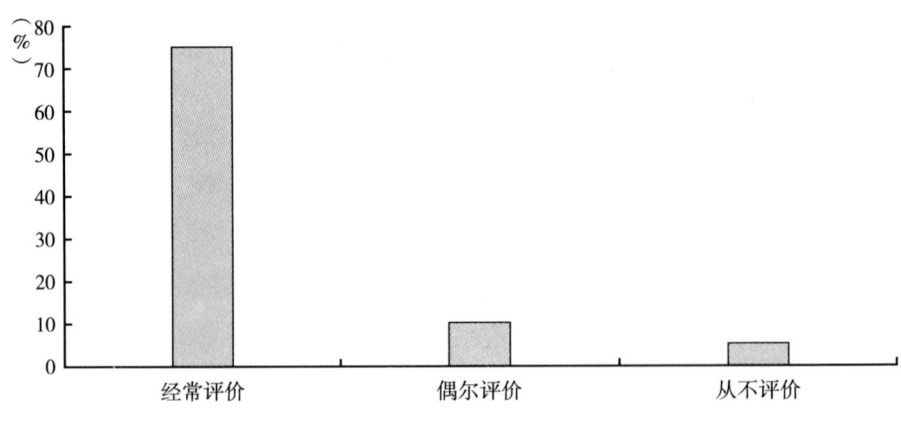

学科基本能力

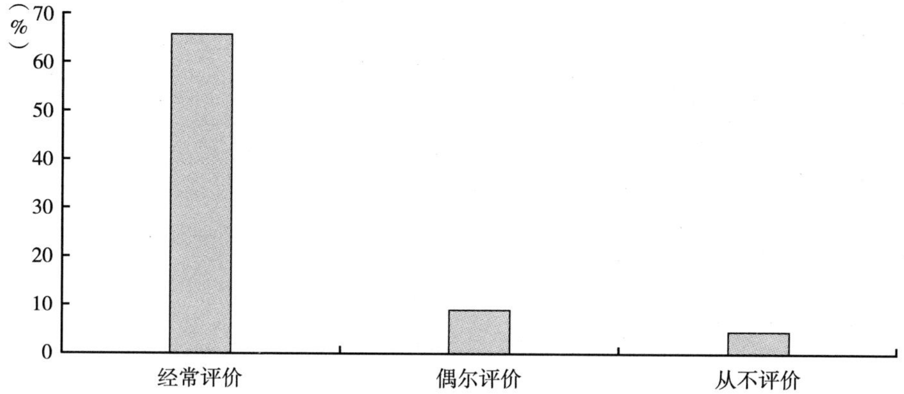

学生学习方法

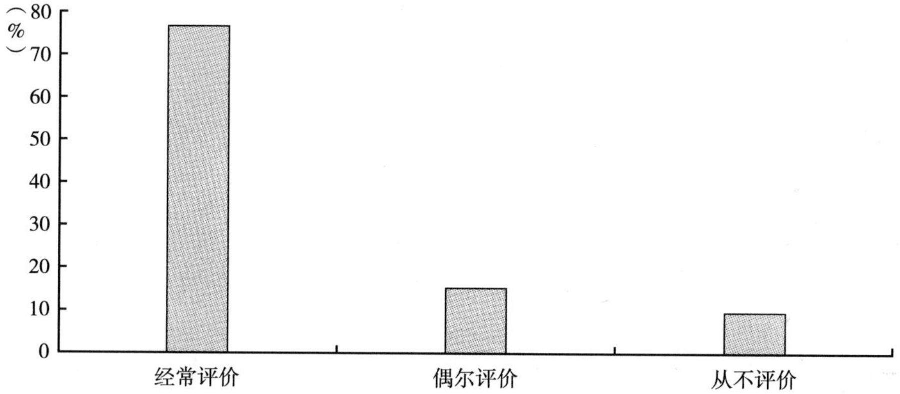

学生学习态度

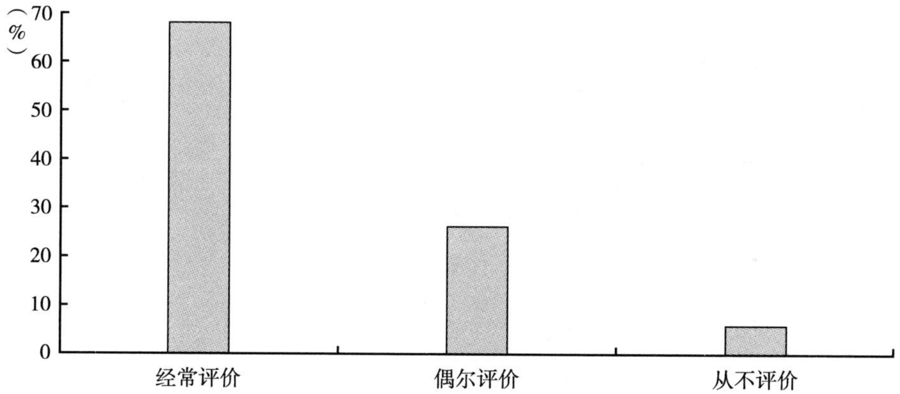

身体健康状况

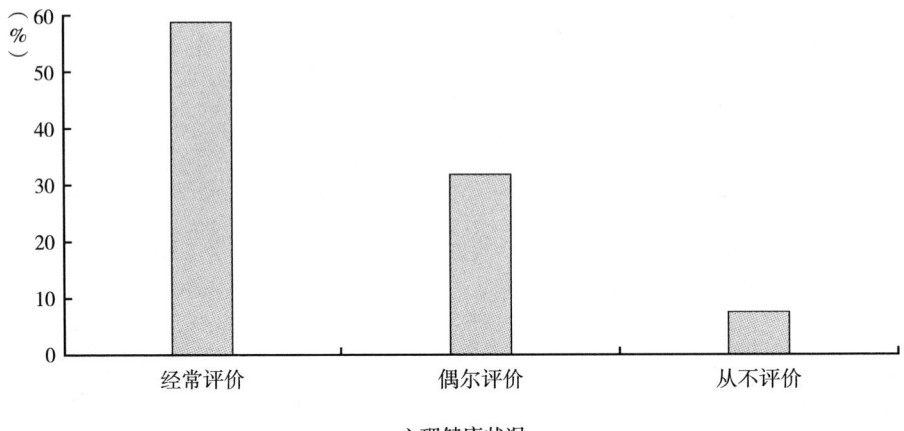

心理健康状况

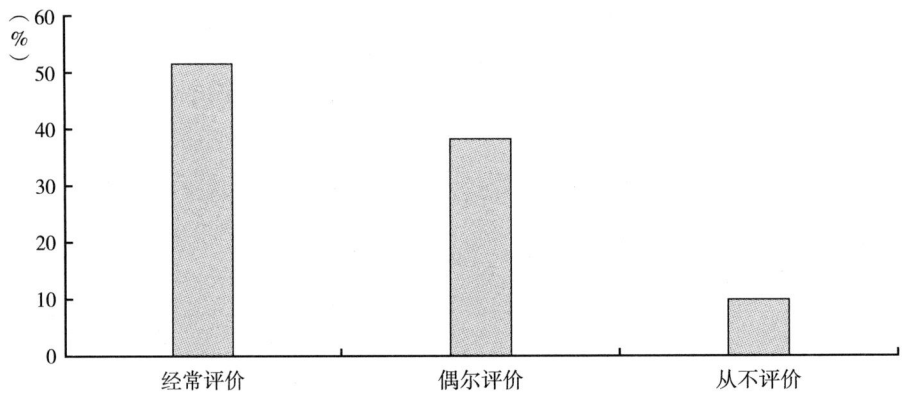

社会适应情况

图37 所调查教师在抽测班评价各项教学目标的情况（小学）

②学科基本技能：经常评价的111人占83.46%；偶尔评价的15人占11.28%；从不评价的7人占5.26%；总计100%。

③学科基本能力：经常评价的105人占78.95%；偶尔评价的18人占13.53%；从不评价的10人占7.52%；总计100%。

④学生学习方法：经常评价的83人占62.41%；偶尔评价的39人占29.32%；从不评价的11人占8.27%；总计100%。

⑤学生学习态度：经常评价的100人占75.19%；偶尔评价的20人占

15.04%；从不评价的13人占9.77%；总计100%。

⑥身体健康状况：经常评价的90人占67.67%；偶尔评价的35人占26.32%；从不评价的8人占6.01%；总计100%。

⑦心理健康状况：经常评价的79人占59.40%；偶尔评价的43人占32.33%；从不评价的11人占8.27%；总计100%。

⑧社会适应情况：经常评价的68人占51.13%；偶尔评价的51人占38.35%；从不评价的14人占10.52%；总计100%。

从以上调查结果评价教学目标的情况来看经常评价的目标排列的顺序是：学科基本技能、学科基本能力、学生学习态度、身体健康状况等。偶尔评价的目标是：学科基本知识、社会适应情况、心理健康状况、学生学习方法等。调查的结果小学体育教师在抽测班评价各项教学目标的情况正常。

6. 教师在考试时经常测查学生哪些学习情况的调查

（1）中学。

①基本知识记忆：没有的20人占11.56%；少许的90人占52.02%；较多的57人占32.95%；最大的6人占3.47%；总计100%。

②身体素质：没有的9人占5.20%；少许的10人占5.78%；较多的106人占61.27%；最大的48人占27.75%；总计100%。

③运动技术与技能：没有的4人占2.31%；少许的9人占5.20%；较多的99人占57.23%；最大的61人占35.26%；总计100%。

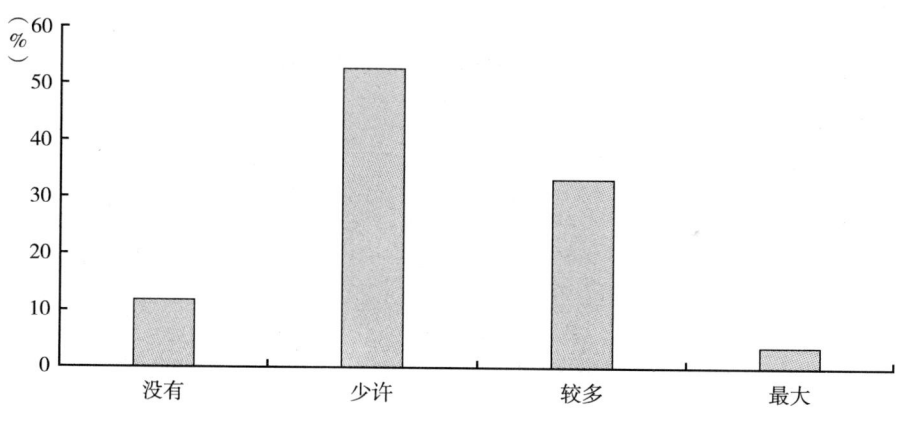

基本知识记忆

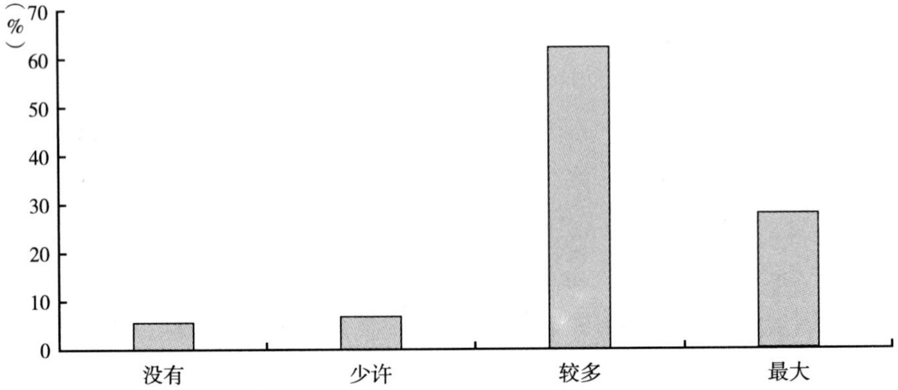

身体素质

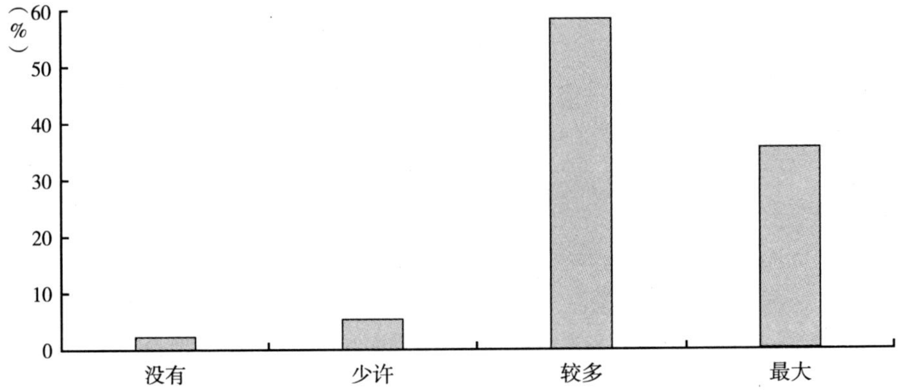

运动技术与技能

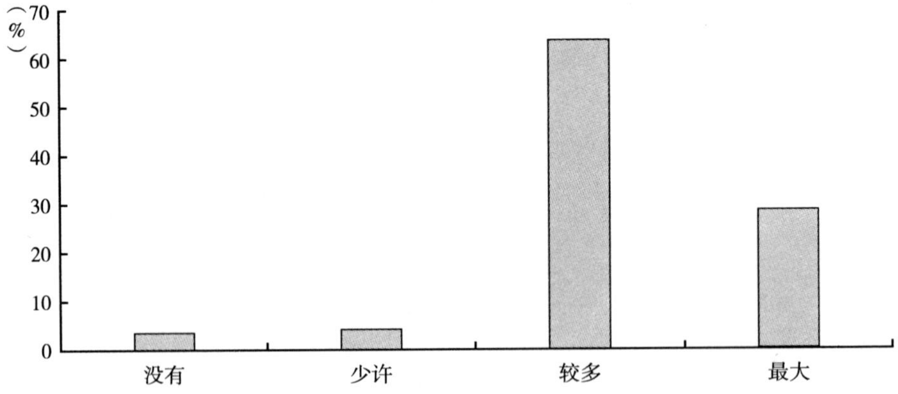

运动能力

图38 所调查教师在考试时测查内容分布情况（中学）

④运动能力:没有的6人占3.46%;少许的8人占4.63%;较多的109人占63.01%;最大的50人占28.90%;总计100%。

从中学体育教师在考试中经常测查学生的学习情况的调查结果看,教师考查学生最少的是基本知识记忆,考查较多的几项排列顺序是运动能力、身体素质、运动技术与技能,这也是体育学科的特点所在,考查最多的也是这几项内容。

(2)小学。

①基本知识记忆:没有的9人占6.77%;少许的44人占33.08%;较多的69人占51.88%;最大的11人占8.27%;总计100%。

②身体素质:没有的11人占8.27%;少许的10人占7.52%;较多的85人占63.91%;最大的27人占20.30%;总计100%。

③运动技术与技能:没有的6人占4.51%;少许的6人占4.51%;较多的77人占57.89%;最大的44人占33.09%;总计100%。

④运动能力:没有的10人占7.52%;少许的7人占5.26%;较多的76人占57.14%;最大的40人占30.08%;总计100%。

从小学体育教师在考试中经常测查学生的学习情况的调查结果看,教师考察较多的几项排列顺序是身体素质、运动技术与技能、运动能力、基本知识记忆。教师既注重素质、技术、能力的考察,也注重基本知识记忆的考察,这是小学阶段学生文化素质较低的现实,教师注意了基本知识、文化理论的记忆学习。考察既有体育学科的特点,又有基础知识的掌握情况。

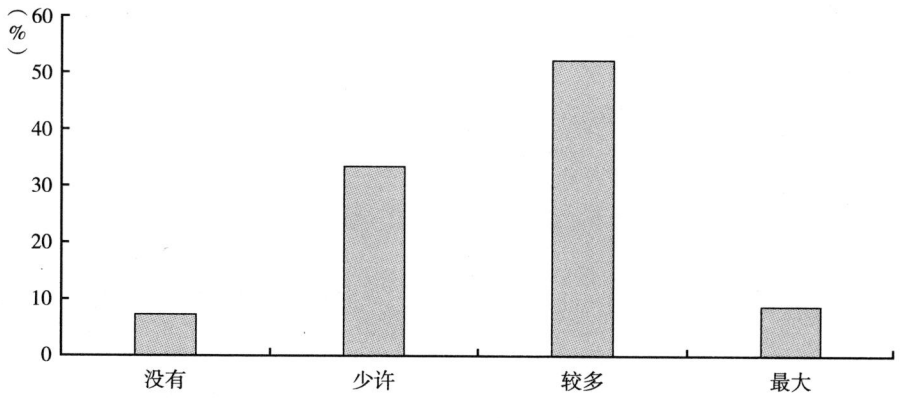

基本知识记忆

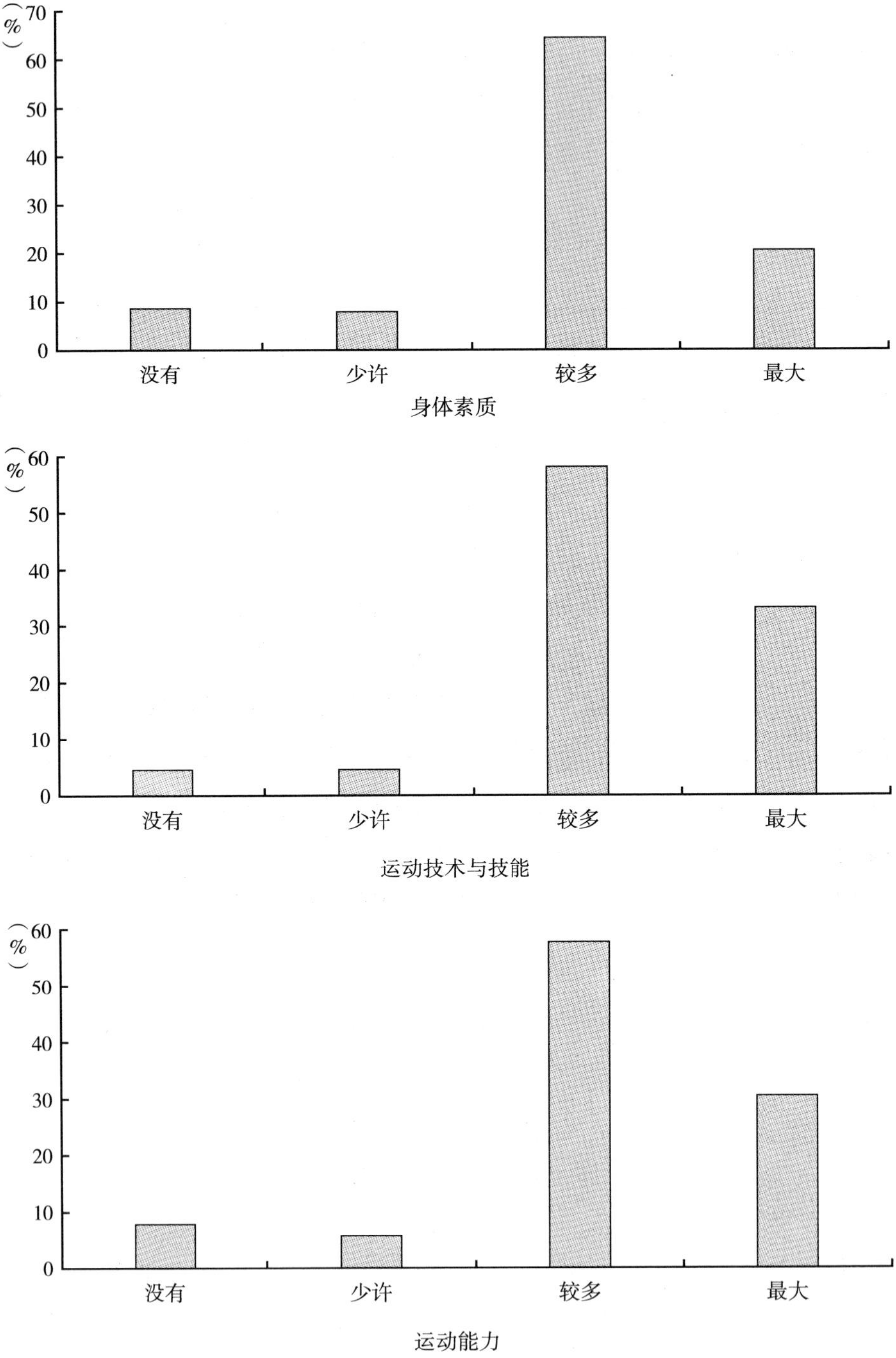

图39 所调查教师在考试时测查内容分布情况（小学）

（五）第五个维度调查教师态度、语言表达能力、与人交往能力的情况，这个维度采用自陈量表的形式来进行

表1 符合程度情况

完全不符合	基本不符合	难以判断	基本符合	完全符合
1	2	3	4	5

（1）● 我总是看一些与本学科有关的书籍或报刊；
● 我与同事讨论最多的是与本学科有关的问题；
● 我不喜欢看与本学科有关的电视节目；
● 如果我遇到一些学科问题，总是寻找一些解决办法；
● 我认为自己所教的学科对学生的发展非常重要。

调查结果：①中学：难以判断的21人占12.14%；基本符合的152人占87.86%；总计100%。②小学：难以判断的27人占20.30%；基本符合的106人占79.70%；总计100%。

从统计的结果看绝大部分的教师在平时读书看报看电视及讨论问题时都能关注与自己本学科有关的内容，这本身可以反映教师的职业特点，同时也说明我们教师队伍的整体素质比较高，比较敬业。

（2）● 我每次上课都准备非常充分；
● 我对本学科教学充满热情；
● 我每次课后进行教学反思；
● 我努力教学以后，如果学生不会，我会很生气；
● 我经常对那些运动能力差的学生予以更多的关注与指导；
● 我如果重新选择，我还会选择当一名体育教师；
● 我总是寻找机会提高自己的教学水平；
● 我喜欢教身体条件和身体素质较差的学生。

调查结果：①中学：难以判断的53人占30.64%；基本符合的120人占69.36%；总计100%。②小学：难以判断的45人占33.83%；基本符合的88人占66.17%；总计100%。

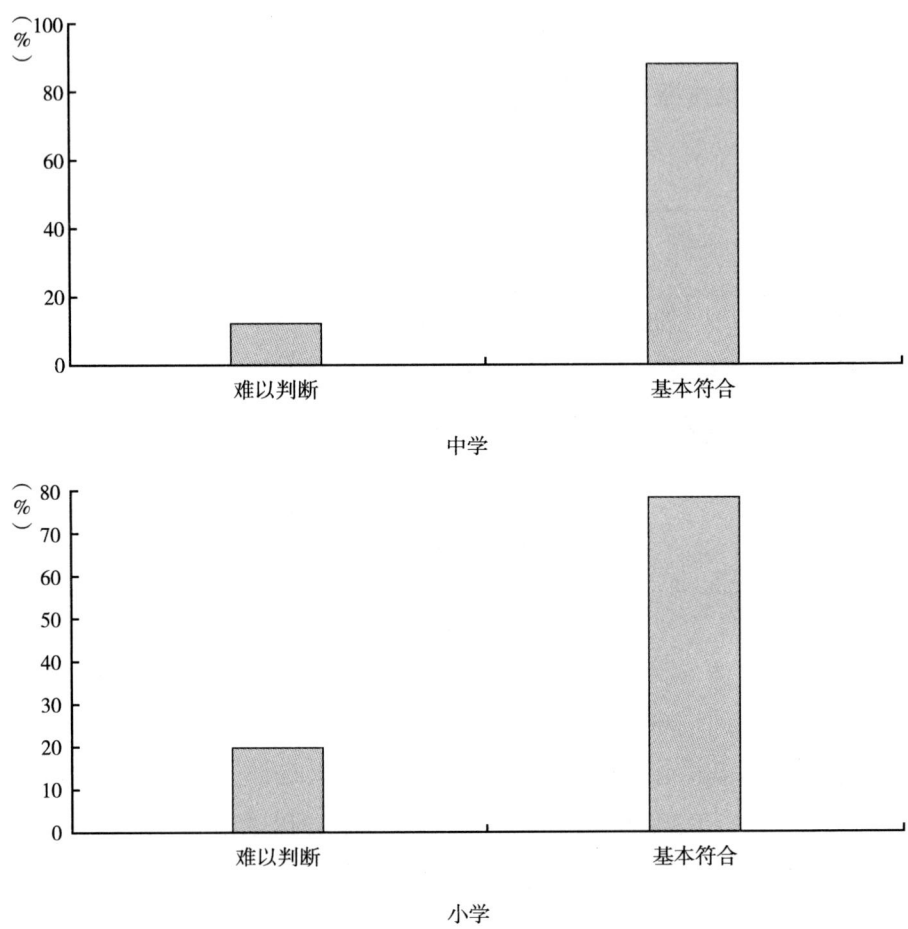

图 40 所调查教师职业态度情况

这部分问题主要反映的是教师的工作态度,由于问题涉及的方面比较多,很难使调查的对象完全符合条件,所以结果都集中在基本符合和难以判断两方面。从调查结果看,大部分的中小学体育教师工作态度较好,这是他们对学生、对工作有良好的情感,有良好的工作环境和氛围。

(3) • 大多数学生喜欢对我讲他们的烦恼;

• 我觉得所教的学生非常可爱;

• 学生喜欢问我学科问题;

• 我喜欢学生问问题,尽管有时回答不上来;

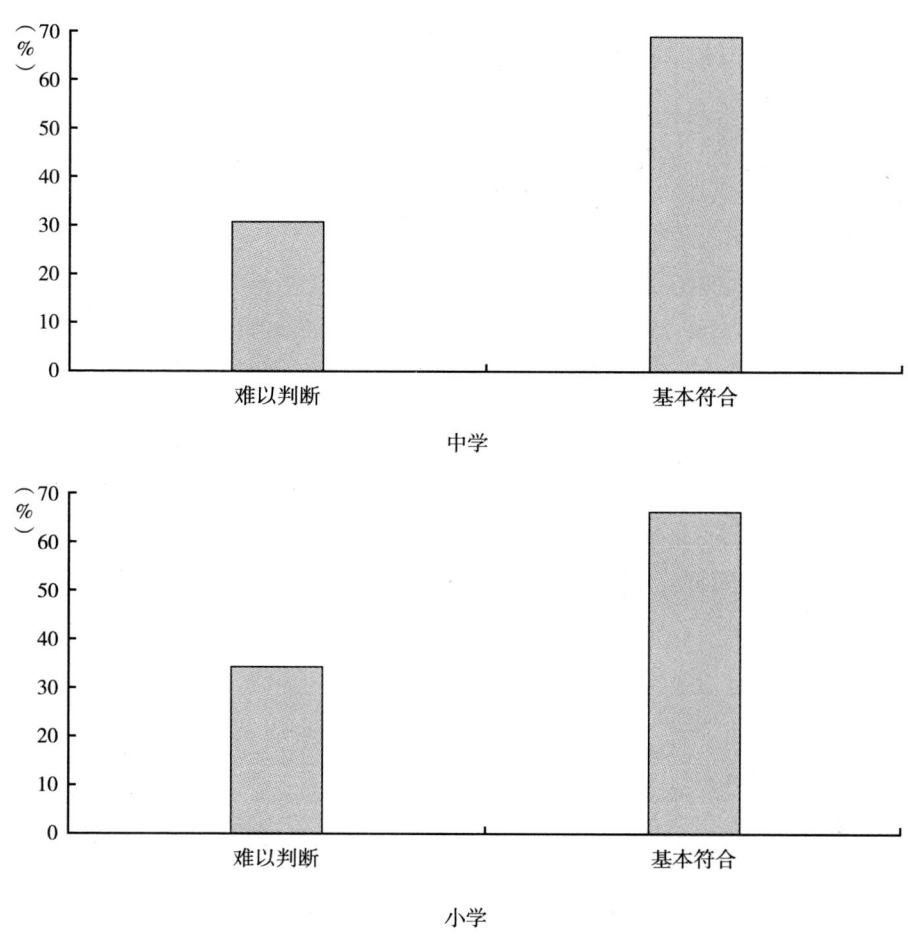

图 41　所调查教师工作态度情况

- 大多数学生在我的课堂上参与水平比较高；
- 身体条件和运动能力比较差的学生与我的关系也很好；
- 我能公平公正地对待每一个孩子；
- 我常常被学生在学习过程中的创造性所感动。

调查结果：①中学：难以判断的 43 人占 24.86%；基本符合的 130 人占 75.14%；总计 100%。②小学：难以判断的 27 人占 20.30%；基本符合的 106 人占 79.70%；总计 100%。

这部分问题主要反映教师与学生之间的情感关系问题，由于问题涉及的方面比较多,很难使调查的对象完全符合条件,所以结果都集中在基本符合和难以判断两部分。从调查结果看,大部分的中小学体育教师与学生的情感关系良好,师生的情感关系良好对提高教学效果、提高教学质量奠定了重要的基础,所以,东城区的教学质量应当是比较好的。

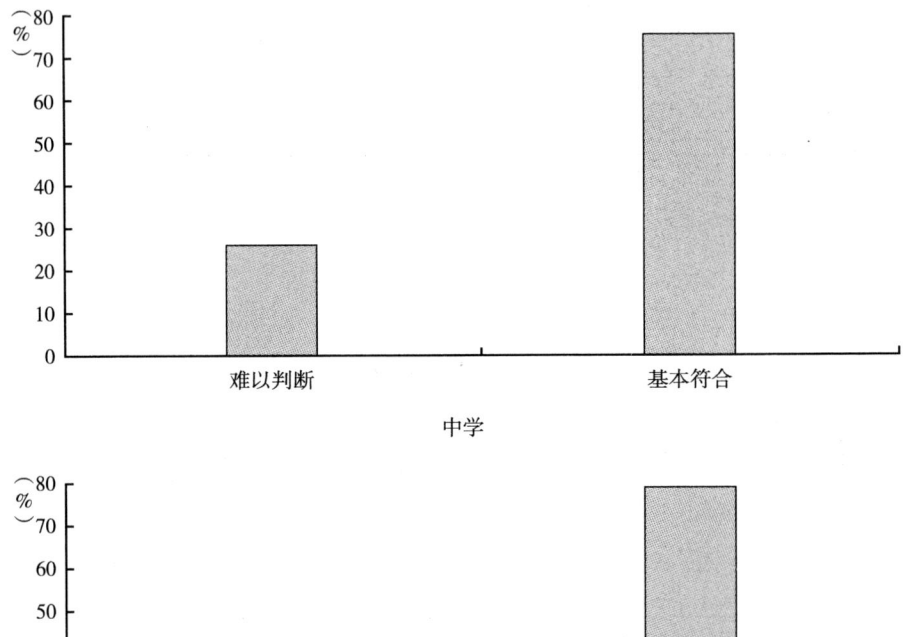

图42 所调查教师与学生之间师生情感关系情况

(4) • 我讲课时的语言感染力比较强;
• 我善于在公开场合(如开会)发表自己的看法;
• 我上课时语言的逻辑非常清楚;
• 我的口才和肢体语言能力适合当体育教师;

- 当体育教师提高了我的组织能力和语言表达能力。

调查结果：①中学：难以判断的21人占12.14%；基本符合的152人占87.86%；总计100%。②小学：难以判断的15人占11.28%；基本符合的118人占88.72%；总计100%。

这部分问题主要反映教师的语言表达能力和肢体语言能力，中小学体育教师自己认为基本符合的占绝大多数，难以判断的也是因为问题涉及的方面较多，有的问题不好说明。从教学过程来说，从传授知识技术与技能来说，从学生动作技能形成的过程来说，教师语言表达能力和肢体语言能力都是非常重要的。调查的结果是比较好的。

（5）• 我善于与陌生人交往；

- 我能够解决家长提出的一些问题；
- 我善于组织学生的各项活动；
- 我能与学校同事和谐相处。

调查结果：①中学：难以判断的31人占17.91%；基本符合的142人占82.09%；总计100%。②小学：难以判断的25人占18.80%；基本符合的108人占81.20%；总计100%。

这部分问题主要反映教师的各种能力，教师自己判断自己的各种能力：交往能力、分析问题解决问题的能力、组织能力、合作能力。符合以上各方面能力的教师在80%以上。难以判断的也是由于问题涉及的方面较多，有的问题不好说明。调查的结果表明东城区中小学体育教师这支队伍的能力是较强的。能力强的教师的前提条件是水平高，即先有水平后有能力，学习掌握多方面的知识，具备了水平才有能力，能力是知识水平运用的结果。调查的结果是比较好的。

（6）下面是一些导致教学困难的因素，请联系自己的情况，确定这些因素导致本学科困难的程度，并在符合程度表中选择。

- 不知道如何引导学生掌握运动方法；
- 使用计算机不熟练；
- 不知道如何利用网络，引导学生探究学习；
- 备课资料匮乏；

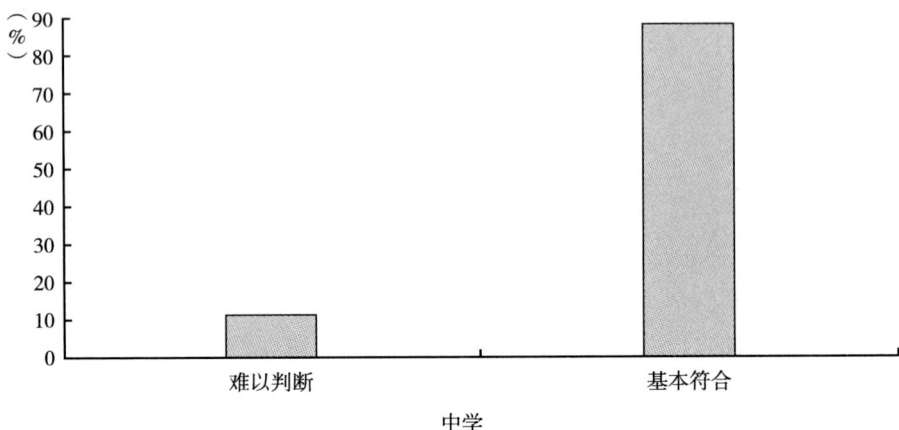

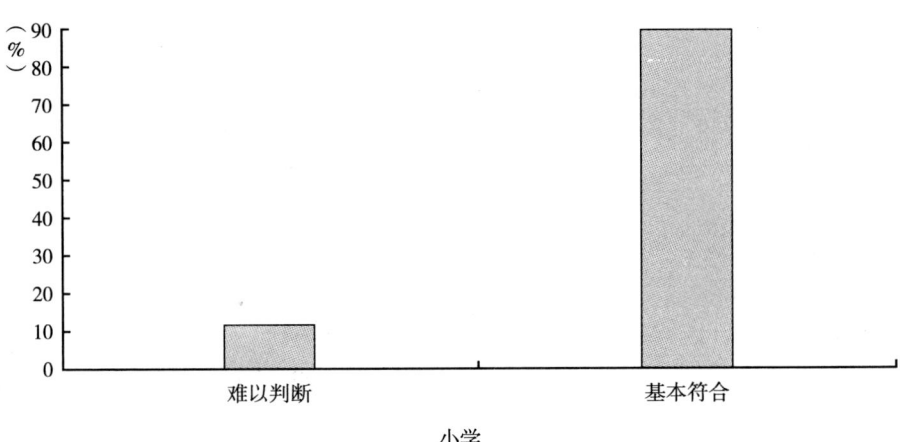

图 43　所调查教师组织能力和语言表达能力情况

- 没有时间参加教研活动；
- 没有条件与同行备课研讨；
- 学校领导不重视体育课；
- 学生不爱上体育课；
- 学生不重视体育课；
- 教改信息闭塞；
- 没有条件上网查资料；
- 不知道如何很自然地结合教学内容对学生进行情感、态度和价值观教育；

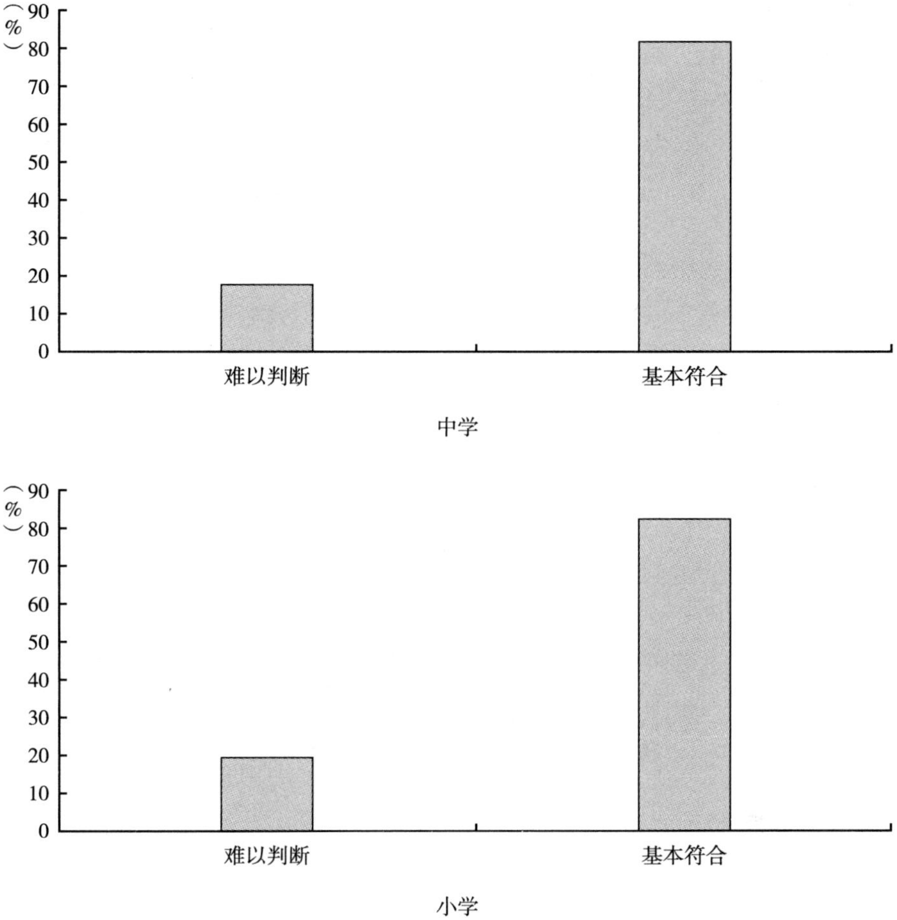

图 44 所调查教师的综合能力情况

- 现在的进修不适合我的需要；
- 对于新课程理念不理解；
- 其他。

调查结果：①中学：完全不符合的 60 人占 34.68%；基本不符合的 62 人占 35.83%；难以判断的 24 人占 13.87%；基本符合的 21 人占 12.14%；完全符合的 6 人占 3.47%；总计 100%。②小学：完全不符合的 49 人占 36.84%；基本不符合的 54 人占 40.60%；难以判断的 14 人占 10.53%；基本符合的 13 人占 9.77%；完全符合的 3 人占 2.26%；总计

100%。

中小学体育教师回答的问题情况正常,此问题涉及的方面较多,完全不符合、基本不符合的回答结果在70%以上。调查结果发现,中小学体育教师难以判断调查内容导致教学困难,少部分教师选择了基本符合、完全符合。调查内容涉及15个方面,每个方面要具体分析,要认真加以解决。

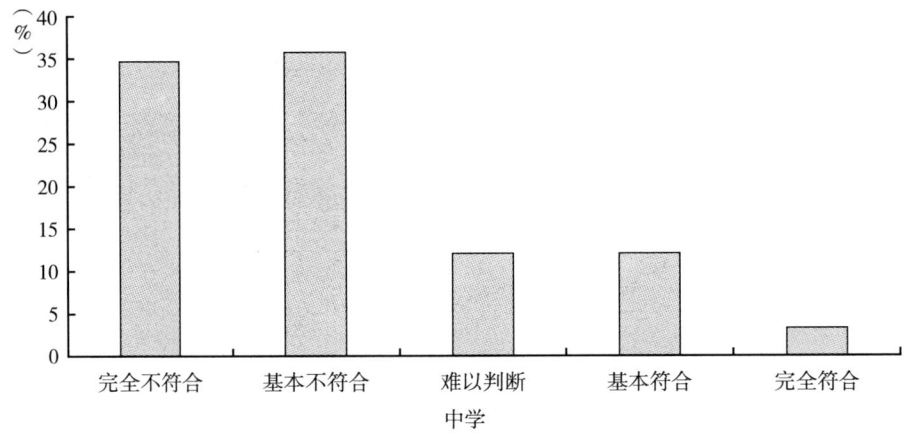

中学

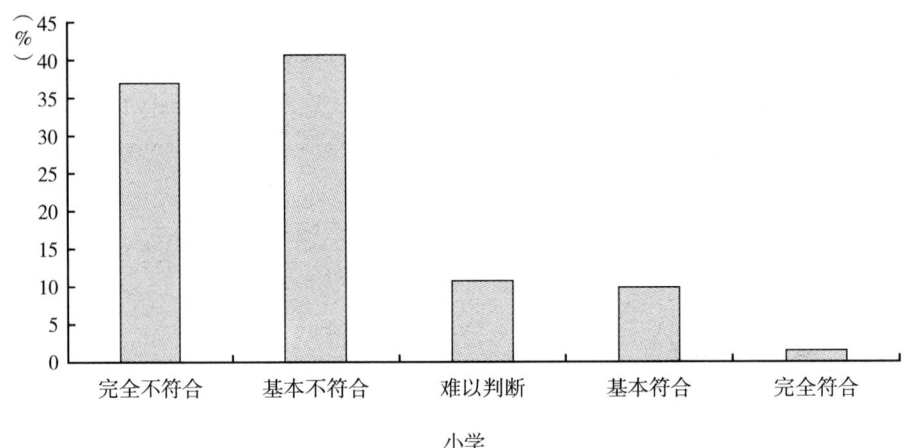

小学

图45 所调查教师认为导致教学困难原因情况

五 调查的结论

此次对北京市东城区中小学体育学科教师的调查与分析,是根据北京市九年义务教育阶段教学质量监控与评价方案进行的，此教学质量监控与评价方案是在北京市不断推进教育改革，研究基础教育教学质量的评价与实践的基础上推出的，在这次的实践研究中我们对北京市东城区全区中小学的绝大部分体育教师进行了调查（除极特殊的原因极个别的教师没有参加调查外），中学共调查173位教师，小学共调查133位教师。调查问卷涉及5个维度40多个大问题，通过调查我们对北京市东城区中小学体育教师有了较深入的了解，由此得出以下结论。

（1）体育教师队伍有了很大的变化，教师专业化程度有了很大提高，女教师人数少。教师的年龄结构趋于年轻化。学历有很大提高，中学约10%的教师没有达到本科学历，小学近10%的教师没有达到大专学历，中学高级职称的教师比例偏低。

（2）教师的学历进修有了较大提高，主要表现在工作前后学历层次的提高。中小学都有一部分教师近年来没有参加各类学习，这对教师的知识更新和掌握了解新的教学理念非常不利，应重点加以解决。调查发现中小学体育教师参加区级、校级的各类研讨会和课题研究的活动较多，但参加市级的活动机会较少。

（3）教师根据课程标准要求开展教学活动，教师备课所用的时间、查阅资料、上网查找信息资料的情况比较好。中小学体育教师在运用现代教育技术制作课件方面还有差距，经常制作课件的教师人数较少，这可能与学科特点有关。中小学体育教师在备课过程中考虑的因素较多，考虑的因素相对比较分散，这也能体现出教师在备课的过程中综合考虑的各方面情况，表现出教学的综合目标及学科特点。中小学体育教师采用的使学生参与到教学中的方式，包括经常使用表扬鼓励、有趣的教学内容、系列活动（操作、游戏、讨论）、小组合作方式方法。从未使用的方式方法在教师中极少，说明以上方式方法在教师教学的过程中能合理使用，只不过是有的用得多、有的用得少，这也是根据教学的具体情况来安排的。

（4）教学质量评价方面，中学体育教师给学生布置作业的检查评价情况不好，偶尔检查评价的教师人数较多，小学教师也有一部分，人数也不少。引导学生相互评价，是因为教师考虑到相互评价的学法因素与合作因素。教师评价学生成绩考虑的因素是比较合理的,涉及的因素相对比较统一,各项因素所体现的比例也比较适合体育教学的情况。评价教学目标情况方面,中学教师经常评价的依次是：学生学习态度、学科基本技能、学科基本能力、身体健康状况等；小学教师经常评价的依次是学科基本技能、学科基本能力、学生学习态度、身体健康状况等。考试测查学生情况方面,中学教师考察最少的是基本知识记忆,考察较多的几项依次是运动能力、身体素质、运动技术与技能,这也是体育学科的特点；小学教师考察较多的几项依次是身体素质、运动技术与技能、运动能力、基本知识记忆,既考察了体育学科的特点,又考虑了小学生文化水平特点。

（5）对教师的教学态度、教学能力、语言表达能力、与人交往能力的调查结果与分析表现,绝大部分教师都在基本符合和难以判断的层面上。在导致教学困难原因的程度调查结果方面,此问题涉及的方面较多,完全不符合、基本不符合回答的结果在70%以上。调查结果发现中小学少部分教师难以判断调查内容导致教学困难,少部分教师基本符合与完全符合调查内容导致教学困难。调查内容涉及15个方面,各方面要具体分析,每个方面认真加以解决。

六 建议

（1）进行北京市东城区中小学体育学科教学质量监控与评价,有利于全面贯彻教育方针,推进素质教育,提高教学质量,更有利于教师专业化的发展,为此应加强宣传力度,提高认识,使教师能够在新的课程改革的理念下,学习、了解、掌握新的课程标准,要求教师要深入地了解、研究教学质量的监控和评价体系。在课程标准的要求下,确定教学目标,有针对性地提高自身的专业知识水平,教学技能和创新能力,提高教学效果。

（2）进行北京市东城区中小学体育学科教学质量监控与评价应加大培训力度,做好此项工作的主要责任部门是政府和教育行政部门,应制定严格的政策法规,突出强调建立促进学生发展为目标的评价体系和提高教学质量的评价体系的目标和要求。加强对校长、教学研究部门和教师的培训工作,使他们对教学质量监控与评价涉及的教学理念,课程标准,评价的功能、内容和工具方法，对教学质量及影响教学质量的因素等方面有比较全面的了解，以促进教学质量监控与评价的实施。

（3）进行北京市东城区中小学体育学科教学质量监控与评价，关键是要以国家教育方针法规政策为依据，从培养现代化人的需要出发，以新课程标准为蓝图结合学校教学研究具体实践。因此，在对教学质量监控与评价的过程中，应组织一支专业的评价队伍，要有科学可行的评价标准、评价方案，同时还要依靠教育行政部门的支持，还需要政府的资本保证以促进此项工作的开展。

（4）进行北京市东城区中小学体育学科教学质量监控与评价，在实施北京市九年义务教育阶段教学质量监控与评价的过程中，在提高教学质量的同时，根据《体育法》《学校体育工作条例》的要求搞好各项体育工作。根据上述对中小学体育教师的调查分析研究，对找出的问题认真加以解决，使东城区的体育教学工作等各项体育工作有更好更大的发展提高。

参考文献

《北京市九年义务教育阶段教学质量评价与监控方案》，北京市教育委员会。
《深入学校体育教学改革的研究》，人民教育出版社，1999。
《学校体育教学探索》，人民教育出版社，2000。
《学校体育科研方法》，科学出版社，2000。
《体育与健康课程标准》，北京师范大学出版社，2001。

经典案例篇

Classic Cases

B.11 中国马术赛事产业发展报告

摘　要： 近年来，随着我国经济的不断发展，关注与从事马术运动的群体逐渐壮大，马术运动市场颇受关注。但作为一项起源于欧洲，在国内刚刚起步的体育赛事，无论是赛事级别、赛事规模、参赛选手水平，还是赛事组织运营的规范化程度、赛事组织人员的专业化程度，抑或是观众对于赛事的关注程度、企业对于赛事的了解及认可程度，都与国外有不小的差距。本文将会围绕国际马联场地障碍世界杯中国联赛进行分析，希望通过对于这项赛事的剖析，客观呈现我国马术赛事的发展情况，并据此提出相关建议，为我国马术赛事产业的发展献计献策。

关键词： 马术赛事　马术产业　马术运动

一　我国马产业的发展概况

马术运动在全球的普及与发展，带动了以马术赛事为核心的马产业的发展。马产业有传统马产业与现代马产业之分。现代马产业由传统马产业演变而来，如果说传统马产业是源于社会的发展，那么现代马产业则更多的是源于人类的娱乐和健康需求。传统马产业的主要特点是马匹以役用为主，主要包括农用、交通、军事和产品生产等，而现代马产业的主要特点是马匹以非役用为主，主要包括赛马、马术、体育娱乐、旅游、健身等。现代马产业，以马匹使用功能的转变并产生巨大的社会效益和经济效益为特征，正在成为社会发展的主流产业。

欧美发达国家的现代马产业相对比较成熟，产业规律与产业价值得到了有效的梳理与挖掘，成为这些国家重要的经济增长点，每年为社会创造大量的收入和就业机会。美国现代马产业在政府的引导下高速发展，马匹数量从几十万匹发展到今天的900多万匹，马匹品种多、价值高。目前马产业已是美国的重要产业，为美国提供140多万个就业岗位，是美国就业人数最多的产业之一。澳大利亚马产业是其第三大产业，仅次于羊毛业和煤炭业，提供了近13万个工作岗位，也是澳大利亚就业人数最多的产业之一。英国、德国、法国、日本、爱尔兰等国，马产业在GDP中均占有很高的份额，也是这几个国家的支柱产业，提供了大量的就业机会。

与国外早已拥有现代马产业不同，目前我国仍处于传统马产业向现代马产业的过渡阶段。虽然我国一直是世界上公认的马文化发源国之一，但由于历史、文化、政治等多种因素的影响，我国马产业的市场发育程度低、综合开发和利用能力不高，没有形成消费热点。因此，通过借助马产业链条上的核心环节——赛事，建立一条完整的，涉及马匹繁育、马匹驯养、饲料生产、马匹和骑师装备生产、赛马、马匹交易、马产业人才培养、马科学研究、马术培训等各个环节的现代马产业链，是推动我国马产业发展的前提条件。通过马产业链条的完善，推动其与文化产业、传媒业、旅游业、教育业、金融业、交通物流业等延伸产业的发展。

毫无疑问，起步较晚的中国马产业拥有更加广阔的市场发展空间与前景。2010年4月，阿联酋迈丹集团正式确认在天津投资40亿美元兴建中国天津马城，这笔巨额投资是迄今为止国际上对中国马产业最大的投资。同年9月，国内第一个集马匹展示、马产业投资、马术表演及相关马产业展示为一体的马主题展会——HORFA中国国际马博会在上海成功举办。①

2010年,广州市为亚运会马术比赛斥资7亿元,修建了面积达2200亩、目前国内最大的赛马场。广州从化拟借亚运东风发展高端旅游产业——赛马休闲运动产业的消息,吸引了大量投资者的关注。在马场建设伊始,多个房地产投资商已相继进驻从化抢占商机,在马术场周边巨资打造国际顶级商业休闲项目。例如,侨鑫集团投资80亿元打造国际级度假村,首期投资50亿元,建设内容包括国际会议中心、体育公园、白金五星级温泉酒店、博物馆及SPA水疗中心等顶尖配套设施。毋庸置疑,广州此举正是借助亚运会的契机打造赛事经济链,从化从此形成了一条以"赛马"为中心的高端旅游产业链,带动了广东马产业的发展。

此外,以北京、成都、鄂尔多斯为代表的诸多城市都在围绕马术赛事打造大型的马术节,这些活动的成功举办,带动了我国马产业的发展。2011年9月,中国马术节在成都温江胜利举行,成为中国马术产业发展的重要事件。马术节吸引了来自国内顶尖的马术队伍和骑手及民族马术表演、障碍赛、马篮球等一系列以马为主题的体育赛事接连上演,掀起马术运动的热潮,上百万人次见证了这场"速度与激情"的运动盛宴。其间,以马术运动发展为主题的"2011中国马术运动发展论坛暨第三届西部国际马术论坛"成功举办,在理论层面为我国马术运动的发展出谋划策。

在成都统筹城乡发展战略的指引下,温江金马镇因地制宜,结合马术产业发展,打造独具欧式风情的骑士小镇,不仅带动了当地的旅游、餐饮、住宿的发展,让群众围绕体育运动产业就业增收,更为温江打造全国一流的体育产业基地和田园生态运动休闲旅游城市奠定了基础。通过举办2011中国马术节,温江的基础设施建设实现了提升,完成了10公里骑士大道景观建设,配套完善了停车场、道路、绿化等基础设施,水映长滩公园、咖啡长廊、游客服务中心、迎水面景观雕塑以及滨河大道建成投入使用,金马河休闲长廊日趋成熟。借力2011中国马术节,"运动温江·幸福马都"成为温江的又一张城市新

---

① 资料来源:http://www.moneydao.com/info_show.php?id=243。

名片。①

总体而言，在资本、市场、政策等各种因素的共同推动下，我国马产业的发展迎来了良好的发展契机，但不可否认的是，与国外马产业发展相对成熟的国家相比，我国的马产业还属于新兴产业。通过举办世界级别的马术比赛以及与马术相关的展览会等活动，可以使我国的马产业发展从开始就建立在国际化、标准化的框架之下，在短时间内与马产业发达国家建立联系，增进相互之间的交流，促进举办城市在马产业方面更快、更好的发展。

作为马产业链条中的核心组成部分，马术赛事的发展状况对于马产业链条中其他环节的发展有着重要的影响，下文将对我国马术赛事的发展状况进行分析。

二 国内外马术赛事概况

现代赛马起源于英国，在英国，赛马被称为"国王的运动"。1734年，世界上最早的马术俱乐部——查尔列斯顿马术俱乐部在美国弗吉尼亚成立。18世纪，有商业目的、以较系统的赛事规则组织的现代赛马的形式基本形成。现代赛马根据比赛形式的不同可分为三个主要类型，即平地赛（Flat Racing）、障碍赛（Hunt Racing）和快步赛（Harness Racing）。1896年，在希腊雅典举行首届现代奥林匹克运动会时就有人提出将马术列为比赛项目，但是由于组织工作难度较大和主办国希腊对该项目缺乏兴趣而未能实现。1900年，在巴黎举办了第1次国际马术比赛。1906年，以冯罗森（Clarence Von Rosen）伯爵为首的一些瑞典军官向顾拜旦提出马术进入奥运会的建议，并受顾拜旦的委托起草了具体的比赛方案。1907年，在海牙举行的奥林匹克代表大会通过了该方案，拟在1908年的伦敦奥运会纳入马术比赛，但是伦敦奥运会组委会并未执行该决议。直到1912年，在瑞典斯德哥尔摩举行第5届奥运会时，马术才进入奥林匹克运动会赛场，来自10个国家的62名马术选手（均为军官）进行了首届奥运会马术比赛角逐。

---

① 资料来源：http://city.sina.com.cn/city/f/zgmsj2012/index.shtml。

在奥运会众多的比赛项目中，马术比赛一直被视为竞技性与观赏性相结合的比赛项目。骑者不仅自身要具备优秀的骑乘技术，在比赛过程中展示马匹的技巧、速度、耐力和跨越障碍的能力，更加关键的是，骑者要展现出与马匹之间的默契、配合与相互理解，从而通过马匹的动作展现出人与马之间和谐共处、合二为一的精神境界。正因如此，马术成为奥运比赛项目中一个最为特殊、最难驾驭同时也最具有独特魅力与挑战性的竞技项目。

作为一项起源于欧洲的体育赛事，马术运动在欧美国家有着广泛的群众基础，已成为人们生活方式的重要组成部分。欧洲马术网2010年的统计资料显示：马术产业对欧洲经济产生的影响高达1000亿欧元，提供了400万份全职工作，欧洲共计拥有600多万马匹，600万公顷的永久性草地被用于给马放牧，2010年从事马术运动的人数增长了5%。此外，在国际上，每年有78000次比赛和10000次国际体育赛事，这些数据仅代表了马术行业中的顶级精英赛，并没有把欧洲很多地区每周都会举行的许多的小型竞赛考虑在内。①

我国是世界上养马历史最悠久的国家之一，也是世界马文化历史最为悠久和发达的国家之一。早在5000多年前已用马驾车，殷代即开始设立马政，是世界上最早的马政雏形。在我国的文化、艺术以及人们的生活、生产中，马占据了很重要的地位，以至于评价功绩都比喻为"汗马功劳"，可见我国马文化在历史上的丰厚程度。数千年来，中华民族，尤其是北方民族之于马有着深厚的情结与历史文化内涵。但与现代马术运动在国际上的风靡程度比较而言，我国马术运动的发展可谓处于起步阶段。虽然2013年国内也承办了26次全国比赛（见表1）、20次国际比赛（见表2），但无论是赛事级别、赛事规模、参赛选手水平，还是赛事组织运营的规范化程度、赛事组织人员的专业化程度，抑或是观众对于赛事的关注程度、企业对于赛事的了解及认可程度，都与国外有不小的差距。

---

① 资料来源：http：//www.europeanhorsenetwork.eu/index.php？page＝horse－industry－in－europe。

中国马术赛事产业发展报告

表1　2013年马术运动赛事计划（全国比赛）

编号	竞赛名称	阶段	比赛时间	比赛地点	运动员人数
1	全国马术绕桶巡回赛第一站		5月	山东青岛	50
2	全国马术三项锦标赛暨全运会预选赛第一站		5月10日至12日	山东济南	60
3	全国马术场地障碍锦标赛暨全运会预选赛第一站		5月24日至26日	自剑中心现代五项与马术训练基地	60
4	全运会马术场地障碍预选赛第二站（中国马术场地障碍巡回赛第三站）		6月7日至9日	自剑中心现代五项与马术训练基地	60
5	全国马术盛装舞步锦标赛暨全运会预选赛		6月14日至16日	自剑中心现代五项与马术训练基地	40
6	全运会马术三项赛预选赛第二站		6月21日至23日	辽宁沈阳	50
7	全国马术场地障碍青少年锦标赛		7月	自剑中心现代五项与马术训练基地	40
8	全国马术绕桶冠军赛第一站		7月中下旬	内蒙古太仆寺旗	60
9	全国马术绕桶冠军赛第二站		8月初	内蒙古达拉特旗	50
10	全国马术绕桶巡回赛第二站		8月底	北京延庆	50
11	全运会		8月31日至9月12日	辽宁沈阳	100
12	中国马术大赛（三项、舞步、速度、绕桶、耐力）		9月下旬	内蒙古锡林浩特	300
13	全国马术绕桶巡回赛第三站		10月初	山东济南	50
14	中国马术节三项赛		11月上旬	四川成都	60
15	中国马术节盛装舞步赛		11月上旬	四川成都	30
16	全国速度赛马锦标赛		10月底	湖北武汉	80
17	全国速度赛马巡回赛第一站		7月中旬	山西右玉	100
18	全国速度赛马巡回赛第二站		8月中旬	内蒙古	100
19	全国速度赛马巡回赛第三站		10月中旬	山东济南	100
20	全国速度赛马巡回赛总决赛		11月上旬	四川成都	80
21	全国马术场地障碍冠军赛				50
22	全国马术盛装舞步冠军赛				40
23	全国马术绕桶巡回赛第四站				50
24	全国马术耐力赛巡回赛第一站				150
25	全国马术耐力赛巡回赛第二站				150
26	全国马术耐力赛巡回赛第三站				150

表2 2013年马术运动赛事计划(国际比赛)

编号	竞赛名称	阶段	比赛时间	比赛地点	运动员人数
1	雪地马球世界杯		1月23日至25日	天津	40
2	中国马术场地障碍巡回赛第一站		5月1日至3日	自剑中心现代五项与马术训练基地	60
3	中国马术场地障碍巡回赛第二站		5月17日至19日	自剑中心现代五项与马术训练基地	60
4	中国马术场地障碍巡回赛第三站		6月7日至9日	自剑中心现代五项与马术训练基地	60
5	王子杯马球赛		6月12日至16日	天津	30
6	青年世界杯马球赛		7月26日至8月4日	天津	30
7	国际绕桶联盟世界杯选拔赛	4站	4~8月	内蒙古	80
8	国际绕桶联盟世界杯		8月	内蒙古	50
9	马术场地障碍公开赛		9月21日至22日	北京	60
10	中国马球公开赛		9月底	北京	40
11	马球超级联赛		9~11月	天津	100
12	中国马术场地障碍巡回赛总决赛		10月1日至3日	北京	60
13	上海GCT世巡赛		10月6日	上海	50
14	中国马术节场地障碍大奖赛		11月上旬	四川成都	50
15	国际马联场地障碍世界杯中国联赛第一站		4月29日至5月5日	北京	50
16	国际马联场地障碍世界杯中国联赛第二站		10月12日至15日	北京	50
17	国际马联场地障碍世界杯中国联赛第三站		10月16日至20日	北京	50
18	国际马联盛装舞步挑战赛		11月	待定	40
19	国际马联场地障碍挑战赛		7月3日至7日	北京	60
20	国际马术大师赛		4月19日至21日	北京	60

资料来源：国家体育总局自行车击剑运动管理中心。

这种差距的存在，一方面说明我国马术赛事未来的发展仍需经历一个长期的过程，在未来的发展过程中，需要各方力量的共同努力与支持。笔者认为，现阶段马术运动在国内的发展状况，如同网球10年前在国内的发展情形一般。借助2004年雅典奥运会李婷、孙甜甜在网球女子双打比赛中夺冠，中国网球公开赛以及上海网球大师赛举办的契机，以及郑洁、晏紫在澳网、温网称雄女

中国马术赛事产业发展报告

双赛场,直至李娜在2011年称雄法网女单赛场,网球在中国的发展走向顶峰。正是在各方力量的共同努力下,在2013年中网十周年之际,才出现了众星云集、一票难求的场景。

另一方面,也说明了马术赛事在我国有着巨大的发展潜力与空间,中国市场未来将会成为马术运动最具发展前景、最具发展活力的区域。随着全球经济进入新的发展周期,新富阶层总体人数急剧上升,同时伴随着奥运会、全运会、亚运会等综合赛事中马术比赛以及绕桶赛、障碍赛、盛装舞步等单项马术赛事的举办,马术运动风潮在中国正逐渐流行起来,越来越多的人喜欢上了骑马这项高端、时尚的运动项目,马术人群数量不断增加。英国市场调研公司(Research International)在2009年的一项调查数据显示,居住在中国大陆GDP最高的11个城市的马术爱好者多达47万人。越来越多的国外马匹进入国内,国内马术俱乐部的数量也随之增长。

目前,马术俱乐部在全国的覆盖范围已相当广泛,并开始提供多样化、定制化的服务,以更好地满足市场的需求。从早期简单的为爱好者提供骑马场所,发展到专业培训骑手、驯养、繁育马匹、开展马术旅游、组织马术赛事和节庆活动、参与马匹贸易。中国市场对全球各地良种马匹、专业马场设施、高级饲料、医疗、检验检疫用品和专业骑术教练的需求逐步上升,因此吸引了全球各地大量的优良马匹供应商、马匹运输服务商、马术用品及马产业用品品牌、马产业管理及马术培训专家的注意。

相关资料显示,目前,中国约有800余家马术俱乐部,其中主要集中在北京、上海、广州等一线城市。其中,在北京,具有一定规模的马术俱乐部已经超过60家,上海有大大小小的马术俱乐部20多家,其中拥有50匹马、占地百亩左右的大型马场就有十多家。与此同时,国内二、三线城市的马术俱乐部发展迅猛,全国每年新增的马术俱乐部数量为20~30家。除了成功人士、企业白领,越来越多的文娱明星也成为马术运动的忠实拥趸,像沙宝亮、郭涛等都将骑马作为放松、休闲的运动项目,这也无形中成为马术运动发展的重要宣传渠道。

参与人群数量的增加、俱乐部的兴起、赛事数量的增加、赛事种类的丰富、赛事质量的提高、国际马术联合会对中国市场的青睐、以浪琴为代表的企

业对马术赛事的青睐等,为我国马术运动的发展奠定了基础。下文将会围绕国际马联场地障碍世界杯中国联赛及绕桶赛展开,通过剖析这两项赛事的发展状况,为未来我国马术赛事产业的发展提供参考和借鉴。

三 国际马联场地障碍世界杯中国联赛

在欧洲,马是贵族的象征,对欧洲人而言,骑马不但是一种艺术,更是骑师与马匹的结合,成为一门学问。作为一项自然、人文、和谐的运动项目,马术在全球颇受关注,影响力与日俱增。在当今全球顶级赛事资源,尤其是奥运比赛项目极端稀缺的情况下,2011年,赛事首次落户中国,中国有幸成为全球16大赛区之一,国际马联场地障碍世界杯中国联赛成为与中网相比肩的高端赛事的最高等级比赛,成为继北京中网、上海F1、上海大师杯、深圳观澜湖高尔夫世界杯之后,性价比极高的顶级赛事。

(一)赛事简介

作为一项起源于欧洲皇室的运动项目,马术素来享有"全球第一贵族运动"的美誉,高雅、刺激、人与动物完美融合以及男女同场竞技的特点更是赋予了运动本身无与伦比的魅力。马术也成为英国皇室出席和参加次数最多的比赛项目,安妮公主参加了1976年蒙特利尔奥运会,伊丽莎白女王外孙女拉扎·菲利普斯(Zara Phillips)参加了2012年伦敦奥运会,并且斩获团体银牌。

国际马术联合会(International Equestrian Federation, FEI),简称国际马联,是国际单项体育联合会总会的成员,1921年11月24日在巴黎成立,创始国有比利时、丹麦、意大利、挪威、美国、法国、瑞典和日本,现有会员国130个,工作用语是法语和英语,总部设在瑞士洛桑,现任主席为哈雅公主。所辖项目包括盛装舞步、骑术、超越障碍赛、三日赛、马车赛、耐力赛和跳跃等。中国马术协会于1983年6月加入国际马术联合会。

国际马联(FEI)场地障碍世界杯是由国际马术联合会主办,由各地区马术协会承办的跨年度马术场地障碍赛。赛事创立于1978年,迄今已连续举办

34届,在全球共有16个赛区,比赛周期通常为每年的4月、5月至次年的4月、5月。它是目前世界上影响力最大、级别最高、难度最大、参赛人数最多的单项马术官方赛事。

作为中国乃至亚洲最高级别的马术赛事,参赛选手主要包括全国马术锦标赛有成绩记录的运动员,中国香港和台湾地区及韩国的顶级选手以及英国皇室、国际顶级知名选手(世界排名前30位)。每年举办三站比赛,前两场比赛为积分赛,第三场比赛为中国赛区总决赛,第三场比赛结束后产生中国赛区总冠军,赛事总冠军获得参加国际马联场地障碍世界杯年终总决赛的资格。赛事是中国大陆地区、香港地区、台湾地区及韩国选手参加年终总决赛的唯一渠道。

2013赛季,在北京大兴京城马汇俱乐部和朝阳公园共计举办三站比赛,取得了圆满成功,为观众奉上了一道高端顶级的马术饕餮盛宴。与2012赛季相比,赛事在四个方面取得了进步:首先,充分挖掘了马主赛、俱乐部赛、青少年赛三项赛事的魅力,实现真正意义上的四大赛事联动,提升了赛事的观赏度;其次,鼎力邀请世界排名第一的本·马赫及世界其他顶级知名选手、国内外社会名流参与其中,吸引全球关注的目光;再次,为赛事配备丰富多彩的配套活动,包括骑士之夜、马术博览会、欢乐家庭亲子活动、马文化及各类艺术展,吸引更多的观众参与其中,更好地推广与宣传马术运动;最后,制定了详尽、完善的年度传播计划,并在中央电视台体育频道(CCTV-5)进行了6场赛事直播、1场录播,播出总时长不少于400分钟,加大了媒体传播力度,充分发挥了全媒体传播功效,助推了赛事影响力的提升。

(二)赛事规格

国际马联场地障碍世界杯中国联赛规格高低完全取决于比赛总奖金额的多少。最高规格的比赛为五星级比赛,奖金不低于4188500元人民币;最低级别的比赛为一星级比赛,奖金为0~418999元人民币。2013国际马联场地障碍世界杯中国联赛北京站为二星级比赛,奖金总额为419000元人民币;二星级比赛的奖金总额为419000~1256499元人民币;三星级比赛的奖金总额为1256500~2093999元人民币;四星级比赛的奖金总额为2094000~4188499元人民币(见表3)。

表3　2013国际马联场地障碍世界杯不同规格奖金额

Events Category/Currency	Min/Max	CSI/CSI01 *	CSI/CSI02 *	CSI/CSI03 *	CSI/CSI04 *	CSI/CSI05 *
GTQ	2013min	—	455500	1367500	2279500	4558500
	2013max	455499	1367499	2279499	4558499	—
THB	2013min	—	1940500	5822000	9703500	19407500
	2013max	1940499	5821999	9703499	17407499	—
CNY	2013min	—	419000	1256500	2094000	4188500
	2013max	418999	1256499	2093999	4188499	—
COP	2013min	—	95055000	285170000	475285000	950570000
	2013max	95054999	285169999	475394999	950569999	—
IDR	2013min	—	495040000	1485140000	2475240000	4950485000
	2013max	495039999	1485139999	2475239999	4950484999	—
KGS	2013min	—	2538000	7614000	12690500	25380500
	2013max	2537999	7613999	12690499	25380499	—
TND	2013min	—	83500	250000	416500	833500
	2013max	83499	249999	416499	833499	—
UZS	2013min	—	100000000	300000000	500000000	1000000000
	2013max	99999999	299999999	499999999	999999999	—
VEF	2013min	—	229500	688500	1148000	2295500
	2013max	229499	688499	1147999	2295499	—

（三）赛事奖金分配

参赛选手数量不同，选手所获得的奖金数量也存在差异。如果赛事只有11名或不足11名选手参赛，那么参加比赛并且顺利完成比赛的所有选手都会获得奖金。具体分配方法为按照国际马联的规定，首先按比例将12名选手的奖金进行分配。第一名为奖金总额的33%，第二名为奖金总额的20%，第三名为奖金总额的15%，第四名为奖金总额的10%，第五名为奖金总额的6%，第六名为奖金总额的4.5%，第七名为奖金总额的3%，第八名为奖金总额的2.5%，第九名为奖金总额的2%，第十名为奖金总额的2%，第十一名为奖金总额的1%，第十二名为奖金总额的1%。假如只有5名参赛选手，那么冠军获得的奖金为第一名奖金+第六名奖金+第十一名奖金；亚军获得的奖金为第二名奖金+第七名奖金+第十二名奖金；季军获得的奖金为第三名奖金+第八名奖金；第四名获得的奖金为第四名奖金+第九名奖金；第五名获得的奖金为第五名奖金+第十名奖金。假如有10名参赛选手，那么冠军获得的奖金为第一名奖金+第十一名奖金；亚军获得的奖金为第二名奖金+第十二名奖金。第三名至第十名选手奖金按照既定比例进行分配。

如果参赛选手数量为12~48名，那么获得前12名的选手将会获得奖金，具体分配比例为第一名为奖金总额的33%，第二名为奖金总额的20%，第三名为奖金总额的15%，第四名为奖金总额的10%，第五名为奖金总额的6%，第六名为奖金总额的4.5%，第七名为奖金总额的3%，第八名为奖金总额的2.5%，第九名为奖金总额的2%，第十名为奖金总额的2%，第十一名为奖金总额的1%，第十二名为奖金总额的1%（见表4）。

表4 奖金分配明细

N° of starters	up to 11	12 – 48		over 48	
N° of prizes	Same as the number of starters who finish the Competition	12		more than 12	
Prize money	40000	40000.–		40000.–	
		%		%	
winner	All Athletes having completed the Competition receive prize money, to be distributed according to the percentages at right from the 1st placed to the last placed Athlete. The remaining prizes, i.e. the prizes foreseen up to 12th place, are then distributed in descending order starting again with the 1st placed Athlete until there are no more prizes to be distributed. See examples below*.	33	13200	33	13200
2		20	8000	20	8000
3		15	6000	15	6000
4		10	4000	10	4000
5		6	2400	6	2400
6		4.5	1800	4.5	1800
7		3	1200	3	1200
8		2.5	1000	2.5	1000
9		2	800	2	800
10		2	800	2	800
11		1	400	1	400
12	n/a	1	400	1	400
total	40000	100	40000	100	40000

续表

N° of starters	up to 11	12 – 48	over 48
	* Examples: 5 Athletes: winner gets the prize for 1st (33%) and the other Athletes get the relevant percentages down to the last Athlete, i. e. 5th place (6%). The prize for 6th (4.5%) is then given to the winner, the prize for 7th (3%) is given to the 2nd placed Athlete, the prize for 8th (2.5%) is given to the 3rd placed Athlete, the prize for 9th (2%) is given to the 4th placed Athlete and the prize for 10th (2%) is given to the 5th placed Athlete. The prize for 11th (1%) is then given to the 1st placed Athlete and the prize for 12th (1%) is given to the 2nd placed Athlete. 10 Athletes: winner gets prize for 1st (33%) and 11th (1%), second placed gets prize for 2nd (20%) and 12th (1%); the remaining Athletes receive the prize money for their placing as per the percentages form 3rd to 10th place.		OC must provide additional prizes for the remaining placed Athletes to fulfil quota of one prize per four Athletes. The amount to be given to each of these Athletes must be stated in the Schedule.

（四）项目设置

国际马术联合会对于各站比赛的项目设置没有统一规定，但其通常会要求每站比赛必须包括哪几项比赛。例如，国际马联要求每站场地障碍世界杯需包括世界杯140～145cm级别、俱乐部120cm个人级别，那么各站赛事组委会在项目设置上就必须设置这两个项目的比赛，除此之外的项目设置由赛事组委会灵活安排。

在项目设置方面，主要通过个人与团体、成人赛与青少年赛以及障碍杆高度的差异来区分不同的项目。将上述三个因素中的两个或三个结合起来，形成不同的项目种类及级别。通过2013国际马联场地障碍世界杯中国联赛北京站项目设置情况，能够发现赛事项目设置的一些特点。

1. 世界杯140～145cm级别

所谓140～145cm级别，指的是赛场内障碍高度介于140～145cm，是国际马联规定的国际马联场地障碍世界杯必须设置的比赛级别。选手通过参加此级别的比赛，才能够获得国际马联场地障碍世界杯的积分，从而获得参加年终总决赛的资格。

2. 100~110cm 业余马主赛及青年赛级别

所谓业余马主赛，指的是参赛选手并非专业的骑手，而是拥有马匹的业余爱好者。所谓青年赛是指年龄低于18周岁的选手参加的比赛。100~110cm 指的是场内障碍杆的高度介于100~110cm。这项赛事是为了让更多的青少年参与其中，从而更好地带动这项运动在国内的普及与发展。

3. 青少年地杆赛级别

所谓地杆赛，是指将障碍杆置于赛场地面上或障碍杆的高度非常低，通常为20cm或30cm。此级别的参赛选手多为刚刚从事场地障碍赛练习的青少年选手，赛事本身更加强调参与性。

青少年年龄须在16岁及以下。

4. 俱乐部团体 130cm 级别

所谓俱乐部团体，指的是各参赛选手以俱乐部为单位，每个俱乐部最多派出4名选手参赛，取成绩最好的3名选手积分，成绩最好的俱乐部获得冠军。参加俱乐部130cm级别的运动员需在中国马术协会注册的俱乐部报名参赛。所谓130cm级别，指的是场地障碍高度为130cm。

5. 年轻马赛级别

所谓年轻马赛，指的是对于参赛马匹的年龄提出要求，要求参赛马匹的年龄须在6岁以下。比赛高度第一天为80cm，裁判及路线设计师在第一天的比赛后决定第二天比赛高度，原则上不会高过100cm。

6. 青少年赛 60~80cm 级别

所谓青少年赛是指年龄低于18周岁的选手参加的比赛。60~80cm指的是场内障碍杆的高度介于60~80cm。这项赛事是为了让更多的青少年参与到这项赛事中来，从而更好地带动这项运动在国内的普及与发展。

7. 俱乐部 120cm 个人级别

参加俱乐部120cm级别的运动员须在中国马术协会注册的俱乐部报名参赛。所谓120cm级别指的是场地障碍高度为120cm。

（五）赛程设置

对于赛事而言，赛程设置的科学性与合理性很大程度上影响着赛事的精彩

程度与观赏性。对于马术赛事而言,在赛程设置时,除了考虑赛事的精彩程度与观赏性之外,更加需要考虑的因素是马匹能否承受比赛的强度,尤其是比赛周期较长的赛事。根据国际马联的规定,同一马匹不能在同一天参加两个级别的比赛。除国际马联的规定外,很多选手会结合所骑乘马匹的实际情况,灵活地控制参赛项目的数量及频次,目的是为了避免马匹受伤。通过2013国际马联场地障碍世界杯中国联赛北京站的赛程安排(见表5),可以看到马术赛事赛程设置的些许规律和特点。

表5 2013国际马联场地障碍世界杯中国联赛北京站赛程

Day One:Sunday, 28th of April 第一天,4月28日,周日		
09.00am – 08.00pm		Arrival of the horses(110cm and 130cm) 马匹抵达(110cm和130cm)
10.00am – 12.00pm	Horse Inspection 马匹验马	Medical Inspection of the horses for the 1.10m class 110cm级别验马
04.00pm – 04.30pm	Technical Conference 技术会议	Instructions for the 1.10m class rider 110cm骑手指导
Day Two:Monday, 29th of April 第二天,4月29日,周一		
09.00am –		Opening Show Office 组委会办公室开放
09.00am – 10.00am	马匹验马	Medical Inspection of the horses for the 1.30m class 130cm级别马匹验马
09.30am – 10.00am		Walk the course 熟悉路线
10.00am – 10.15am	Class 1 第一场	Individual Youth Competition Ground pole (approx. 6 riders) Height:ground pole 青少年地杆赛 (大约6位骑手) 障碍高度:低
10.15am – 10.25am	Class 1 第一场	Preparing for Prize Giving Ceremony 准备颁奖
10.25am – 10.40am	Class 1 第一场	Prize Giving Ceremony 颁奖仪式
11.00am – 12.00pm	Technical Conference 技术会议	Instructions for the 1.30m class rider 130cm骑手指导

续表

		Maintaining the ground Building the course 场地平整 路线障碍搭建
12.30pm – 01.30pm		Maintaining the ground Building the course 场地平整 路线障碍搭建
01.30pm – 02.00pm		Walk the course 熟悉路线
02.00pm – 02.30pm		Course explanation 路线说明
02.30pm – 03.10pm	Class 2 第二场	Individual youth competition Competition against the clock （approx. 18 riders） Height：100 – 110cm 青少年组、个人赛竞赛有速度计时 （大约18位骑手） 障碍高度:100~110cm
03.10pm – 03.30pm	Class 3 第三场	Horse Owner Competition against the clock （approx. 10 riders） Height：100 – 110cm 马主赛竞赛有速度计时 （大约10位骑手） 障碍高度:100~110cm
04.45pm	End of Day 2	第二天比赛结束

Day Three：Tuesday, 30th of April
第三天,4月30日,周二

08.30am		Opening Show Office 组委会办公室开放
08.00am – 09.00am		Building the course Maintaining the ground 路线障碍搭建场地平整
09.00am – 09.30am		Walk the course 熟悉路线
09.30am – 11.00am With a break of 5 – 10 min. in between for maintaining the ground 中间休息5~10分钟 场地平整	Class 4 第四场	Team Competition Competition over 2 Rounds 1st Round （approx. 41 riders） Height：1.30m 团体赛 共两轮 第一轮 （大约41位骑手） 障碍高度:130cm

续表

01.00pm – 01.50pm		Maintaining the ground Building the course 路线障碍搭建场地平整
01.50pm – 02.20pm		Walk the course 熟悉路线
02.20pm – 02.30pm	Ceremony 开幕式	Opening Ceremony 开幕式
02.30pm – 02.50pm	Class 4 第4场 Live Broadcast from 02.30pm – 03.30pm 现场直播时间： 下午2:30~3:30	Individual youth competition Competition against the clock (approx. 10 riders) Height：100 – 110cm 青少年组、个人赛 竞赛有速度计时 （大约10位骑手） 障碍高度：100~110cm
02.50pm – 03.30pm	Class 5 Live Broadcast from 02.30pm – 03.30pm 现场直播时间： 下午2:30~3:30	Individual horse owner competition Competition against the clock (approx. 18 riders) Height：1 – 1.10m 马主赛、个人赛 竞赛有速度计时 （大约18位骑手） 障碍高度：100~110cm
03.30pm – 03.40pm	Class 4 + 5 第四、五场	Preparing for Prize Giving Ceremony 准备颁奖仪式
03.40pm – 03.55pm	Class 4 + 5 第四、五场	Prize Giving Ceremony Prize Giving for the youth Prize Giving for the horse owner 颁奖仪式 青少年赛颁奖仪式 马主赛颁奖仪式
03.55pm – 04.25pm		Maintaining the ground Building the course 路线障碍搭建场地平整
04.25pm – 04.45pm		Walk the course 熟悉路线
04.45pm – 05.00pm	Class 6 第六场	Individual competition for young horses Competition against the clock (approx. 4 riders) Height：0.60 – 0.80m 年轻马赛、个人赛 竞赛有速度计时 （大约4位骑手） 障碍高度：60~80cm
05.00pm	End of Day 3	第三天比赛结束

续表

Day Four: Wednesday, 1st of May		
12.00pm		Opening Show Office 组委会办公室开放
12.40pm – 01.40pm		Maintaining the ground Building the course 路线障碍搭建场地平整
01.40pm – 02.20pm		Walk the course Explanation of the course 熟悉路线 解释路线
02.20pm – 03.40pm With a break of 5 – 10 min. in between for maintaining the ground 中间休息5~10分钟 场地平整	Class 7 Live Broadcast from 02.30pm – 03.50pm 第七场 现场直播时间： 下午2:30~3:50	Team Competition Competition over 2 Rounds 2nd Round (approx. 41 riders) Height: 1.30m 团体赛共两轮 第二轮 (大约41位骑手) 障碍高度:130cm
03.40pm – 03.45pm		Rebuilding the course for the Jump Off / maintaining the ground 路线障碍重建场地平整
03.45pm – 03.50pm		Jump Off 撤除障碍
03.50pm – 04.00pm	Class 7 第七场	Preparing for Prize Giving Ceremony 准备颁奖仪式
04.00pm – 04.15pm	Class 7 第七场	Prize Giving Ceremony 颁奖仪式
04.15pm – 04.45pm		Maintaining the ground Building the course 路线障碍搭建场地平整
04.45pm – 05.00pm		Walk the course 熟悉路线
05.00pm – 05.15pm	Class 8 第八场	Individual competition for young horses Competition against the clock (approx. 4 riders) Height: 0.60 – 0.80m 年轻马赛、个人赛 竞赛有速度计时 (大约4位骑手) 障碍高度:60~80cm

续表

时间	场次	内容
05.15pm – 05.25pm	Class 8 第八场	Preparing for Prize Giving Ceremony 准备颁奖仪式
05.25pm – 05.40pm	Class 8 第八场	Prize Giving Ceremony 颁奖仪式
05.40pm	End of Day 4	第四天比赛结束
Day Five: Thursday, 2nd of May		
06.00am – 10.00am		Arrival of the horses (1.20m and 1.40m) 马匹抵达（120cm and 140cm）
10.00am – 12.00pm	Horse Inspection 马匹验马	Medical Inspection of the horses for the 1.20m class 120cm 级别马匹验马
12.00pm – 02.00pm	Horse Inspection 马匹验马	Medical Inspection of the horses for the 1.40m FEI World Cup Class 140cmFEI 世界杯赛马匹医学验马
03.00pm – 04.00pm	Technical Conference 技术会议	Instructions for the 1.20m class rider 120cm 骑手指导
Day Six: Friday, 3rd of May		
10.00am		Opening Show Office 组委会办公室开放
10.30am – 11.30am	Technical Conference 技术会议	Instructions for the 1.40m FEI World Cup class rider 140cm 骑手指导
11.30am – 12.30pm		Maintaining the ground Building the course 路线障碍搭建场地平整
12.30pm – 01.00pm		Walk the course 熟悉路线
01.00pm – 02.15pm With a break of 5–10 min. in between for maintaining the ground 中间休息5~10分钟场地平整	Class 9 第九场	Individual Competition Competition against the clock (approx. 35 riders) Height: 120 cm 个人赛 竞赛有速度计时 （大约35位骑手） 障碍高度：120cm
02.15pm – 03.00pm		Maintaining the ground Building the course 路线障碍搭建场地平整
03.00pm – 03.20pm		Walk the course 熟悉路线

续表

03.20pm - 05.00pm With a break of 5 - 10 min. in between for maintaining the ground 中间休息 5~10 分钟 场地平整	Class 10 第十场	FEI World Cup™ FEI World Cup™ Warm up class Competition against the clock Height:135cm - 140cm (approx. 44 rider) FEI 世界杯 世界杯热身赛 竞赛有速度计时 障碍高度:135cm~140cm
05.00pm - 05.10pm	Class 10 第十场	Preparing for Prize Giving Ceremony 准备颁奖仪式
05.10pm - 05.25pm	Class 10 第十场	Prize Giving Ceremony 颁奖仪式
05.25pm	End of Day 6	第六天比赛结束
Day Seven:Saturday, 4th of May		
08.30am		Opening Show Office 组委会办公室开放
08.30am - 09.30am		Maintaining the ground Building the course 路线障碍搭建场地平整
09.30am - 10.00am		Walk the course 熟悉路线
10.00am - 11.15am With a break of 5 - 10 min. in between for maintaining the ground 中间休息 5~10 分钟 场地平整	Class 11 第十一场	Individual Competition Competition against the clock (approx. 35 riders) Height: 1.20m 个人赛 竞赛有速度计时 (大约 35 位骑手) 障碍高度:120cm
11.15am - 11.25am	Class 11 第十一场	Rebuilding the course for the Jump Off / maintaining the ground 路线障碍搭建 场地平整
11.25am - 11.40am	Class 11 第十一场	Jump Off 复赛
11.40am - 11.50am	Class 11 第十一场	Preparing for Prize Giving Ceremony 准备颁奖仪式
11.50am - 12.00pm	Class 11 第十一场	Prize Giving Ceremony 颁奖仪式

续表

12.00pm – 12.35pm		Maintaining the ground Building the course 路线障碍搭建场地平整
12.35pm – 12.50pm		Walk the course 熟悉路线
12.50pm – 02.25pm With a break of 5 – 10 min. in between for maintaining the ground 中间休息5~10分钟 场地平整	Class 12 第十二场	FEI World Cup™ FEI World Cup™ Qualifier Competition against the clock Height：1.40m（approx. 44 rider） FEI世界杯资格赛 竞赛有速度计时 障碍高度：140cm（大约44位骑手）
02.25pm – 02.35pm	Class 12 第十二场	Preparing for Prize Giving Ceremony 准备颁奖仪式
02.35pm – 02.50pm	Class 12 第十二场	Prize Giving Ceremony 颁奖仪式
02.50pm – 03.20pm		Maintaining the ground Building the course 路线障碍搭建场地平整
03.20pm – 03.35pm		Walk the course 熟悉路线
03.35pm – 03.50pm	Class 13 第十三场	Individual Youth Competition Competition against the clock Height：60cm（approx. 6 rider） 青少年赛、个人赛 竞赛有速度计时 （大约6位骑手） 障碍高度：60cm
03.50pm	End of Day 7	第七天比赛结束
Day Eight：Sunday，5th of May		
09.30am		Opening Show Office 组委会办公室开放
09.30am – 10.30am		Maintaining the ground Building the course 路线障碍搭建场地平整
10.30am – 11.00am		Walk the course 熟悉路线
11.00am – 11.15am	Class 14 第十四场	Individual Youth Competition Competition against the clock Height：0.60m（approx. 6 rider） 青少年赛、个人赛 竞赛有速度计时 （大约6位骑手） 障碍高度：60cm

续表

11.15am – 11.25am	Class 14 第十四场	Preparing for Prize Giving Ceremony 准备颁奖仪式
11.25am – 11.45pm	Class 14 第十四场	Prize Giving Ceremony 颁奖仪式
11.45pm – 12.45pm		Maintaining the ground Building the course 路线障碍搭建场地平整
12.45pm – 01.15pm		Walk the course 熟悉路线
01.15pm – 02.50pm With a break of 5 – 10 min. in between for maintaining the ground 中间休息5~10分钟 场地平整	Class 15 第十五场 Live Broadcast from 02.00pm – 03.30pm 现场直播时间： 下午2:00~3:30	FEI World Cup™ FEI World Cup™ Jumping Competition Competition with Jump Off Height：1.45m（approx. 44 rider） FEI 世界杯复赛 世界杯复赛 障碍高度:145cm（大约44位骑手）
02.50pm – 03.00pm		Rebuilding the course for the Jump Off / maintaining the ground 复赛路线障碍重建 场地平整
03.00pm – 03.15pm		Jump Off 复赛
03.15pm – 03.20pm		Preparing for Prize Giving Ceremony 准备颁奖仪式
03.20pm – 03.30pm		Prize Giving Ceremony 颁奖仪式
03.30pm	End of Day 8	第八天比赛结束

（六）路线设计

每场比赛的赛事路线由设计师在每场比赛前重新设计，设计师会参考先前比赛的情况，灵活调整路线设计，确保赛事的精彩程度（见图1）。根据国际马联规定，起点线到第一道障碍物的距离不可超过15米，亦不可少于6米。终点线至最后一道障碍物的距离不可少于6米，亦不可多于15米。起点线和终点线必须以全色红旗在右边和全色白旗在左边来标示。起点线和终点线还必须用字母牌S（开始）和F（结束）加以标明。每项比赛开始前至少半小时，应把一张准确标明路线一切细节的路线图，张贴在尽可能靠近赛场入口处。完全相同的一份路线图必须交给场地裁判组。

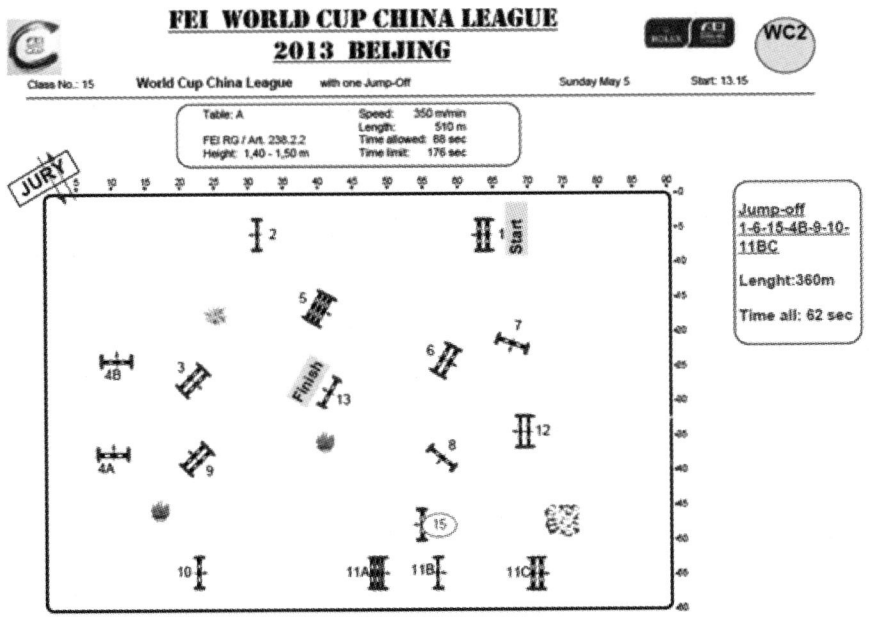

图 1　路线设计

赛道障碍物不应是非体育性的，也不应引起参赛者任何的诧异和不愉快。赞助障碍是那些在旗子上是广告材料或赞助商产品或代理产品的障碍。如果广告材料或产品在障碍一翼超过 0.5 平方米，则障碍仍然被视为是赞助障碍。这一规则适用于世界和洲际锦标赛和世界杯赛决赛。所有障碍有关安全和技术方面的设计和搭建都必须由技术代表批准。经与障碍委员会主席、国际马联体育部经理、国家马联商业部经理和障碍部门经理协商一致后，赞助障碍总数可以提高到 50%。

（七）裁判员

为了确保赛事的公平、公开、公正，切实保证每位参赛选手的利益，对于每场比赛的裁判员安排，国际马联有严格的规定，不同级别、规格的赛事，对于裁判团队的要求不尽相同（见表6）。值得一提的是，国际马联的裁判同样分等级，例如，一个裁判的资质为五星级，那么所有比赛他都能够参与执法；而如果一个裁判的资质为三星级，那么其只能执法三星级及以下级别的比赛。

表6 裁判安排要求

1. 赛事	裁判数量	裁判长	成员	额外成员	President of Competition	水障裁判	外国裁判
	最低	最低资格	最低资格	最低资格	最低资格	最低资格	最低资格
奥运会/世界锦标赛	（**）裁判长+（**）3	正式国际（裁判）必须是外国（裁判）	最低2名正式国际（裁判）	国际（裁判）	正式国际（裁判）	国际（裁判）	正式国际（裁判）
地区运动会/成人洲际锦标赛/世界杯决赛	（**）裁判长+（**）3	正式国际（裁判）必须是外国（裁判）	最低2名国际（裁判）	国际（裁判）	正式国际（裁判）	国际（裁判）	正式国际（裁判）
其他锦标赛/国际官方场地障碍锦标赛	裁判长+3	国际（裁判）最好来自主办国	最低2名国际（裁判）	国家（裁判）	国家（裁判）	国家（裁判）	国际（裁判）
3星、4星、5星国际场地障碍锦标赛	裁判长+2（*）	国际（裁判）最好来自主办国	最低2名国际（裁判）	国家（裁判）	国家（裁判）	国家（裁判）	国际（裁判）国际马联指派5*/4*
2星国际场地障碍锦标赛/国际场地锦标赛-Y/J/P/N/Ch Cat. A	裁判长+2（*）	国际（裁判）最好来自主办国	最低1名国际候选（裁判）	国家（裁判）	国际候选（裁判）	国家（裁判）	国际候选（裁判）
1星国际场地障碍锦标赛/国际场地锦标赛-Y/J/P/N/Ch Cat. B	裁判长+2（*）	国际候选（裁判）最好来自主办国	最低国家（裁判）		国家（裁判）	国家（裁判）	推荐国际候选（裁判）

注：（*）如果有水障则增加一名裁判，如果每天的赛事很多则增加更多裁判；（**）由FEI指派。每一场比赛由3位裁判组成的裁判组。

上表中的裁判人数为最低数量，每天赛事必须选派相应（数量）的裁判。

除裁判员之外,马术赛事还包含兽医代表、路线设计师、技术官员、赛事监管等关键岗位,国际马联对这些岗位同样有严格的规定。例如,对于路线设计师有如下要求:在地区运动会、洲际和地区锦标赛、世界杯决赛中,线路设计师必须从国际马联的国际路线设计师名单中挑选并经国际马联同意后任命;奥运会和世界锦标赛的路线设计师,必须是一位正式国际路线设计师并经国际马联同意后任命;在国际官方场地障碍锦标赛和3星、4星及5星国际场地障碍锦标赛中,路线设计师由组委会任命,并且必须从国际马联的国际路线设计师名单中挑选;在1星和2星国际场地障碍锦标赛中,路线设计师可以从国际马联的国际路线设计师或国际候选路线设计师名单中挑选;一位路线设计师,如果在同一赛事上,有一位或多位直系亲属参加比赛,则他就不能担任路线设计师职务。

(八)赛场平面图

赛场是赛事顺利举办的前提条件,对于此项赛事而言,通常情况下,只要赛场包含比赛场地、练习场地、马厩、组委会办公区、媒体区、电视转播区、观赛包厢、企业展区等区域即可保证赛事的正常举办(见图2)。

根据国际马联的官方规定,室内比赛场地最小面积为1200平方米,短边最小距离为20米。室外比赛场地最小面积为4000平方米,短边最小距离为50米。按照国际惯例,比赛场地和练习场地的尺寸通常为60米*90米。

(九)受众分析

中央电视台索福瑞对于国际马联场地障碍世界杯中国联赛监测的调查数据显示,男性观众对此项赛事表现出更多的观看兴趣,集中度达到了130%(集中度大于100%表明此类人群相对于所有人群更喜爱观看2013国际马联场地障碍世界杯中国联赛)。从年龄分布来看,35~54岁的观众更喜欢观看此项赛事(见表7)。

从受教育程度来看,高中及受教育程度在大学及以上的观众比其他人更偏好收看此项赛事(见表8)。相对而言,家庭收入在平均每月2601~5000元及城市的观众更偏爱收看2013国际马联场地障碍世界杯中国联赛(见表9)。

中国马术赛事产业发展报告

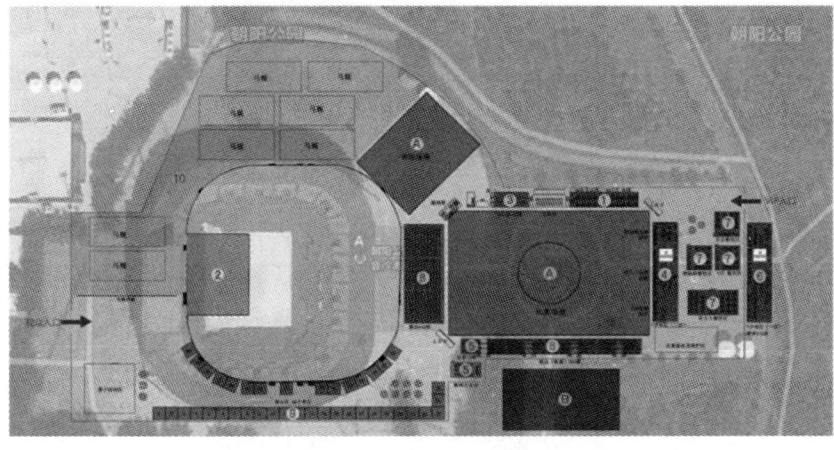

图2 赛场平面图

表7 性别和年龄组

单位：%

性别	观众构成	推及人口构成	集中度指数
男性	65.5	50.5	129.9
女性	34.5	49.5	69.6
总计	100	100	100
年龄组	观众构成	推及人口构成	集中度指数
4~14	5.4	15.3	35.6
15~24	9.4	16.1	58.6
25~34	17	19.4	87.7
35~44	16.2	14.9	109.3
45~54	47.7	19.0	251.3
55+	5.4	15.3	35.6
总计	100	100	100

表 8　受教育程度

单位：%

受教育程度	观众构成	推及人口构成	集中度指数
小学及以下	28.2	34.5	81.7
初　　中	33.9	38.4	88.5
高　　中	25.9	18.2	142.3
大学及以上	11.9	8.8	134.6
总　　计	100	100	100

表 9　家庭月收入与区域

单位：%

家庭平均月收入	观众构成	推及人口构成	集中度指数
<2600 元	31.6	34.8	90.5
2601~3500 元	20.7	16.1	128.9
3501~5000 元	23.7	21.2	112.6
5000 元以上	24	27.9	86
总　　计	100	100	100
地　　区	观众构成	推及人口构成	集中度指数
城　　市	52.6	38.1	138.2
乡　　村	47.4	61.9	76.5
总　　计	100	100	100

（十）赞助商权益回报

对于任何赛事而言，赞助商都是不可或缺的重要组成部分，赞助商的招募情况在很大程度上决定着赛事的运营状况。对于赞助商而言，赛事能够带来哪些权益回报，是赞助商最为关注的问题。自 2011 年赛事落户中国之日起，国际顶级手表品牌劳力士就成为赛事的赞助商，在 2013 赛季更是升级成为赛事的冠名赞助商，作为一个拥有百年体育营销历史的国际知名品牌，劳力士能够持续投入足以显示它们对于这项赛事的认可与关注。下文以 2013 国际马联场地障碍世界杯中国联赛北京站为例，客观呈现赛事为赞助商所带来的权益回报，让更多品牌企业更加全面地了解此项赛事，为更多的品牌企业提供参考和借鉴。

2013 国际马联场地障碍世界杯中国联赛北京站于 4 月 29 日至 5 月 5 日在北京大兴京城马汇俱乐部成功举办。CCTV-5、广东电视台体育频道现场直播了4月30日、5月1日、5月5日的比赛，广州电视台竞赛频道转播了两场赛事，总播出时长8小时37分钟。作为赛事的首席赞助商，劳力士品牌在电视媒体的曝光时长达到了4小时54分钟31秒，电视媒体价值达到4966466元。

根据中央电视台索福瑞提供的数据显示，2013年4月30日至2013年5月7日播出的2013国际马联场地障碍世界杯中国联赛中，ROLEX（劳力士）品牌共获得4小时54分钟31秒的曝光时长。其中，在中央台五套的曝光时长为1小时50分15秒；在广东体育频道的曝光时长为1小时50分15秒，在广州电视台竞赛频道的曝光时长为1小时14分01秒（见图3）。其中劳力士品牌的电视曝光清晰度为53.9%；在场地周边广告板、赛道障碍、劳力士钟表、颁

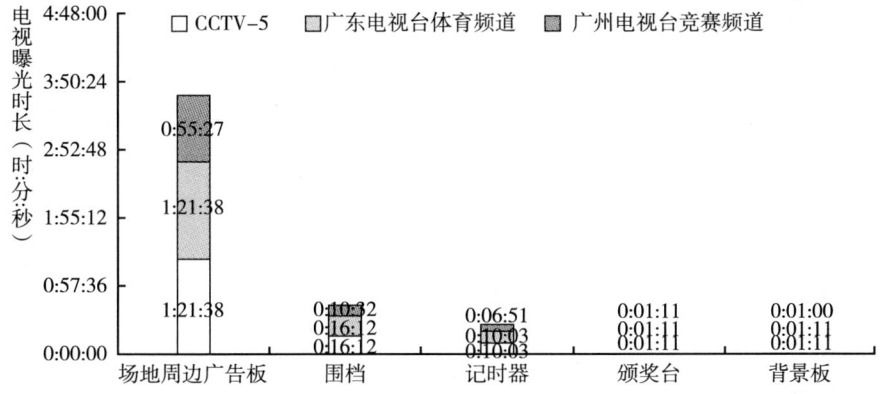

图3 劳力士曝光时长

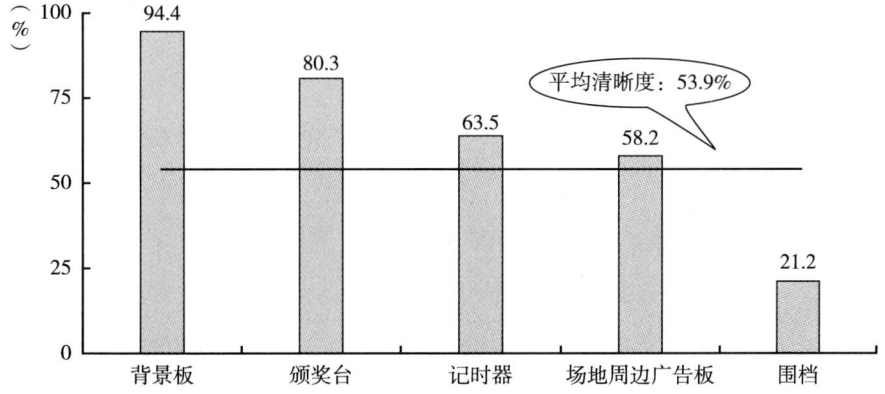

图4 劳力士曝光清晰度

奖台、开幕式背景板等几种曝光材质中，场地周边广告板曝光时长最长，占到了总曝光时长的74.3%（见图5）。

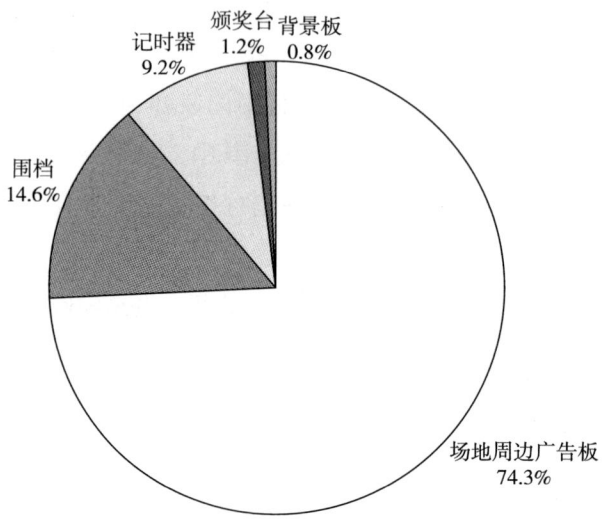

图5　曝光材质曝光时长比例

根据中央电视台索福瑞提供的数据显示，劳力士品牌共获得4966466元人民币的媒体价值。其中，在中央台五套获得的媒体价值为3969000元人民币，在广东体育频道获得的媒体价值为882000元，在广州竞赛频道获得的媒体价值为115466元人民币（见图6）。在场地周边广告板、赛道障碍、劳力士钟

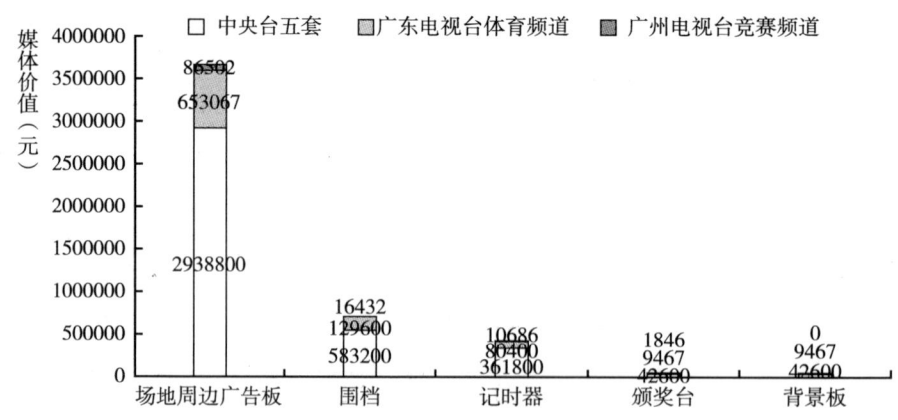

图6　媒体价值表现

表、颁奖台和背景板五种曝光材质中，得益于曝光时长，场地周边广告板的媒体价值同样高居榜首，占据了74.1%份额（见图7、图8）。通过第三方数据监测公司索福瑞提供的监测数据，客观、直观地显示出劳力士通过本站赛事获得了4966466元人民币的电视媒体价值（见表10）。

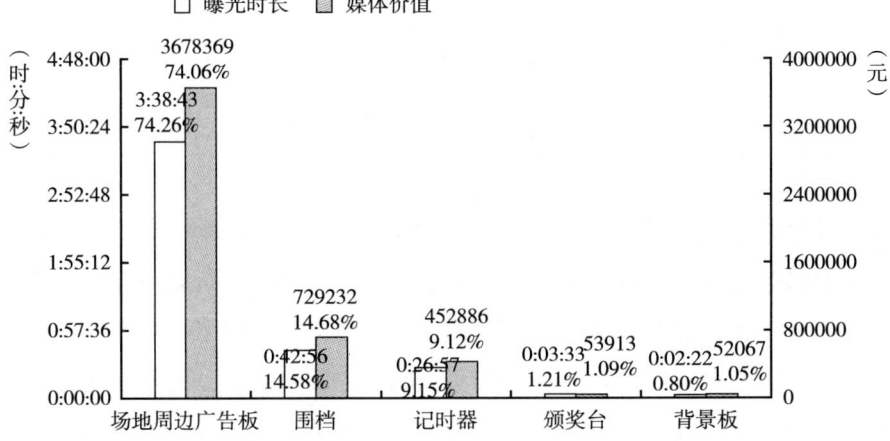

图7　各材质曝光 & 媒体价值

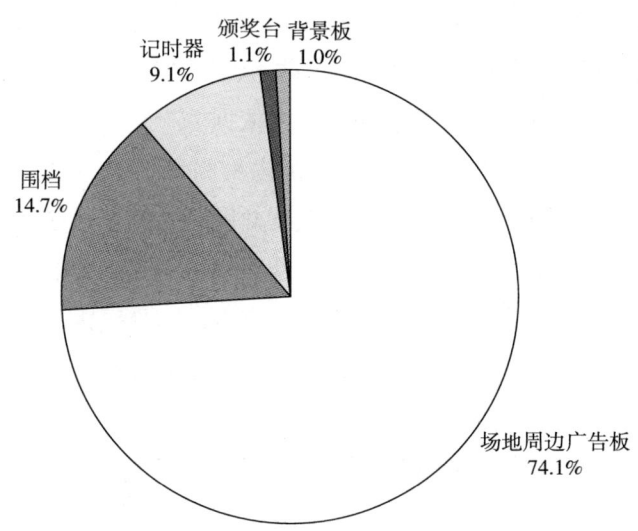

图8　各曝光材质媒体价值比例

表10 劳力士品牌曝光时长 & 电视媒体价值

权重	曝光位置	ROLEX 清晰曝光		ROLEX 不清晰曝光		ROLEX 汇总		清晰度(%)
		曝光时长(时:分:秒)	电视媒体位置(元)	曝光时长(时:分:秒)	电视媒体位置(元)	曝光时长(时:分:秒)	电视媒体位置(元)	
0.2	场地周边广告板	2:07:22	2137085	1:31:21	1541283	3:38:43	3678369	58.2
0.2	计时器	0:17:07	289015	0:09:50	163871	0:26:57	425886	63.5
0.2	围档	0:09:06	154551	0:33:50	574681	0:42:56	729232	21.2
0.2	颁奖台	0:02:51	43282	0:00:42	10631	0:03:33	53913	80.3
0.2	背景板	0:02:14	49133	0:00:08	2933	0:02:22	52067	94.4
	总计	2:38:40	2673067	2:15:51	2293399	4:54:31	4966466	53.9

通过上述阐释，直观地呈现了2013国际马联场地障碍世界杯中国联赛带给劳力士的电视媒体权益回报。除此之外，网络、报纸、杂志等媒体亦进行了大量的传播，捷豹数据提供的数据显示，截止到2013年5月13日，2013国际马联场地障碍世界杯中国联赛共监测到1495篇媒体报道。其中，电视媒体及视频播出新闻13条，累计时长1689秒。其中电视媒体10条，网络视频3条；通讯社报道86篇，共计33649字，配图76张；平面媒体发稿96篇，共计186797字；网络媒体发稿1300篇，其中，原创27篇，转载1273篇。劳力士品牌在原创报道中，通过电视新闻、视频、图片、文字等媒介形式得以曝光，总计48篇次，占原创报道量的21%。这些客观、真实的第三方数据为劳力士持续进行赞助提供了最可靠和具有说服力的依据。

作为一项2011年进入中国、现阶段国内最高水平的马术障碍赛，三年来赛事取得了长足的进步和快速的发展。但与此同时，也存在诸如赛事整体规格不高、专业人才资源匮乏、赛事运营规范性不强、观众和企业认知度和关注度较低等问题，这些问题并非仅仅存在于此项赛事，而是国内马术赛事面临的共同问题。关于存在的问题及对策研究，将会在文章的最后部分予以阐释。

四 存在的问题及对策研究

作为一项起源于欧洲、近些年在国内快速发展的体育运动，马术在发展过程中仍面临许多问题，主要表现在国内马匹先天条件不足，大量比赛马匹需从国外购买；赛事数量不断增加，但质量良莠不齐，整体规格不高；赛事运营规范性与计划性不强；专业人才资源匮乏，无法满足赛事产业发展的需求等方面。

（一）国内马匹先天条件不足，大量比赛马匹需从国外购买

虽然西部地区是中国马产业发展的重要基地，特别是新疆、内蒙古等地区由于具备良好的马匹繁育自然条件，更是成为中国马匹的主要产区。但在从传统马产业到现代马产业的转变过程中，除了少数民族特色马术和赛马运动之外，多数马匹仅用于交通、农耕、食品加工等方面，马种和马匹质量较差。对于诸如国际马联场地障碍世界杯中国联赛、中国马术场地障碍巡回赛这种赛事而言，国内的马匹无法达到比赛的要求，因此几乎所有参赛选手的马匹都是从国外购买的，这直接导致训练及参赛成本急剧上升。

训练及参赛成本居高不下，使得马术运动在国内成为名副其实的"贵族运动"，严重制约了马术运动在国内的普及与发展。每逢高水平的场地障碍赛，参赛队伍及运动员永远是熟悉的面孔。马匹培养及繁育作为一项系统的工程，在国外有着几百年的历史与传承，也正因如此国外才保证了优质马匹的繁衍。国内马匹先天条件不足的状况，不可能在短期内发生改变，在这种情况下，国内马术运动的发展壮大，只能通过对于小众运动的大众传播，寄希望于更多的"上层人士"了解并关注此项运动，更多地参与其中。

（二）赛事数量不断增加，但质量良莠不齐，整体规格不高

随着马术运动在全球的不断普及与发展，国际上越来越多的赛事开始进入国内市场。国家体育总局的相关资料显示，近年来在国内举办的马术赛事数量不断增加，赛事种类不断丰富，推动了马术运动在国内的普及和发展。虽然赛事数量快速增加，但受制于资金、人才、选手水平等各个因素，赛事质量大多裹足不前，现阶段处于低水平、重复建设阶段。对于现阶段国内的马术赛事而言，如何维持自身的正常运营，实现收支平衡是首要解决的问题。如上文提及的国际马联场地障碍世界杯中国联赛，即便拥有劳力士、华夏银行等赞助商，也很难实现收支平衡，对于其他赛事而言，同样面临资金周转的问题。这也是

赛事质量良莠不齐，整体规格不高的主要原因。

马术赛事面临的问题，并非依靠单独某个环节的改变就能解决。现阶段马术赛事受关注程度较低，因此无法得到赞助商的关注，也因此无法得到媒体的关注。反过来，赛事得不到媒体的关注，无法借助媒体的传播力，实现赛事影响力的提升，也就无从吸引观众及赞助商的关注。对于赛事组织方而言，在资金允许的条件下，如何更好地借助全媒体的传播功效，值得认真思考。在目前赛事受关注程度较低的情况下，提升媒体传播功效对于赛事未来的发展起着举足轻重的作用，这也是提升赛事质量的必经之路。

（三）赛事运营规范性与计划性不强

国内马术赛事在运营过程中的不规范性，主要体现在赛事举办信息的临时调整、赛事执行团队的更替、赛事服务意识的欠缺、对相关细节的忽视等多个方面。例如赛事举办信息的临时调整，根据国家体育总局的赛事计划安排，各赛事组织单位需要在当年向国家体育总局上报来年的赛事计划与安排，但许多赛事并未按照先前上报的时间、地点举行，临时调整的情况屡见不鲜，更有甚者直接取消赛事，这对于赛事组织方的信誉、赞助商与运动员的积极性都会产生影响。赛事服务意识的欠缺主要体现在对于观众服务的不到位，很多观众花高价买票却无法享受相应的服务，例如，茶点种类单调、供应不足、现场服务人员专业水准不高、赛场解说水平有限、赛程安排、选手出手顺序资料提供不到位等；在赛事组织过程中存在的对于细节的忽视，包括但不限于赛场周边、赛场周围的卫生问题，场地搭建的整体美观问题，赛场围挡的清洁问题，花卉的数量、种类、搭配及摆放问题，餐饮、停车位等配套服务的提供问题等。

赛事运行规范性与计划性的改善，需要上到国家体育总局，下到赛事组织的每一名工作人员共同努力方能实现。对于国家体育总局而言，应该出台相关政策，对于赛事信息的临时调整进行严格说明与控制，甚至必要的惩罚，从政策层面对赛事组织机构进行约束。对于赛事组织方而言，一方面，应该学习和借鉴国外办赛的经验，聘请国外专业的赛事执行团队对于赛事执行人员定期进行全方位、多角度的培训，提升赛事组织人员的专业水准；另一方面，总结每次赛事中出现的问题，吸取教训，将工作进行标准化、系统化、规范化的处理，规避问题的再次出现。此外，保持赛事执行团队的稳定性与持续性，是保证赛事运营规划性与计划性的重要条件。

（四）专业人才资源匮乏，无法满足赛事产业发展的需求

马术赛事作为一项起源于欧洲皇室、人与动物共同完成的比赛，对于专业人才的要求极高。对于马术赛事而言，除考虑人的因素之外，更多地需要顾及马匹的感受，马匹的养护及训练都需要专业的人员予以操作。以钉蹄师为例，在国外，钉蹄师是一门专业的课程，所有从事钉蹄师职业的人需接受专业的学习，获得资格之后方可从事此项工作。而在国内，钉蹄师人员极度匮乏，专业培训及专业人才更是无从寻觅。而在国际马联场地障碍世界杯中国联赛的执行团队中，同样有一批来自德国公司的专业执行团队，负责赛程的制定、国际马联的对接、赞助商的维护、国际选手的邀请及接待等核心工作，他们的工作确保了赛事的正常运营。

专业人才资源的匮乏，导致众多赛事都需要聘请专业的国外团队参与赛事的核心运营与管理工作，这极大地限制了我国马术赛事产业的发展。这种局面的改善需要持续的积累与不断的努力，一方面，寄希望于更多的人了解、关注并投身于此项赛事，扩大赛事的专业从业人员数量；另一方面，希望已投身于此项赛事的人员，能够抓住每次机会更多地同国外的从业人员学习和交流，通过持续的积累完成质的改变。

B.12 山东省滨海休闲体育产业集群空间构建及对策研究

摘　要： 本文以山东省滨海休闲体育产业研究为载体，对区域内滨海休闲体育产业集群构建进行初步的探讨和分析。通过滨海休闲体育产业集群相关理论综述和山东省滨海休闲体育产业集群发展的可行性分析，初步提出了山东省滨海休闲体育产业集群构建体系，为现代体育产业和文化休闲产业的深入研究做了必要的补充。

关键词： 滨海休闲体育产业　产业集群　中心镇　山东省

滨海休闲体育产业是我国的朝阳产业，同时也是海洋文化产业的重要组成部分，随着社会经济的发展，融合滨海休闲和健身娱乐为一体的滨海休闲体育产业逐渐会成为一种独立的经济形态和产业类型。产业集群是现代经济发展中颇具特色的经济组织形式，产业集群的研究对经济布局的合理化、资源的优化配置、区域竞争优势的形成具有重要意义。山东省滨海休闲体育产业集群构建是一种区域经济发展模式和产业组织形式，这种产业组织形式已成为全球范围内众多国家和地区的区域经济组织形式。在区域城市一体化建设中，跨区域实现国际化扩张是当前地方产业集群发展的必然趋势。

一　滨海休闲体育产业发展顺应时代潮流

（一）"休闲时代的到来"为体育产业提供了发展机遇

休闲，衡量社会文明的标尺，是人类物质文明与精神文明的结晶，是一种崭新的生活方式和生命状态,是与每个人生活质量息息相关的领域。休闲时代也是社会发展的必然规律,自中国改革开放30多年以来,人民拥有了越来越多的"自由时间",休闲正在步入我们的生活并在社会经济中发挥着越来越重要的作用。休闲活动的兴盛标志着人们从繁重的体力劳动中解放出来,反映着人们从满足基本生活需要转向对精神生活的向往。据国际休闲研究学者预测学家格雷·T. T. 莫利托预测:2015年前后,发达国家将进入"休闲时代",一些先进的发展中国家将紧随其后,以旅游、娱乐、体育健身、文化传播等为主的"休闲经济"将掀起一个经济大潮。人口的老年化也会加快休闲时代的到来,中国是世界老年人口最多的国家,中国即将迈入休闲文化和休闲经济的时代,而我们这方面研究的理论很不充分,许多社会理论和实践问题亟待解决。

休闲体育产业是一种健康、时尚的娱乐休闲方式,它应当成为所谓的"休闲时代"中人们生活方式的重要组成部分。因此说休闲时代的到来为体育产业的发展提供了契机。"十二五"时期是我国实现经济发展方式转变,经济结构战略性调整,消费结构不断升级,现代服务业、绿色经济快速发展的重大机遇期,国家推出的全民健身计划,体育日益成为人民群众的重要生活方式,成为国民经济和社会发展中不可或缺的有机组成部分,现代生活中人民普遍提高的健康健身意识和休闲时代的到来使体育产业最终必向休闲化迈进,同时休闲体育产业属于休闲产业的四大支柱(旅游业、文化传媒业、体育产业和会展业)之一,发展休闲体育产业符合国家发展绿色经济,促进经济转型政策的决策。"休闲时代的到来"给休闲体育产业提供了很好的发展机遇。

(二)山东半岛诸多城市定位及宣传为滨海休闲体育产业在山东的发展提供新视野

山东半岛区域中的六市两县除了东营市及滨州市的无棣、沾化2个沿海县外,其他都通过体育是文化、体育是力量、体育是经济等多种认识的"推波助澜",以体育打造城市名片并且找准了定位,如:青岛市的城市名片是以帆船运动命名——帆船之都;日照市城市名片是水上运动之都;威海市城市名片是以铁人三项和休闲城市命名——铁三之都和蓝色休闲之都;潍坊市以民族传统体育风筝为主题命名——风筝之都;烟台市在2011年度"全国十佳休闲城市"中排名第三,也是"全国最佳好客休闲城市";海阳市打造沙滩运动休闲城;莱州市是全国武术之乡、长寿之乡;龙口市以高尔夫运动打造全国高尔夫之乡。从城市的定位看,我们可以预测具有滨海特色的休闲体育产业在山东省有着非常广阔的发展前景,滨海休闲体育产业主要以旅游学、产业经济学、休闲学、海洋学以及体育学等学科为基础,采用多学科综合视角对我国的休闲体育产业进行研究,我们有必要结合国家将致力于升级海洋经济,在加快转变海洋经济发展方式的海洋发展大环境下对其进行理论及政策和实际操作的研究。

(三)滨海休闲体育产业集群构建顺应了国家城镇化建设和山东半岛城市群发展规划

李克强总理2013年5月23日在瑞士《新苏黎世报》发表署名文章,文章提到,中国正在积极稳妥地推进城镇化。与此同时,国家发改委相关负责人在5月24日表示,城镇化规划即将出台。中国的城镇化建设必将推进城乡一体化和城市群建设。当前我国正处于工业化、城镇化的重要阶段,经济转型升级处于关键时期,发展滨海休闲体育产业有巨大潜力和空间。

《山东半岛城市群区域发展规划》的范围包括济南、青岛、烟台、威海、潍坊、淄博、日照、东营8个市,面积为7.3万平方公里。山东半岛城市群发展规划突出"开放、融合、发达"三大区域特色,深化改革,扩大开放,抓住产业结构调整行业主线,依托蓝黄经济区、大型港口和陆路交通枢纽,搞好资源优化配置,建设潍坊和丁字湾两个新城,打造环黄海经济圈重要的国际化都市群和面向日韩的现代化制造业基地两大品牌。打造日韩贸易区、胶州湾、丁字湾、莱州湾环海经济,着力形成带动全省、服务黄河流域的龙头区域开放程度高、发展活力强、具有核心竞争能力的经济增长极。在山东半岛城市群发展规划中,滨海休闲体育产业集群构建有利于山东半岛城市群的发展,顺应了国家城镇化建设和山东半岛城市群发展规划。

(四)以山东省为例为本文的理论观点建立实际支撑

山东省是我国改革开放和经济发展水平相对较早和较高的地区,同时人们的价值观念和生活方式更新较快，是可以实现滨海休闲体育产业快速发展的地区。山东半岛突出于渤海与黄海之中，有3000多公里黄金海岸，占全国海岸线的1/6，居全国第二位，近海海域中散布着299个岛屿，岸线总长668.6公里。山东省大部分城市都是以"体育"打造城市名片，选择山东省作为实际支撑在滨海休闲体育产业的发展中具有"显著的示范效应"。

本文对山东省滨海休闲体育产业建设和发展方向提出可行性建议，并借鉴国外滨海休闲体育产业和著名滨海体育旅游胜地的先进经验，使滨海休闲体育产业走上一条快速、稳妥的发展之路。通过对山东省滨海休闲体育资源的集群构建研究，促使经济区成为以品牌战略促区域港口发展，以滨海休闲体育的产业融合战略促区域产业升级，以滨海战略促区域蓝色体育休闲圈的打造，以品质提升战略促滨海休闲体育产业的品牌化，整合区域的休闲体育资源打造一定的发展格局，把经济区建设成为世界级滨海体育休闲旅游地、诠释浪漫海洋休闲体育经济的经典。

二 滨海休闲体育产业及体育产业集群概述

（一）滨海休闲体育产业

我国的休闲体育类产业的发展从无到有，对休闲体育的概念、内涵理论体系的研究处于初步阶段，滨海休闲体育产业是休闲体育类产业的一个分支，是具有滨海特色的休闲体育产业。目前，对滨海休闲体育产业的研究主要有滨海休闲体育、滨海体育休闲、海洋休闲体育、海洋休闲体育旅游等。从查阅的资料看，学者曹卫对滨海体育休闲的理论探讨和滨海体育休闲的兴起和发展进行了一定的阐述分析；一些学者对滨海体育休闲的发展趋势、策略和产业升级进行了研究分析；一些学者对滨海体育休闲的人才培养和专业课程设置进行了研究；滨海休闲体育的法律和旅游事故、海洋休闲体育的品牌研究和项目开发和推广、海洋休闲体育旅游支持体系研究和空间结构优化进行了研究。在滨海休闲体育人才培养上，目前我国只有广东海洋大学社会体育专业提出了"滨海体育休闲管理方向"的专业建设。

西方发达国家的滨海休闲体育产业的发展已有百年的历史，有比较成熟的学科体系和完善的理论框架，形成了以滨海休闲体育闻名的城市：如传统的滨海运动休闲之城——德国的基尔；以大型体育赛事闻名的滨海运动休闲之城——澳大利亚的墨尔本、西班牙的瓦伦西亚、美国的洛杉矶；以生活品质著称的滨海运动休闲之城——南非的开普敦、加拿大的温哥华等。而在我国随着人民收入的提高和滨海旅游的兴起，融合滨海特色和休闲体育娱乐为一体的滨海休闲体育产业一定会成为一种独立的经济形态和产业类型。因此我们有必要借鉴国外体育理论和休闲教育思想和城市发展经验，确立符合我国国情的滨海休闲体育产业体系。

滨海，是靠近海边、沿海的意思。滨海地区通常为沿海城市的一部分，在城市的发展规划中具有一定的区位优势。滨海源于以人地关系的区域差异为研究对象的地理学科。滨海地区也常常因自然资源和旅游价值而引起关注，例如可以兴建滨海道、滨海休闲广场、滨海经济开发区等。休闲体育产业是社会高度发展的产物，是体育产业和休闲产业的重要组成部分，海洋经济的发展步入了世界经济发展的快车道，在众多沿海国家和地区，海洋经济成为社会发展新的增长点。本文把海洋产业、休闲产业、体育产业相串联，提出具有特色的滨海休闲体育产业，这也是本文选择以"滨海休闲体育产业"为研究对象的初衷。

至此，我们可以给滨海休闲体育产业下一个定义：指遵循比较利益原则，开发具有滨海特色休闲体育服务价值功能和为滨海休闲体育活动提供生产要素或以滨海休闲体育自身价值为载体向社会提供服务的经济活动企业集合或系统。滨海休闲体育产业可以定位为具有滨海特色的休闲体育产业即滨海休闲体育产业的本体产业和滨海地区的休闲体育产业及其相关产业，也可以做如下几种界定（见图1）。

（二）体育产业集群

产业集群的概念最先由迈克尔·波特在《国家竞争优势》一书中提出。波特认为：产业集群是在某一特定地域上形成的由一些地理上聚集的、相关联的企业和机构组成。集群中包括相互关联的产业以及相互竞争的个体，如专业

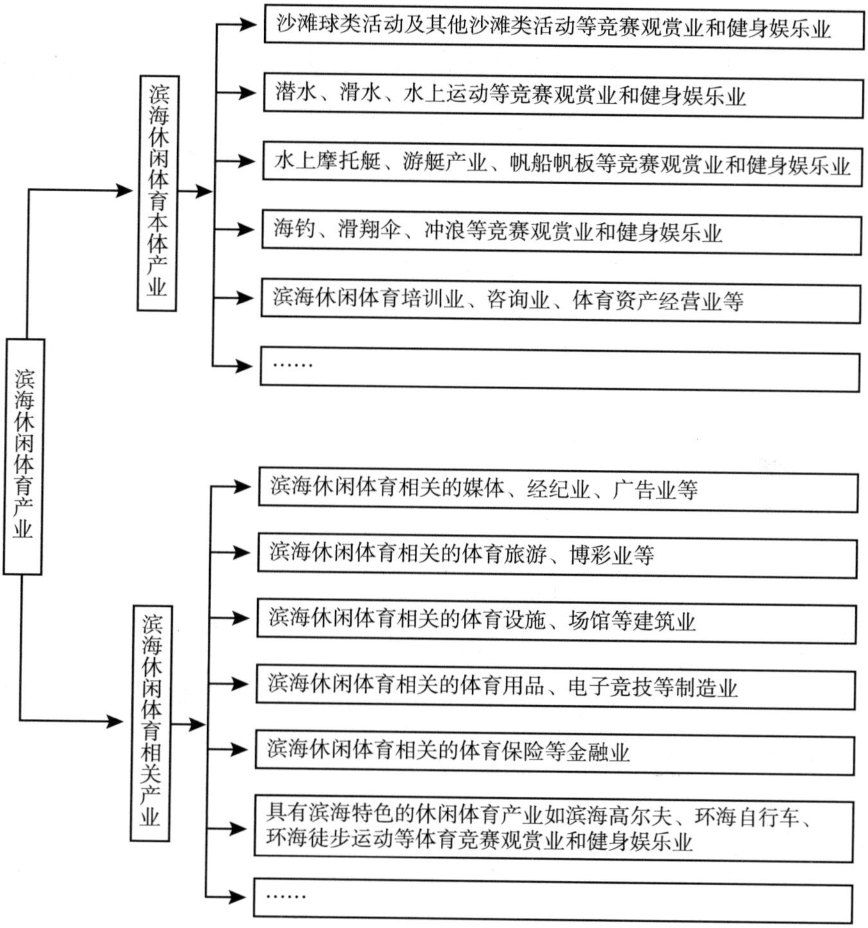

山东省滨海休闲体育产业集群空间构建及对策研究

```
                    ┌─→ 沙滩球类活动及其他沙滩类活动等竞赛观赏业和健身娱乐业
                    │
                    ├─→ 潜水、滑水、水上运动等竞赛观赏业和健身娱乐业
         滨海       │
         休闲       ├─→ 水上摩托艇、游艇产业、帆船帆板等竞赛观赏业和健身娱乐业
         体育       │
         本体       ├─→ 海钓、滑翔伞、冲浪等竞赛观赏业和健身娱乐业
         产业       │
                    ├─→ 滨海休闲体育培训业、咨询业、体育资产经营业等
                    │
                    └─→ ……
滨海
休闲
体育                ┌─→ 滨海休闲体育相关的媒体、经纪业、广告业等
产业                │
                    ├─→ 滨海休闲体育相关的体育旅游、博彩业等
         滨海       │
         休闲       ├─→ 滨海休闲体育相关的体育设施、场馆等建筑业
         体育       │
         相关       ├─→ 滨海休闲体育相关的体育用品、电子竞技等制造业
         产业       │
                    ├─→ 滨海休闲体育相关的体育保险等金融业
                    │
                    ├─→ 具有滨海特色的休闲体育产业如滨海高尔夫、环海自行车、
                    │   环海徒步运动等体育竞赛观赏业和健身娱乐业
                    │
                    └─→ ……
```

图1 滨海休闲体育产业的界定

化零部件、机器设备及服务供应商，以及提供基础设施的供应商。同时，集群中也包括政府和其他的机构，如行业协会、智囊团、培训机构和研究机构等。[①]

产业集群已经成为中国产业发展的主流模式，特别是区域产业集群模式，产业集群在我国许多地区进行了多元化实践。体育产业集群在我国还处于刚刚起步阶段，体育产业集群实质上就是产业集群现象在体育产业领域的延伸，使

[①] 迈克尔·波特：《国家竞争优势》，华夏出版社，2005。

体育本体产业、体育相关产业和体育产业链形成一种价值链的整合,并且将体育产业集群上升到区域经济发展的战略高度。其中,建设体育产业基地是促进体育产业集群发展的一种重要实践模式,比如我国的一些国家级的体育产业规划建设,为体育产业集群研究提供了鲜活的样本。我国体育产业集群理论研究主要集中在如下几个方面:一是我国体育产业集群的概念定义和漫谈;二是借助成熟理论范式,分析总结突出问题,探讨发展思路[1];三是我国体育产业集群协同创新研究;四是典型区域,总结成功经验,探讨提升路径和发展趋势[2];五是借鉴竞争优势理论,对体育产业集群竞争力进行定量、区域评价,探讨改进策略[3]。

我国体育产业发展起步晚,时间短,发展模式主要是政府主导型。区域体育产业集群发展主要有如下方法和途径:一是国家级和省级的体育产业及其相关训练基地;二是立足各地区,打造具有特色的体育产业聚集区和聚集带;三是相关的产业融合,形成独特的地方生产体系;四是用体育打造城市名片,及建设都市体育圈等。国外体育产业集群的发展比较成熟和成功,如美国北卡罗来纳州的赛车赛事产业集群,加州的卡尔斯巴德形成了围绕高尔夫球生产装备制造和娱乐业产业集群,洛杉矶的冰球、棒球、篮球体育赛事集群;西欧国家如瑞士、瑞典的冰雪、登山等体育旅游业集群;俄罗斯的 Sochi 体育健康产业领域的旅游业集群等。总的来说,国外体育产业集群的思路和成功做法值得我们参考和借鉴。

三 山东省滨海休闲体育产业集群的空间格局构建

(一)山东省滨海休闲体育产业链的延伸与拓展

山东省虽然具有良好的滨海休闲体育旅游资源,但在打造具有滨海特色的

---

[1] 刘兵、董春华:《体育产业集群形成与区域发展研究》,《体育科学》2010年第2期,第48页。
[2] 刘凤香、张金娟:《中国体育产业园区发展考察与成功因素分析》,《沈阳体育学院学报》2009年第6期,第31页。
[3] 朱健勇、祝文钢:《我国体育产业集群研究的进展与趋势》,《体育文化导刊》2013年第9期,第23页。

世界休闲体育旅游度假目的地方面还处于其萌芽状态。我国体育产业发展在21世纪处于起步阶段，山东省的体育及其相关企业基本都是中小企业，中小企业在集群的聚集会导致集群技术创新不足，缺乏竞争优势；科技中介服务能力有限；核心带动能力不足，跨区域联系弱，人才资本储备不足等弊端。要想在短时间形成区域内产业竞争力，政府主导作用虽然起主要作用，但单凭政府主导和体育企业自身力量是不够的。

由于体育产业是一个门类众多、内涵复杂的产业系统，具有强大的延伸能力和区域品牌构造力，滨海休闲体育产业价值链的本质就是打破体育资源流动空间约束的一种整合资源机制。而打破这种约束一是在发展的过程中要突出产业链在整体效能发挥中的整合作用，使产业上游环节、中游环节、下游环节和侧旁环节四个环节将相关资源组合一起（见图2）。靠体系内企业自行组织机制，在金融和融资方面鼓励个人和企业参与，在产权、住宿餐饮、交通、中介服务业等方面建立一种成熟的、规范的、"互利互惠、利益均沾、风险共担"的利益分配制度。二是促进体育产业与其他产业的融合和对接，体育产业是具有高渗透性、交叉性的万能产业，体育产业与其他产业如医学、康复保健学、媒体娱乐业、电子信息业、休闲旅游业等的融合丰富了体育产业的属性，优化了体育产业结构。在体育产业集群构建中要充分考虑到和体育产业相关的新行

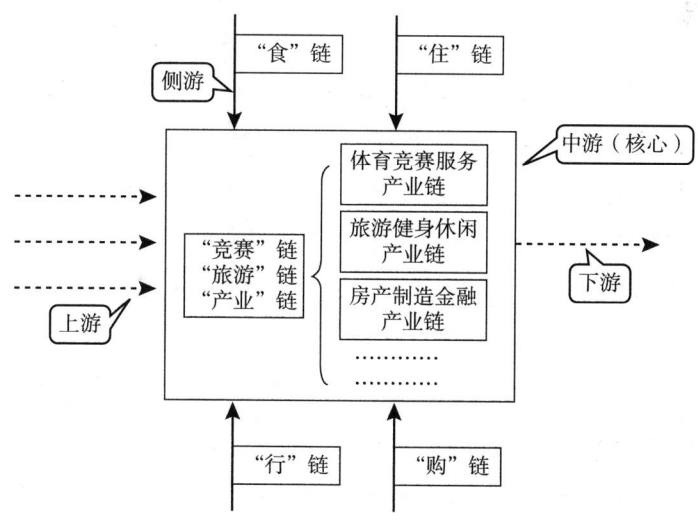

图2　山东省滨海休闲体育产业链体系结构模型

业的拓展，形成产业间的协同效应，提升产业创新能力，提高产业绩效，进一步对产业链的拓展和延伸进行实证研究，以检验山东省滨海休闲体育产业集群给社会经济带来的具体影响及其作用路径。三是在集群打造过程中，不能只停留在政府出卖土地创收政策上，要充分调动人民的积极性，做到真正地解放生产力和发展生产力，在产业链的延伸和拓展上，要放宽民间资本进入和融资。保持城乡改革的基本政策稳定，不能只靠大企业和大的投资，要鼓励和支持民间进行小规模投资兴业。

（二）山东省滨海休闲体育产业集群的空间格局构建

山东省滨海休闲体育产业集群的目的是利用规模经济和范围经济，而集群化的进入点是先横向一体化，后纵向一体化。实现滨海休闲体育产业群落式的发展，必须进行集群网络空间格局构建，比如人际关系、市场关系、和其他产业的关系、区域关系等网络的构建。在构建过程中，坚持资源是基础，项目是核心，产业是依托，创新和理念是关键的原则。

山东省滨海休闲体育产业区域划分为青岛、烟台、威海、日照、潍坊、东营、滨州7市，因为这7市是滨海地区，符合山东省滨海休闲体育产业的发展。我们对山东省这7市的区域资源空间及其区域结构进行分析，提出了"一极三翼、环海发展"的发展方式，形成了烟台、威海—青岛发展路径，日照—青岛发展路径，潍坊、滨州—青岛发展路径，这种"T"字形结构形态的发展路径。我们要根据山东省滨海休闲体育资源的特色、开发现状和未来发展预判，结合《山东海洋功能区划》《山东海岸带规划》《山东半岛滨海度假旅游规划》等，通过"点-轴空间系统结构理论"进行规划布局，构建中国东部沿海地区密度最大、各具特色的城市旅游目的地（见表1）。

"一极三翼、环海发展"的发展模式是点轴经济模式，要以一极领先、多极崛起的战略部署进行规划，突出核心产业特色，打造产业价值链。所谓的一极领先就是要以青岛地区，用青岛的核心城市区即青岛城区、即墨、胶州等区域作为一极；多极崛起就是三翼的环海发展，这三翼的总体规划是依托潍坊、

表1 依据"点-轴"发展理论构建山东半岛蓝色经济区滨海休闲体育产业带表

形式	项目		级别	内容
点	一个核心点（青岛）		一级	以青岛城区及其周边为龙头打造以滨海体育竞技、休闲健身、水上乐园等为主的滨海休闲体育产业聚集区，突出帆船、游艇等国际流行滨海体育特色
	5个产业聚集区	（滨州、东营、潍坊）	二级	主要以泥质海滩、大面积滩涂湿地为特色，通过挖掘黄河文化、湿地生态文化、发展滨海湿地、盐田风光、传统体育潍坊风筝的旅游开发和产品制作，突出以潍坊滨海休闲体育产品制造业为主的生态、休闲度假旅游和发动机制造业特色
		（长岛蓬莱龙口招远莱州长岛）		龙口打造以滨海高尔夫、滨海体育旅游产业为主的科级进步示范城；蓬莱打造具有游艇、摩托艇等滨海体育休闲、登山、渔家为主的最佳休闲旅游城市；长岛以滨海滑水、潜水、垂钓、水上飞机、牵引伞等空中休闲滨海度假产业打造国际休闲度假岛；莱州打造以沙雕、石雕、滨海武术竞技、健身等民俗旅游为主的生态型康体滨海休闲城
		（烟台、威海、荣成）		打造滨海以体育竞技、铁三、帆船、游艇、休闲健身、水上乐园等为主的滨海休闲体育产业聚集区，面向韩国开发高尔夫、水上运动中心、垂钓俱乐部、游艇俱乐部和邮轮服务等高端项目，做好联合国人居奖环境宣传和山东半岛蓝色经济区国际武术节、葡萄酒节，荣成国际渔民节和威海国际钓鱼节等节庆活动
		（文登、乳山、海阳）		集中体现滩长、湾多、礁散、山秀、岛幽和海清特色，打造文登金色海岸、乳山银色海岸和海阳蓝色海岸滨海休闲度假区。文登以金滩和五垒岛湾发展休闲度假，乳山以大乳山休闲旅游为题材，探索打造电视娱乐体育秀"快乐向前冲"，海阳借助亚沙效应打造特色的滨海休闲体育海上休闲运动中心，打造"蓝色海岸"
		（日照）		因日照"水上运动之都""水上休闲之都"，有"奥林匹克水上公园"和大型室内水上运动项目场馆等设施，有山东体育学院和曲阜师范大学为日照培养体育人才；发展日照市海洋休闲体育活动品牌，要大力发展休闲品牌、娱乐品牌、极限品牌、拓展品牌，打造海洋休闲体育之都
轴线	山东半岛蓝色经济区、威海—青岛			以青岛核心，围绕烟威青荣城际铁路打造具有滨海生态型、高端型、休闲型、民俗型、康体型、度假型的滨海休闲体育产业聚集区
	滨州、潍坊—青岛			以青岛为核心，围绕胶济铁路、济青、青银高速打造滨海湿地、生态型、民俗休闲型、滨海休闲体育制造业的滨海休闲体育产业聚集区

续表

形式	项目	级别	内容
轴线	日照—青岛		整合现有日照滨海资源，突出滨海休闲度假、国际赛事功能，将日照—青岛轴线培育成山东滨海旅游产业新的增长极
面	围绕点、轴线形成山东半岛蓝色经济区区域面		构建多层次、多功能的滨海休闲体育产业带

龙口、烟台的莱州湾、威海、文登、乳山和荣成湾、海阳、即墨、丁字湾和胶州湾，依托青荣烟高铁及其山东四通八达的铁路、高速等交通设施加快打造具有高效滨海休闲体育特色的"T形"增长极。依托丁字湾，切实用好亚沙会、海即大桥、核电产业和莱阳南海新区、即墨市田横岛等资源优势，加快打造南部区域新的增长极，打造国际化的沙滩、海钓运动休闲区；依托龙口湾，突出抓好龙口人工岛、南山和东海旅游景区打造高尔夫相关产业、长岛国际休闲度假岛及蓬莱造船业等休闲体育产业与高端制造业高度聚集的北部增长极；依托莱州湾打造滨州、潍坊、莱州城市湿地和潍坊风筝、莱州武术的民俗康体和生态的休闲体育产业；依托胶州湾发展青岛—日照产业聚集区，结合日照、青岛开发区（胶南）、胶州、城阳区打造体育主题公园、沙滩休闲、水上运动等突出滨海休闲度假和国际赛事功能的产业增长极。

四 山东省滨海休闲体育产业集群构建的对策研究

（一）山东滨海休闲体育产业集群构建应以"中心镇"产业集群化发展模式，增强具有滨海特色的休闲体育产业核心品牌的培育

由于山东省没有特大城市，在城市群的建设中核心带动力不足。把农村剩余劳动力向城市转移的传统城市化道路会受到内外发展环境的制约而困难重重，不适合山东半岛城市群的构建。在构建合理的山东半岛城市群体系时，要立足山东区域特色，坚持以中心镇推进城乡一体化的时空演进模式。把城市产业、基础设施、公共服务向农村拓展，现代文明和社会保障向农村延伸，打造产业平台集散驱动型和城镇功能集约型的城乡一体化战略。

"中心镇"就是通过政府指导的科学规划、分类实施、逐步推进,将其培育成区域(县域)人口集中、产业聚集的新高地和新平台,是产业特色鲜明、社会事业进步、生态环境优良、功能设施完善的城乡全面融合战略区。发展"中心镇"有利于优化城乡产业空间布局和城乡统筹发展,从而催生大中小城市和城乡一体化发展推进机制和格局。山东省核心城市青岛借助2008年北京奥运会提出"帆船之都"的城市名片,同时还有日照的"水上运动之都",海阳的"亚洲沙滩运动城",威海的"铁三之都"和"蓝色休闲之都",莱州的"全国武术之乡"等,这些城市都是通过体育在打造城市名片,都是具有滨海特色的体育产业发展属性。具有文化、休闲旅游、体育、产业发展属性的滨海休闲体育产业集群发展适合中心镇推进城乡一体化模式。青岛、威海、烟台属于一小时城市生活圈,打造符合自己城市体育名片特色的具有滨海、体育、休闲旅游、体育休闲用品制造属性的中心镇具有十分重要的意义。构建具有滨海休闲体育属性的工业制造区、旅游区、功能区的产业平台,让城市人来农村玩。重视中心镇核心品牌的培育,打造赛事区、休闲旅游区、运动体验区、体育服务业等体育主题公园或国家级的体育训练基地等新的产业集群基地。城市群内各城市不应该局限于本地区及其县级市内部的零散化、点集式、短期化等体育资源,应整合资源优势,立足"产业+市场+文化"的集群特色,按照品牌引领、创新驱动、系统集成的滨海休闲体育产业集群构建思路,以大平台、大产业、大项目培育,以品质提升战略促区域品牌化,把山东省建设成为世界滨海体育休闲旅游地。因此,中心镇的功能不断完善将极大地拉动城乡产业一体化、城乡经济一体化、城乡交通一体化,进而全面推进城乡一体化。

(二)制定稳定、完善的扶持政策,建立完整、科学的滨海休闲体育产业统计指标体系

1. 制定稳定、完善的扶持政策,完善政府管理和决策政策

滨海休闲体育产业处于起步阶段,如何引导和扩大休闲体育消费,如何指导和扶持滨海休闲体育产业的发展,目前还无政策可循。针对经济区滨海休闲体育产业发展的特征,确定政策保障体系的设计标准为:完善政府管理和决策

政策、经济扶持政策、社会促进政策、科技支撑政策。要正确把握山东半岛蓝色经济区滨海休闲体育产业总体规模、产业特征等，必须加强政府对滨海休闲体育产业发展的管理和决策介入及其规划。优化体育产业结构、规范滨海休闲体育产业运行的专项政策，要按照现代企业制度要求，规范各类经营实体的组织形式，建立开放性的创新发展机制，改善滨海休闲体育产业的组织结构。建立和完善投资政策、税收政策，提高政府管理水平等，形成全方位、多层次的政策体系是促进滨海休闲体育产业科学健康发展的当务之急。

2. 建立经济扶持政策和社会促进政策

经济扶持政策的重点是在不减少地区经济总量投入的前提下增加山东半岛蓝色经济区滨海休闲体育产业的经费投入，形成对产业投资扶持的良性保障循环。要完善金融信贷政策和税收优惠政策，比如，在滨海休闲体育产业中海钓等渔家乐、沙滩经营项目上等，实行旅游项目贴息贷款，提供融资方面的便利。运用税收和价格等经济手段给予滨海休闲体育产品、旅游商品等政策优惠，放开税收优惠的范围。针对滨海休闲体育产业的多样性，实行高税收、低税及减免税政策，比如，对高消费体育娱乐项目实行特种附加税，对大众体育消费项目少征、不征税，从而促进滨海休闲体育产业的快速发展。鼓励企业和个人投资滨海休闲体育产业，形成良好的社会氛围，鼓励滨海休闲体育的公益设施、基础休闲设施的社会捐赠，充分运用媒体舆论宣传力量，营造滨海休闲体育产业发展的生活氛围和社会认知环境。滨海休闲体育是一种自由度较高和自主性较强的旅游方式，在保险方面要增加针对滨海休闲体育产业的旅游险种，扩大保险范围。加大滨海休闲体育领域内人才的培养是当务之急，这就要求我们要在高等教育改革和课程设置上做文章，引进优秀的经营管理人才，加强与国外发达国家高等院校的合作交流，加强休闲体育学术研究，充分利用各种社会资源促进滨海休闲体育产业发展。

3. 加强科技支撑政策和循序渐进地建立完整、科学的滨海休闲体育产业统计指标体系

滨海休闲体育具有多样性，人们对旅游设施、旅游服务、旅游产品等都具有较高的要求，邓小平指出"科技是第一生产力"，科学技术的创新和发展能左右行业的发展水平和层次。滨海休闲体育产业的发展要有特色、有效果，必须要在各个层面进行科技创新。注重鼓励科学技术的运用，产业要发展，必须要有科学的统计指标体系。目前，我国体育产业还处于起步阶段，休闲体育在体育产业中的地位会越来越高。要反映滨海休闲体育产业的本质特征和发展规律，必须要进行科学评价和统计分析。但在休闲体育的起步阶段，我们面临最大的困难就是如何界定休闲体育产业及其门类的划分。在山东半岛蓝色经济区市的滨海休闲体育产业发展中，要做一个产业的统计指标体系是个非常大的工程，所以我们要随着社会的发展、滨海休闲体育产业的发展，循序渐进地制定符合滨海休闲体育产业自身规律的科学可行的统计指标体系。

（三）加强营销力度，强化品牌意识，突出打造产业交叉和产业融合的新产业集群，突出新区域、新模式、新发展的集群理念

营销是伴随商业发展而兴起的一种商业活动，山东省要打造滨海休闲体育产业集群，在针对国内外市场进行营销战略和策略的制定上，必须强化品牌意识的打造，让滨海休闲体育产业成为山东经济发展特色产业。比如，山东旅游局针对山东旅游市场推出了"山水圣人""黄金海岸""逍遥游"等产品体系和"文化圣地，度假天堂"的品牌营销体系。打造滨海休闲体育产业要结合产品类型、特点，打造适合自己的旅游品牌，例如树立城市品牌、景区品牌、企业品牌、服务品牌等，加强品牌的宣传，实现品牌的有效传播。在营销方法上，也可以把滨海休闲体育产业捆绑到其他旅游产品营销活动中，设计多种多样的旅游营销活动。在市场经济环境中，山东省营销的重点是开拓国际市场，特别是毗邻的日本、韩国市场，委托权威机构深度做好市场调研，发现问题，研究对策，积极落实。和国际大旅行社合作，购买国际品牌，包括大媒体，整合营销，国际市场做好了，国内市场自然就做好了。

同时促使滨海休闲体育产业和其他产业融合，产业和产业之间的融合作为提高生产率、竞争力的新兴发展模式和产业组织形式正在给产业发展和经济转型注入新的活力。比如体育和医学的体育健康、康复产业领域，各种特色的体育产业聚集区、体育服务业领域、体育竞赛、休闲领域等；体育和汽车制造业融合，可打造赛车赛事；邮轮经济的崛起，会促使体育和造船、旅游等产业融合打造邮轮经济等。

突出新区域、新模式、新发展的集群理念。比如，2012年亚洲沙滩运动会（简称亚沙会）在海阳举行，亚沙会是海阳发展的一个转折点，给海阳带来了巨大的变化。原本是荒无人烟、杂草丛生的滩涂、荒地上，一座座高楼拔地而起，一处处广场绿树成荫，短短的时间出现了一个丁字湾海上新城。交通方面，通过亚沙会，海阳同烟台之间，修建了一条八十公里长的高速公路，40分钟就可以到达烟台；和青岛之间修建了一座跨海大桥，只需45分钟就可到青岛。通过这两组数字，我们可以看到，在整个胶东半岛，丁字湾新城真正成为一个枢纽城市，海阳从一个边缘城市，实现了叠加效应，发展的区位优势已经十分明显。从此，海阳提出了沙滩运动休闲城，2013年举办了亚沙沙滩足球杯和攀岩世界杯等大赛。但新城的建设带来了一些弊端。虽然有良好的体育资源和旅游资源，但丁字湾新城其实是一座"空城"，居民居住率低。根据海阳市旅游资源丰富、房地产空置率低和运动休闲城这三点特性，加上中国很快即将步入老年社会，养老将成为一大社会问题的时候，我们可以把房地产空置率和养老及其体育休闲、康复保健产业进行融合，打造具有中国养老地产模式的体育休闲康复产业聚集区。以"出售养老地产模式""住宅与嵌入式老年公寓模式""会员制管理模式""只租不售模式"的养老服务社会化和体育康复、休闲集约化，打造养老服务高端区及体育健康产业领域和体育旅游业聚集地。

（四）强调生态文明观念和着重服务改变观念，突出区域文化

打造"生活品质"之都是滨海休闲体育集群建设的最基本目标，上海世博会的口号是"城市：让生活更美好"，我们必须立足"生活：让城市更美好"的理念。生态文明观念和服务观念的建立是我们社会发展和社会氛围营造的重点环节。强调生态文明要加速生态恢复，注重环境保护，真正实现人与自然、人与人、人与社会和谐持续的发展。我国的服务观念相对于世界发达国家还有一定的差距，在经济区滨海休闲体育产业的发展中我们要打造"服务"品牌。这种服务品牌一是打造政府的服务品牌，二是打造社会服务品牌，真正做到全心全意为人民服务，真正做到以人为本，而不是以人为敌，使山东省形成独特的吸引力。一个地区，无论政府也好，社会也好，如果有真诚而热情的服务，那么这个地区是有发展前途的地区。在山东半岛蓝色经济区滨海休闲体

育产业的发展上，我们要用服务打造口碑，真正实现人与自然和谐的社会。

山东有丰富的历史文化底蕴，有全国第二长的海岸线，有众多的滨海体育资源和悠久的海洋历史文化。挖掘山东半岛区域文化是发展滨海休闲体育产业的必然选择，也是开发滨海体育特色的重要内容。20世纪70年代，世界上著名的体育休闲旅游基地主要集中在比斯开湾、地中海沿海地带，是"黄金海岸"。随后转移到北美，美国加利福尼亚和夏威夷出现了沙滩、水上运动项目，如冲浪、沙滩排球等。传统的滨海运动休闲之城——德国的基尔，具有129年的基尔周帆船节，因为历史悠久，其影响甚为深远；以大型体育赛事闻名的滨海运动休闲之城——澳大利亚的墨尔本；西班牙的瓦伦西亚、美国的洛杉矶；以生活品质著称的滨海运动休闲之城——南非的开普敦、加拿大的温哥华、芬兰的赫尔辛基；这些旅游胜地逐渐转移的根本原因就是环境质量的下降。

在山东省滨海休闲体育产业发展中，要加强环境保护，维护沿海地区生态环境，治理近海污染，科学建设滨海景观和开发海滨岸线，以悠久的开埠历史为底蕴，挖掘传统，培育区域文化，整合区域新资源，以中西交融、开放包容为特质，以丰富的海洋资源、悠久的涉海历史为载体，打造山东半岛博大精深的滨海休闲体育文化品牌和区域文化，使滨海休闲体育产业成为山东省建设中的先导产业和生态型产业。

（五）系列化的滨海休闲体育产业创新，做到延长产业链，扩大产业面，形成产业群

在社会发展大背景下，山东滨海休闲旅游发展也在新的起点上谋求新的发展，形成了系列化的创新格局。山东省滨海休闲体育产业系列创新体系包括以下五个方面：第一，从体育到休闲的扩张，休闲是社会发展的潮流，休闲经济在社会经济发展中起到越来越重要的作用。在打造山东滨海休闲体育集群时，一是突出休闲基地建设，打造休闲综合体；二是支持产业联盟，建立行业协会，设立专项补助和奖励；三是建立休闲体育体验点，让客人来到山东，不仅是看，还要玩，更要体验。当今社会工业化发展，城市化膨胀，不能只有"家"还要有"园"，休闲的扩张就是构建新家园。第二，从政府部门办产业

到社会办产业转换,构建山东省滨海特色休闲体育"大旅游",不仅内容丰富,更重要的是从业主体扩大,做到产业资源无边界、产业无框架、产业经营无止境。政府部门要成立特色潜力行业处,制定特色产业发展规划,构建多层复合新型主体。第三,促使公共服务创新,公共服务是新形势下的新课题,是产业发展的软实力。政府要组建协会,强化质检所,增加旅游执法队伍,加强行业监管。同时建设产业发展咨询服务中心,建设志愿者队伍,建设旅游集散中心,扩大社会公益性行业。强化旅游投诉中心,真正做到方便消费者,方便旅客,做到政府主导、公益为主、政策配套、形成体系。第四,城乡一体化的深化,城乡统筹只是城乡一体化的一种方式,城乡一体化不是简单的城市反哺农村,工业辅助农业,而是城乡互补,构造新的生活方式。用"中心镇"理念发展"城乡一体化",做到城市的田园化、乡村的舒适化、生活的艺术化。第五,促进山东滨海休闲体育旅游的国际化发展,提出国际化的发展方向和目标,通过旅游国际化引领区域国际化。包括旅游产品国际化、旅游环境国际化、旅游服务国际化、旅游品质国际化,提高城市管理水平,增强社会的人文环境和社会环境,让人民从旅游中得到实惠,做到从内心欢迎外来者。

(六)积极引进世界级和国内的高水平体育赛事,注重媒体和滨海休闲体育产业的价值获取互动

以体育竞赛观赏业为突破口,大力发展体育健身娱乐业,顺应了国家提出的"全民健身与奥运同行"的口号。高水平的体育赛事目前虽以政府投资为主,但带动了交通、广告、通信、印刷、媒体、宾馆、旅游、餐饮、基础设施建设等相关产业的发展,为社会的发展提供了不可替代的作用。高水平的赛事让人民认识体育、参与体育,使人们的体育和健身意识显著增强。媒体是人们参与体育的一种途径,现在社会媒体的娱乐功能越来越强大,媒体与休闲体育的价值获取互动越来越普遍。比如奥运会、亚运会、单项体育赛事等的直播和转播;NBA和世界杯的直播和转播;湖南卫视和山东综艺频道的"快乐向前冲";浙江卫视的"冲关我最棒";黑龙江卫视的"冰雪向前冲"都是把休闲体育作为娱乐节目使其成为一种大众消费文化。数字电视的钓鱼频道,劲爆体育、运动健身、急速快车、油轮旅游、四海钓鱼等都是体育与媒体价值获取的

互动结合。在山东半岛蓝色经济区滨海休闲体育产业发展过程中,要积极引进高水平体育赛事,同时要发挥体育和媒体价值获取互动的优势。

参考文献

曹卫:《滨海体育休闲的理论探讨》,《山东体育学院学报》2011年第9期。

曹卫、施俊华等:《滨海体育休闲产业的兴起与发展》,《体育学刊》2012年第1期。

曲进:《论滨海体育休闲》,《体育文化导刊》2010年第7期。

李崇生、曹卫等:《对"海洋体育文化"及"滨海休闲体育"的探讨》,《广州体育学院学报》2007年第1期。

曹春宇:《广东省滨海体育经营管理现状调查及发展建议》,《体育学刊》2010年第9期。

金大鸿:《中国休闲服务业的体验式管理模式》,天津大学出版社,2008。

何成莲、曲进:《我国滨海体育休闲管理人才培养模式研究》,《广州体育学院学报》2009年第1期。

王卓涛:《秦皇岛市高校开展滨海休闲体育课程的可行性分析》,河北师范大学硕士论文,2011。

吕明月:《滨海休闲体育专业课程设置研究——以海南为例》,《当代体育科技》2012年第5期。

王海燕、郭建平:《滨海休闲体育管理课程设置与市场需求默契度研究》,《湖北体育科技》2009年第11期。

曹春宇、曹卫:《滨海休闲体育旅游的法律内容与关系构成透析》,《南京体育学院学报》(社会科学版)2007年第4期。

许小江:《舟山海洋休闲体育品牌研究》,《体育文化导刊》2008年第10期。

周丽君:《从休闲、休闲方式看海洋休闲体育项目的开发》,《浙江体育科学》2011年第7期。

段娟娟、李荣日:《海洋休闲体育旅游支持体系研究》,《首都体育学院学报》2011。

黄玲:《海洋体育旅游地旅游空间结构的分析及其优化研究——以浙江舟山群岛为例》,《广州体育学院学报》2010年第6期。

Jennings G., *Water-based, Tourism, Sport, Leisure, and Recreation Experiences*, New York: Butterworth-Heinemann, 2007.

B.13 中国体育文化产业的新星

——华江特许经营模式分析报告

摘　要： 本部分主要内容是对体育文化产业进行了描述和探究，对体育文化品牌特许经营进行了界定和目标市场、盈利模式分析。并以中国体育文化产业的先行者——北京华江文化发展有限公司为案例，旨在探寻华江成长的轨迹以及其创新性的经营模式。华江秉承"坚守、共赢与创新"的企业经营哲学，形成了从获取国际知名体育品牌授权开始，整合行业优质资源，创造性地组织运营产品的研发、设计、生产、销售、推广的模式。搭建的完整的产业链结构和独特的商业模式，成为华江在中国体育文化产业中能够独树一帜的奥秘所在。

关键词： 体育文化　文化创意产业　经营模式

一　北京华江文化背景概述

在体育文化市场开发领域，有这样一个中国企业，它创始于1990年，曾经为1996年亚特兰大奥运会、2000年悉尼奥运会、2004年雅典奥运会生产奥运特许商品。在此之后，2008年北京奥运会、2012年伦敦夏季奥运会、2016年巴西里约夏季奥运会、2010年新加坡青年奥运会、2014年南京青年奥运会、索契冬奥会特许商品落地中国的相关权益，国际奥委会体育市场的特许开发权，中国与美国奥委会的特许开发权，通通都被它获得。这在国际体育市场开发史上绝无仅有。这家中国企业就是北京华江文化发展有限公司（以下简称"华江"）。

从亚特兰大到悉尼，从雅典到北京，从伦敦到里约，在人类光荣与梦想的体育精神接力中，华江以独特的方式，以特许商品为载体，融合东方商业智慧与西方审美情趣，以其特有的灵活与自如，在奥林匹克市场开发的舞台上，创造了一个又一个的传奇。可以说，在与奥运的彼此成就中，华江已经成长为中国体育文化领域的一颗冉冉升起的新星。

本文旨在探寻华江成长的轨迹以及其创新性的经营模式，探究华江在中国体育文化产业中取得独树一帜发展成就的奥秘所在。

二　华江的前身

华江创立于20世纪90年代。公司在创立之初，创始人陈绍枢先生就发现了中国体育产业发展的巨大前景，先后将公司的实体业务投身到1990年第十一届北京亚运会、1996年哈尔滨亚洲冬季运动会、1999年昆明世界园艺博览会的特许商品市场的开发中。在这些国内大型文化活动、体育赛事的特许市场开发中，华江以其独有的市场敏锐度和产品设计能力，研发出了许多重量级产品，获得了收藏爱好者、体育爱好者、大赛组委会等高度的评价和认可，也为公司的发展打下了基础。

对于国际市场，华江早年参与了1996年亚特兰大奥运会、2000年悉尼奥运会和2004年雅典奥运会特许商品中徽章类别的生产。对奥林匹克市场开发规则有了系统性的认识，对参与奥林匹克市场开发的企业的高标准、严要求，如产品质量、企业社会责任等方面有较深刻的认知。

大型活动、体育赛事的特许市场开发经验和品牌运营经验的取得，为华江走上体育文化产业发展的道路奠定了一定的基础。

三　五环旗下的成长

从1984年洛杉矶奥林匹克运动会开始，奥林匹克市场开发的商业逻辑和营销战略开始被引入到对奥林匹克品牌的经营中来，以此支撑起奥林匹克运动事业。每届奥林匹克运动会都实现了盈利，证明了奥林匹克运动会市场开发的模式是可行和成功的。实践证明,通过近30多年的探索和不断完善,在国际上诸多品牌衍生品的市场开发中,奥林匹克特许市场的开发是最为专业和规范的。

奥林匹克运动会的市场开发模式主要由六个市场开发计划组成,分国际奥林匹克委员会(简称奥委会)和奥林匹克运动会组委会(简称奥组委)两个层面进行管理。奥委会管理:电视转播权、TOP全球赞助计划、奥委会官方供应商和特许计划。在奥委会指导下,奥组委管理:国内赞助、票务、国内特许计划。需要特别指明的是,国内特许计划是由奥林匹克运动会标志特许商品计划、奥林匹克运动会纪念币计划、奥林匹克运动会纪念邮品计划三个大部分组成。

1896年,第一届现代奥林匹克运动会在希腊雅典举行。经过100多年的沧桑演变、风雨轮回,奥林匹克运动会终于风尘仆仆地来到了中华大地。2003年北京申奥成功,第29届奥林匹克运动会终于2008年在北京召开。2004年,北京奥组委就北京2008年奥林匹克运动会的特许商品计划,向全社会公开招标。经过公平公开的竞标,华江成为北京2008年奥林匹克运动会特许经营商和特许零售商,是当时为数不多的具有双重身份的特许企业之一。以此为契机,华江开始走上了真正的传播奥林匹克文化之路。

(一)华江文化大事记

2004年8月,华江成为首批2008年北京奥林匹克运动会特许生产商之后,2005年又成为北京奥林匹克运动会特许零售商。2007年又被选为奥运赛时场馆特许商品零售商,作为唯一拥有三重特许身份的特许企业,成功地运营了北京奥林匹克运动会项目。

2008年北京奥林匹克运动会结束后,正因华江出色的项目运营和营销能力,先后获得了多个国内外体育产业重量级品牌的特许经营权。

(二)企业品牌影响力

十一年的历程,让华江不断充实和壮大自己。企业的经营范围拓展到五大领域,拥有近二十个国际体育品牌的特许经营权,与近五百家的国际知名品牌企业和政府单位形成合作关系,成为全球行业内最具影响力的企业之一(见表1、图1)。

表1　华江文化大事记

时　间	大　事　记
2004年	2008年北京奥运会特许经营商
2005年	2008年北京奥运会特许零售商
2007年	国家体育场(鸟巢)十年全品类纪念品开发经营权,鸟巢钢独家特许经营权
2007年	2008年北京奥运会赛时场馆特许商品零售商
2007年	2010年广州亚运会徽章及非贵金属类特许生产、贵金属类特许生产、特许零售商
2008年	2012年伦敦奥运会徽章类别全球独家特许经营商
2009年	中国奥委会2009~2012年全品类主特许运营商
2009年	国际奥委会奥林匹克博物馆徽章及金属类特许经营商
2009年	2010年新加坡青年奥林匹克运动会全球独家特许经营商
2011年	2014年南京青年奥林匹克运动会多品类的特许生产商、零售商
2011年	获得2012年伦敦奥运会落地中国市场独家权利
2011年	美国奥委会徽章类别全球独家特许经营商
2011年	北京礼物特许运营商
2012年	2016年巴西里约奥运会徽章类别全球独家特许经营商
2012年	美国奥委会2013~2016年多品类特许经营商
2012年	与中国奥委会续约2013~2020年特许经营权
2013年	2013年南京亚青会独家赛时场馆零售商
2013年	获得俄罗斯索契2014年冬奥会特许商品落地中国独家权利
2013年	获得2016年里约奥运会多类别工艺品产品权利
2013年	与国际奥委会续约,并获得多项品类扩大授权

(三)集团化架构的搭建

华江立足于国际体育品牌的特许市场开发,在全球设立了8个子公司。在企业管理中,华江拥有不同肤色、不同国籍的高级管理人员,引进目前全球最先进的SAP信息管理系统,对各分子公司、项目团队进行精细化管理,凸显了高度国际化和多元文化相融合的团队管理特色。

在企业国际化战略发展及公关方面,公司聘请了多名国际资深人士作为战略及公关顾问,为公司的国际市场拓展出谋划策。

北京2008年奥运会	伦敦2012年奥运会	里约2016年奥运会	国际奥委会
特许生产商 特许零售商 场馆运营商	徽章类别独家 特许经营商	徽章类、多类别 工艺品独家 特许经营商	全球特许经营商

中国奥委会	美国奥委会	索契2014年冬奥会	新加坡2010年青奥会
主特许经营商	多类别独家特许经营商	中国地区全类别 独家特许经营商	全品类主特许经营商

南京2014年青奥会	广州2010年亚运会	国家体育场	北京礼物
多类别特许生产商 全类别特许零售商	徽章特许商 贵金属特许商 特许零售商	全品类特许经营商 鸟巢钢开发权	特许运营商

图1 华江文化所获权益

（四）体育特许产业链的搭建

华江致力于体育文化产业的发展，拥有并不断整合全球化的资源，也不断整合行业中的优秀资源。曾经先后与英国皇家邮政、新加坡造币厂等建立战略合作关系，其合作模式和经营方式，开创了奥林匹克市场开发的先河。在设计上，与国内外一流艺术院校如清华美院、英国圣马丁艺术学院、广州美院等，知名设计公司、艺术大师开展合作。多元设计文化的融合构成了华江的核心竞争力之一。华江的集团化架构如图2所示。

在物流方面，与国际著名物流公司建立起战略合作伙伴关系，物流能力遍

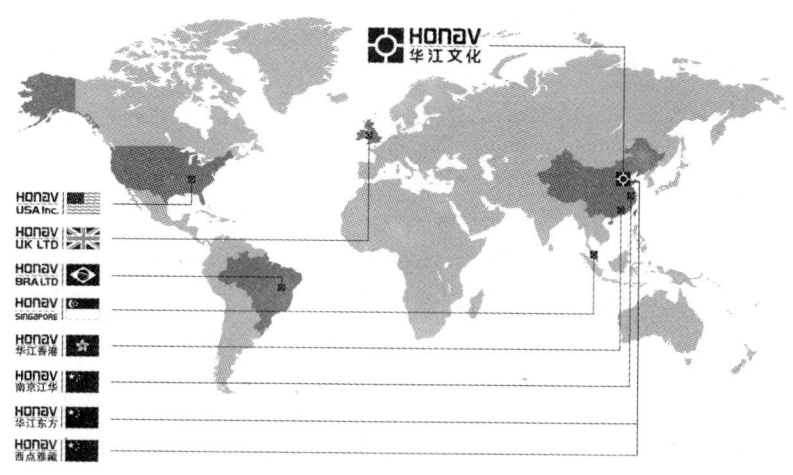

图 2　华江的集团化架构

及全球 200 多个国家和地区。与此同时，华江与国际记者协会、国际体育用品联合会、萨马兰奇基金会等最具国际影响力的专业机构保持长期战略合作关系，并在许多国际活动中发挥着重要作用。

四　体育文化特许商品的市场分析

（一）目前国际上具有特许市场开发价值的体育品牌

国际奥委会；

夏季奥林匹克运动会、冬季奥林匹克运动会、青年奥林匹克运动会；

各国家奥委会、国家队；

洲际运动会，如亚洲运会、非洲运动会、东南亚运动会、泛美运动会、世界大学生运动会等；

国家、地区运动会；

重要单项体育赛事，如 NBA、FIFA 世界杯、F1、CBA、中网、澳网等；

体育俱乐部，如全球各大豪门足球俱乐部、美国职业棒球俱乐部等；

体育明星；

跟体育相关产业的品牌企业：可口可乐、耐克、阿迪达斯等。

（二）体育特许商品开发与设计的类别

"特许商品"是指属于特许商品种类、带有或加入品牌标志元素的商品。

随着越来越多的人热爱体育运动，相关体育品牌的文化商品、纪念品、带有特许品牌元素的日常运动用品等同时受到体育爱好者及收藏爱好者的喜爱。更为重要的是，体育品牌特许商品还被国际广泛用于外交外事礼品。如雕塑、图书、海报、音像、工艺品、玩具、钱币、邮票、徽章等具有收藏和纪念价值的商品。另外受欢迎的类别还有服装服饰、箱包、帽子、眼镜、围巾、手套等运动装备类产品；陶瓷、电子产品、家纺等实用性家居产品；匙扣、冰箱贴、文身贴、文具、明信片等小型纪念品。除此之外还有一些带有国家、城市地域特色的产品，如中国的玉石、丝绸，巴西的宝石，俄罗斯的套娃等。

在体育品牌赞助商赞助的类别中，还会将相关品牌元素应用到下列特殊品类中，如饮料、红酒、啤酒、巧克力、手表、手机、电脑等。以北京2008年奥运会为例，总计开发了13类，近5000种特许商品。

（三）目标市场和目标客户分析

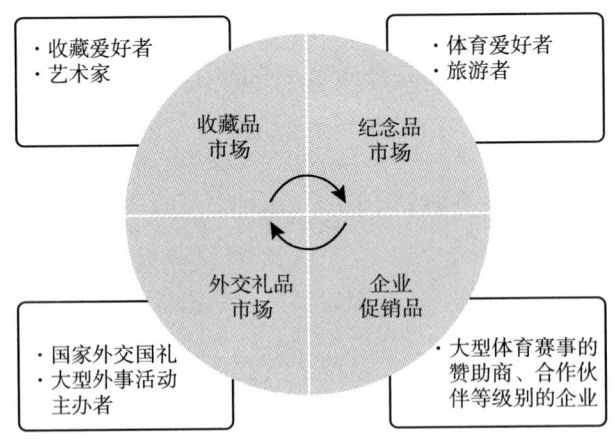

图3　体育文化产品主要的目标市场和目标客户

五 华江核心竞争优势和经营策略

任何一个体育品牌都把特许商品计划作为其市场开发的重要部分。正因为特许商品的开发,以产品为载体,扩大了品牌自身影响力和知名度,最大化地传播品牌精神和文化内涵。与此同时,也增加了财务方面的收益,为品牌良性运营起到了很大的支撑作用。

由于特许商品的开发在整个品牌市场开发计划中,具有举足轻重的作用。因此,对于其特许企业也要具备超常的能力,具体来说必须严格具备五个能力。

①对品牌价值的深度挖掘能力:能够深挖所服务品牌的价值,制定出符合该品牌的特许商品开发总体要求的运营计划。

②针对品牌目标受众的产品研发能力:对品牌所在国和所在地区的文化、价值观有深入的了解;对目标受众有充分的了解,开发出让目标受众喜爱的产品。

③产业链的专业整合及管理能力:在行业内有高度的专业整合能力,能够在产品的研发设计、生产、物流配送、公关、品牌的宣传推广和零售方面具备专业能力。

④承担财务风险能力:具备独立承担财务风险的能力。

⑤对品牌文化的推广能力:能够深谙所服务品牌的文化内涵,讲述品牌故事,创造品牌文化价值,有针对性地制定营销推广方案。

参与特许品牌项目的竞标,以上的能力和条件是必须具备的。

(一)华江的核心竞争优势

1. 产品的研发设计

"从中国制造到中国创意"是华江的企业口号,也是华江人一直所践行的理念和文化。

华江团队一直致力于深度挖掘奥林匹克的体育精神和文化内涵,将独到的创意视角和文化元素融入其中,使其在研发设计方面长期独领风骚。

体育与艺术的结合——奥林匹克运动雕塑

"奥林匹克百年的历史上,能够流传下来的就是艺术和文化,我很高兴地看到它们不仅仅是躺在殿堂里,而是用一种方式再生,让更多热爱奥林匹克的人分享。"

——国际奥委会前主席雅克·罗格先生

奥林匹克运动雕塑是由西班牙艺术大师罗莎·萨拉女士在国际奥委会时任主席萨马兰奇先生的授意下,历时十五年创作的作品。这套雕塑原作被珍藏在国际奥委会总部瑞士洛桑的奥林匹克博物馆中。凭借商业直觉和艺术敏感度,华江发现了这套雕塑的价值,并以出色而专业的产品开发计划打动了国际奥委会,同意授权华江开发特许衍生品。在国际奥委会、中国奥委会、艺术家三方的共同授权下,华江利用艺术家的原模,对此套产品进行了限量原模再造,全球发售。

2010年6月24日,华江在洛桑举行了奥林匹克运动雕塑全球揭幕。时任国际奥委会主席雅克·罗格先生还专门为此套雕塑书写了一个中文的"魂"。他认为这套雕塑最能代表奥林匹克的伟大精神。2010年11月12日,正值广州亚运会开幕,华江为此套雕塑产品举行了盛大的中国首发仪式,罗格主席又亲自来到中国之家进行揭幕。

奥林匹克运动雕塑的开发是历史上第一次开发奥林匹克特许艺术品。它将奥林匹克历史上最具价值的文化艺术以特许商品为载体来传播,让更多的人来分享、收藏,更让珍藏在博物馆里的艺术和精神得以再造和永生。

永续经营的创意与艺术的突破——鸟巢的开发与利用

"这是如此成功的北京奥运会里最好的纪念品,祝贺你们!"

——2008年国际奥委会终身名誉主席萨马兰奇先生为华江题词

北京2008年奥运会的主会场"鸟巢(The Bird Nest)"所使用的钢材是国内自主创新、具有知识产权的国产特殊钢材,它撑起了"国家体育场"的钢骨脊梁。它意味着中国人用自己的智慧和双手创造出了真实的鸟巢,创造了建

中国体育文化产业的新星

筑美学视觉的极限,把一个钢铁结构的鸟巢从虚拟的概念中落实到现实的空间里,把这个梦幻概念变成了现实形象,这是建筑业的一个壮举。

华江发现了鸟巢建筑剩余钢材的利用价值,并且把它们全部买断,用以开发奥运特许商品。正因为这个创意,国际奥委会历史上第一次批准,利用鸟巢剩余钢材制作发行夏季奥运会火炬模型,开创火炬复制特许商品的先河。

这一创意性产品为华江带来了巨大的商机,在此之后用鸟巢剩余钢材所研发的鸟巢微观模型、火炬模型,更是成为中国政府赠送各国政要的重要国礼。

2008年奥运会结束后,华江又把奥运会比赛时用过的废弃草坪,重新开发。利用特殊的工艺,制作成可以永久珍藏的鸟巢草纪念品,长期在鸟巢特许商品专卖店里出售。场馆剩余材料的再利用,真正诠释了"绿色奥运、科技奥运、人文奥运"的理念。正是因为华江的创意性思维和经营方式,使其获得了国家体育场(鸟巢)十年的全品类纪念品开发权,成为企业永续经营和发展的支柱。这一经典案例已被写入大学MBA工商管理的教材中。

2012徽章收藏计划——伦敦2012年奥运会

历届奥运会中,对于徽章类别的特许商品开发都存在着较为模糊的概念,无法清晰准确地告知消费者,本届奥运会总计发行徽章的数量和发行时间计划。因此,在伦敦2012年奥运会的特许商品开发中,华江提出了一个大胆的创意,即在伦敦奥运会中总计发行2012款不同的徽章设计,限量2012枚。每一枚奥运徽章背后都有一个唯一的编号,收藏者可以很清晰地分辨出还有哪些徽章没有收齐。这也就意味着世界上最多只有2012个人有机会收齐全套。2012徽章收藏计划,引发了全球收藏者的高度关注,也成为奥林匹克特许商品开发历史上的一个经典案例。

2. 供应链管理

华江与国内外近200家优秀的供应商,建立了战略合作伙伴关系。产品品类涵盖艺术收藏品、工艺品、地方特色商品、纺织品、陶瓷、服装等十几个大类数千种产品。

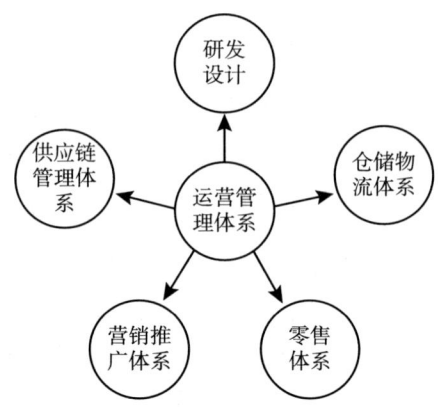

图 4 华江运营管理体系

3. 可持续发展与企业社会责任

华江加强对供应商的管理和要求，严格要求产品质量、环境保护、劳动用工和确保公平交易。与华江合作的供应商也根据不同客户的要求而通过了欧美质量管理、产品安全和废料排放等多项苛刻的认证，如通过了包括 VISA、Panasonic、麦当劳、可口可乐的验厂，加入了 Sedex 供应商体系，以及通过了伦敦奥组委（LOCOG）、美国奥委会（USOC）关于企业社会责任和可持续发展的审核等。

4. 零售渠道的开拓

在中国，华江拥有自己的电子商城及零售实体店。并且在每一个项目所在地，与当地优秀的零售企业进行强强合作，能够迅速扩大销售渠道，形成以点带面的销售格局。通过多年的积累，华江已建立起一套独特的零售渠道管理体系。

5. 高度的国际化适应能力

华江从创立之初至今，已拥有近 20 个国际品牌的特许运营权，与近 300 家的国际知名企业和政府机构建立合作关系。面对不同的文化与市场规则，不同的价值体系与运营体系，华江都能够以最快的速度调整角色，适应规则。

通过后台的体系化营运，华江在产品的研发设计、生产、仓储物流、营销推广和零售方面，已经建立起自己的一套独特的营运模式和管理体系（见图 4）。

（二）华江的商业模式

21世纪的中国正迈向知识经济时代，体育文化产业正逐步成为最重要的支柱产业之一。这对于中国体育文化企业而言，蕴含着巨大的机遇。在众多体育文化企业中，华江之所以能够成为一颗冉冉升起的新星，最重要的原因还是在于华江面对国际化市场时，已经形成了一套独特的商业模式（见图5）。

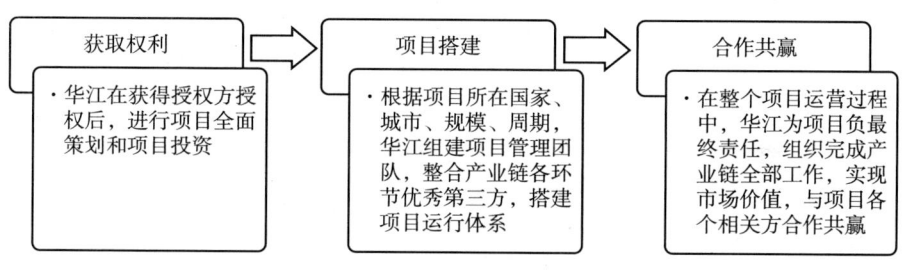

图5　华江商业模式

作为产业链的领导者和组织者，华江掌握着最核心的环节——品牌授权的获取、产品的研发和设计。其他环节如：生产、物流、零售等选用外包模式，强强合作，通过供应链管理对第三方施加影响，严格管控，最终产品实现销售，产业链的所有参与方，都获得本环节应得的利润。华江将产品销售收入的一定比例，支付给品牌方作为授权费用。

六　坚守、共赢与创新的经营哲学

（一）从遵守规则到制定规则

迄今为止，在华江已获得的近20个国际体育品牌的运营中，作为一家中国企业，华江一直秉承着对品牌方及项目所在地市场规则的尊重和高度理解，能够熟谙奥林匹克市场开发规则，严格履行合同，自觉遵守相关规定，并且充分尊重所服务品牌国家的文化和传统，这是职业化和专业化的表现。连续服务了三届夏季奥林匹克运动会组委会和多个世界级品牌，得到品牌方的一致肯定，充分体现出华江在坚守奥林匹克市场开发规则上的专业程度。

更为重要的是，华江能够在原有规则的基础上，参与制定新的市场开发规则，不断地为体育品牌的市场开发规则进行梳理、升级和提出修正建议并参与制定。

为奥运历史开辟国际特许计划的先河。华江在伦敦奥运会项目投标时，就考虑到了广阔而颇具实力的中国市场，提出了将伦敦奥运会产品引入中国市场的想法。经过历时两年的艰难的多方谈判与磋商，华江最终与国际奥委会、伦敦奥组委、中国奥委会达成四方协议，在历史上第一次在主办国之外大规模、全类别地销售奥运特许商品，并为中国市场单独开发了多款限量版经典产品，这在奥林匹克特许开发的历史上是史无前例的。

（二）共赢的经营哲学

华江一直在不同的市场环境中，不同的价值观体系下，寻找着共同的商业价值。以此作为支撑，求同存异。在多个项目中，华江作为特许经营产业链的领导者，坚守社会责任，倡导奥林匹克文化和精神跟商业相融合。华江一直坚守的共赢的经营理念，在不同的国家、不同的市场，得到了社会各界普遍的认同和尊重，让世界认识到中国式的商业文化价值观。

（三）不断地创新才是真正不变的商业理念

十几年来的不断发展与进步，让华江建立了一套自己的创新体系。不仅仅体现在商业模式的创新、产品研发设计的创新、营销推广的创新方面，更体现在企业永续经营方面的创新。在参与体育文化市场开发的过程中，为企业的永续经营和发展寻找每一个可能的机会点。2011年，华江成为北京市旅游委"北京礼物"品牌第一批特许经营商，全面进入城市纪念品及旅游商品市场。

2011年3月，经国际奥委会和中国奥委会授权，华江在北京市顺义区建立奥林匹克体育文化园区。

华江"坚守、共赢与创新"的企业经营哲学，体现出一个中国企业在国际市场中的职业自信。它今天的成绩也凸显了以其独特的商业模式和经营哲学，在体育文化市场中必有巨大的发展潜力。

七　结论

党的十八届三中全会指出："建设社会主义文化强国，增强国家文化软实力，必须坚持社会主义先进文化前进方向，坚持中国特色社会主义文化发展道路，坚持以人民为中心的工作导向，进一步深化文化体制改革。要完善文化管理体制，建立健全现代文化市场体系，构建现代公共文化服务体系，提高文化开放水平。"

国家的政策明确地提出了文化产业大发展的方向，对于体育文化产业来说，也是推动产业发展的大好时机。

华江在体育文化产业中的特许经营行业已经取得了不俗的成绩。它以独特的商业运营模式、创新性的思维，向国际体育文化市场的开发输出了中国企业的管理思维和经营哲学。

华江以奥林匹克为契机，成长在五环旗下，与奥运市场开发一路走来，相伴相随。其以"从中国制造到中国创意"的创新性思维，把深藏在奥林匹克品牌中的体育精神、文化价值和生生不息的生命力，传播到世界上更远的距离和更深的角落。它的内线成长脉络、内在经营哲学和外在商业模式，值得我们关注、思考和探寻。华江的未来发展，更值得我们期待！

Abstract

With the efforts of many experts in the past year, the third Sports Blue Book, *Annual Report on Development of Sports Industry Report in China* (2014) has been finally published. Over the past year, under the background of further strengthening the development of cultural industry, the country's sports industry present a fast, stable and efficient development. The success of the 12th National Games in Shenyang; The success of the brilliant, hot 2013 China Open tennis tournament; Guangzhou Hengda Football Club the first time winning AFC Champions League; Li Na for the first time winning the runner up of WTA world tour finals. All these sports events added a splendid touch on 2013 China's sports industry. However, the operation problem of the venues after the National Games and Guangzhou Hengda Football Club winning the AFC Champions League cannot hide the fact that the three balls are so weak, and the sports personnel training and many other issues to be solved.

As China's continuous annual report in the field of sports, this Sports Blue Book using a range of research methods, eg: literature, quantitative analysis, qualitative analysis, case study method, etc. Besides sports events industry, sports goods industry, sports fitness and leisure industry and sports stadiums industry, the other research on the basis of a variety of hot events just around the sports field within the past year, including but not limited to the National Games, the development of three balls (football, basketball, volleyball), the fusion between traditional sports television and new media, the development of equestrian events. All these expand the breadth of research, enhance the height of research and dig the depth of research.

As the sports industry reports, sports events industry, sports goods industry is always integral parts of the report. Through the analysis and interpretation of the events data that can present the development of China's sports events industry and provide a different kind of research perspectives and dimensions. The development of the sports goods market is not optimistic. Becoming more and more bigger and stronger is the only way for companies who want to win. The growth of the new media broadens the events spread channels, the fusion between traditional sports television media and new media become the new trend. Experienced the joy but sorrow in 2013, how China's football, basketball, volleyball should go in the future is the main topic that all the people concern, the operation of the venues after the National Games which obeys the guiding ideology that using less money to hold the Games, what the Games could bring to the city and the relationship between the Games and the city economy are also worth thinking. The "Report" also focus on the physical teachers in the primary and secondary schools who work on the most front-line to train the sports personnel, in order to provide useful reference and guidance for how to train and cultivate new talent in the future.

Contents

B I General Report

B.1 The Analysis and Prospect of China Sports Competition
Industry in 2013 −2014 / 001
    1. The Market Analysis of China Sport Competition Industry / 002
    2. Production Mode of the Special China Sports Competition Industry / 009
    3. The Analysis of Enterprise Development / 011
    4. The Conclusion / 024

Abstract: The huge population, growing purchasing power and constantly rising consuming desire has laid a solid foundation for athletic competition industry market in China. But due to the planned economy, the present national sports system and the media monopoly, the promotion of athletic competition industry market in China is restricted, which forms a unique market environment. As the main force of athletic competition industry producers, the sports enterprises face a confusing future. It is really worth pondering to figure out how to stand out in such a prospective but cruel market.

Keywords: Sports Competition Industry; Sports Enterprises; Market

B II Sub Reports

B.2 Analysis of the Structure of Chinese Sports Competition Industry in 2011 / 025

Abstract: The study of the current situation on China sporting events in 2011 examined 1481 events on Chinese mainland (among which 303 are international events, and 1178 are national events), and systematically described the development of China sporting events in 2011.

1481 sporting events were characterized by 5 aspects of the sporting events, including the types, disciplines, timing, locations, and venues of sporting events. The study discussed the different characteristics and inclinations towards the types, timing, locations, and venues of sporting events. The study analyzed the relations between the host of sporting events and the level of economic development, the scale of market and the level of sports development, and conducted an in-depth analysis of the factors influencing on the host of sporting events.

Keywords: Sporting Event; Discipline; Distribution

B.3 The Pattern and Market Prospect of Sports Fitness Industry in 2014 / 081

Abstract: With the implementation of the "National Fitness Program (2011 – 2015)" and the "National Fitness Regulations" issued by the State Council, with China's economic restructuring background and guarantees under national policies and regulations, with the transformation of government functions and the great attention paid by the country, in 2013, China's sports fitness industry has been developed both as business and public service. "Large groups" work frame was initially formed. The organizational structure was constantly improved. Sports associations were rapidly developed. National physical fitness activities were colorful. The public service system

obtained a good development situation with the support of sports lottery.

Keywords: Sports Fitness; Fitness Club; Sports Lottery

B. 4　The Pattern and Market Prospect of Sporting Goods
　　　Industry　　　　　　　　　　　　　　　　　　　　　　／092

Abstract: As a well-developed part of Chinese sports industry, sports goods industry has suffered a decline in development, after had undergone a sharp development by the 2008 Beijing Olympic Games. Since 2010 some companies in sports goods industry had to close many of their retail stores, because of some managing problems and the increasing inventory. All of these problems have suppressed the development of the companies indirectly. There is no doubt that China supported the development of the sports industry strongly. In these circumstances, what we should do to boost the development of the sports goods industry came to be a crucial question. In this section, we have outlined the present situation of the sports goods industry in the world. Then we have analyzed the circumstances of the sports goods industry in China, and we also have explored the marketing structure of our sports goods industry through economic data. In the end, we have predicted the developmental tendency of the sports goods industry.

Keywords: Sports Goods Industry; Competitive Structure; The Developmental Tendency

B. 5　The Pattern and Market Prospect of Sports
　　　Stadiums Industry　　　　　　　　　　　　　　　　　／114

Abstract: Since the "Law of the People's Republic of China on Physical Culture and Sports" promulgated, sports venue construction in China has made a rapid development, and the quantity of sports venues is expected to exceed 1300000 by the end of 2013. The steady and sustainable economic growth provides a solid support to construction and operation of stadiums, while upgraded consumption structure and rising tide of education and entertainment consumption keep stadium operation improving. New characters reflected from stadium operation and construction: competitive sports oriented, user-friendly; functionality, diversity, technology; multi investment sources and public welfare guided.

Keywords: Venues; Operation; Situation

B.6 Effect of Media Convergence on China Sports Television
—*Take GDTV - Sports as an Example* / 120

Abstract: As the primary component of human communication activity, sports television is also deeply influenced by media convergence. However, traditional sports television will not be replaced by new media. On the contrary, traditional sports television will try its best to survive in the circumstance of media convergence.

Keywords: Media Convergence; Sports Television; Internet; Interaction; Engagement

B Ⅲ Hotspot

B.7 Analysis of the Development of Chinese Three Big ball
     Industry / 146

Abstract: Sport Performance Industry, represented by professional sports league, is the core constitute of the entire Chinese sports industry. It has a strong pull effect for other sporting goods industry, the sports agent industry, stadiums industry, the sports media industry and other sports industry. It also has tremendous radiation effects for the cultural industry, tourism industry, leisure industry as well as broadcasting media industry. There are a number of professional sports events at all levels in China. But professional sports categories with the most social influence, social awareness, economic and market expectations are the relevant balls league based on "Three big-ball sports" (football, basketball and volleyball). However,

compared to the international "Three big-ball sports" tournaments, China's "Three big-ball sports" leagues face a lot of problems such as excessive administrative interference, inadequate market development, technical and tactical aspects of the weak, insufficient maintenance of public relations and so on. The underdeveloped of China's "Three big-ball sports" industry still has great potential. At the end of 2013, the Third Plenary Session of the 18th CPC Central Committee proposed: "will promote the reform of economic system... to make the market play a decisive role in the allocation of resources". This means "Three big-ball sports" industry which wanders in trough in a long period once again faces an important developing opportunity. How to make full use of this reform period to boost China's "Three big-ball sports" industry and to improve the level of "Three big-ball sports" of our country and its international influence? This will be a major issue in front of us.

This chapter firstly analyzes situation of industrial development of the "Three big-ball sports" in the USA and Europe in order to provide the international experience for the development of Chinese "Three big-ball sports" industry. Secondly, from the Chinese Football Association Super League (hereinafter referred to as the Super League), China Basketball Association professional league and the Women's League of China Volleyball Association, this chapter analyzes the related situation of organization structure operation mechanism each professional league, and forecasts their industrial prospect. Finally, based on the understanding of the general situation of Chinese "Three big-ball sports" and the industry, this chapter summarizes the characteristics of "Three big-ball sports" and the industry, clarifies the difficulties and contradiction encountered in the development of "Three big-ball sports" in China, explores the root causes of these problems and proposes optimization measures and the ideas of improvement.

Keywords: Football; Basketball; Volleyball; Industry

B.8 Investigation of Venues of National Games-What was Left of the National Games in Liaoning? / 185

Abstract: Venues used for 12th National Games are the essence of Liaoning stadium, and also would be regarded as a rich legacy. First of all, the venues are new landmarks of the city with unique design and advanced system. Secondly, instead of large budget, Liaoning Province uses it as a special event to promote thrifty spirit to everyone. Liaoning National Games is the start point. Thirdly, those venues become the main force of sports public services for the purpose that all the people should join and enjoy 12th National Games. Fourthly, As the pioneer of city development, construction of sports venues and city development improve synchronously. Fifthly, for these venues built at university campuses, it's a great chance for the combination of education and sports.

Keywords: National Games; Venue; Public Service

B.9 Three Questions on National Games / 200

Abstract: The value of National Games of the People's Republic of China, the selection criteria of host city for National Games, and the correlation between results of National Games and economic strength are three major issues in this study. The main conclusions are as follows: National Games has values of sports, culture, politics, and economic in the new period; Henna, Hebei, Sichuan, Hunan, Hubei, and Fujian are the alternative host provinces analyzed from the perspectives of economic aggregate, affluence level, and market scale; Sichuan and Fujian are the alternative host provinces from the perspectives of athletic level, number of venue and events; the correlation between results of National Games and GDP in a four-year cycle of National Games has continued to rise from middle to high; there is middle correlation between results of National Games and per-capita GDP in a four-year cycle of National Game, and the correlation coefficients tend to stabilize; the correlation between results of National Games and the total household consumption has continued to increase from middle to high.

Keywords: National Games of the People's Republic of China; Host City; Gross Domestic Product; Venue

B. 10 Monitoring and Evaluation of Teaching Quality
of Physical Education in Dongcheng District, Beijing
—*The Survey Report on Basic Situation of Phsical Education
Teachers in Dongcheng District, Beijing* / 227

Abstract: This paper is based on analysis of the survey results: (a) The first dimensional questionnaire reflected ten aspects of the basic situation. (b) The second dimension investigated six aspects of the basic situation of the teachers' training and learning. (c) The third dimension investigated thirteen aspects of the basic situation of the teachers' teaching. (d) The fourth dimension investigated several aspects of teaching evaluation of the teachers. The fifth dimension investigated the teachers' attitude, language skills and ability to communicate with others, and this dimension was conducted by using self-report questionnaire. The survey results include the following five aspects: ①PE teachers have changed a lot. ②The teachers' training qualifications have been greatly improved. ③The teachers carry out teaching activities in accordance with the curriculum standards. ④The PE teachers of secondary schools gave students assignments, but the evaluation of checking was not good. ⑤ According to the survey results and analysis of the teachers' teaching attitude, teaching ability, language skills and ability to communicate with others, most of the teachers are all on the "in line with" or "hard to judge" level. This paper presents the following recommendations: ①To conduct PE teaching quality monitoring and evaluation of primary and secondary schools of Doncheng District, Beijing, which is conducive to fully implement the education policy, to promote Quality Education, to improve teaching quality, and more conducive to teachers' professional development. ②In order to conduct PE teaching quality monitoring and evaluation of primary and secondary schools of Dongcheng District, Beijing, we should increase training efforts. ③ To conduct PE teaching quality monitoring and evaluation of primary and secondary schools of Dongcheng District, Beijing, the key is using the national education policy, and regulations and policies as the basis, and starting from training needs of modern people. ④To conduct PE teaching quality monitoring and evaluation of primary and secondary schools of Dongcheng District, Beijing, in the

Contents

process of implementation of the teaching quality monitoring and evaluation during Beijing nine years compulsory education, while improving teaching quality, to work for all kinds of physical work according to the requirements of the "Sports Law" and "School PE Work Regulations".

Keywords: Primary and Secondary Schools; PE; Teaching; Quality; Monitoring

ⅠB Ⅳ Classic Cases

B. 11 The Development Report of Chinese Equestrian Competition Industry / 302

Abstract: In recent years, with China's continuous economic development, groups engaged in equestrian sport grew gradually and equestrian sports market attracted popular attention. But as a sport originated in Europe and just starting in China, either in events level, or in events size, or riders level or standardization of event organization and operation, or the specialization of events organization personnel, or attention paid by the audience on the events, or understanding and recognition of companies on the events, Chinese equestrian sport has not a small gap away from the abroad. This article will focus on the FEI World Cup Jumping China League and by analysis of this event, objectively present the development of the domestic equestrian events, and accordingly make suggestions for the development of equestrian events industry in China.

Keywords: Equestrian Events; Equestrian Events Industry; Sports of Equestrian

B. 12 Cluster Space Construction and Countermeasure Study of Leisure Sports Industry in Seaside of Shangdong / 336

Abstract: This thesis made a primary study and analysis to the structural building of the seaside leisure sports industry groups based on themselves. We observe

377

a basic system of the seaside leisure sports industry groups through the analysis of the theories about the seaside leisure sports industries and feasibility of the development of the seaside leisure sports industries in Shandong province, making necessary supplement to the further study of the seaside leisure sports industries.

Keywords: Seaside Leisure Sports Industry; Industry Group; Downtown; Shandong Province

B. 13 A New Star of China Sports Culture Industry
  —*Analysis Report of the Franchise Business Model*
  of Beijing Huajiang   / 354

Abstract: This section chiefly focuses on describing and exploring the sports culture industry, defining licensing operations within sports culture brands, and analysing its target market and profit model. It will also use the current forerunners of the Chinese sports culture industry, Beijing Honav Culture Development Co., Ltd. (Honav), as an example, with the aim of exploring the path of Honav's growth and its business model of innovation. Honav has remained faithful to the corporate philosophy of "persistence, mutual success and innovation", and created a working model that begins with the acquisition of a license for a famous sports brand, integrating it with the best resources in the industry, and innovatively organizing the development, design, production, retail and promotion of branded products. The formation of a well rounded supply chain structure and a unique business model has become the secret to Honav's peerless development within China's sports culture industry.

Keywords: Sports Culture; Culture Creativity Industry; Business Model

中国皮书网
www.pishu.cn

发布皮书研创资讯，传播皮书精彩内容
引领皮书出版潮流，打造皮书服务平台

栏目设置：

- □ 资讯：皮书动态、皮书观点、皮书数据、皮书报道、皮书新书发布会、电子期刊
- □ 标准：皮书评价、皮书研究、皮书规范、皮书专家、编撰团队
- □ 服务：最新皮书、皮书书目、重点推荐、在线购书
- □ 链接：皮书数据库、皮书博客、皮书微博、出版社首页、在线书城
- □ 搜索：资讯、图书、研究动态
- □ 互动：皮书论坛

中国皮书网依托皮书系列"权威、前沿、原创"的优质内容资源，通过文字、图片、音频、视频等多种元素，在皮书研创者、使用者之间搭建了一个成果展示、资源共享的互动平台。

自2005年12月正式上线以来，中国皮书网的IP访问量、PV浏览量与日俱增，受到海内外研究者、公务人员、商务人士以及专业读者的广泛关注。

2008年、2011年中国皮书网均在全国新闻出版业网站荣誉评选中获得"最具商业价值网站"称号。

2012年，中国皮书网在全国新闻出版业网站系列荣誉评选中获得"出版业网站百强"称号。

权威报告　热点资讯　海量资源

当代中国与世界发展的高端智库平台

皮书数据库　www.pishu.com.cn

皮书数据库是专业的人文社会科学综合学术资源总库，以大型连续性图书——皮书系列为基础，整合国内外相关资讯构建而成。该数据库包含七大子库，涵盖两百多个主题，囊括了近十几年间中国与世界经济社会发展报告，覆盖经济、社会、政治、文化、教育、国际问题等多个领域。

皮书数据库以篇章为基本单位，方便用户对皮书内容的阅读需求。用户可进行全文检索，也可对文献题目、内容提要、作者名称、作者单位、关键字等基本信息进行检索，还可对检索到的篇章再作二次筛选，进行在线阅读或下载阅读。智能多维度导航，可使用户根据自己熟知的分类标准进行分类导航筛选，使查找和检索更高效、便捷。

权威的研究报告、独特的调研数据、前沿的热点资讯，皮书数据库已发展成为国内最具影响力的关于中国与世界现实问题研究的成果库和资讯库。

皮书俱乐部会员服务指南

1. 谁能成为皮书俱乐部成员？
- 皮书作者自动成为俱乐部会员
- 购买了皮书产品（纸质皮书、电子书）的个人用户

2. 会员可以享受的增值服务
- 加入皮书俱乐部，免费获赠该纸质图书的电子书
- 免费获赠皮书数据库100元充值卡
- 免费定期获赠皮书电子期刊
- 优先参与各类皮书学术活动
- 优先享受皮书产品的最新优惠

3. 如何享受增值服务？

（1）加入皮书俱乐部，获赠该书的电子书

第1步 登录我社官网（www.ssap.com.cn），注册账号；

第2步 登录并进入"会员中心"—"皮书俱乐部"，提交加入皮书俱乐部申请；

第3步 审核通过后，自动进入俱乐部服务环节，填写相关购书信息即可自动兑换相应电子书。

（2）**免费获赠皮书数据库100元充值卡**

100元充值卡只能在皮书数据库中充值和使用

第1步 刮开附赠充值的涂层（左下）；

第2步 登录皮书数据库网站（www.pishu.com.cn），注册账号；

第3步 登录并进入"会员中心"—"在线充值"—"充值卡充值"，充值成功后即可使用。

4. 声明

解释权归社会科学文献出版社所有

皮书俱乐部会员可享受社会科学文献出版社其他相关免费增值服务，有任何疑问，均可与我们联系

联系电话：010-59367227　企业QQ：800045692　邮箱：pishuclub@ssap.com

欢迎登录社会科学文献出版社官网（www.ssap.com.cn）和中国皮书网（www.pishu.cn）了解更多信息

社会科学文献出版社　皮书系列

"皮书"起源于十七、十八世纪的英国,主要指官方或社会组织正式发表的重要文件或报告,多以"白皮书"命名。在中国,"皮书"这一概念被社会广泛接受,并被成功运作、发展成为一种全新的出版形态,则源于中国社会科学院社会科学文献出版社。

皮书是对中国与世界发展状况和热点问题进行年度监测,以专业的角度、专家的视野和实证研究方法,针对某一领域或区域现状与发展态势展开分析和预测,具备权威性、前沿性、原创性、实证性、时效性等特点的连续性公开出版物,由一系列权威研究报告组成。皮书系列是社会科学文献出版社编辑出版的蓝皮书、绿皮书、黄皮书等的统称。

皮书系列的作者以中国社会科学院、著名高校、地方社会科学院的研究人员为主,多为国内一流研究机构的权威专家学者,他们的看法和观点代表了学界对中国与世界的现实和未来最高水平的解读与分析。

自20世纪90年代末推出以《经济蓝皮书》为开端的皮书系列以来,社会科学文献出版社至今已累计出版皮书千余部,内容涵盖经济、社会、政法、文化传媒、行业、地方发展、国际形势等领域。皮书系列已成为社会科学文献出版社的著名图书品牌和中国社会科学院的知名学术品牌。

皮书系列在数字出版和国际出版方面成就斐然。皮书数据库被评为"2008~2009年度数字出版知名品牌";《经济蓝皮书》《社会蓝皮书》等十几种皮书每年还由国外知名学术出版机构出版英文版、俄文版、韩文版和日文版,面向全球发行。

2011年,皮书系列正式列入"十二五"国家重点出版规划项目;2012年,部分重点皮书列入中国社会科学院承担的国家哲学社会科学创新工程项目;2014年,35种院外皮书使用"中国社会科学院创新工程学术出版项目"标识。

法律声明

"皮书系列"（含蓝皮书、绿皮书、黄皮书）由社会科学文献出版社最早使用并对外推广，现已成为中国图书市场上流行的品牌，是社会科学文献出版社的品牌图书。社会科学文献出版社拥有该系列图书的专有出版权和网络传播权，其LOGO（ ）与"经济蓝皮书"、"社会蓝皮书"等皮书名称已在中华人民共和国工商行政管理总局商标局登记注册，社会科学文献出版社合法拥有其商标专用权。

未经社会科学文献出版社的授权和许可，任何复制、模仿或以其他方式侵害"皮书系列"和LOGO（ ）、"经济蓝皮书"、"社会蓝皮书"等皮书名称商标专用权的行为均属于侵权行为，社会科学文献出版社将采取法律手段追究其法律责任，维护合法权益。

欢迎社会各界人士对侵犯社会科学文献出版社上述权利的违法行为进行举报。电话：010-59367121，电子邮箱：fawubu@ssap.cn。

社会科学文献出版社

权威·前沿·原创

社会科学文献出版社

皮书系列

2014年

盘点年度资讯 预测时代前程

社会科学文献出版社 学术传播中心 编制

社会科学文献出版社
SOCIAL SCIENCES ACADEMIC PRESS (CHINA)

社会科学文献出版社成立于1985年,是直属于中国社会科学院的人文社会科学专业学术出版机构。

成立以来,特别是1998年实施第二次创业以来,依托于中国社会科学院丰厚的学术出版和专家学者两大资源,坚持"创社科经典,出传世文献"的出版理念和"权威、前沿、原创"的产品定位,社科文献立足内涵式发展道路,从战略层面推动学术出版的五大能力建设,逐步走上了学术产品的系列化、规模化、数字化、国际化、市场化经营道路。

先后策划出版了著名的图书品牌和学术品牌"皮书"系列、"列国志"、"社科文献精品译库"、"中国史话"、"全球化译丛"、"气候变化与人类发展译丛""近世中国"等一大批既有学术影响又有市场价值的系列图书。形成了较强的学术出版能力和资源整合能力,年发稿3.5亿字,年出版新书1200余种,承印发行中国社科院院属期刊近70种。

2012年,《社会科学文献出版社学术著作出版规范》修订完成。同年10月,社会科学文献出版社参加了由新闻出版总署召开加强学术著作出版规范座谈会,并代表50多家出版社发起实施学术著作出版规范的倡议。2013年,社会科学文献出版社参与新闻出版总署学术著作规范国家标准的起草工作。

依托于雄厚的出版资源整合能力,社会科学文献出版社长期以来一直致力于从内容资源和数字平台两个方面实现传统出版的再造,并先后推出了皮书数据库、列国志数据库、中国田野调查数据库等一系列数字产品。

在国内原创著作、国外名家经典著作大量出版,数字出版突飞猛进的同时,社会科学文献出版社在学术出版国际化方面也取得了不俗的成绩。先后与荷兰博睿等十余家国际出版机构合作面向海外推出了《经济蓝皮书》《社会蓝皮书》等十余种皮书的英文版、俄文版、日文版等。

此外,社会科学文献出版社积极与中央和地方各类媒体合作,联合大型书店、学术书店、机场书店、网络书店、图书馆,逐步构建起了强大的学术图书的内容传播力和社会影响力,学术图书的媒体曝光率居全国之首,图书馆藏率居于全国出版机构前十位。

作为已经开启第三次创业梦想的人文社会科学学术出版机构,社会科学文献出版社结合社会需求、自身的条件以及行业发展,提出了新的创业目标:精心打造人文社会科学成果推广平台,发展成为一家集图书、期刊、声像电子和数字出版物为一体,面向海内外高端读者和客户,具备独特竞争力的人文社会科学内容资源供应商和海内外知名的专业学术出版机构。

社长致辞

我们是图书出版者,更是人文社会科学内容资源供应商;

我们背靠中国社会科学院,面向中国与世界人文社会科学界,坚持为人文社会科学的繁荣与发展服务;

我们精心打造权威信息资源整合平台,坚持为中国经济与社会的繁荣与发展提供决策咨询服务;

我们以读者定位自身,立志让爱书人读到好书,让求知者获得知识;

我们精心编辑、设计每一本好书以形成品牌张力,以优秀的品牌形象服务读者,开拓市场;

我们始终坚持"创社科经典,出传世文献"的经营理念,坚持"权威、前沿、原创"的产品特色;

我们"以人为本",提倡阳光下创业,员工与企业共享发展之成果;

我们立足于现实,认真对待我们的优势、劣势,我们更着眼于未来,以不断的学习与创新适应不断变化的世界,以不断的努力提升自己的实力;

我们愿与社会各界友好合作,共享人文社会科学发展之成果,共同推动中国学术出版乃至内容产业的繁荣与发展。

社会科学文献出版社社长
中国社会学会秘书长

2014 年 1 月

社会科学文献出版社　　　皮书系列

"皮书"起源于十七、十八世纪的英国，主要指官方或社会组织正式发表的重要文件或报告，多以"白皮书"命名。在中国，"皮书"这一概念被社会广泛接受，并被成功运作、发展成为一种全新的出版形态，则源于中国社会科学院社会科学文献出版社。

皮书是对中国与世界发展状况和热点问题进行年度监测，以专家和学术的视角，针对某一领域或区域现状与发展态势展开分析和预测，具备权威性、前沿性、原创性、实证性、时效性等特点的连续性公开出版物，由一系列权威研究报告组成。皮书系列是社会科学文献出版社编辑出版的蓝皮书、绿皮书、黄皮书等的统称。

皮书系列的作者以中国社会科学院、著名高校、地方社会科学院的研究人员为主，多为国内一流研究机构的权威专家学者，他们的看法和观点代表了学界对中国与世界的现实和未来最高水平的解读与分析。

自20世纪90年代末推出以经济蓝皮书为开端的皮书系列以来，至今已出版皮书近1000余部，内容涵盖经济、社会、政法、文化传媒、行业、地方发展、国际形势等领域。皮书系列已成为社会科学文献出版社的著名图书品牌和中国社会科学院的知名学术品牌。

皮书系列在数字出版和国际出版方面成就斐然。皮书数据库被评为"2008~2009年度数字出版知名品牌"；经济蓝皮书、社会蓝皮书等十几种皮书每年还由国外知名学术出版机构出版英文版、俄文版、韩文版和日文版，面向全球发行。

2011年，皮书系列正式列入"十二五"国家重点出版规划项目，一年一度的皮书年会升格由中国社会科学院主办；2012年，部分重点皮书列入中国社会科学院承担的国家哲学社会科学创新工程项目。

经济类　　皮书系列 重点推荐

经 济 类

经济类皮书涵盖宏观经济、城市经济、大区域经济，提供权威、前沿的分析与预测

经济蓝皮书
2014年中国经济形势分析与预测

李 扬 / 主编　　2013年12月出版　　定价:69.00元

◆ 本书课题为"总理基金项目"，由著名经济学家李扬领衔，联合数十家科研机构、国家部委和高等院校的专家共同撰写，对2013年中国宏观及微观经济形势，特别是全球金融危机及其对中国经济的影响进行了深入分析，并且提出了2014年经济走势的预测。

世界经济黄皮书
2014年世界经济形势分析与预测

王洛林　张宇燕 / 主编　　2014年1月出版　　定价:69.00元

◆ 2013年的世界经济仍旧行进在坎坷复苏的道路上。发达经济体经济复苏继续巩固，美国和日本经济进入低速增长通道，欧元区结束衰退并呈复苏迹象。本书展望2014年世界经济，预计全球经济增长仍将维持在中低速的水平上。

工业化蓝皮书
中国工业化进程报告（2014）

黄群慧　吕 铁　李晓华 等 / 著　　2014年11月出版　　估价:89.00元

◆ 中国的工业化是事关中华民族复兴的伟大事业，分析跟踪研究中国的工业化进程，无疑具有重大意义。科学评价与客观认识我国的工业化水平，对于我国明确自身发展中的优势和不足，对于经济结构的升级与转型，对于制定经济发展政策，从而提升我国的现代化水平具有重要作用。

皮书系列 重点推荐 — 经济类

金融蓝皮书
中国金融发展报告（2014）

李 扬　王国刚 / 主编　2013 年 12 月出版　　定价 :65.00 元

◆　由中国社会科学院金融研究所组织编写的《中国金融发展报告（2014）》，概括和分析了 2013 年中国金融发展和运行中的各方面情况，研讨和评论了 2013 年发生的主要金融事件。本书由业内专家和青年精英联合编著，有利于读者了解掌握 2013 年中国的金融状况，把握 2014 年中国金融的走势。

城市竞争力蓝皮书
中国城市竞争力报告 No.12

倪鹏飞 / 主编　　2014 年 5 月出版　　定价 :89.00 元

◆　本书由中国社会科学院城市与竞争力研究中心主任倪鹏飞主持编写，汇集了众多研究城市经济问题的专家学者关于城市竞争力研究的最新成果。本报告构建了一套科学的城市竞争力评价指标体系，采用第一手数据材料，对国内重点城市年度竞争力格局变化进行客观分析和综合比较、排名，对研究城市经济及城市竞争力极具参考价值。

中国省域竞争力蓝皮书
"十二五"中期中国省域经济综合竞争力发展报告

李建平　李闽榕　高燕京 / 主编　　2014 年 3 月出版　定价 :198.00 元

◆　本书充分运用数理分析、空间分析、规范分析与实证分析相结合、定性分析与定量分析相结合的方法，建立起比较科学完善、符合中国国情的省域经济综合竞争力指标评价体系及数学模型，对 2011~2012 年中国内地 31 个省、市、区的经济综合竞争力进行全面、深入、科学的总体评价与比较分析。

农村经济绿皮书
中国农村经济形势分析与预测 (2013~2014)

中国社会科学院农村发展研究所　国家统计局农村社会经济调查司 / 著

2014 年 4 月出版　　定价 :69.00 元

◆　本书对 2013 年中国农业和农村经济运行情况进行了系统的分析和评价，对 2014 年中国农业和农村经济发展趋势进行了预测，并提出相应的政策建议，专题部分将围绕某个重大的理论和现实问题进行多维、深入、细致的分析和探讨。

经济类　皮书系列 重点推荐

西部蓝皮书
中国西部经济发展报告（2014）
姚慧琴　徐璋勇 / 主编　　2014年7月出版　　估价：69.00元

◆ 本书由西北大学中国西部经济发展研究中心主编，汇集了源自西部本土以及国内研究西部问题的权威专家的第一手资料，对国家实施西部大开发战略进行年度动态跟踪，并对2014年西部经济、社会发展态势进行预测和展望。

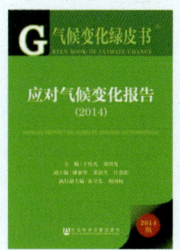

气候变化绿皮书
应对气候变化报告（2014）
王伟光　郑国光 / 主编　　2014年11月出版　　估价：79.00元

◆ 本书由社科院城环所和国家气候中心共同组织编写，各篇报告的作者长期从事气候变化科学问题、社会经济影响，以及国际气候制度等领域的研究工作，密切跟踪国际谈判的进程，参与国家应对气候变化相关政策的咨询，有丰富的理论与实践经验。

就业蓝皮书
2014年中国大学生就业报告
麦可思研究院 / 编著　　王伯庆　周凌波 / 主审
2014年6月出版　　定价：98.00元

◆ 本书是迄今为止关于中国应届大学毕业生就业、大学毕业生中期职业发展及高等教育人口流动情况的视野最为宽广、资料最为翔实、分类最为精细的实证调查和定量研究；为我国教育主管部门的教育决策提供了极有价值的参考。

企业社会责任蓝皮书
中国企业社会责任研究报告（2014）
黄群慧　彭华岗　钟宏武　张蒽 / 编著
2014年11月出版　　估价：69.00元

◆ 本书系中国社会科学院经济学部企业社会责任研究中心组织编写的《企业社会责任蓝皮书》2014年分册。该书在对企业社会责任进行宏观总体研究的基础上，根据2013年企业社会责任及相关背景进行了创新研究，在全国企业中观层面对企业健全社会责任管理体系提供了弥足珍贵的丰富信息。

皮书系列 重点推荐　社会政法类

社会政法类

社会政法类皮书聚焦社会发展领域的热点、难点问题，提供权威、原创的资讯与视点

社会蓝皮书

2014年中国社会形势分析与预测

李培林　陈光金　张　翼/主编　2013年12月出版　定价:69.00元

◆ 本报告是中国社会科学院"社会形势分析与预测"课题组2014年度分析报告，由中国社会科学院社会学研究所组织研究机构专家、高校学者和政府研究人员撰写。对2013年中国社会发展的各个方面内容进行了权威解读，同时对2014年社会形势发展趋势进行了预测。

法治蓝皮书

中国法治发展报告No.12（2014）

李　林　田　禾/主编　2014年2月出版　定价:98.00元

◆ 本年度法治蓝皮书一如既往秉承关注中国法治发展进程中的焦点问题的特点，回顾总结了2013年度中国法治发展取得的成就和存在的不足，并对2014年中国法治发展形势进行了预测和展望。

民间组织蓝皮书

中国民间组织报告（2014）

黄晓勇/主编　2014年8月出版　估价:69.00元

◆ 本报告是中国社会科学院"民间组织与公共治理研究"课题组推出的第五本民间组织蓝皮书。基于国家权威统计数据、实地调研和广泛搜集的资料，本报告对2013年以来我国民间组织的发展现状、热点专题、改革趋势等问题进行了深入研究，并提出了相应的政策建议。

社会政法类　　皮书系列 重点推荐

社会保障绿皮书
中国社会保障发展报告（2014）No.6
王延中 / 主编　　2014 年 9 月出版　　定价 :79.00 元

◆　社会保障是调节收入分配的重要工具，随着社会保障制度的不断建立健全、社会保障覆盖面的不断扩大和社会保障资金的不断增加，社会保障在调节收入分配中的重要性不断提高。本书全面评述了 2013 年以来社会保障制度各个主要领域的发展情况。

环境绿皮书
中国环境发展报告（2014）
刘鉴强 / 主编　　2014 年 5 月出版　　定价 :79.00 元

◆　本书由民间环保组织"自然之友"组织编写，由特别关注、生态保护、宜居城市、可持续消费以及政策与治理等版块构成，以公共利益的视角记录、审视和思考中国环境状况，呈现 2013 年中国环境与可持续发展领域的全局态势，用深刻的思考、科学的数据分析 2013 年的环境热点事件。

教育蓝皮书
中国教育发展报告（2014）
杨东平 / 主编　　2014 年 5 月出版　　定价 :79.00 元

◆　本书站在教育前沿，突出教育中的问题，特别是对当前教育改革中出现的教育公平、高校教育结构调整、义务教育均衡发展等问题进行了深入分析，从教育的内在发展谈教育，又从外部条件来谈教育，具有重要的现实意义，对我国的教育体制的改革与发展具有一定的学术价值和参考意义。

反腐倡廉蓝皮书
中国反腐倡廉建设报告 No.3
李秋芳 / 主编　　2014 年 1 月出版　　定价 :79.00 元

◆　本书抓住了若干社会热点和焦点问题，全面反映了新时期新阶段中国反腐倡廉面对的严峻局面，以及中国共产党反腐倡廉建设的新实践新成果。根据实地调研、问卷调查和舆情分析，梳理了当下社会普遍关注的与反腐败密切相关的热点问题。

行业报告类

行业报告类皮书立足重点行业、新兴行业领域，提供及时、前瞻的数据与信息

房地产蓝皮书
中国房地产发展报告 No.11（2014）

魏后凯 李景国 / 主编　　2014 年 5 月出版　　定价 :79.00 元

◆ 本书由中国社会科学院城市发展与环境研究所组织编写，秉承客观公正、科学中立的原则，深度解析 2013 年中国房地产发展的形势和存在的主要矛盾，并预测 2014 年及未来 10 年或更长时间的房地产发展大势。观点精辟，数据翔实，对关注房地产市场的各阶层人士极具参考价值。

旅游绿皮书
2013~2014 年中国旅游发展分析与预测

宋 瑞 / 主编　　2013 年 12 月出版　　定价 :79.00 元

◆ 如何从全球的视野理性审视中国旅游，如何在世界旅游版图上客观定位中国，如何积极有效地推进中国旅游的世界化，如何制定中国实现世界旅游强国梦想的线路图？本年度开始，《旅游绿皮书》将围绕"世界与中国"这一主题进行系列研究，以期为推进中国旅游的长远发展提供科学参考和智力支持。

信息化蓝皮书
中国信息化形势分析与预测（2014）

周宏仁 / 主编　　2014 年 7 月出版　　估价 :98.00 元

◆ 本书在以中国信息化发展的分析和预测为重点的同时，反映了过去一年间中国信息化关注的重点和热点，视野宽阔，观点新颖，内容丰富，数据翔实，对中国信息化的发展有很强的指导性，可读性很强。

行业报告类　皮书系列 重点推荐

企业蓝皮书

中国企业竞争力报告（2014）

金　碚 / 主编　　2014年11月出版　　估价:89.00元

◆　中国经济正处于新一轮的经济波动中，如何保持稳健的经营心态和经营方式并进一步求发展，对于企业保持并提升核心竞争力至关重要。本书利用上市公司的财务数据，研究上市公司竞争力变化的最新趋势，探索进一步提升中国企业国际竞争力的有效途径，这无论对实践工作者还是理论研究者都具有重大意义。

食品药品蓝皮书

食品药品安全与监管政策研究报告（2014）

唐民皓 / 主编　　2014年7月出版　　估价:69.00元

◆　食品药品安全是当下社会关注的焦点问题之一，如何破解食品药品安全监管重点难点问题是需要以社会合力才能解决的系统工程。本书围绕安全热点问题、监管重点问题和政策焦点问题，注重于对食品药品公共政策和行政监管体制的探索和研究。

流通蓝皮书

中国商业发展报告（2013~2014）

荆林波 / 主编　　2014年5月出版　　定价:89.00元

◆　《中国商业发展报告》是中国社会科学院财经战略研究院与香港利丰研究中心合作的成果，并且在2010年开始以中英文版同步在全球发行。蓝皮书从关注中国宏观经济出发，突出中国流通业的宏观背景反映了本年度中国流通业发展的状况。

住房绿皮书

中国住房发展报告（2013~2014）

倪鹏飞 / 主编　　2013年12月出版　　定价:79.00元

◆　本报告从宏观背景、市场主体、市场体系、公共政策和年度主题五个方面，对中国住宅市场体系做了全面系统的分析、预测与评价，并给出了相关政策建议，并在评述2012~2013年住房及相关市场走势的基础上，预测了2013~2014年住房及相关市场的发展变化。

国别与地区类

国别与地区类皮书关注全球重点国家与地区，提供全面、独特的解读与研究

亚太蓝皮书

亚太地区发展报告（2014）

李向阳 / 主编　　2014年1月出版　　定价：59.00元

◆ 本书是由中国社会科学院亚太与全球战略研究院精心打造的又一品牌皮书，关注时下亚太地区局势发展动向里隐藏的中长趋势，剖析亚太地区政治与安全格局下的区域形势最新动向以及地区关系发展的热点问题，并对2014年亚太地区重大动态作出前瞻性的分析与预测。

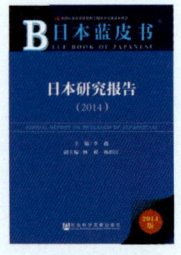

日本蓝皮书

日本研究报告（2014）

李 薇 / 主编　　2014年3月出版　　定价：69.00元

◆ 本书由中华日本学会、中国社会科学院日本研究所合作推出，是以中国社会科学院日本研究所的研究人员为主完成的研究成果。对2013年日本的政治、外交、经济、社会文化作了回顾、分析与展望，并收录了该年度日本大事记。

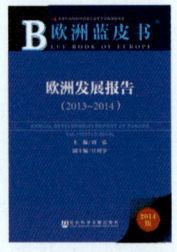

欧洲蓝皮书

欧洲发展报告(2013~2014)

周 弘 / 主编　　2014年5月出版　　估价：89.00元

◆ 本年度的欧洲发展报告，对欧洲经济、政治、社会、外交等面的形式进行了跟踪介绍与分析。力求反映作为一个整体的欧盟及30多个欧洲国家在2013年出现的各种变化。

拉美黄皮书

拉丁美洲和加勒比发展报告（2013~2014）

吴白乙 / 主编　2014 年 4 月出版　定价 :89.00 元

◆　本书是中国社会科学院拉丁美洲研究所的第 13 份关于拉丁美洲和加勒比地区发展形势状况的年度报告。本书对 2013 年拉丁美洲和加勒比地区诸国的政治、经济、社会、外交等方面的发展情况做了系统介绍，对该地区相关国家的热点及焦点问题进行了总结和分析，并在此基础上对该地区各国 2014 年的发展前景做出预测。

澳门蓝皮书

澳门经济社会发展报告（2013~2014）

吴志良　郝雨凡 / 主编　2014 年 4 月出版　定价 :79.00 元

◆　本书集中反映 2013 年本澳各个领域的发展动态，总结评价近年澳门政治、经济、社会的总体变化，同时对 2014 年社会经济情况作初步预测。

日本经济蓝皮书

日本经济与中日经贸关系研究报告（2014）

王洛林　张季风 / 主编　2014 年 5 月出版　定价 :79.00 元

◆　本书对当前日本经济以及中日经济合作的发展动态进行了多角度、全景式的深度分析。本报告回顾并展望了 2013~2014 年度日本宏观经济的运行状况。此外，本报告还收录了大量来自于日本政府权威机构的数据图表，具有极高的参考价值。

美国蓝皮书

美国问题研究报告（2014）

黄平　倪峰 / 主编　2014 年 6 月出版　估价 :89.00 元

◆　本书是由中国社会科学院美国所主持完成的研究成果，它回顾了美国 2013 年的经济、政治形势与外交战略，对 2013 年以来美国内政外交发生的重大事件以及重要政策进行了较为全面的回顾和梳理。

皮书系列
重点推荐　地方发展类

地方发展类

地方发展类皮书关注大陆各省份、经济区域，
提供科学、多元的预判与咨政信息

社会建设蓝皮书
2014年北京社会建设分析报告

宋贵伦／主编　2014年9月出版　估价:69.00元

◆ 本书依据社会学理论框架和分析方法，对北京市的人口、就业、分配、社会阶层以及城乡关系等社会学基本问题进行了广泛调研与分析，对广受社会关注的住房、教育、医疗、养老、交通等社会热点问题做了深刻了解与剖析，对日益显现的征地搬迁、外籍人口管理、群体性心理障碍等进行了有益探讨。

温州蓝皮书
2014年温州经济社会形势分析与预测

潘忠强　王春光　金 浩／主编　2014年4月出版　定价:69.00元

◆ 本书是由中共温州市委党校与中国社会科学院社会学研究所合作推出的第七本"温州经济社会形势分析与预测"年度报告，深入全面分析了2013年温州经济、社会、政治、文化发展的主要特点、经验、成效与不足，提出了相应的政策建议。

上海蓝皮书
上海资源环境发展报告（2014）

周冯琦　汤庆合　任文伟／著　2014年1月出版　定价:69.00元

◆ 本书在上海所面临资源环境风险的来源、程度、成因、对策等方面作了些有益的探索，希望能对有关部门完善上海的资源环境风险防控工作提供一些有价值的参考，也让普通民众更全面地了解上海资源环境风险及其防控的图景。

地方发展类　　皮书系列 重点推荐

广州蓝皮书

2014年中国广州社会形势分析与预测

张　强　陈怡霓　杨　秦/主编　2014年9月出版　估价:65.00元

◆ 本书由广州大学与广州市委宣传部、广州市人力资源和社会保障局联合主编，汇集了广州科研团体、高等院校和政府部门诸多社会问题研究专家、学者和实际部门工作者的最新研究成果，是关于广州社会运行情况和相关专题分析与预测的重要参考资料。

河南经济蓝皮书

2014年河南经济形势分析与预测

胡五岳/主编　2014年3月出版　定价:69.00元

◆ 本书由河南省统计局主持编纂。该分析与展望以2013年最新年度统计数据为基础，科学研判河南经济发展的脉络轨迹、分析年度运行态势；以客观翔实、权威资料为特征，突出科学性、前瞻性和可操作性，服务于科学决策和科学发展。

陕西蓝皮书

陕西社会发展报告（2014）

任宗哲　石　英　牛　昉/主编　2014年2月出版　定价:65.00元

◆ 本书系统而全面地描述了陕西省2013年社会发展各个领域所取得的成就、存在的问题、面临的挑战及其应对思路，为更好地思考2014年陕西发展前景、政策指向和工作策略等方面提供了一个较为简洁清晰的参考蓝本。

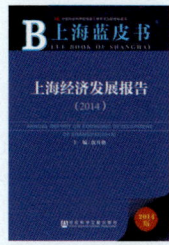

上海蓝皮书

上海经济发展报告（2014）

沈开艳/主编　2014年1月出版　定价:69.00元

◆ 本书系上海社会科学院系列之一，报告对2014年上海经济增长与发展趋势的进行了预测，把握了上海经济发展的脉搏和学术研究的前沿。

广州蓝皮书
广州经济发展报告(2014)

李江涛 朱名宏 / 主编　2014年6月出版　估价:65.00元

◆ 本书是由广州市社会科学院主持编写的"广州蓝皮书"系列之一,本报告对广州2013年宏观经济运行情况作了深入分析,对2014年宏观经济走势进行了合理预测,并在此基础上提出了相应的政策建议。

文 化 传 媒 类

文化传媒类皮书透视文化领域、文化产业,
探索文化大繁荣、大发展的路径

新媒体蓝皮书
中国新媒体发展报告 No.4(2013)

唐绪军 / 主编　2014年6月出版　估价:69.00元

◆ 本书由中国社会科学院新闻与传播研究所和上海大学合作编写,在构建新媒体发展研究基本框架的基础上,全面梳理2013年中国新媒体发展现状,发表最前沿的网络媒体深度调查数据和研究成果,并对新媒体发展的未来趋势做出预测。

舆情蓝皮书
中国社会舆情与危机管理报告(2014)

谢耘耕 / 主编　2014年8月出版　估价:85.00元

◆ 本书由上海交通大学舆情研究实验室和危机管理研究中心主编,已被列入教育部人文社会科学研究报告培育项目。本书以新媒体环境下的中国社会为立足点,对2013年中国社会舆情、分类舆情等进行了深入系统的研究,并预测了2014年社会舆情走势。

经济类

皮书系列
2014全品种

产业蓝皮书
中国产业竞争力报告（2014）No.4
著(编)者：张其仔　　2014年5月出版　/　估价：79.00元

长三角蓝皮书
2014年率先基本实现现代化的长三角
著(编)者：刘志彪　　2014年6月出版　/　估价：120.00元

城市竞争力蓝皮书
中国城市竞争力报告No.12
著(编)者：倪鹏飞　　2014年5月出版　/　定价：89.00元

城市蓝皮书
中国城市发展报告No.7
著(编)者：潘家华　魏后凯　2014年7月出版　/　估价：69.00元

城市群蓝皮书
中国城市群发展指数报告(2014)
著(编)者：刘士林　刘新静　2014年10月出版　/　估价：59.00元

城乡统筹蓝皮书
中国城乡统筹发展报告（2014）
著(编)者：程志强、潘晨光　2014年9月出版　/　估价：59.00元

城乡一体化蓝皮书
中国城乡一体化发展报告（2014）
著(编)者：汝信　付崇兰　2014年8月出版　/　估价：59.00元

城镇化蓝皮书
中国新型城镇化健康发展报告（2014）
著(编)者：张占斌　　2014年5月出版　/　定价：79.00元

低碳发展蓝皮书
中国低碳发展报告（2014）
著(编)者：齐晔　　2014年3月出版　/　定价：89.00元

低碳经济蓝皮书
中国低碳经济发展报告（2014）
著(编)者：薛进军　赵忠秀　2014年5月出版　/　估价：79.00元

东北蓝皮书
中国东北地区发展报告（2014）
著(编)者：鲍振东　曹晓峰　2014年8月出版　/　估价：79.00元

发展和改革蓝皮书
中国经济发展和体制改革报告No.7
著(编)者：邹东涛　　2014年7月出版　/　估价：79.00元

工业化蓝皮书
中国工业化进程报告（2014）
著(编)者：黄群慧　吕铁　李晓华　等
2014年11月出版　/　估价：89.00元

国际城市蓝皮书
国际城市发展报告（2014）
著(编)者：屠启宇　　2014年1月出版　/　定价：69.00元

国家创新蓝皮书
国家创新发展报告（2013~2014）
著(编)者：陈劲　　2014年6月出版　/　估价：69.00元

国家竞争力蓝皮书
中国国家竞争力报告No.2
著(编)者：倪鹏飞　　2014年10月出版　/　估价：98.00元

宏观经济蓝皮书
中国经济增长报告（2014）
著(编)者：张平　刘霞辉　2014年10月出版　/　估价：69.00元

减贫蓝皮书
中国减贫与社会发展报告
著(编)者：黄承伟　　2014年7月出版　/　估价：69.00元

金融蓝皮书
中国金融发展报告（2014）
著(编)者：李扬　王国刚　2013年12月出版　/　定价：65.00元

经济蓝皮书
2014年中国经济形势分析与预测
著(编)者：李扬　　2013年12月出版　/　定价：69.00元

经济蓝皮书春季号
2014年中国经济前景分析
著(编)者：李扬　　2014年5月出版　/　定价：79.00元

经济信息绿皮书
中国与世界经济发展报告（2014）
著(编)者：杜平　　2013年12月出版　/　定价：79.00元

就业蓝皮书
2014年中国大学生就业报告
著(编)者：麦可思研究院　2014年6月出版　/　估价：98.00元

流通蓝皮书
中国商业发展报告（2013~2014）
著(编)者：荆林波　　2014年5月出版　/　定价：89.00元

民营经济蓝皮书
中国民营经济发展报告No.10（2013～2014）
著(编)者：黄孟复　　2014年9月出版　/　估价：69.00元

民营企业蓝皮书
中国民营企业竞争力报告No.7（2014）
著(编)者：刘迎秋　　2014年9月出版　/　估价：79.00元

农村绿皮书
中国农村经济形势分析与预测（2013~2014）
著(编)者：中国社会科学院农村发展研究所
　　　　　国家统计局农村社会经济调查司　著
2014年4月出版　/　定价：69.00元

企业公民蓝皮书
中国企业公民报告No.4
著(编)者：邹东涛　　2014年7月出版　/　估价：69.00元

企业社会责任蓝皮书
中国企业社会责任研究报告（2014）
著(编)者：黄群慧　彭华岗　钟宏武　等
2014年11月出版　/　估价：59.00元

气候变化绿皮书
应对气候变化报告（2014）
著(编)者：王伟光　郑国光　2014年11月出版　/　估价：79.00元

15

皮书系列 2014全品种 经济类・社会政法类

区域蓝皮书
中国区域经济发展报告（2013~2014）
著(编)者:梁昊光　2014年4月出版 / 定价:79.00元

人口与劳动绿皮书
中国人口与劳动问题报告No.15
著(编)者:蔡昉　2014年6月出版 / 估价:69.00元

生态经济（建设）绿皮书
中国经济（建设）发展报告（2013~2014）
著(编)者:黄浩涛　李周　2014年10月出版 / 估价:69.00元

世界经济黄皮书
2014年世界经济形势分析与预测
著(编)者:王洛林　张宇燕　2014年1月出版 / 定价:69.00元

西北蓝皮书
中国西北发展报告（2014）
著(编)者:张进海　陈冬红　段庆林
2013年12月出版 / 定价:69.00元

西部蓝皮书
中国西部发展报告（2014）
著(编)者:姚慧琴　徐璋勇　2014年7月出版 / 估价:69.00元

新型城镇化蓝皮书
新型城镇化发展报告（2014）
著(编)者:沈体雁　李伟　宋敏　2014年9月出版 / 估价:69.00元

新兴经济体蓝皮书
金砖国家发展报告（2014）
著(编)者:林跃勤　周文　2014年9月出版 / 估价:79.00元

循环经济绿皮书
中国循环经济发展报告（2013~2014）
著(编)者:齐建国　2014年12月出版 / 估价:69.00元

中部竞争力蓝皮书
中国中部经济社会竞争力报告（2014）
著(编)者:教育部人文社会科学重点研究基地
　　　　　南昌大学中国中部经济社会发展研究中心
2014年7月出版 / 估价:59.00元

中部蓝皮书
中国中部地区发展报告（2014）
著(编)者:朱有志　2014年10月出版 / 估价:59.00元

中国科技蓝皮书
中国科技发展报告（2014）
著(编)者:陈劲　2014年4月出版 / 定价:69.00元

中国省域竞争力蓝皮书
"十二五"中期中国省域经济综合竞争力发展报告
著(编)者:李建平　李闽榕　高燕京　2014年3月出版 / 定价:198.00元

中三角蓝皮书
长江中游城市群发展报告（2013~2014）
著(编)者:秦尊文　2014年6月出版 / 估价:69.00元

中小城市绿皮书
中国中小城市发展报告（2014）
著(编)者:中国城市经济学会中小城市经济发展委员会
　　　　　《中国中小城市发展报告》编纂委员会
2014年10月出版 / 估价:98.00元

中原蓝皮书
中原经济区发展报告（2014）
著(编)者:刘怀廉　2014年6月出版 / 估价:68.00元

社会政法类

殡葬绿皮书
中国殡葬事业发展报告（2014）
著(编)者:朱勇　副主编 李伯森　2014年9月出版 / 估价:59.00元

城市创新蓝皮书
中国城市创新报告（2014）
著(编)者:周天勇　旷建伟　2014年7月出版 / 估价:69.00元

城市管理蓝皮书
中国城市管理报告2014
著(编)者:谭维克　刘林　2014年7月出版 / 估价:98.00元

城市生活质量蓝皮书
中国城市生活质量指数报告（2014）
著(编)者:张平　2014年7月出版 / 估价:59.00元

城市政府能力蓝皮书
中国城市政府公共服务能力评估报告（2014）
著(编)者:何艳玲　2014年7月出版 / 估价:59.00元

创新蓝皮书
创新型国家建设报告（2013~2014）
著(编)者:詹正茂　2014年5月出版 / 定价:69.00元

慈善蓝皮书
中国慈善发展报告（2014）
著(编)者:杨团　2014年5月出版 / 定价:79.00元

法治蓝皮书
中国法治发展报告No.12（2014）
著(编)者:李林　田禾　2014年2月出版 / 定价:98.00元

反腐倡廉蓝皮书
中国反腐倡廉建设报告No.3
著(编)者:李秋芳　2014年1月出版 / 定价:79.00元

非传统安全蓝皮书
中国非传统安全研究报告（2014）
著(编)者:余潇枫　2014年5月出版 / 估价:69.00元

社会政法类 | 皮书系列 2014全品种

妇女发展蓝皮书
福建省妇女发展报告（2014）
著(编)者：刘群英　2014年10月出版　估价:58.00元

妇女发展蓝皮书
中国妇女发展报告No.5
著(编)者：王金玲　高小贤　2014年5月出版　估价:65.00元

妇女教育蓝皮书
中国妇女教育发展报告No.3
著(编)者：张李玺　2014年10月出版　估价:69.00元

公共服务满意度蓝皮书
中国城市公共服务评价报告（2014）
著(编)者：胡伟　2014年11月出版　估价:69.00元

公共服务蓝皮书
中国城市基本公共服务力评价（2014）
著(编)者：侯惠勤　辛向阳　易定宏
2014年10月出版　估价:55.00元

公民科学素质蓝皮书
中国公民科学素质报告（2013~2014）
著(编)者：李群　许佳军　2014年3月出版　定价:79.00元

公益蓝皮书
中国公益发展报告（2014）
著(编)者：朱健刚　2014年5月出版　估价:78.00元

国际人才蓝皮书
中国国际移民报告（2014）
著(编)者：王辉耀　2014年1月出版　定价:79.00元

国际人才蓝皮书
中国海归创业发展报告（2014）No.2
著(编)者：王辉耀　路江涌　2014年10月出版　估价:69.00元

国际人才蓝皮书
中国留学发展报告（2014）No.3
著(编)者：王辉耀　2014年9月出版　估价:59.00元

国家安全蓝皮书
中国国家安全研究报告（2014）
著(编)者：刘慧　2014年5月出版　定价:98.00元

行政改革蓝皮书
中国行政体制改革报告（2013）No.3
著(编)者：魏礼群　2014年3月出版　定价:89.00元

华侨华人蓝皮书
华侨华人研究报告（2014）
著(编)者：丘进　2014年5月出版　估价:128.00元

环境竞争力绿皮书
中国省域环境竞争力发展报告（2014）
著(编)者：李建平　李闽榕　王金南
2014年12月出版　估价:148.00元

环境绿皮书
中国环境发展报告（2014）
著(编)者：刘鉴强　2014年5月出版　定价:79.00元

基本公共服务蓝皮书
中国省级政府基本公共服务发展报告（2014）
著(编)者：孙德超　2014年9月出版　估价:69.00元

基金会透明度蓝皮书
中国基金会透明度发展研究报告（2014）
著(编)者：基金会中心网　2014年7月出版　估价:79.00元

教师蓝皮书
中国中小学教师发展报告（2014）
著(编)者：曾晓东　2014年9月出版　估价:59.00元

教育蓝皮书
中国教育发展报告（2014）
著(编)者：杨东平　2014年5月出版　定价:79.00元

科普蓝皮书
中国科普基础设施发展报告（2014）
著(编)者：任福君　2014年6月出版　估价:79.00元

口腔健康蓝皮书
中国口腔健康发展报告（2014）
著(编)者：胡德渝　2014年12月出版　估价:59.00元

老龄蓝皮书
中国老龄事业发展报告（2014）
著(编)者：吴玉韶　2014年9月出版　估价:59.00元

连片特困区蓝皮书
中国连片特困区发展报告（2014）
著(编)者：丁建军　冷志明　游俊　2014年9月出版　估价:79.00元

民间组织蓝皮书
中国民间组织报告（2014）
著(编)者：黄晓勇　2014年8月出版　估价:69.00元

民调蓝皮书
中国民生调查报告（2014）
著(编)者：谢耘耕　2014年5月出版　定价:128.00元

民族发展蓝皮书
中国民族区域自治发展报告（2014）
著(编)者：郝时远　2014年6月出版　估价:98.00元

女性生活蓝皮书
中国女性生活状况报告No.8（2014）
著(编)者：韩湘景　2014年4月出版　定价:79.00元

汽车社会蓝皮书
中国汽车社会发展报告（2014）
著(编)者：王俊秀　2014年9月出版　估价:59.00元

社会政法类·行业报告类

青年蓝皮书
中国青年发展报告（2014）No.2
著(编)者：廉思　2014年4月出版 / 定价:59.00元

全球环境竞争力绿皮书
全球环境竞争力发展报告（2014）
著(编)者：李建平　李闽榕　王金南　2014年11月出版 / 估价:69.00元

青少年蓝皮书
中国未成年人新媒体运用报告（2014）
著(编)者：李文革　沈杰　季为民　2014年6月出版 / 估价:69.00元

区域人才蓝皮书
中国区域人才竞争力报告No.2
著(编)者：桂昭明　王辉耀　2014年6月出版 / 估价:69.00元

人才蓝皮书
中国人才发展报告（2014）
著(编)者：潘晨光　2014年10月出版 / 估价:79.00元

人权蓝皮书
中国人权事业发展报告No.4（2014）
著(编)者：李君如　2014年7月出版 / 估价:98.00元

世界人才蓝皮书
全球人才发展报告No.1
著(编)者：孙学玉　张冠梓　2014年9月出版 / 估价:69.00元

社会保障绿皮书
中国社会保障发展报告（2014）No.6
著(编)者：王延中　2014年9月出版 / 估价:69.00元

社会工作蓝皮书
中国社会工作发展报告（2013~2014）
著(编)者：王杰秀　邹文开　2014年8月出版 / 估价:59.00元

社会管理蓝皮书
中国社会管理创新报告No.3
著(编)者：连玉明　2014年9月出版 / 估价:79.00元

社会蓝皮书
2014年中国社会形势分析与预测
著(编)者：李培林　陈光金　张翼　2013年12月出版 / 定价:69.00元

社会体制蓝皮书
中国社会体制改革报告No.2（2014）
著(编)者：龚维斌　2014年4月出版 / 定价:79.00元

社会心态蓝皮书
2014年中国社会心态研究报告
著(编)者：王俊秀　杨宜音　2014年9月出版 / 估价:59.00元

生态城市绿皮书
中国生态城市建设发展报告（2014）
著(编)者：李景源　孙伟平　刘举科　2014年6月出版 / 估价:128.00元

生态文明绿皮书
中国省域生态文明建设评价报告（ECI 2014）
著(编)者：严耕　2014年9月出版 / 估价:98.00元

世界创新竞争力黄皮书
世界创新竞争力发展报告（2014）
著(编)者：李建平　李闽榕　赵新力　2014年11月出版 / 估价:128.00元

水与发展蓝皮书
中国水风险评估报告（2014）
著(编)者：苏杨　2014年9月出版 / 估价:69.00元

土地整治蓝皮书
中国土地整治发展报告No.1
著(编)者：国土资源部土地整治中心　2014年5月出版 / 定价:89.00元

危机管理蓝皮书
中国危机管理报告（2014）
著(编)者：文学国　范正青　2014年8月出版 / 估价:79.00元

小康蓝皮书
中国全面建设小康社会监测报告（2014）
著(编)者：潘璠　2014年11月出版 / 估价:59.00元

形象危机应对蓝皮书
形象危机应对研究报告（2014）
著(编)者：唐钧　2014年9月出版 / 估价:118.00元

行政改革蓝皮书
中国行政体制改革报告（2013）No.3
著(编)者：魏礼群　2014年3月出版 / 定价:89.00元

医疗卫生绿皮书
中国医疗卫生发展报告No.6（2013~2014）
著(编)者：申宝忠　韩玉珍　2014年4月出版 / 定价:75.00元

政治参与蓝皮书
中国政治参与报告（2014）
著(编)者：房宁　2014年7月出版 / 估价:58.00元

政治发展蓝皮书
中国政治发展报告（2014）
著(编)者：房宁　杨海蛟　2014年6月出版 / 估价:98.00元

宗教蓝皮书
中国宗教报告（2014）
著(编)者：金泽　邱永辉　2014年8月出版 / 估价:59.00元

社会组织蓝皮书
中国社会组织评估报告（2014）
著(编)者：徐家良　2014年9月出版 / 估价:69.00元

政府绩效评估蓝皮书
中国地方政府绩效评估报告（2014）
著(编)者：贠杰　2014年9月出版 / 估价:69.00元

行业报告类

保健蓝皮书
中国保健服务产业发展报告No.2
著(编)者:中国保健协会 中共中央党校
2014年7月出版 / 估价:198.00元

保健蓝皮书
中国保健食品产业发展报告No.2
著(编)者:中国保健协会
　　　　　中国社会科学院食品药品产业发展与监管研究中心
2014年7月出版 / 估价:198.00元

保健蓝皮书
中国保健用品产业发展报告No.2
著(编)者:中国保健协会　　2014年9月出版 / 估价:198.00元

保险蓝皮书
中国保险业竞争力报告(2014)
著(编)者:罗忠敏　　2014年9月出版 / 估价:98.00元

餐饮产业蓝皮书
中国餐饮产业发展报告(2014)
著(编)者:中国烹饪协会 中国社会科学院财经战略研究院
2014年5月出版 / 估价:59.00元

测绘地理信息蓝皮书
中国地理信息产业发展报告(2014)
著(编)者:徐德明　　2014年12月出版 / 估价:98.00元

茶业蓝皮书
中国茶产业发展报告(2014)
著(编)者:李闽榕 杨江帆　　2014年9月出版 / 估价:79.00元

产权市场蓝皮书
中国产权市场发展报告(2014)
著(编)者:曹和平　　2014年9月出版 / 估价:69.00元

产业安全蓝皮书
中国烟草产业安全报告(2014)
著(编)者:李孟刚 杜秀亭　　2014年1月出版 / 定价:69.00元

产业安全蓝皮书
中国出版与传媒安全报告(2014)
著(编)者:北京交通大学中国产业安全研究中心
2014年9月出版 / 估价:59.00元

产业安全蓝皮书
中国医疗产业安全报告(2013~2014)
著(编)者:李孟刚 高献书　　2014年1月出版 / 定价:59.00元

产业安全蓝皮书
中国文化产业安全蓝皮书(2014)
著(编)者:北京印刷学院文化产业安全研究院
2014年4月出版 / 估价:69.00元

产业安全蓝皮书
中国出版传媒产业安全报告(2014)
著(编)者:北京印刷学院文化产业安全研究院
2014年4月出版 / 定价:89.00元

典当业蓝皮书
中国典当行业发展报告(2013~2014)
著(编)者:黄育华 王力 张红地
2014年10月出版 / 估价:69.00元

电子商务蓝皮书
中国城市电子商务影响力报告(2014)
著(编)者:荆林波　　2014年5月出版 / 估价:69.00元

电子政务蓝皮书
中国电子政务发展报告(2014)
著(编)者:洪毅 王长胜　　2014年9月出版 / 估价:59.00元

杜仲产业绿皮书
中国杜仲橡胶资源与产业发展报告(2014)
著(编)者:杜红岩 胡文臻 俞瑞
2014年9月出版 / 估价:99.00元

房地产蓝皮书
中国房地产发展报告No.11(2014)
著(编)者:魏后凯 李景国　　2014年5月出版 / 定价:79.00元

服务外包蓝皮书
中国服务外包产业发展报告(2014)
著(编)者:王晓红 李皓　　2014年9月出版 / 估价:89.00元

高端消费蓝皮书
中国高端消费市场研究报告
著(编)者:依绍华 王雪峰　　2014年9月出版 / 估价:69.00元

会展经济蓝皮书
中国会展经济发展报告(2014)
著(编)者:过聚荣　　2014年9月出版 / 估价:65.00元

会展蓝皮书
中外会展业动态评估年度报告(2014)
著(编)者:张敏　　2014年8月出版 / 估价:68.00元

基金会绿皮书
中国基金会发展独立研究报告(2014)
著(编)者:基金会中心网　　2014年8月出版 / 估价:58.00元

交通运输蓝皮书
中国交通运输服务发展报告(2014)
著(编)者:林晓言 卜伟 武剑红
2014年10月出版 / 估价:69.00元

金融监管蓝皮书
中国金融监管报告(2014)
著(编)者:胡滨　　2014年5月出版 / 定价:69.00元

金融蓝皮书
中国金融中心发展报告(2014)
著(编)者:中国社会科学院金融研究所
　　　　　中国博士后特华科研工作站 王力 黄育华
2014年10月出版 / 估价:59.00元

皮书系列 2014全品种 　行业报告类

金融蓝皮书
中国商业银行竞争力报告（2014）
著(编)者：王松奇　2014年5月出版 / 估价:79.00元

金融蓝皮书
中国金融发展报告（2014）
著(编)者：李扬　王国刚　2013年12月出版 / 定价:65.00元

金融蓝皮书
中国金融法治报告（2014）
著(编)者：胡滨　全先银　2014年9月出版 / 估价:65.00元

金融蓝皮书
中国金融产品与服务报告（2014）
著(编)者：殷剑峰　2014年6月出版 / 估价:59.00元

金融信息服务蓝皮书
金融信息服务业发展报告（2014）
著(编)者：鲁广锦　2014年11月出版 / 估价:69.00元

抗衰老医学蓝皮书
抗衰老医学发展报告（2014）
著(编)者：罗伯特·高德曼　罗纳德·科莱兹
　　　　尼尔·布什　朱敏　金大鹏　郭弋
2014年9月出版 / 估价:69.00元

客车蓝皮书
中国客车产业发展报告（2014）
著(编)者：姚蔚　2014年12月出版 / 估价:69.00元

科学传播蓝皮书
中国科学传播报告（2014）
著(编)者：詹正茂　2014年9月出版 / 估价:69.00元

流通蓝皮书
中国商业发展报告（2013~2014）
著(编)者：荆林波　2014年5月出版 / 定价:89.00元

旅游安全蓝皮书
中国旅游安全报告（2014）
著(编)者：郑向敏　谢朝武　2014年6月出版 / 估价:79.00元

旅游绿皮书
2013~2014年中国旅游发展分析与预测
著(编)者：宋瑞　2014年9月出版 / 定价:79.00元

旅游城市绿皮书
世界旅游城市发展报告（2013~2014）
著(编)者：张辉　2014年1月出版 / 估价:69.00元

贸易蓝皮书
中国贸易发展报告（2014）
著(编)者：荆林波　2014年5月出版 / 估价:49.00元

民营医院蓝皮书
中国民营医院发展报告（2014）
著(编)者：朱幼棣　2014年10月出版 / 估价:69.00元

闽商蓝皮书
闽商发展报告（2014）
著(编)者：李闽榕　王日根　2014年12月出版 / 估价:69.00元

能源蓝皮书
中国能源发展报告（2014）
著(编)者：崔民选　王军生　陈义和
2014年10月出版 / 估价:59.00元

农产品流通蓝皮书
中国农产品流通产业发展报告（2014）
著(编)者：贾敬敦　王炳南　张玉玺　张鹏毅　陈丽华
2014年9月出版 / 估价:89.00元

期货蓝皮书
中国期货市场发展报告（2014）
著(编)者：荆林波　2014年6月出版 / 估价:98.00元

企业蓝皮书
中国企业竞争力报告（2014）
著(编)者：金碚　2014年11月出版 / 估价:89.00元

汽车安全蓝皮书
中国汽车安全发展报告（2014）
著(编)者：中国汽车技术研究中心
2014年4月出版 / 估价:79.00元

汽车蓝皮书
中国汽车产业发展报告（2014）
著(编)者：国务院发展研究中心产业经济研究部
　　　　中国汽车工程学会　大众汽车集团（中国）
2014年7月出版 / 估价:79.00元

清洁能源蓝皮书
国际清洁能源发展报告（2014）
著(编)者：国际清洁能源论坛（澳门）
2014年9月出版 / 估价:89.00元

人力资源蓝皮书
中国人力资源发展报告（2014）
著(编)者：吴江　2014年9月出版 / 估价:69.00元

软件和信息服务业蓝皮书
中国软件和信息服务业发展报告（2014）
著(编)者：洪京一　工业和信息化部电子科学技术情报研究所
2014年6月出版 / 估价:98.00元

商会蓝皮书
中国商会发展报告 No.4（2014）
著(编)者：黄孟复　2014年9月出版 / 估价:59.00元

商品市场蓝皮书
中国商品市场发展报告（2014）
著(编)者：荆林波　2014年7月出版 / 估价:59.00元

上市公司蓝皮书
中国上市公司非财务信息披露报告（2014）
著(编)者：钟宏武　张旺　张蕙　等
2014年12月出版 / 估价:59.00元

行业报告类 — 皮书系列 2014全品种

食品药品蓝皮书
食品药品安全与监管政策研究报告（2014）
著(编)者：唐民皓　2014年7月出版 / 估价:69.00元

世界能源蓝皮书
世界能源发展报告（2014）
著(编)者：黄晓勇　2014年9月出版 / 估价:99.00元

私募市场蓝皮书
中国私募股权市场发展报告（2014）
著(编)者：曹和平　2014年9月出版 / 估价:69.00元

体育蓝皮书
中国体育产业发展报告（2014）
著(编)者：阮伟　钟秉枢　2014年9月出版 / 估价:69.00元

体育蓝皮书·公共体育服务
中国公共体育服务发展报告（2014）
著(编)者：戴健　2014年12月出版 / 估价:69.00元

投资蓝皮书
中国投资发展报告（2014）
著(编)者：杨庆蔚　2014年4月出版 / 定价:128.00元

投资蓝皮书
中国企业海外投资发展报告（2013~2014）
著(编)者：陈文晖　薛誉华　2014年9月出版 / 定价:69.00元

物联网蓝皮书
中国物联网发展报告（2014）
著(编)者：龚六堂　2014年9月出版 / 估价:59.00元

西部工业蓝皮书
中国西部工业发展报告（2014）
著(编)者：方行明　刘方健　姜凌等
2014年9月出版 / 估价:69.00元

西部金融蓝皮书
中国西部金融发展报告（2014）
著(编)者：李忠民　2014年10月出版 / 估价:69.00元

新能源汽车蓝皮书
中国新能源汽车产业发展报告（2014）
著(编)者：中国汽车技术研究中心
　　　　　日产（中国）投资有限公司
　　　　　东风汽车有限公司
2014年9月出版 / 估价:69.00元

信托蓝皮书
中国信托业研究报告（2014）
著(编)者：中建投信托研究中心　中国建设建投研究院
2014年9月出版 / 估价:59.00元

信托蓝皮书
中国信托投资报告（2014）
著(编)者：杨金龙　刘屹　2014年7月出版 / 估价:69.00元

信托市场蓝皮书
中国信托业市场报告（2013~2014）
著(编)者：李旸　2014年1月出版 / 定价:198.00元

信息化蓝皮书
中国信息化形势分析与预测（2014）
著(编)者：周宏仁　2014年7月出版 / 估价:98.00元

信用蓝皮书
中国信用发展报告（2014）
著(编)者：章政　田侃　2014年9月出版 / 估价:69.00元

休闲绿皮书
2014年中国休闲发展报告
著(编)者：刘德谦　唐兵　宋瑞
2014年6月出版 / 估价:59.00元

养老产业蓝皮书
中国养老产业发展报告（2013~2014年）
著(编)者：张车伟　2014年9月出版 / 估价:69.00元

移动互联网蓝皮书
中国移动互联网发展报告（2014）
著(编)者：官建文　2014年5月出版 / 估价:79.00元

医药蓝皮书
中国医药产业园战略发展报告（2013~2014）
著(编)者：裴长洪　房书亭　吴濂心
2014年3月出版 / 定价:89.00元

医药蓝皮书
中国药品市场报告（2014）
著(编)者：程锦锥　朱恒鹏　2014年12月出版 / 估价:79.00元

中国林业竞争力蓝皮书
中国省域林业竞争力发展报告No.2（2014）
（上下册）
著(编)者：郑传芳　李闽榕　张春霞　张会儒
2014年8月出版 / 估价:139.00元

中国农业竞争力蓝皮书
中国省域农业竞争力发展报告No.2（2014）
著(编)者：郑传芳　宋洪远　李闽榕　张春霞
2014年7月出版 / 估价:128.00元

中国总部经济蓝皮书
中国总部经济发展报告（2013~2014）
著(编)者：赵弘　2014年5月出版 / 定价:79.00元

珠三角流通蓝皮书
珠三角商圈发展研究报告（2014）
著(编)者：王先庆　林至颖　2014年8月出版 / 估价:69.00元

住房绿皮书
中国住房发展报告（2013~2014）
著(编)者：倪鹏飞　2013年12月出版 / 定价:79.00元

资本市场蓝皮书
中国场外交易市场发展报告（2014）
著(编)者：高峦　2014年9月出版 / 估价:79.00元

资产管理蓝皮书
中国信托业发展报告（2014）
著(编)者：智信资产管理研究院　2014年7月出版／估价:69.00元

支付清算蓝皮书
中国支付清算发展报告（2014）
著(编)者：杨涛　2014年5月出版／定价:45.00元

文化传媒类

传媒蓝皮书
中国传媒产业发展报告（2014）
著(编)者：崔保国　2014年4月出版／定价:98.00元

传媒竞争力蓝皮书
中国传媒国际竞争力研究报告（2014）
著(编)者：李本乾　2014年9月出版／估价:69.00元

创意城市蓝皮书
武汉市文化创意产业发展报告（2014）
著(编)者：张京成　黄永林　2014年10月出版／估价:69.00元

电视蓝皮书
中国电视产业发展报告（2014）
著(编)者：卢斌　2014年9月出版／估价:79.00元

电影蓝皮书
中国电影出版发展报告（2014）
著(编)者：卢斌　2014年9月出版／估价:79.00元

动漫蓝皮书
中国动漫产业发展报告（2014）
著(编)者：卢斌　郑玉明　牛兴侦　2014年9月出版／估价:79.00元

广电蓝皮书
中国广播电影电视发展报告（2014）
著(编)者：庞井君　杨明品　李岚
2014年6月出版／估价:88.00元

广告主蓝皮书
中国广告主营销传播趋势报告N0.8
著(编)者：中国传媒大学广告主研究所
　　　　　中国广告主营销传播创新研究课题组
　　　　　黄升民　杜国清　邵华冬等
2014年5月出版／估价:98.00元

国际传播蓝皮书
中国国际传播发展报告（2014）
著(编)者：胡正荣　李继东　姬德强
2014年9月出版／估价:69.00元

纪录片蓝皮书
中国纪录片发展报告（2014）
著(编)者：何苏六　2014年10月出版／估价:89.00元

两岸文化蓝皮书
两岸文化产业合作发展报告（2014）
著(编)者：胡惠林　肖夏勇　2014年6月出版／估价:59.00元

媒介与女性蓝皮书
中国媒介与女性发展报告（2014）
著(编)者：刘利群　2014年8月出版／估价:69.00元

全球传媒蓝皮书
全球传媒产业发展报告（2014）
著(编)者：胡正荣　2014年12月出版／估价:79.00元

视听新媒体蓝皮书
中国视听新媒体发展报告（2014）
著(编)者：庞井君　2014年6月出版／估价:148.00元

文化创新蓝皮书
中国文化创新报告（2014）No.5
著(编)者：于平　傅才武　2014年4月出版／定价:79.00元

文化科技蓝皮书
文化科技融合与创意城市发展报告（2014）
著(编)者：李凤亮　于平　2014年7月出版／估价:79.00元

文化蓝皮书
中国文化产业发展报告（2014）
著(编)者：张晓明　王家新　章建刚
2014年4月出版／定价:79.00元

文化蓝皮书
中国文化产业供需协调增长测评报（2014）
著(编)者：王亚楠　2014年2月出版／定价:79.00元

文化蓝皮书
中国城镇文化消费需求景气评价报告（2014）
著(编)者：王亚南　张晓明　祁述裕
2014年5月出版／估价:79.00元

文化蓝皮书
中国公共文化服务发展报告（2014）
著(编)者：于群　李国新　2014年10月出版／估价:98.00元

文化蓝皮书
中国文化消费需求景气评价报告（2014）
著(编)者：王亚南　2014年2月出版／估价:79.00元

文化蓝皮书
中国乡村文化消费需求景气评价报告（2014）
著(编)者：王亚南　2014年5月出版／估价:79.00元

文化蓝皮书
中国中心城市文化消费需求景气评价报告（2014）
著(编)者：王亚南　2014年9月出版／估价:79.00元

文化蓝皮书
中国少数民族文化发展报告（2014）
著(编)者：武翠英 张晓明 张学进
2014年9月出版 / 估价：69.00元

文化建设蓝皮书
中国文化发展报告（2013）
著(编)者：江畅 孙伟平 戴茂堂
2014年4月出版 / 定价：138.00元

文化品牌蓝皮书
中国文化品牌发展报告（2014）
著(编)者：欧阳友权 2014年4月出版 / 定价：79.00元

文化软实力蓝皮书
中国文化软实力研究报告（2014）
著(编)者：张国祚 2014年7月出版 / 估价：79.00元

文化遗产蓝皮书
中国文化遗产事业发展报告（2014）
著(编)者：刘世锦 2014年9月出版 / 估价：79.00元

文学蓝皮书
中国文情报告（2013~2014）
著(编)者：白烨 2014年5月出版 / 估价：59.00元

新媒体蓝皮书
中国新媒体发展报告No.5（2014）
著(编)者：唐绪军 2014年6月出版 / 估价：69.00元

移动互联网蓝皮书
中国移动互联网发展报告（2014）
著(编)者：官建文 2014年6月出版 / 估价：79.00元

游戏蓝皮书
中国游戏产业发展报告（2014）
著(编)者：卢斌 2014年9月出版 / 估价：79.00元

舆情蓝皮书
中国社会舆情与危机管理报告（2014）
著(编)者：谢耘耕 2014年8月出版 / 估价：85.00元

粤港澳台文化蓝皮书
粤港澳台文化创意产业发展报告（2014）
著(编)者：丁未 2014年9月出版 / 估价：69.00元

地方发展类

安徽蓝皮书
安徽社会发展报告（2014）
著(编)者：程桦 2014年4月出版 / 定价：79.00元

安徽经济蓝皮书
皖江城市带承接产业转移示范区建设报告（2014）
著(编)者：丁海中 2014年4月出版 / 定价：69.00元

安徽社会建设蓝皮书
安徽社会建设分析报告（2014）
著(编)者：黄家海 王开玉 蔡宪 2014年9月出版 / 估价：69.00元

北京蓝皮书
北京公共服务发展报告（2013~2014）
著(编)者：施昌奎 2014年2月出版 / 定价：69.00元

北京蓝皮书
北京经济发展报告（2013~2014）
著(编)者：杨松 2014年4月出版 / 定价：79.00元

北京蓝皮书
北京社会发展报告（2013~2014）
著(编)者：缪青 2014年5月出版 / 定价：79.00元

北京蓝皮书
北京社会治理发展报告（2013~2014）
著(编)者：殷星辰 2014年4月出版 / 定价：79.00元

北京蓝皮书
中国社区发展报告（2013~2014）
著(编)者：于燕燕 2014年8月出版 / 估价：59.00元

北京蓝皮书
北京文化发展报告（2013~2014）
著(编)者：李建盛 2014年4月出版 / 定价：79.00元

北京旅游绿皮书
北京旅游发展报告（2014）
著(编)者：鲁勇 2014年7月出版 / 估价：98.00元

北京律师蓝皮书
北京律师发展报告No.2（2014）
著(编)者：王隽 周塞军 2014年9月出版 / 估价：79.00元

北京人才蓝皮书
北京人才发展报告（2014）
著(编)者：于淼 2014年10月出版 / 估价：89.00元

城乡一体化蓝皮书
中国城乡一体化发展报告·北京卷（2014）
著(编)者：张宝秀 黄序 2014年6月出版 / 估价：59.00元

创意城市蓝皮书
北京文化创意产业发展报告（2014）
著(编)者：张京成 王国华 2014年10月出版 / 估价：69.00元

皮书系列 2014全品种 — 地方发展类

创意城市蓝皮书
重庆创意产业发展报告（2014）
著(编)者：程宁宁　2014年4月出版 / 定价:89.00元

创意城市蓝皮书
青岛文化创意产业发展报告（2013~2014）
著(编)者：马达　2014年9月出版 / 估价:69.00元

创意城市蓝皮书
无锡文化创意产业发展报告（2014）
著(编)者：庄若江　张鸣年　2014年8月出版 / 估价:75.00元

服务业蓝皮书
广东现代服务业发展报告（2014）
著(编)者：祁明　程晓　2014年1月出版 / 估价:69.00元

甘肃蓝皮书
甘肃舆情分析与预测（2014）
著(编)者：陈双梅　郝树声　2014年1月出版 / 定价:69.00元

甘肃蓝皮书
甘肃县域经济综合竞争力报告（2014）
著(编)者：刘进军　柳民　曲玮　2014年9月出版 / 估价:69.00元

甘肃蓝皮书
甘肃县域社会发展评价报告（2014）
著(编)者：魏胜文　2014年9月出版 / 估价:69.00元

甘肃蓝皮书
甘肃经济发展分析与预测（2014）
著(编)者：朱智文　罗哲　2014年1月出版 / 定价:69.00元

甘肃蓝皮书
甘肃社会发展分析与预测（2014）
著(编)者：安文华　包晓霞　2014年1月出版 / 定价:69.00元

甘肃蓝皮书
甘肃文化发展分析与预测（2014）
著(编)者：王福生　周小华　2014年1月出版 / 定价:69.00元

广东蓝皮书
广东省电子商务发展报告（2014）
著(编)者：黄建明　祁明　2014年11月出版 / 估价:69.00元

广东蓝皮书
广东社会工作发展报告（2014）
著(编)者：罗观翠　2014年9月出版 / 估价:69.00元

广东外经贸蓝皮书
广东对外经济贸易发展研究报告（2014）
著(编)者：陈万灵　2014年9月出版 / 估价:65.00元

广西北部湾经济区蓝皮书
广西北部湾经济区开放开发报告（2014）
著(编)者：广西北部湾经济区规划建设管理委员会办公室　广西社会科学院　广西北部湾发展研究院
2014年7月出版 / 估价:69.00元

广州蓝皮书
2014年中国广州经济形势分析与预测
著(编)者：庾建设　郭志勇　沈奎　2014年6月出版 / 估价:69.00元

广州蓝皮书
2014年中国广州社会形势分析与预测
著(编)者：易佐永　杨秦　顾涧清　2014年5月出版 / 估价:65.00元

广州蓝皮书
广州城市国际化发展报告（2014）
著(编)者：朱名宏　2014年9月出版 / 估价:59.00元

广州蓝皮书
广州创新型城市发展报告（2014）
著(编)者：李江涛　2014年8月出版 / 估价:59.00元

广州蓝皮书
广州经济发展报告（2014）
著(编)者：李江涛　刘江华　2014年6月出版 / 估价:65.00元

广州蓝皮书
广州农村发展报告（2014）
著(编)者：李江涛　汤锦华　2014年8月出版 / 估价:59.00元

广州蓝皮书
广州青年发展报告（2014）
著(编)者：魏国华　张强　2014年9月出版 / 估价:65.00元

广州蓝皮书
广州汽车产业发展报告（2014）
著(编)者：李江涛　杨再高　2014年10月出版 / 估价:69.00元

广州蓝皮书
广州商贸业发展报告（2014）
著(编)者：陈家成　王旭东　荀振英
2014年7月出版 / 估价:69.00元

广州蓝皮书
广州文化创意产业发展报告（2014）
著(编)者：甘新　2014年10月出版 / 估价:59.00元

广州蓝皮书
中国广州城市建设发展报告（2014）
著(编)者：董皞　冼伟雄　李俊夫
2014年8月出版 / 估价:69.00元

广州蓝皮书
中国广州科技与信息化发展报告（2014）
著(编)者：庾建设　谢学宁　2014年8月出版 / 估价:59.00元

广州蓝皮书
中国广州文化创意产业发展报告（2014）
著(编)者：甘新　2014年10月出版 / 估价:59.00元

广州蓝皮书
中国广州文化发展报告（2014）
著(编)者：徐俊忠　汤应武　陆志强
2014年8月出版 / 估价:69.00元

地方发展类

皮书系列 2014全品种

贵州蓝皮书
贵州法治发展报告（2014）
著(编)者：吴大华　2014年3月出版 / 定价:69.00元

贵州蓝皮书
贵州人才发展报告（2014）
著(编)者：于杰　吴大华　2014年3月出版 / 定价:69.00元

贵州蓝皮书
贵州社会发展报告（2014）
著(编)者：王兴骥　2014年3月出版 / 定价:69.00元

贵州蓝皮书
贵州农村扶贫开发报告（2014）
著(编)者：王朝新　宋明　2014年9月出版 / 估价:69.00元

贵州蓝皮书
贵州文化产业发展报告（2014）
著(编)者：李建国　2014年9月出版 / 估价:69.00元

海淀蓝皮书
海淀区文化和科技融合发展报告（2014）
著(编)者：陈名杰　孟景伟　2014年5月出版 / 估价:75.00元

海峡经济区蓝皮书
海峡经济区发展报告（2014）
著(编)者：李闽榕　王秉安　谢明辉（台湾）
2014年10月出版 / 估价:78.00元

海峡西岸蓝皮书
海峡西岸经济区发展报告（2014）
著(编)者：福建省人民政府发展研究中心
2014年9月出版 / 估价:85.00元

杭州蓝皮书
杭州市妇女发展报告（2014）
著(编)者：魏颖　揭爱花　2014年9月出版 / 估价:69.00元

杭州都市圈蓝皮书
杭州都市圈发展报告（2014）
著(编)者：董祖德　沈翔　2014年5月出版 / 定价:89.00元

河北经济蓝皮书
河北省经济发展报告（2014）
著(编)者：马树强　金浩　张贵　2014年4月出版 / 定价:79.00元

河北蓝皮书
河北经济社会发展报告（2014）
著(编)者：周文夫　2014年1月出版 / 定价:69.00元

河南经济蓝皮书
2014年河南经济形势分析与预测
著(编)者：胡五岳　2014年3月出版 / 定价:69.00元

河南蓝皮书
2014年河南社会形势分析与预测
著(编)者：刘道兴　牛苏林　2014年1月出版 / 定价:69.00元

河南蓝皮书
河南城市发展报告（2014）
著(编)者：谷建全　王建国　2014年1月出版 / 定价:59.00元

河南蓝皮书
河南法治发展报告（2014）
著(编)者：丁同民　闫德民　2014年3月出版 / 定价:69.00元

河南蓝皮书
河南金融发展报告（2014）
著(编)者：喻新安　谷建全　2014年4月出版 / 定价:69.00元

河南蓝皮书
河南经济发展报告（2014）
著(编)者：喻新安　2013年12月出版 / 定价:69.00元

河南蓝皮书
河南文化发展报告（2014）
著(编)者：卫绍生　2014年1月出版 / 定价:69.00元

河南蓝皮书
河南工业发展报告（2014）
著(编)者：龚绍东　2014年1月出版 / 定价:69.00元

河南蓝皮书
河南商务发展报告（2014）
著(编)者：焦锦淼　穆荣国　2014年5月出版 / 定价:88.00元

黑龙江产业蓝皮书
黑龙江产业发展报告（2014）
著(编)者：于渤　2014年10月出版 / 估价:79.00元

黑龙江蓝皮书
黑龙江经济发展报告（2014）
著(编)者：张新颖　2014年1月出版 / 定价:69.00元

黑龙江蓝皮书
黑龙江社会发展报告（2014）
著(编)者：艾书琴　2014年1月出版 / 定价:69.00元

湖南城市蓝皮书
城市社会管理
著(编)者：罗海藩　2014年10月出版 / 估价:59.00元

湖南蓝皮书
2014年湖南产业发展报告
著(编)者：梁志峰　2014年4月出版 / 定价:128.00元

湖南蓝皮书
2014年湖南电子政务发展报告
著(编)者：梁志峰　2014年4月出版 / 定价:128.00元

湖南蓝皮书
2014年湖南法治发展报告
著(编)者：梁志峰　2014年9月出版 / 估价:79.00元

湖南蓝皮书
2014年湖南经济展望
著(编)者：梁志峰　2014年4月出版 / 定价:128.00元

皮书系列 2014全品种 — 地方发展类

湖南蓝皮书
2014年湖南两型社会发展报告
著(编)者：梁志峰　2014年4月出版 / 定价:128.00元

湖南蓝皮书
2014年湖南社会发展报告
著(编)者：梁志峰　2014年4月出版 / 定价:128.00元

湖南蓝皮书
2014年湖南县域经济社会发展报告
著(编)者：梁志峰　2014年4月出版 / 定价:128.00元

湖南县域绿皮书
湖南县域发展报告No.2
著(编)者：朱有志　袁准　周小毛　2014年7月出版 / 估价:69.00元

沪港蓝皮书
沪港发展报告（2014）
著(编)者：尤安山　2014年9月出版 / 估价:89.00元

吉林蓝皮书
2014年吉林经济社会形势分析与预测
著(编)者：马克　2014年1月出版 / 定价:79.00元

济源蓝皮书
济源经济社会发展报告（2014）
著(编)者：喻新安　2014年4月出版 / 定价:69.00元

江苏法治蓝皮书
江苏法治发展报告No.3（2014）
著(编)者：李力　龚廷泰　严海良　2014年8月出版 / 估价:88.00元

京津冀蓝皮书
京津冀发展报告（2014）
著(编)者：文魁　祝尔娟　2014年3月出版 / 定价:79.00元

经济特区蓝皮书
中国经济特区发展报告（2013）
著(编)者：陶一桃　2014年4月出版 / 定价:89.00元

辽宁蓝皮书
2014年辽宁经济社会形势分析与预测
著(编)者：曹晓峰　张晶　2014年1月出版 / 定价:79.00元

流通蓝皮书
湖南省商贸流通产业发展报告No.2
著(编)者：柳思维　2014年10月出版 / 估价:75.00元

内蒙古蓝皮书
内蒙古经济发展蓝皮书（2013~2014）
著(编)者：黄育华　2014年7月出版 / 估价:69.00元

内蒙古蓝皮书
内蒙古反腐倡廉建设报告No.1
著(编)者：张志华　无极　2013年12月出版 / 定价:69.00元

浦东新区蓝皮书
上海浦东经济发展报告（2014）
著(编)者：沈开艳　陆沪根　2014年1月出版 / 定价:59.00元

侨乡蓝皮书
中国侨乡发展报告（2014）
著(编)者：郑一省　2014年9月出版 / 估价:69.00元

青海蓝皮书
2014年青海经济社会形势分析与预测
著(编)者：赵宗福　2014年2月出版 / 定价:69.00元

人口与健康蓝皮书
深圳人口与健康发展报告（2014）
著(编)者：陆杰华　江捍平　2014年10月出版 / 估价:98.00元

山西蓝皮书
山西资源型经济转型发展报告（2014）
著(编)者：李志强　2014年5月出版 / 定价:98.00元

陕西蓝皮书
陕西经济发展报告（2014）
著(编)者：任宗哲　石英　裴成荣　2014年2月出版 / 定价:69.00元

陕西蓝皮书
陕西社会发展报告（2014）
著(编)者：任宗哲　石英　牛昉　2014年2月出版 / 定价:65.00元

陕西蓝皮书
陕西文化发展报告（2014）
著(编)者：任宗哲　石英　王长寿　2014年3月出版 / 定价:59.00元

上海蓝皮书
上海传媒发展报告（2014）
著(编)者：强荧　焦雨虹　2014年1月出版 / 定价:79.00元

上海蓝皮书
上海法治发展报告（2014）
著(编)者：叶青　2014年4月出版 / 定价:69.00元

上海蓝皮书
上海经济发展报告（2014）
著(编)者：沈开艳　2014年1月出版 / 定价:69.00元

上海蓝皮书
上海社会发展报告（2014）
著(编)者：卢汉龙　周海旺　2014年1月出版 / 定价:69.00元

上海蓝皮书
上海文化发展报告（2014）
著(编)者：蒯大申　2014年1月出版 / 定价:69.00元

上海蓝皮书
上海文学发展报告（2014）
著(编)者：陈圣来　2014年1月出版 / 定价:69.00元

上海蓝皮书
上海资源环境发展报告（2014）
著(编)者：周冯琦　汤庆合　任文伟　2014年1月出版 / 定价:69.00元

上海社会保障绿皮书
上海社会保障改革与发展报告（2013~2014）
著(编)者：汪泓　2014年9月出版 / 估价:65.00元

地方发展类·国别与地区类

上饶蓝皮书
上饶发展报告（2013~2014）
著（编）者：朱寅健　2014年3月出版　定价：128.00元

社会建设蓝皮书
2014年北京社会建设分析报告
著（编）者：宋贵伦　2014年9月出版　估价：69.00元

深圳蓝皮书
深圳经济发展报告（2014）
著（编）者：吴忠　2014年6月出版　估价：69.00元

深圳蓝皮书
深圳劳动关系发展报告（2014）
著（编）者：汤庭芬　2014年6月出版　估价：69.00元

深圳蓝皮书
深圳社会发展报告（2014）
著（编）者：吴忠　余智晟　2014年7月出版　估价：69.00元

四川蓝皮书
四川文化产业发展报告（2014）
著（编）者：侯水平　2014年2月出版　定价：69.00元

四川蓝皮书
四川企业社会责任研究报告（2014）
著（编）者：侯水平　盛毅　2014年4月出版　定价：79.00元

温州蓝皮书
2014年温州经济社会形势分析与预测
著（编）者：潘忠强　王春光　金浩　2014年4月出版　定价：69.00元

温州蓝皮书
浙江温州金融综合改革试验区发展报告（2013~2014）
著（编）者：钱水土　王去非　李义超　2014年9月出版　估价：69.00元

扬州蓝皮书
扬州经济社会发展报告（2014）
著（编）者：张爱军　2014年9月出版　估价：78.00元

义乌蓝皮书
浙江义乌市国际贸易综合改革试验区发展报告（2013~2014）
著（编）者：马淑琴　刘文革　周松强　2014年9月出版　估价：69.00元

云南蓝皮书
中国面向西南开放重要桥头堡建设发展报告（2014）
著（编）者：刘绍怀　2014年12月出版　估价：69.00元

长株潭城市群蓝皮书
长株潭城市群发展报告（2014）
著（编）者：张萍　2014年10月出版　估价：69.00元

郑州蓝皮书
2014年郑州文化发展报告
著（编）者：王哲　2014年7月出版　估价：69.00元

中国省会经济圈蓝皮书
合肥经济圈经济社会发展报告No.4(2013~2014)
著（编）者：董昭礼　2014年4月出版　定价：79.00元

国别与地区类

G20国家创新竞争力黄皮书
二十国集团（G20）国家创新竞争力发展报告（2014）
著（编）者：李建平　李闽榕　赵新力
2014年9月出版　估价：118.00元

阿拉伯黄皮书
阿拉伯发展报告（2013~2014）
著（编）者：马晓霖　2014年4月出版　定价：79.00元

澳门蓝皮书
澳门经济社会发展报告（2013~2014）
著（编）者：吴志良　郝雨凡　2014年4月出版　定价：79.00元

北部湾蓝皮书
泛北部湾合作发展报告（2014）
著（编）者：吕余生　2014年7月出版　定价：79.00元

大湄公河次区域蓝皮书
大湄公河次区域合作发展报告（2014）
著（编）者：刘稚　2014年8月出版　估价：79.00元

大洋洲蓝皮书
大洋洲发展报告（2014）
著（编）者：魏明海　喻常森　2014年7月出版　估价：69.00元

德国蓝皮书
德国发展报告（2014）
著（编）者：李乐曾　郑春荣等　2014年5月出版　估价：69.00元

东北亚黄皮书
东北亚地区政治与安全报告（2014）
著（编）者：黄凤志　刘雪莲　2014年6月出版　估价：69.00元

东盟黄皮书
东盟发展报告（2013）
著（编）者：崔晓麟　2014年5月出版　定价：75.00元

东南亚蓝皮书
东南亚地区发展报告（2013~2014）
著（编）者：王勤　2014年4月出版　定价：79.00元

皮书系列 2014全品种

国别与地区类

俄罗斯黄皮书
俄罗斯发展报告（2014）
著(编)者：李永全　2014年7月出版 / 估价:79.00元

非洲黄皮书
非洲发展报告No.15（2014）
著(编)者：张宏明　2014年7月出版 / 估价:79.00元

港澳珠三角蓝皮书
粤港澳区域合作与发展报告（2014）
著(编)者：梁庆寅　陈广汉　2014年6月出版 / 估价:59.00元

国际形势黄皮书
全球政治与安全报告（2014）
著(编)者：李慎明　张宇燕　2014年1月出版 / 定价:69.00元

韩国蓝皮书
韩国发展报告（2014）
著(编)者：牛林杰　刘宝全　2014年6月出版 / 估价:69.00元

加拿大蓝皮书
加拿大发展报告（2014）
著(编)者：仲伟合　2014年4月出版 / 定价:89.00元

柬埔寨蓝皮书
柬埔寨国情报告（2014）
著(编)者：毕世鸿　2014年6月出版 / 估价:79.00元

拉美黄皮书
拉丁美洲和加勒比发展报告（2013~2014）
著(编)者：吴白乙　2014年4月出版 / 定价:89.00元

老挝蓝皮书
老挝国情报告（2014）
著(编)者：卢光盛　方芸　吕星　2014年6月出版 / 估价:79.00元

美国蓝皮书
美国问题研究报告（2014）
著(编)者：黄平　倪峰　2014年5月出版 / 估价:79.00元

缅甸蓝皮书
缅甸国情报告（2014）
著(编)者：李晨阳　2014年9月出版 / 估价:79.00元

欧亚大陆桥发展蓝皮书
欧亚大陆桥发展报告（2014）
著(编)者：李忠民　2014年10月出版 / 估价:59.00元

欧洲蓝皮书
欧洲发展报告（2014）
著(编)者：周弘　2014年9月出版 / 估价:79.00元

葡语国家蓝皮书
巴西发展与中巴关系报告2014（中英文）
著(编)者：张曙光　David T. Ritchie　2014年8月出版 / 估价:69.00元

日本经济蓝皮书
日本经济与中日经贸关系研究报告（2014）
著(编)者：王洛林　张季风　2014年5月出版 / 定价:79.00元

日本蓝皮书
日本发展报告（2014）
著(编)者：李薇　2014年3月出版 / 定价:69.00元

上海合作组织黄皮书
上海合作组织发展报告（2014）
著(编)者：李进峰　吴宏伟　李伟　2014年9月出版 / 估价:98.00元

世界创新竞争力黄皮书
世界创新竞争力发展报告（2014）
著(编)者：李建平　2014年9月出版 / 估价:148.00元

世界能源黄皮书
世界能源分析与展望（2013~2014）
著(编)者：张宇燕 等　2014年9月出版 / 估价:69.00元

世界社会主义黄皮书
世界社会主义跟踪研究报告（2013~2014）
著(编)者：李慎明　2014年3月出版 / 定价:198.00元

泰国蓝皮书
泰国国情报告（2014）
著(编)者：邹春萌　2014年6月出版 / 估价:79.00元

亚太蓝皮书
亚太地区发展报告（2014）
著(编)者：李向阳　2014年1月出版 / 定价:59.00元

印度蓝皮书
印度国情报告（2012~2013）
著(编)者：吕昭义　2014年5月出版 / 定价:89.00元

印度洋地区蓝皮书
印度洋地区发展报告（2014）
著(编)者：汪戎　2014年3月出版 / 定价:79.00元

越南蓝皮书
越南国情报告（2014）
著(编)者：吕余生　2014年8月出版 / 估价:65.00元

中东黄皮书
中东发展报告No.15（2014）
著(编)者：杨光　2014年10月出版 / 估价:59.00元

中欧关系蓝皮书
中欧关系研究报告（2014）
著(编)者：周弘　2013年12月出版 / 定价:98.00元

中亚黄皮书
中亚国家发展报告（2014）
著(编)者：孙力　2014年9月出版 / 估价:79.00元

皮书大事记

☆ 2012年12月，《中国社会科学院皮书资助规定（试行）》由中国社会科学院科研局正式颁布实施。

☆ 2011年，部分重点皮书纳入院创新工程。

☆ 2011年8月，2011年皮书年会在安徽合肥举行，这是皮书年会首次由中国社会科学院主办。

☆ 2011年2月，"2011年全国皮书研讨会"在北京京西宾馆举行。王伟光院长（时任常务副院长）出席并讲话。本次会议标志着皮书及皮书研创出版从一个具体出版单位的出版产品和出版活动上升为由中国社会科学院牵头的国家哲学社会科学智库产品和创新活动。

☆ 2010年9月，"2010年中国经济社会形势报告会暨第十一次全国皮书工作研讨会"在福建福州举行，高全立副院长参加会议并做学术报告。

☆ 2010年9月，皮书学术委员会成立，由我院李扬副院长领衔，并由在各个学科领域有一定的学术影响力、了解皮书编创出版并持续关注皮书品牌的专家学者组成。皮书学术委员会的成立为进一步提高皮书这一品牌的学术质量、为学术界构建一个更大的学术出版与学术推广平台提供了专家支持。

☆ 2009年8月，"2009年中国经济社会形势分析与预测暨第十次皮书工作研讨会"在辽宁丹东举行。李扬副院长参加本次会议，本次会议颁发了首届优秀皮书奖，我院多部皮书获奖。

社会科学文献出版社
SOCIAL SCIENCES ACADEMIC PRESS (CHINA)

社会科学文献出版社成立于1985年，是直属于中国社会科学院的人文社会科学专业学术出版机构。

成立以来，特别是1998年实施第二次创业以来，依托于中国社会科学院丰厚的学术出版和专家学者两大资源，坚持"创社科经典，出传世文献"的出版理念和"权威、前沿、原创"的产品定位，社科文献立足内涵式发展道路，从战略层面推动学术出版的五大能力建设，逐步走上了学术产品的系列化、规模化、数字化、国际化、市场化经营道路。

先后策划出版了著名的图书品牌和学术品牌"皮书"系列、"列国志"、"社科文献精品译库"、"中国史话"、"全球化译丛"、"气候变化与人类发展译丛""近世中国"等一大批既有学术影响又有市场价值的系列图书。形成了较强的学术出版能力和资源整合能力，年发稿3.5亿字，年出版新书1200余种，承印发行中国社科院院属期刊近70种。2012年，《社会科学文献出版社学术著作出版规范》修订完成。同年10月，社会科学文献出版社参加了由新闻出版总署召开加强学术著作出版规范座谈会，并代表50多家出版社发起实施学术著作出版规范的倡议。2013年，社会科学文献出版社参与新闻出版总署学术著作规范国家标准的起草工作。

依托于雄厚的出版资源整合能力，社会科学文献出版社长期以来一直致力于从内容资源和数字平台两个方面实现传统出版的再造，并先后推出了皮书数据库、列国志数据库、中国田野调查数据库等一系列数字产品。

在国内原创著作、国外名家经典著作大量出版，数字出版突飞猛进的同时，社会科学文献出版社在学术出版国际化方面也取得了不俗的成绩。先后与荷兰博睿等十余家国际出版机构合作面向海外推出了《经济蓝皮书》《社会蓝皮书》等十余种皮书的英文版、俄文版、日文版等。

此外，社会科学文献出版社积极与中央和地方各类媒体合作，联合大型书店、学术书店、机场书店、网络书店、图书馆，逐步构建起了强大的学术图书的内容传播力和社会影响力，学术图书的媒体曝光率居全国之首，图书馆藏率居于全国出版机构前十位。

作为已经开启第三次创业梦想的人文社会科学学术出版机构，社会科学文献出版社结合社会需求、自身的条件以及行业发展，提出了新的创业目标：精心打造人文社会科学成果推广平台，发展成为一家集图书、期刊、声像电子和数字出版物为一体、面向海内外高端读者和客户，具备独特竞争力的人文社会科学内容资源供应商和海内外知名的专业学术出版机构。

中国皮书网

发布皮书研创资讯，传播皮书精彩内容
引领皮书出版潮流，打造皮书服务平台

栏目设置：

□ 资讯：皮书动态、皮书观点、皮书数据、皮书报道、皮书新书发布会、电子期刊

□ 标准：皮书评价、皮书研究、皮书规范、皮书专家、编撰团队

□ 服务：最新皮书、皮书书目、重点推荐、在线购书

□ 链接：皮书数据库、皮书博客、皮书微博、出版社首页、在线书城

□ 搜索：资讯、图书、研究动态

□ 互动：皮书论坛

www.pishu.cn

中国皮书网依托皮书系列"权威、前沿、原创"的优质内容资源，通过文字、图片、音频、视频等多种元素，在皮书研创者、使用者之间搭建了一个成果展示、资源共享的互动平台。

自2005年12月正式上线以来，中国皮书网的IP访问量、PV浏览量与日俱增，受到海内外研究者、公务人员、商务人士以及专业读者的广泛关注。

2008年10月，中国皮书网获得"最具商业价值网站"称号。

2011年全国新闻出版网站年会上，中国皮书网被授予"2011最具商业价值网站"荣誉称号。

权威报告　热点资讯　海量资源

当代中国与世界发展的高端智库平台

皮书数据库 www.pishu.com.cn

　　皮书数据库是专业的人文社会科学综合学术资源总库,以大型连续性图书——皮书系列为基础,整合国内外相关资讯构建而成。包含七大子库,涵盖两百多个主题,囊括了近十几年间中国与世界经济社会发展报告,覆盖经济、社会、政治、文化、教育、国际问题等多个领域。

　　皮书数据库以篇章为基本单位,方便用户对皮书内容的阅读需求。用户可进行全文检索,也可对文献题目、内容提要、作者名称、作者单位、关键字等基本信息进行检索,还可对检索到的篇章再作二次筛选,进行在线阅读或下载阅读。智能多维度导航,可使用户根据自己熟知的分类标准进行分类导航筛选,使查找和检索更高效、便捷。

　　权威的研究报告,独特的调研数据,前沿的热点资讯,皮书数据库已发展成为国内最具影响力的关于中国与世界现实问题研究的成果库和资讯库。

皮书俱乐部会员服务指南

1. 谁能成为皮书俱乐部会员?
- 皮书作者自动成为皮书俱乐部会员;
- 购买皮书产品(纸质图书、电子书、皮书数据库充值卡)的个人用户。

2. 会员可享受的增值服务:
- 免费获赠该纸质图书的电子书;
- 免费获赠皮书数据库100元充值卡;
- 免费定期获赠皮书电子期刊;
- 优先参与各类皮书学术活动;
- 优先享受皮书产品的最新优惠。

阅 读 卡

3. 如何享受皮书俱乐部会员服务?

(1)如何免费获得整本电子书?

　　购买纸质图书后,将购书信息特别是书后附赠的卡号和密码通过邮件形式发送到pishu@188.com,我们将验证您的信息,通过验证并成功注册后即可获得该本皮书的电子书。

(2)如何获赠皮书数据库100元充值卡?

第1步:刮开附赠卡的密码涂层(左下);

第2步:登录皮书数据库网站(www.pishu.com.cn),注册成为皮书数据库用户,注册时请提供您的真实信息,以便您获得皮书俱乐部会员服务;

第3步:注册成功后登录,点击进入"会员中心";

第4步:点击"在线充值",输入正确的卡号和密码即可使用。

皮书俱乐部会员可享受社会科学文献出版社其他相关免费增值服务
您有任何疑问,均可拨打服务电话:010-59367227　QQ:1924151760
欢迎登录社会科学文献出版社官网(www.ssap.com.cn)和中国皮书网(www.pishu.cn)了解更多信息

皮书大事记

☆ 2012年12月，《中国社会科学院皮书资助规定（试行）》由中国社会科学院科研局正式颁布实施。

☆ 2011年，部分重点皮书纳入院创新工程。

☆ 2011年8月，2011年皮书年会在安徽合肥举行，这是皮书年会首次由中国社会科学院主办。

☆ 2011年2月，"2011年全国皮书研讨会"在北京京西宾馆举行。王伟光院长（时任常务副院长）出席并讲话。本次会议标志着皮书及皮书研创出版从一个具体出版单位的出版产品和出版活动上升为由中国社会科学院牵头的国家哲学社会科学智库产品和创新活动。

☆ 2010年9月，"2010年中国经济社会形势报告会暨第十一次全国皮书工作研讨会"在福建福州举行，高全立副院长参加会议并做学术报告。

☆ 2010年9月，皮书学术委员会成立，由我院李扬副院长领衔，并由在各个学科领域有一定的学术影响力、了解皮书编创出版并持续关注皮书品牌的专家学者组成。皮书学术委员会的成立为进一步提高皮书这一品牌的学术质量、为学术界构建一个更大的学术出版与学术推广平台提供了专家支持。

☆ 2009年8月，"2009年中国经济社会形势分析与预测暨第十次皮书工作研讨会"在辽宁丹东举行。李扬副院长参加本次会议，本次会议颁发了首届优秀皮书奖，我院多部皮书获奖。

皮书数据库
www.pishu.com.cn

皮书数据库三期即将上线

- 皮书数据库（SSDB）是社会科学文献出版社整合现有皮书资源开发的在线数字产品，全面收录"皮书系列"的内容资源，并以此为基础整合大量相关资讯构建而成。

- 皮书数据库现有中国经济发展数据库、中国社会发展数据库、世界经济与国际政治数据库等子库，覆盖经济、社会、文化等多个行业、领域，现有报告30000多篇，总字数超过5亿字，并以每年4000多篇的速度不断更新累积。2009年7月，皮书数据库荣获"2008~2009年中国数字出版知名品牌"。

- 2011年3月，皮书数据库二期正式上线，开发了更加灵活便捷的检索系统，可以实现精确查找和模糊匹配，并与纸书发行基本同步，可为读者提供更加广泛的资讯服务。

更多信息请登录

中国皮书网的BLOG（博客）
http://blog.sina.com.cn/pishu

中国皮书网	皮书微博	皮书博客	皮书微信
http://www.pishu.cn	http://weibo.com/pishu	http://blog.sina.com.cn/pishu	皮书说

请到各地书店皮书专架/专柜购买，也可办理邮购

咨询/邮购电话：010-59367028　59367070　　邮　　箱：duzhe@ssap.com.cn
邮购地址：北京市西城区北三环中路甲29号院3号楼华龙大厦13层读者服务中心
邮　　编：100029
银行户名：社会科学文献出版社
开户银行：中国工商银行北京北太平庄支行
账　　号：0200010019200365434
网上书店：010-59367070　　qq：1265056568
网　　址：www.ssap.com.cn　　　www.pishu.cn

权威·前沿·原创

社会科学文献出版社

皮书系列

2014年

盘点年度资讯 预测时代前程

社会科学文献出版社 学术传播中心 编制

社会科学文献出版社
SOCIAL SCIENCES ACADEMIC PRESS (CHINA)

社会科学文献出版社成立于1985年，是直属于中国社会科学院的人文社会科学专业学术出版机构。

成立以来，特别是1998年实施第二次创业以来，依托于中国社会科学院丰厚的学术出版和专家学者两大资源，坚持"创社科经典，出传世文献"的出版理念和"权威、前沿、原创"的产品定位，社科文献立足内涵式发展道路，从战略层面推动学术出版的五大能力建设，逐步走上了学术产品的系列化、规模化、数字化、国际化、市场化经营道路。

先后策划出版了著名的图书品牌和学术品牌"皮书"系列、"列国志"、"社科文献精品译库"、"中国史话"、"全球化译丛"、"气候变化与人类发展译丛""近世中国"等一大批既有学术影响又有市场价值的系列图书。形成了较强的学术出版能力和资源整合能力，年发稿3.5亿字，年出版新书1200余种，承印发行中国社科院院属期刊近70种。

2012年，《社会科学文献出版社学术著作出版规范》修订完成。同年10月，社会科学文献出版社参加了由新闻出版总署召开加强学术著作出版规范座谈会，并代表50多家出版社发起实施学术著作出版规范的倡议。2013年，社会科学文献出版社参与新闻出版总署学术著作规范国家标准的起草工作。

依托于雄厚的出版资源整合能力，社会科学文献出版社长期以来一直致力于从内容资源和数字平台两个方面实现传统出版的再造，并先后推出了皮书数据库、列国志数据库、中国田野调查数据库等一系列数字产品。

在国内原创著作、国外名家经典著作大量出版，数字出版突飞猛进的同时，社会科学文献出版社在学术出版国际化方面也取得了不俗的成绩。先后与荷兰博睿等十余家国际出版机构合作面向海外推出了《经济蓝皮书》《社会蓝皮书》等十余种皮书的英文版、俄文版、日文版等。

此外，社会科学文献出版社积极与中央和地方各类媒体合作，联合大型书店、学术书店、机场书店、网络书店、图书馆，逐步构建起了强大的学术图书的内容传播力和社会影响力，学术图书的媒体曝光率居全国之首，图书馆藏率居于全国出版机构前十位。

作为已经开启第三次创业梦想的人文社会科学学术出版机构，社会科学文献出版社结合社会需求、自身的条件以及行业发展，提出了新的创业目标：精心打造人文社会科学成果推广平台，发展成为一家集图书、期刊、声像电子和数字出版物为一体，面向海内外高端读者和客户，具备独特竞争力的人文社会科学内容资源供应商和海内外知名的专业学术出版机构。

社长致辞

我们是图书出版者,更是人文社会科学内容资源供应商;

我们背靠中国社会科学院,面向中国与世界人文社会科学界,坚持为人文社会科学的繁荣与发展服务;

我们精心打造权威信息资源整合平台,坚持为中国经济与社会的繁荣与发展提供决策咨询服务;

我们以读者定位自身,立志让爱书人读到好书,让求知者获得知识;

我们精心编辑、设计每一本好书以形成品牌张力,以优秀的品牌形象服务读者,开拓市场;

我们始终坚持"创社科经典,出传世文献"的经营理念,坚持"权威、前沿、原创"的产品特色;

我们"以人为本",提倡阳光下创业,员工与企业共享发展之成果;

我们立足于现实,认真对待我们的优势、劣势,我们更着眼于未来,以不断的学习与创新适应不断变化的世界,以不断的努力提升自己的实力;

我们愿与社会各界友好合作,共享人文社会科学发展之成果,共同推动中国学术出版乃至内容产业的繁荣与发展。

社会科学文献出版社社长
中国社会学会秘书长

2014 年 1 月

社会科学文献出版社 **皮书系列**

"皮书"起源于十七、十八世纪的英国，主要指官方或社会组织正式发表的重要文件或报告，多以"白皮书"命名。在中国，"皮书"这一概念被社会广泛接受，并被成功运作、发展成为一种全新的出版形态，则源于中国社会科学院社会科学文献出版社。

皮书是对中国与世界发展状况和热点问题进行年度监测，以专家和学术的视角，针对某一领域或区域现状与发展态势展开分析和预测，具备权威性、前沿性、原创性、实证性、时效性等特点的连续性公开出版物，由一系列权威研究报告组成。皮书系列是社会科学文献出版社编辑出版的蓝皮书、绿皮书、黄皮书等的统称。

皮书系列的作者以中国社会科学院、著名高校、地方社会科学院的研究人员为主，多为国内一流研究机构的权威专家学者，他们的看法和观点代表了学界对中国与世界的现实和未来最高水平的解读与分析。

自20世纪90年代末推出以经济蓝皮书为开端的皮书系列以来，至今已出版皮书近1000余部，内容涵盖经济、社会、政法、文化传媒、行业、地方发展、国际形势等领域。皮书系列已成为社会科学文献出版社的著名图书品牌和中国社会科学院的知名学术品牌。

皮书系列在数字出版和国际出版方面成就斐然。皮书数据库被评为"2008~2009年度数字出版知名品牌"；经济蓝皮书、社会蓝皮书等十几种皮书每年还由国外知名学术出版机构出版英文版、俄文版、韩文版和日文版，面向全球发行。

2011年，皮书系列正式列入"十二五"国家重点出版规划项目，一年一度的皮书年会升格由中国社会科学院主办；2012年，部分重点皮书列入中国社会科学院承担的国家哲学社会科学创新工程项目。

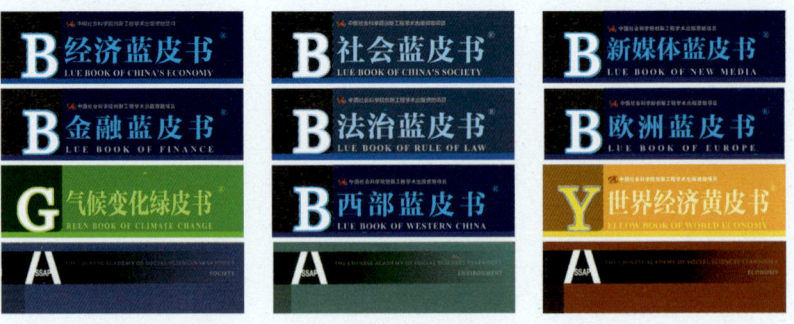

权威 前沿 原创

经济类

经 济 类

经济类皮书涵盖宏观经济、城市经济、大区域经济，
提供权威、前沿的分析与预测

经济蓝皮书
2014年中国经济形势分析与预测

李 扬 / 主编　　2013年12月出版　　定价：69.00元

◆ 本书课题为"总理基金项目"，由著名经济学家李扬领衔，联合数十家科研机构、国家部委和高等院校的专家共同撰写，对2013年中国宏观及微观经济形势，特别是全球金融危机及其对中国经济的影响进行了深入分析，并且提出了2014年经济走势的预测。

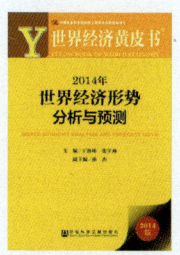

世界经济黄皮书
2014年世界经济形势分析与预测

王洛林　张宇燕 / 主编　　2014年1月出版　　定价：69.00元

◆ 2013年的世界经济仍旧行进在坎坷复苏的道路上。发达经济体经济复苏继续巩固，美国和日本经济进入低速增长通道，欧元区结束衰退并呈复苏迹象。本书展望2014年世界经济，预计全球经济增长仍将维持在中低速的水平上。

工业化蓝皮书
中国工业化进程报告（2014）

黄群慧　吕　铁　李晓华 等 / 著　　2014年11月出版　　估价：89.00元

◆ 中国的工业化是事关中华民族复兴的伟大事业，分析跟踪研究中国的工业化进程，无疑具有重大意义。科学评价与客观认识我国的工业化水平，对于我国明确自身发展中的优势和不足，对于经济结构的升级与转型，对于制定经济发展政策，从而提升我国的现代化水平具有重要作用。

皮书系列 重点推荐 经济类

金融蓝皮书
中国金融发展报告（2014）

李扬　王国刚 / 主编　　2013 年 12 月出版　　定价 :65.00 元

◆ 由中国社会科学院金融研究所组织编写的《中国金融发展报告（2014）》，概括和分析了 2013 年中国金融发展和运行中的各方面情况，研讨和评论了 2013 年发生的主要金融事件。本书由业内专家和青年精英联合编著，有利于读者了解掌握 2013 年中国的金融状况，把握 2014 年中国金融的走势。

城市竞争力蓝皮书
中国城市竞争力报告 No.12

倪鹏飞 / 主编　　2014 年 5 月出版　　定价 :89.00 元

◆ 本书由中国社会科学院城市与竞争力研究中心主任倪鹏飞主持编写，汇集了众多研究城市经济问题的专家学者关于城市竞争力研究的最新成果。本报告构建了一套科学的城市竞争力评价指标体系，采用第一手数据材料，对国内重点城市年度竞争力格局变化进行客观分析和综合比较、排名，对研究城市经济及城市竞争力极具参考价值。

中国省域竞争力蓝皮书
"十二五"中期中国省域经济综合竞争力发展报告

李建平　李闽榕　高燕京 / 主编　　2014 年 3 月出版　　定价 :198.00 元

◆ 本书充分运用数理分析、空间分析、规范分析与实证分析相结合、定性分析与定量分析相结合的方法，建立起比较科学完善、符合中国国情的省域经济综合竞争力指标评价体系及数学模型，对 2011~2012 年中国内地 31 个省、市、区的经济综合竞争力进行全面、深入、科学的总体评价与比较分析。

农村经济绿皮书
中国农村经济形势分析与预测 (2013~2014)

中国社会科学院农村发展研究所　国家统计局农村社会经济调查司 / 著

2014 年 4 月出版　　定价 :69.00 元

◆ 本书对 2013 年中国农业和农村经济运行情况进行了系统的分析和评价，对 2014 年中国农业和农村经济发展趋势进行了预测，并提出相应的政策建议，专题部分将围绕某个重大的理论和现实问题进行多维、深入、细致的分析和探讨。

经济类　皮书系列 重点推荐

西部蓝皮书
中国西部经济发展报告（2014）

姚慧琴　徐璋勇 / 主编　　2014 年 7 月出版　　估价 :69.00 元

◆　本书由西北大学中国西部经济发展研究中心主编，汇集了源自西部本土以及国内研究西部问题的权威专家的第一手资料，对国家实施西部大开发战略进行年度动态跟踪，并对 2014 年西部经济、社会发展态势进行预测和展望。

气候变化绿皮书
应对气候变化报告（2014）

王伟光　郑国光 / 主编　　2014 年 11 月出版　　估价 :79.00 元

◆　本书由社科院城环所和国家气候中心共同组织编写，各篇报告的作者长期从事气候变化科学问题、社会经济影响，以及国际气候制度等领域的研究工作，密切跟踪国际谈判的进程，参与国家应对气候变化相关政策的咨询，有丰富的理论与实践经验。

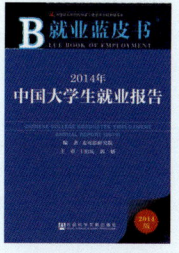

就业蓝皮书
2014 年中国大学生就业报告

麦可思研究院 / 编著　　王伯庆　周凌波 / 主审
2014 年 6 月出版　　定价 :98.00 元

◆　本书是迄今为止关于中国应届大学毕业生就业、大学毕业生中期职业发展及高等教育人口流动情况的视野最为宽广、资料最为翔实、分类最为精细的实证调查和定量研究；为我国教育主管部门的教育决策提供了极有价值的参考。

企业社会责任蓝皮书
中国企业社会责任研究报告（2014）

黄群慧　彭华岗　钟宏武　张蒽 / 编著
2014 年 11 月出版　　估价 :69.00 元

◆　本书系中国社会科学院经济学部企业社会责任研究中心组织编写的《企业社会责任蓝皮书》2014 年分册。该书在对企业社会责任进行宏观总体研究的基础上，根据 2013 年企业社会责任及相关背景进行了创新研究，在全国企业中观层面对企业健全社会责任管理体系提供了弥足珍贵的丰富信息。

皮书系列
重点推荐　社会政法类

社会政法类

社会政法类皮书聚焦社会发展领域的热点、难点问题，
提供权威、原创的资讯与视点

社会蓝皮书
2014年中国社会形势分析与预测

李培林　陈光金　张 翼 / 主编　　2013年12月出版　　定价：69.00元

◆ 本报告是中国社会科学院"社会形势分析与预测"课题组2014年度分析报告，由中国社会科学院社会学研究所组织研究机构专家、高校学者和政府研究人员撰写。对2013年中国社会发展的各个方面内容进行了权威解读，同时对2014年社会形势发展趋势进行了预测。

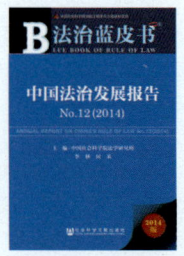

法治蓝皮书
中国法治发展报告 No.12（2014）

李 林　田 禾 / 主编　　2014年2月出版　　定价：98.00元

◆ 本年度法治蓝皮书一如既往秉承关注中国法治发展进程中的焦点问题的特点，回顾总结了2013年度中国法治发展取得的成就和存在的不足，并对2014年中国法治发展形势进行了预测和展望。

民间组织蓝皮书
中国民间组织报告（2014）

黄晓勇 / 主编　　2014年8月出版　　估价：69.00元

◆ 本报告是中国社会科学院"民间组织与公共治理研究"课题组推出的第五本民间组织蓝皮书。基于国家权威统计数据、实地调研和广泛搜集的资料，本报告对2013年以来我国民间组织的发展现状、热点专题、改革趋势等问题进行了深入研究，并提出了相应的政策建议。

社会政法类　皮书系列 重点推荐

社会保障绿皮书

中国社会保障发展报告（2014）No.6

王延中 / 主编　　2014 年 9 月出版　　定价 :79.00 元

◆　社会保障是调节收入分配的重要工具，随着社会保障制度的不断建立健全、社会保障覆盖面的不断扩大和社会保障资金的不断增加，社会保障在调节收入分配中的重要性不断提高。本书全面评述了 2013 年以来社会保障制度各个主要领域的发展情况。

环境绿皮书

中国环境发展报告（2014）

刘鉴强 / 主编　　2014 年 5 月出版　　定价 :79.00 元

◆　本书由民间环保组织"自然之友"组织编写，由特别关注、生态保护、宜居城市、可持续消费以及政策与治理等版块构成，以公共利益的视角记录、审视和思考中国环境状况，呈现 2013 年中国环境与可持续发展领域的全局态势，用深刻的思考、科学的数据分析 2013 年的环境热点事件。

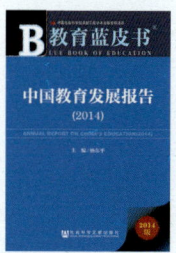

教育蓝皮书

中国教育发展报告（2014）

杨东平 / 主编　　2014 年 5 月出版　　定价 :79.00 元

◆　本书站在教育前沿，突出教育中的问题，特别是对当前教育改革中出现的教育公平、高校教育结构调整、义务教育均衡发展等问题进行了深入分析，从教育的内在发展谈教育，又从外部条件来谈教育，具有重要的现实意义，对我国的教育体制的改革与发展具有一定的学术价值和参考意义。

反腐倡廉蓝皮书

中国反腐倡廉建设报告 No.3

李秋芳 / 主编　　2014 年 1 月出版　　定价 :79.00 元

◆　本书抓住了若干社会热点和焦点问题，全面反映了新时期新阶段中国反腐倡廉面对的严峻局面，以及中国共产党反腐倡廉建设的新实践新成果。根据实地调研、问卷调查和舆情分析，梳理了当下社会普遍关注的与反腐败密切相关的热点问题。

行业报告类

行业报告类皮书立足重点行业、新兴行业领域，提供及时、前瞻的数据与信息

房地产蓝皮书
中国房地产发展报告 No.11（2014）

魏后凯 李景国 / 主编　　2014年5月出版　　定价：79.00元

◆ 本书由中国社会科学院城市发展与环境研究所组织编写，秉承客观公正、科学中立的原则，深度解析2013年中国房地产发展的形势和存在的主要矛盾，并预测2014年及未来10年或更长时间的房地产发展大势。观点精辟，数据翔实，对关注房地产市场的各阶层人士极具参考价值。

旅游绿皮书
2013~2014年中国旅游发展分析与预测

宋　瑞 / 主编　　2013年12月出版　　定价：79.00元

◆ 如何从全球的视野理性审视中国旅游，如何在世界旅游版图上客观定位中国，如何积极有效地推进中国旅游的世界化，如何制定中国实现世界旅游强国梦想的线路图？本年度开始，《旅游绿皮书》将围绕"世界与中国"这一主题进行系列研究，以期为推进中国旅游的长远发展提供科学参考和智力支持。

信息化蓝皮书
中国信息化形势分析与预测（2014）

周宏仁 / 主编　　2014年7月出版　　估价：98.00元

◆ 本书在以中国信息化发展的分析和预测为重点的同时，反映了过去一年间中国信息化关注的重点和热点，视野宽阔，观点新颖，内容丰富，数据翔实，对中国信息化的发展有很强的指导性，可读性很强。

行业报告类 | 皮书系列 重点推荐

企业蓝皮书
中国企业竞争力报告（2014）
金 碚/主编　2014年11月出版　估价:89.00元

◆ 中国经济正处于新一轮的经济波动中，如何保持稳健的经营心态和经营方式并进一步求发展，对于企业保持并提升核心竞争力至关重要。本书利用上市公司的财务数据，研究上市公司竞争力变化的最新趋势，探索进一步提升中国企业国际竞争力的有效途径，这无论对实践工作者还是理论研究者都具有重大意义。

食品药品蓝皮书
食品药品安全与监管政策研究报告（2014）
唐民皓/主编　2014年7月出版　估价:69.00元

◆ 食品药品安全是当下社会关注的焦点问题之一，如何破解食品药品安全监管重点难点问题是需要以社会合力才能解决的系统工程。本书围绕安全热点问题、监管重点问题和政策焦点问题，注重于对食品药品公共政策和行政监管体制的探索和研究。

流通蓝皮书
中国商业发展报告（2013~2014）
荆林波/主编　2014年5月出版　定价:89.00元

◆ 《中国商业发展报告》是中国社会科学院财经战略研究院与香港利丰研究中心合作的成果，并且在2010年开始以中英文版同步在全球发行。蓝皮书从关注中国宏观经济出发，突出中国流通业的宏观背景反映了本年度中国流通业发展的状况。

住房绿皮书
中国住房发展报告（2013~2014）
倪鹏飞/主编　2013年12月出版　定价:79.00元

◆ 本报告从宏观背景、市场主体、市场体系、公共政策和年度主题五个方面，对中国住宅市场体系做了全面系统的分析、预测与评价，并给出了相关政策建议，并在评述2012~2013年住房及相关市场走势的基础上，预测了2013~2014年住房及相关市场的发展变化。

皮书系列
重点推荐

国别与地区类

国别与地区类

国别与地区类皮书关注全球重点国家与地区，提供全面、独特的解读与研究

亚太蓝皮书

亚太地区发展报告（2014）

李向阳 / 主编　　2014年1月出版　　定价：59.00元

◆ 本书是由中国社会科学院亚太与全球战略研究院精心打造的又一品牌皮书，关注时下亚太地区局势发展动向里隐藏的中长趋势，剖析亚太地区政治与安全格局下的区域形势最新动向以及地区关系发展的热点问题，并对2014年亚太地区重大动态作出前瞻性的分析与预测。

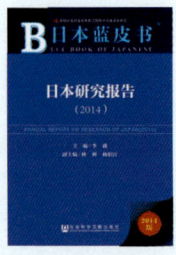

日本蓝皮书

日本研究报告（2014）

李　薇 / 主编　　2014年3月出版　　定价：69.00元

◆ 本书由中华日本学会、中国社会科学院日本研究所合作推出，是以中国社会科学院日本研究所的研究人员为主完成的研究成果。对2013年日本的政治、外交、经济、社会文化作了回顾、分析与展望，并收录了该年度日本大事记。

欧洲蓝皮书

欧洲发展报告(2013~2014)

周　弘 / 主编　　2014年5月出版　　估价：89.00元

◆ 本年度的欧洲发展报告，对欧洲经济、政治、社会、外交等面的形式进行了跟踪介绍与分析。力求反映作为一个整体的欧盟及30多个欧洲国家在2013年出现的各种变化。

国别与地区类 皮书系列 重点推荐

拉美黄皮书

拉丁美洲和加勒比发展报告（2013~2014）

吴白乙 / 主编 2014年4月出版 定价：89.00元

◆ 本书是中国社会科学院拉丁美洲研究所的第13份关于拉丁美洲和加勒比地区发展形势状况的年度报告。本书对2013年拉丁美洲和加勒比地区诸国的政治、经济、社会、外交等方面的发展情况做了系统介绍，对该地区相关国家的热点及焦点问题进行了总结和分析，并在此基础上对该地区各国2014年的发展前景做出预测。

澳门蓝皮书

澳门经济社会发展报告（2013~2014）

吴志良 郝雨凡 / 主编 2014年4月出版 定价：79.00元

◆ 本书集中反映2013年本澳各个领域的发展动态，总结评价近年澳门政治、经济、社会的总体变化，同时对2014年社会经济情况作初步预测。

日本经济蓝皮书

日本经济与中日经贸关系研究报告（2014）

王洛林 张季风 / 主编 2014年5月出版 定价：79.00元

◆ 本书对当前日本经济以及中日经济合作的发展动态进行了多角度、全景式的深度分析。本报告回顾并展望了2013~2014年度日本宏观经济的运行状况。此外，本报告还收录了大量来自于日本政府权威机构的数据图表，具有极高的参考价值。

美国蓝皮书

美国问题研究报告（2014）

黄平 倪峰 / 主编 2014年6月出版 估价：89.00元

◆ 本书是由中国社会科学院美国所主持完成的研究成果，它回顾了美国2013年的经济、政治形势与外交战略，对2013年以来美国内政外交发生的重大事件以及重要政策进行了较为全面的回顾和梳理。

地方发展类

地方发展类皮书关注大陆各省份、经济区域，提供科学、多元的预判与咨政信息

社会建设蓝皮书
2014年北京社会建设分析报告
宋贵伦 / 主编　2014年9月出版　估价:69.00元

◆ 本书依据社会学理论框架和分析方法，对北京市的人口、就业、分配、社会阶层以及城乡关系等社会学基本问题进行了广泛调研与分析，对广受社会关注的住房、教育、医疗、养老、交通等社会热点问题做了深刻了解与剖析，对日益显现的征地搬迁、外籍人口管理、群体性心理障碍等进行了有益探讨。

温州蓝皮书
2014年温州经济社会形势分析与预测
潘忠强　王春光　金浩 / 主编　2014年4月出版　定价:69.00元

◆ 本书是由中共温州市委党校与中国社会科学院社会学研究所合作推出的第七本"温州经济社会形势分析与预测"年度报告，深入全面分析了2013年温州经济、社会、政治、文化发展的主要特点、经验、成效与不足，提出了相应的政策建议。

上海蓝皮书
上海资源环境发展报告（2014）
周冯琦　汤庆合　任文伟 / 著　2014年1月出版　定价:69.00元

◆ 本书在上海所面临资源环境风险的来源、程度、成因、对策等方面作了些有益的探索，希望能对有关部门完善上海的资源环境风险防控工作提供一些有价值的参考，也让普通民众更全面地了解上海资源环境风险及其防控的图景。

地方发展类　　皮书系列 重点推荐

广州蓝皮书
2014年中国广州社会形势分析与预测

张　强　陈怡霓　杨　秦/主编　2014年9月出版　估价:65.00元

◆ 本书由广州大学与广州市委宣传部、广州市人力资源和社会保障局联合主编，汇集了广州科研团体、高等院校和政府部门诸多社会问题研究专家、学者和实际部门工作者的最新研究成果，是关于广州社会运行情况和相关专题分析与预测的重要参考资料。

河南经济蓝皮书
2014年河南经济形势分析与预测

胡五岳/主编　2014年3月出版　定价:69.00元

◆ 本书由河南省统计局主持编纂。该分析与展望以2013年最新年度统计数据为基础，科学研判河南经济发展的脉络轨迹、分析年度运行态势；以客观翔实、权威资料为特征，突出科学性、前瞻性和可操作性，服务于科学决策和科学发展。

陕西蓝皮书
陕西社会发展报告（2014）

任宗哲　石　英　牛　昉/主编　2014年2月出版　定价:65.00元

◆ 本书系统而全面地描述了陕西省2013年社会发展各个领域所取得的成就、存在的问题、面临的挑战及其应对思路，为更好地思考2014年陕西发展前景、政策指向和工作策略等方面提供了一个较为简洁清晰的参考蓝本。

上海蓝皮书
上海经济发展报告（2014）

沈开艳/主编　2014年1月出版　定价:69.00元

◆ 本书系上海社会科学院系列之一，报告对2014年上海经济增长与发展趋势的进行了预测，把握了上海经济发展的脉搏和学术研究的前沿。

皮书系列
重点推荐

地方发展类·文化传媒类

广州蓝皮书
广州经济发展报告（2014）

李江涛　朱名宏 / 主编　2014年6月出版　估价:65.00元

◆ 本书是由广州市社会科学院主持编写的"广州蓝皮书"系列之一，本报告对广州2013年宏观经济运行情况作了深入分析，对2014年宏观经济走势进行了合理预测，并在此基础上提出了相应的政策建议。

文 化 传 媒 类

文化传媒类皮书透视文化领域、文化产业，探索文化大繁荣、大发展的路径

新媒体蓝皮书
中国新媒体发展报告 No.4(2013)

唐绪军 / 主编　　2014年6月出版　　估价:69.00元

◆ 本书由中国社会科学院新闻与传播研究所和上海大学合作编写，在构建新媒体发展研究基本框架的基础上，全面梳理2013年中国新媒体发展现状，发表最前沿的网络媒体深度调查数据和研究成果，并对新媒体发展的未来趋势做出预测。

舆情蓝皮书
中国社会舆情与危机管理报告（2014）

谢耘耕 / 主编　　2014年8月出版　　估价:85.00元

◆ 本书由上海交通大学舆情研究实验室和危机管理研究中心主编，已被列入教育部人文社会科学研究报告培育项目。本书以新媒体环境下的中国社会为立足点，对2013年中国社会舆情、分类舆情等进行了深入系统的研究，并预测了2014年社会舆情走势。

经济类

产业蓝皮书
中国产业竞争力报告（2014）No.4
著(编)者：张其仔　2014年5月出版／估价：79.00元

长三角蓝皮书
2014年率先基本实现现代化的长三角
著(编)者：刘志彪　2014年6月出版／估价：120.00元

城市竞争力蓝皮书
中国城市竞争力报告No.12
著(编)者：倪鹏飞　2014年5月出版／定价：89.00元

城市蓝皮书
中国城市发展报告No.7
著(编)者：潘家华　魏后凯　2014年7月出版／估价：69.00元

城市群蓝皮书
中国城市群发展指数报告(2014)
著(编)者：刘士林　刘新静　2014年10月出版／估价：59.00元

城乡统筹蓝皮书
中国城乡统筹发展报告（2014）
著(编)者：程志强、潘晨光　2014年9月出版／估价：59.00元

城乡一体化蓝皮书
中国城乡一体化发展报告（2014）
著(编)者：汝信　付崇兰　2014年8月出版／估价：59.00元

城镇化蓝皮书
中国新型城镇化健康发展报告（2014）
著(编)者：张占斌　2014年5月出版／定价：79.00元

低碳发展蓝皮书
中国低碳发展报告（2014）
著(编)者：齐晔　2014年3月出版／定价：89.00元

低碳经济蓝皮书
中国低碳经济发展报告（2014）
著(编)者：薛进军　赵忠秀　2014年5月出版／估价：79.00元

东北蓝皮书
中国东北地区发展报告（2014）
著(编)者：鲍振东　曹晓峰　2014年8月出版／估价：79.00元

发展和改革蓝皮书
中国经济发展和体制改革报告No.7
著(编)者：邹东涛　2014年7月出版／估价：79.00元

工业化蓝皮书
中国工业化进程报告（2014）
著(编)者：黄群慧　吕铁　李晓华　等
2014年11月出版／估价：89.00元

国际城市蓝皮书
国际城市发展报告（2014）
著(编)者：屠启宇　2014年1月出版／定价：69.00元

国家创新蓝皮书
国家创新发展报告（2013~2014）
著(编)者：陈劲　2014年6月出版／估价：69.00元

国家竞争力蓝皮书
中国国家竞争力报告No.2
著(编)者：倪鹏飞　2014年10月出版／估价：98.00元

宏观经济蓝皮书
中国经济增长报告（2014）
著(编)者：张平　刘霞辉　2014年10月出版／估价：69.00元

减贫蓝皮书
中国减贫与社会发展报告
著(编)者：黄承伟　2014年7月出版／估价：69.00元

金融蓝皮书
中国金融发展报告（2014）
著(编)者：李扬　王国刚　2013年12月出版／定价：65.00元

经济蓝皮书
2014年中国经济形势分析与预测
著(编)者：李扬　2013年12月出版／定价：69.00元

经济蓝皮书春季号
2014年中国经济前景分析
著(编)者：李扬　2014年5月出版／定价：79.00元

经济信息绿皮书
中国与世界经济发展报告（2014）
著(编)者：杜平　2013年12月出版／定价：79.00元

就业蓝皮书
2014年中国大学生就业报告
著(编)者：麦可思研究院　2014年6月出版／估价：98.00元

流通蓝皮书
中国商业发展报告（2013~2014）
著(编)者：荆林波　2014年5月出版／定价：89.00元

民营经济蓝皮书
中国民营经济发展报告No.10（2013~2014）
著(编)者：黄孟复　2014年9月出版／估价：69.00元

民营企业蓝皮书
中国民营企业竞争力报告No.7（2014）
著(编)者：刘迎秋　2014年9月出版／估价：79.00元

农村绿皮书
中国农村经济形势分析与预测（2013~2014）
著(编)者：中国社会科学院农村发展研究所
国家统计局农村社会经济调查司　著
2014年4月出版／估价：69.00元

企业公民蓝皮书
中国企业公民报告No.4
著(编)者：邹东涛　2014年7月出版／估价：69.00元

企业社会责任蓝皮书
中国企业社会责任研究报告（2014）
著(编)者：黄群慧　彭华岗　钟宏武　等
2014年11月出版／估价：59.00元

气候变化绿皮书
应对气候变化报告（2014）
著(编)者：王伟光　郑国光　2014年11月出版／估价：79.00元

皮书系列 2014全品种

经济类・社会政法类

区域蓝皮书
中国区域经济发展报告（2013~2014）
著(编)者：梁昊光　2014年4月出版／定价：79.00元

人口与劳动绿皮书
中国人口与劳动问题报告No.15
著(编)者：蔡昉　2014年6月出版／估价：69.00元

生态经济（建设）绿皮书
中国经济（建设）发展报告（2013~2014）
著(编)者：黄浩涛　李周　2014年10月出版／估价：69.00元

世界经济黄皮书
2014年世界经济形势分析与预测
著(编)者：王洛林　张宇燕　2014年1月出版／定价：69.00元

西北蓝皮书
中国西北发展报告（2014）
著(编)者：张进海　陈冬红　段庆林
2013年12月出版／定价：69.00元

西部蓝皮书
中国西部发展报告（2014）
著(编)者：姚慧琴　徐璋勇　2014年7月出版／估价：69.00元

新型城镇化蓝皮书
新型城镇化发展报告（2014）
著(编)者：沈体雁　李伟　宋敏　2014年9月出版／估价：69.00元

新兴经济体蓝皮书
金砖国家发展报告（2014）
著(编)者：林跃勤　周文　2014年9月出版／估价：79.00元

循环经济绿皮书
中国循环经济发展报告（2013~2014）
著(编)者：齐建国　2014年12月出版／估价：69.00元

中部竞争力蓝皮书
中国中部经济社会竞争力报告（2014）
著(编)者：教育部人文社会科学重点研究基地
南昌大学中国中部经济社会发展研究中心
2014年7月出版／估价：59.00元

中部蓝皮书
中国中部地区发展报告（2014）
著(编)者：朱有志　2014年10月出版／估价：59.00元

中国科技蓝皮书
中国科技发展报告（2014）
著(编)者：陈劲　2014年4月出版／定价：69.00元

中国省域竞争力蓝皮书
"十二五"中期中国省域经济综合竞争力发展报告
著(编)者：李建平　李闽榕　高燕京　2014年3月出版／定价：198.00元

中三角蓝皮书
长江中游城市群发展报告（2013~2014）
著(编)者：秦尊文　2014年6月出版／估价：69.00元

中小城市绿皮书
中国中小城市发展报告（2014）
著(编)者：中国城市经济学会中小城市经济发展委员会
《中国中小城市发展报告》编纂委员会
2014年10月出版／估价：98.00元

中原蓝皮书
中原经济区发展报告（2014）
著(编)者：刘怀廉　2014年6月出版／估价：68.00元

社会政法类

殡葬绿皮书
中国殡葬事业发展报告（2014）
著(编)者：朱勇　副主编 李伯森　2014年9月出版／估价：59.00元

城市创新蓝皮书
中国城市创新报告（2014）
著(编)者：周天勇　旷建伟　2014年7月出版／估价：69.00元

城市管理蓝皮书
中国城市管理报告2014
著(编)者：谭维克　刘林　2014年7月出版／估价：98.00元

城市生活质量蓝皮书
中国城市生活质量指数报告（2014）
著(编)者：张平　2014年7月出版／估价：59.00元

城市政府能力蓝皮书
中国城市政府公共服务能力评估报告（2014）
著(编)者：何艳玲　2014年7月出版／估价：59.00元

创新蓝皮书
创新型国家建设报告（2013~2014）
著(编)者：詹正茂　2014年5月出版／定价：69.00元

慈善蓝皮书
中国慈善发展报告（2014）
著(编)者：杨团　2014年5月出版／估价：79.00元

法治蓝皮书
中国法治发展报告No.12（2014）
著(编)者：李林　田禾　2014年2月出版／定价：98.00元

反腐倡廉蓝皮书
中国反腐倡廉建设报告No.3
著(编)者：李秋芳　2014年1月出版／定价：79.00元

非传统安全蓝皮书
中国非传统安全研究报告（2014）
著(编)者：余潇枫　2014年5月出版／估价：69.00元

社会政法类

皮书系列 2014全品种

妇女发展蓝皮书
福建省妇女发展报告（2014）
著(编)者：刘群英　2014年10月出版 / 估价:58.00元

妇女发展蓝皮书
中国妇女发展报告No.5
著(编)者：王金玲　高小贤　2014年5月出版 / 估价:65.00元

妇女教育蓝皮书
中国妇女教育发展报告No.3
著(编)者：张李玺　2014年10月出版 / 估价:69.00元

公共服务满意度蓝皮书
中国城市公共服务评价报告（2014）
著(编)者：胡伟　2014年11月出版 / 估价:69.00元

公共服务蓝皮书
中国城市基本公共服务力评价（2014）
著(编)者：侯惠勤　辛向阳　易定宏
2014年10月出版 / 估价:55.00元

公民科学素质蓝皮书
中国公民科学素质报告（2013~2014）
著(编)者：李群　许佳军　2014年3月出版 / 定价:79.00元

公益蓝皮书
中国公益发展报告（2014）
著(编)者：朱健刚　2014年5月出版 / 估价:78.00元

国际人才蓝皮书
中国国际移民报告（2014）
著(编)者：王辉耀　2014年1月出版 / 定价:79.00元

国际人才蓝皮书
中国海归创业发展报告（2014）No.2
著(编)者：王辉耀　路江涌　2014年10月出版 / 估价:69.00元

国际人才蓝皮书
中国留学发展报告（2014）No.3
著(编)者：王辉耀　2014年9月出版 / 估价:59.00元

国家安全蓝皮书
中国国家安全研究报告（2014）
著(编)者：刘慧　2014年5月出版 / 定价:98.00元

行政改革蓝皮书
中国行政体制改革报告（2013）No.3
著(编)者：魏礼群　2014年3月出版 / 定价:89.00元

华侨华人蓝皮书
华侨华人研究报告（2014）
著(编)者：丘进　2014年5月出版 / 估价:128.00元

环境竞争力绿皮书
中国省域环境竞争力发展报告（2014）
著(编)者：李建平　李闽榕　王金南
2014年12月出版 / 估价:148.00元

环境绿皮书
中国环境发展报告（2014）
著(编)者：刘鉴强　2014年5月出版 / 定价:79.00元

基本公共服务蓝皮书
中国省级政府基本公共服务发展报告（2014）
著(编)者：孙德超　2014年9月出版 / 估价:69.00元

基金会透明度蓝皮书
中国基金会透明度发展研究报告（2014）
著(编)者：基金会中心网　2014年7月出版 / 估价:79.00元

教师蓝皮书
中国中小学教师发展报告（2014）
著(编)者：曾晓东　2014年9月出版 / 估价:59.00元

教育蓝皮书
中国教育发展报告（2014）
著(编)者：杨东平　2014年5月出版 / 估价:79.00元

科普蓝皮书
中国科普基础设施发展报告（2014）
著(编)者：任福君　2014年6月出版 / 估价:79.00元

口腔健康蓝皮书
中国口腔健康发展报告（2014）
著(编)者：胡德渝　2014年12月出版 / 估价:59.00元

老龄蓝皮书
中国老龄事业发展报告（2014）
著(编)者：吴玉韶　2014年9月出版 / 估价:59.00元

连片特困区蓝皮书
中国连片特困区发展报告（2014）
著(编)者：丁建军　冷志明　游俊　2014年9月出版 / 估价:79.00元

民间组织蓝皮书
中国民间组织报告（2014）
著(编)者：黄晓勇　2014年8月出版 / 估价:69.00元

民调蓝皮书
中国民生调查报告（2014）
著(编)者：谢耕耘　2014年5月出版 / 定价:128.00元

民族发展蓝皮书
中国民族区域自治发展报告（2014）
著(编)者：郝时远　2014年6月出版 / 估价:98.00元

女性生活蓝皮书
中国女性生活状况报告No.8（2014）
著(编)者：韩湘景　2014年4月出版 / 估价:79.00元

汽车社会蓝皮书
中国汽车社会发展报告（2014）
著(编)者：王俊秀　2014年9月出版 / 估价:59.00元

社会政法类·行业报告类

青年蓝皮书
中国青年发展报告（2014）No.2
著(编)者：廉思　2014年4月出版 / 定价:59.00元

全球环境竞争力绿皮书
全球环境竞争力发展报告（2014）
著(编)者：李建平　李闽榕　王金南　2014年11月出版 / 估价:69.00元

青少年蓝皮书
中国未成年人新媒体运用报告（2014）
著(编)者：李文革　沈杰　季为民　2014年6月出版 / 估价:69.00元

区域人才蓝皮书
中国区域人才竞争力报告No.2
著(编)者：桂昭明　王辉耀　2014年6月出版 / 估价:69.00元

人才蓝皮书
中国人才发展报告（2014）
著(编)者：潘晨光　2014年10月出版 / 估价:79.00元

人权蓝皮书
中国人权事业发展报告No.4（2014）
著(编)者：李君如　2014年7月出版 / 估价:98.00元

世界人才蓝皮书
全球人才发展报告No.1
著(编)者：孙学玉　张冠梓　2014年9月出版 / 估价:69.00元

社会保障绿皮书
中国社会保障发展报告（2014）No.6
著(编)者：王延中　2014年9月出版 / 估价:69.00元

社会工作蓝皮书
中国社会工作发展报告（2013~2014）
著(编)者：王杰秀　邹文开　2014年8月出版 / 估价:59.00元

社会管理蓝皮书
中国社会管理创新报告No.3
著(编)者：连玉明　2014年9月出版 / 估价:79.00元

社会蓝皮书
2014年中国社会形势分析与预测
著(编)者：李培林　陈光金　张翼　2013年12月出版 / 定价:69.00元

社会体制蓝皮书
中国社会体制改革报告No.2（2014）
著(编)者：龚维斌　2014年4月出版 / 定价:79.00元

社会心态蓝皮书
2014年中国社会心态研究报告
著(编)者：王俊秀　杨宜音　2014年9月出版 / 估价:59.00元

生态城市绿皮书
中国生态城市建设发展报告（2014）
著(编)者：李景源　孙伟平　刘举科　2014年6月出版 / 估价:128.00元

生态文明绿皮书
中国省域生态文明建设评价报告（ECI 2014）
著(编)者：严耕　2014年9月出版 / 估价:98.00元

世界创新竞争力黄皮书
世界创新竞争力发展报告（2014）
著(编)者：李建平　李闽榕　赵新力　2014年11月出版 / 估价:128.00元

水与发展蓝皮书
中国水风险评估报告（2014）
著(编)者：苏杨　2014年9月出版 / 估价:69.00元

土地整治蓝皮书
中国土地整治发展报告No.1
著(编)者：国土资源部土地整治中心　2014年5月出版 / 定价:89.0元

危机管理蓝皮书
中国危机管理报告（2014）
著(编)者：文学国　范正青　2014年8月出版 / 估价:79.00元

小康蓝皮书
中国全面建设小康社会监测报告（2014）
著(编)者：潘璠　2014年11月出版 / 估价:59.00元

形象危机应对蓝皮书
形象危机应对研究报告（2014）
著(编)者：唐钧　2014年9月出版 / 估价:118.00元

行政改革蓝皮书
中国行政体制改革报告（2013）No.3
著(编)者：魏礼群　2014年3月出版 / 定价:89.00元

医疗卫生绿皮书
中国医疗卫生发展报告No.6（2013~2014）
著(编)者：申宝忠　韩玉珍　2014年4月出版 / 定价:75.00元

政治参与蓝皮书
中国政治参与报告（2014）
著(编)者：房宁　2014年7月出版 / 估价:58.00元

政治发展蓝皮书
中国政治发展报告（2014）
著(编)者：房宁　杨海蛟　2014年6月出版 / 估价:98.00元

宗教蓝皮书
中国宗教报告（2014）
著(编)者：金泽　邱永辉　2014年8月出版 / 估价:59.00元

社会组织蓝皮书
中国社会组织评估报告（2014）
著(编)者：徐家良　2014年9月出版 / 估价:69.00元

政府绩效评估蓝皮书
中国地方政府绩效评估报告（2014）
著(编)者：贠杰　2014年9月出版 / 估价:69.00元

行业报告类

保健蓝皮书
中国保健服务产业发展报告No.2
著(编)者：中国保健协会 中共中央党校
2014年7月出版 / 估价:198.00元

保健蓝皮书
中国保健食品产业发展报告No.2
著(编)者：中国保健协会
　　　　　中国社会科学院食品药品产业发展与监管研究中心
2014年7月出版 / 估价:198.00元

保健蓝皮书
中国保健用品产业发展报告No.2
著(编)者：中国保健协会　2014年9月出版 / 估价:198.00元

保险蓝皮书
中国保险业竞争力报告（2014）
著(编)者：罗忠敏　2014年9月出版 / 估价:98.00元

餐饮产业蓝皮书
中国餐饮产业发展报告（2014）
著(编)者：中国烹饪协会 中国社会科学院财经战略研究院
2014年5月出版 / 估价:59.00元

测绘地理信息蓝皮书
中国地理信息产业发展报告（2014）
著(编)者：徐德明　2014年12月出版 / 估价:98.00元

茶业蓝皮书
中国茶产业发展报告（2014）
著(编)者：李闽榕 杨江帆　2014年9月出版 / 估价:79.00元

产权市场蓝皮书
中国产权市场发展报告（2014）
著(编)者：曹和平　2014年9月出版 / 估价:69.00元

产业安全蓝皮书
中国烟草产业安全报告（2014）
著(编)者：李孟刚 杜秀亭　2014年1月出版 / 定价:69.00元

产业安全蓝皮书
中国出版与传媒安全报告（2014）
著(编)者：北京交通大学中国产业安全研究中心
2014年9月出版 / 估价:59.00元

产业安全蓝皮书
中国医疗产业安全报告（2013~2014）
著(编)者：李孟刚 高献书　2014年1月出版 / 定价:59.00元

产业安全蓝皮书
中国文化产业安全蓝皮书(2014)
著(编)者：北京印刷学院文化产业安全研究院
2014年4月出版 / 定价:69.00元

产业安全蓝皮书
中国出版传媒产业安全报告（2014）
著(编)者：北京印刷学院文化产业安全研究院
2014年4月出版 / 定价:89.00元

典当业蓝皮书
中国典当行业发展报告（2013~2014）
著(编)者：黄育华 王力 张红地
2014年10月出版 / 估价:69.00元

电子商务蓝皮书
中国城市电子商务影响力报告（2014）
著(编)者：荆林波　2014年5月出版 / 估价:69.00元

电子政务蓝皮书
中国电子政务发展报告（2014）
著(编)者：洪毅 王长胜　2014年9月出版 / 估价:59.00元

杜仲产业绿皮书
中国杜仲橡胶资源与产业发展报告（2014）
著(编)者：杜红岩 胡文臻 俞瑞
2014年9月出版 / 估价:99.00元

房地产蓝皮书
中国房地产发展报告No.11（2014）
著(编)者：魏后凯 李景国　2014年5月出版 / 定价:79.00元

服务外包蓝皮书
中国服务外包产业发展报告（2014）
著(编)者：王晓红 李皓　2014年9月出版 / 估价:89.00元

高端消费蓝皮书
中国高端消费市场研究报告
著(编)者：依绍华 王雪峰　2014年9月出版 / 估价:69.00元

会展经济蓝皮书
中国会展经济发展报告（2014）
著(编)者：过聚荣　2014年9月出版 / 估价:65.00元

会展蓝皮书
中外会展业动态评估年度报告（2014）
著(编)者：张敏　2014年8月出版 / 估价:68.00元

基金会绿皮书
中国基金会发展独立研究报告（2014）
著(编)者：基金会中心网　2014年8月出版 / 估价:58.00元

交通运输蓝皮书
中国交通运输服务发展报告（2014）
著(编)者：林晓言 卜伟 武剑红
2014年10月出版 / 估价:69.00元

金融监管蓝皮书
中国金融监管报告（2014）
著(编)者：胡滨　2014年5月出版 / 定价:69.00元

金融蓝皮书
中国金融中心发展报告（2014）
著(编)者：中国社会科学院金融研究所
　　　　　中国博士后特华科研工作站 王力 黄育华
2014年10月出版 / 估价:59.00元

皮书系列 2014全品种
行业报告类

金融蓝皮书
中国商业银行竞争力报告（2014）
著(编)者：王松奇　2014年5月出版 / 估价：79.00元

金融蓝皮书
中国金融发展报告（2014）
著(编)者：李扬　王国刚　2013年12月出版 / 定价：65.00元

金融蓝皮书
中国金融法治报告（2014）
著(编)者：胡滨　全先银　2014年9月出版 / 估价：65.00元

金融蓝皮书
中国金融产品与服务报告（2014）
著(编)者：殷剑峰　2014年6月出版 / 估价：59.00元

金融信息服务蓝皮书
金融信息服务业发展报告（2014）
著(编)者：鲁广锦　2014年11月出版 / 估价：69.00元

抗衰老医学蓝皮书
抗衰老医学发展报告（2014）
著(编)者：罗伯特·高德曼　罗纳德·科莱兹　尼尔·布什　朱敏　金大鹏　郭÷
2014年9月出版 / 估价：69.00元

客车蓝皮书
中国客车产业发展报告（2014）
著(编)者：姚蔚　2014年12月出版 / 估价：69.00元

科学传播蓝皮书
中国科学传播报告（2014）
著(编)者：詹正茂　2014年9月出版 / 估价：69.00元

流通蓝皮书
中国商业发展报告（2013~2014）
著(编)者：荆林波　2014年5月出版 / 定价：89.00元

旅游安全蓝皮书
中国旅游安全报告（2014）
著(编)者：郑向敏　谢朝武　2014年6月出版 / 估价：79.00元

旅游绿皮书
2013~2014年中国旅游发展分析与预测
著(编)者：宋瑞　2014年9月出版 / 定价：79.00元

旅游城市绿皮书
世界旅游城市发展报告（2013~2014）
著(编)者：张辉　2014年1月出版 / 估价：69.00元

贸易蓝皮书
中国贸易发展报告（2014）
著(编)者：荆林波　2014年5月出版 / 估价：49.00元

民营医院蓝皮书
中国民营医院发展报告（2014）
著(编)者：朱幼棣　2014年10月出版 / 估价：69.00元

闽商蓝皮书
闽商发展报告（2014）
著(编)者：李闽榕　王日根　2014年12月出版 / 估价：69.00元

能源蓝皮书
中国能源发展报告（2014）
著(编)者：崔民选　王军生　陈义和
2014年10月出版 / 估价：59.00元

农产品流通蓝皮书
中国农产品流通产业发展报告（2014）
著(编)者：贾敬敦　王炳南　张玉玺　张鹏毅　陈丽华
2014年9月出版 / 估价：89.00元

期货蓝皮书
中国期货市场发展报告（2014）
著(编)者：荆林波　2014年6月出版 / 估价：98.00元

企业蓝皮书
中国企业竞争力报告（2014）
著(编)者：金碚　2014年11月出版 / 估价：89.00元

汽车安全蓝皮书
中国汽车安全发展报告（2014）
著(编)者：中国汽车技术研究中心
2014年4月出版 / 估价：79.00元

汽车蓝皮书
中国汽车产业发展报告（2014）
著(编)者：国务院发展研究中心产业经济研究部
　　　　　中国汽车工程学会　大众汽车集团（中国）
2014年7月出版 / 估价：79.00元

清洁能源蓝皮书
国际清洁能源发展报告（2014）
著(编)者：国际清洁能源论坛（澳门）
2014年9月出版 / 估价：89.00元

人力资源蓝皮书
中国人力资源发展报告（2014）
著(编)者：吴江　2014年9月出版 / 估价：69.00元

软件和信息服务业蓝皮书
中国软件和信息服务业发展报告（2014）
著(编)者：洪京一　工业和信息化部电子科学技术情报研究所
2014年6月出版 / 估价：98.00元

商会蓝皮书
中国商会发展报告 No.4（2014）
著(编)者：黄孟复　2014年9月出版 / 估价：59.00元

商品市场蓝皮书
中国商品市场发展报告（2014）
著(编)者：荆林波　2014年7月出版 / 估价：59.00元

上市公司蓝皮书
中国上市公司非财务信息披露报告（2014）
著(编)者：钟宏武　张旺　张蒽　等
2014年12月出版 / 估价：59.00元

行业报告类

皮书系列 2014全品种

食品药品蓝皮书
食品药品安全与监管政策研究报告（2014）
著(编)者：唐民皓　2014年7月出版 / 估价:69.00元

世界能源蓝皮书
世界能源发展报告（2014）
著(编)者：黄晓勇　2014年9月出版 / 估价:99.00元

私募市场蓝皮书
中国私募股权市场发展报告（2014）
著(编)者：曹和平　2014年9月出版 / 估价:69.00元

体育蓝皮书
中国体育产业发展报告（2014）
著(编)者：阮伟　钟秉枢　2014年9月出版 / 估价:69.00元

体育蓝皮书·公共体育服务
中国公共体育服务发展报告（2014）
著(编)者：戴健　2014年12月出版 / 估价:69.00元

投资蓝皮书
中国投资发展报告（2014）
著(编)者：杨庆蔚　2014年4月出版 / 定价:128.00元

投资蓝皮书
中国企业海外投资发展报告（2013~2014）
著(编)者：陈文晖　薛誉华　2014年9月出版 / 定价:69.00元

物联网蓝皮书
中国物联网发展报告（2014）
著(编)者：龚六堂　2014年9月出版 / 估价:59.00元

西部工业蓝皮书
中国西部工业发展报告（2014）
著(编)者：方行明　刘方健　姜凌等
2014年9月出版 / 估价:69.00元

西部金融蓝皮书
中国西部金融发展报告（2014）
著(编)者：李忠民　2014年10月出版 / 估价:69.00元

新能源汽车蓝皮书
中国新能源汽车产业发展报告（2014）
著(编)者：中国汽车技术研究中心
　　　　　日产（中国）投资有限公司
　　　　　东风汽车有限公司
2014年9月出版 / 估价:69.00元

信托蓝皮书
中国信托业研究报告（2014）
著(编)者：中建投信托研究中心　中国建设建投研究院
2014年9月出版 / 估价:59.00元

信托蓝皮书
中国信托投资报告（2014）
著(编)者：杨金龙　刘屹　2014年7月出版 / 估价:69.00元

信托市场蓝皮书
中国信托业市场报告（2013~2014）
著(编)者：李旸　2014年1月出版 / 定价:198.00元

信息化蓝皮书
中国信息化形势分析与预测（2014）
著(编)者：周宏仁　2014年7月出版 / 估价:98.00元

信用蓝皮书
中国信用发展报告（2014）
著(编)者：章政　田侃　2014年9月出版 / 估价:69.00元

休闲绿皮书
2014年中国休闲发展报告
著(编)者：刘德谦　唐兵　宋瑞
2014年6月出版 / 估价:59.00元

养老产业蓝皮书
中国养老产业发展报告（2013~2014年）
著(编)者：张车伟　2014年9月出版 / 估价:69.00元

移动互联网蓝皮书
中国移动互联网发展报告（2014）
著(编)者：官建文　2014年5月出版 / 估价:79.00元

医药蓝皮书
中国医药产业园战略发展报告（2013~2014）
著(编)者：裴长洪　房书亭　吴滌心
2014年3月出版 / 定价:89.00元

医药蓝皮书
中国药品市场报告（2014）
著(编)者：程锦锥　朱恒鹏　2014年12月出版 / 估价:79.00元

中国林业竞争力蓝皮书
中国省域林业竞争力发展报告No.2（2014）
（上下册）
著(编)者：郑传芳　李闽榕　张春霞　张会儒
2014年8月出版 / 估价:139.00元

中国农业竞争力蓝皮书
中国省域农业竞争力发展报告No.2（2014）
著(编)者：郑传芳　宋洪远　李闽榕　张春霞
2014年7月出版 / 估价:128.00元

中国总部经济蓝皮书
中国总部经济发展报告（2013~2014）
著(编)者：赵弘　2014年5月出版 / 定价:79.00元

珠三角流通蓝皮书
珠三角商圈发展研究报告（2014）
著(编)者：王先庆　林至颖　2014年8月出版 / 估价:69.00元

住房绿皮书
中国住房发展报告（2013~2014）
著(编)者：倪鹏飞　2013年12月出版 / 定价:79.00元

资本市场蓝皮书
中国场外交易市场发展报告（2014）
著(编)者：高峦　2014年9月出版 / 估价:79.00元

皮书系列 2014全品种　文化传媒类

资产管理蓝皮书
中国信托业发展报告（2014）
著(编)者：智信资产管理研究院　2014年7月出版 / 估价:69.00元

支付清算蓝皮书
中国支付清算发展报告（2014）
著(编)者：杨涛　2014年5月出版 / 定价:45.00元

文化传媒类

传媒蓝皮书
中国传媒产业发展报告（2014）
著(编)者：崔保国　2014年4月出版 / 定价:98.00元

传媒竞争力蓝皮书
中国传媒国际竞争力研究报告（2014）
著(编)者：李本乾　2014年9月出版 / 估价:69.00元

创意城市蓝皮书
武汉市文化创意产业发展报告（2014）
著(编)者：张京成　黄永林　2014年10月出版 / 估价:69.00元

电视蓝皮书
中国电视产业发展报告（2014）
著(编)者：卢斌　2014年9月出版 / 估价:79.00元

电影蓝皮书
中国电影出版发展报告（2014）
著(编)者：卢斌　2014年9月出版 / 估价:79.00元

动漫蓝皮书
中国动漫产业发展报告（2014）
著(编)者：卢斌　郑玉明　牛兴侦　2014年9月出版 / 估价:79.00元

广电蓝皮书
中国广播电影电视发展报告（2014）
著(编)者：庞井君　杨明品　李岚
2014年6月出版 / 估价:88.00元

广告主蓝皮书
中国广告主营销传播趋势报告N0.8
著(编)者：中国传媒大学广告主研究所
　　　　　中国广告主营销传播创新研究课题组
　　　　　黄升民　杜国清　邵华冬等
2014年5月出版 / 估价:98.00元

国际传播蓝皮书
中国国际传播发展报告（2014）
著(编)者：胡正荣　李继东　姬德强
2014年9月出版 / 估价:69.00元

纪录片蓝皮书
中国纪录片发展报告（2014）
著(编)者：何苏六　2014年10月出版 / 估价:89.00元

两岸文化蓝皮书
两岸文化产业合作发展报告（2014）
著(编)者：胡惠林　肖夏勇　2014年6月出版 / 估价:59.00元

媒介与女性蓝皮书
中国媒介与女性发展报告（2014）
著(编)者：刘利群　2014年8月出版 / 估价:69.00元

全球传媒蓝皮书
全球传媒产业发展报告（2014）
著(编)者：胡正荣　2014年12月出版 / 估价:79.00元

视听新媒体蓝皮书
中国视听新媒体发展报告（2014）
著(编)者：庞井君　2014年6月出版 / 估价:148.00元

文化创新蓝皮书
中国文化创新报告（2014）No.5
著(编)者：于平　傅才武　2014年4月出版 / 定价:79.00元

文化科技蓝皮书
文化科技融合与创意城市发展报告（2014）
著(编)者：李凤亮　于平　2014年7月出版 / 估价:79.00元

文化蓝皮书
中国文化产业发展报告（2014）
著(编)者：张晓明　王家新　章建刚
2014年4月出版 / 定价:79.00元

文化蓝皮书
中国文化产业供需协调增长测评报（2014）
著(编)者：王亚楠　2014年2月出版 / 定价:79.00元

文化蓝皮书
中国城镇文化消费需求景气评价报告（2014）
著(编)者：王亚南　张晓明　祁述裕
2014年5月出版 / 估价:79.00元

文化蓝皮书
中国公共文化服务发展报告（2014）
著(编)者：于群　李国新　2014年10月出版 / 估价:98.00元

文化蓝皮书
中国文化消费需求景气评价报告（2014）
著(编)者：王亚南　2014年2月出版 / 估价:79.00元

文化蓝皮书
中国乡村文化消费需求景气评价报告（2014）
著(编)者：王亚南　2014年5月出版 / 估价:79.00元

文化蓝皮书
中国中心城市文化消费需求景气评价报告（2014）
著(编)者：王亚南　2014年9月出版 / 估价:79.00元

皮书系列 2014全品种

文化传媒类・地方发展类

文化蓝皮书
中国少数民族文化发展报告（2014）
著(编)者：武翠英　张晓明　张学进
2014年9月出版 / 估价:69.00元

文化建设蓝皮书
中国文化发展报告（2013）
著(编)者：江畅　孙伟平　戴茂堂
2014年4月出版 / 定价:138.00元

文化品牌蓝皮书
中国文化品牌发展报告（2014）
著(编)者：欧阳友权　2014年4月出版 / 定价:79.00元

文化软实力蓝皮书
中国文化软实力研究报告（2014）
著(编)者：张国祚　2014年7月出版 / 估价:79.00元

文化遗产蓝皮书
中国文化遗产事业发展报告（2014）
著(编)者：刘世锦　2014年9月出版 / 估价:79.00元

文学蓝皮书
中国文情报告（2013~2014）
著(编)者：白烨　2014年5月出版 / 估价:59.00元

新媒体蓝皮书
中国新媒体发展报告No.5（2014）
著(编)者：唐绪军　2014年6月出版 / 估价:69.00元

移动互联网蓝皮书
中国移动互联网发展报告（2014）
著(编)者：官建文　2014年6月出版 / 估价:79.00元

游戏蓝皮书
中国游戏产业发展报告（2014）
著(编)者：卢斌　2014年9月出版 / 估价:79.00元

舆情蓝皮书
中国社会舆情与危机管理报告（2014）
著(编)者：谢耘耕　2014年8月出版 / 估价:85.00元

粤港澳台文化蓝皮书
粤港澳台文化创意产业发展报告（2014）
著(编)者：丁未　2014年9月出版 / 估价:69.00元

地方发展类

安徽蓝皮书
安徽社会发展报告（2014）
著(编)者：程桦　2014年4月出版 / 定价:79.00元

安徽经济蓝皮书
皖江城市带承接产业转移示范区建设报告（2014）
著(编)者：丁海中　2014年4月出版 / 定价:69.00元

安徽社会建设蓝皮书
安徽社会建设分析报告（2014）
著(编)者：黄家海　王开玉　蔡宪　2014年9月出版 / 估价:69.00元

北京蓝皮书
北京公共服务发展报告（2013~2014）
著(编)者：施昌奎　2014年2月出版 / 定价:69.00元

北京蓝皮书
北京经济发展报告（2013~2014）
著(编)者：杨松　2014年4月出版 / 定价:79.00元

北京蓝皮书
北京社会发展报告（2013~2014）
著(编)者：缪青　2014年5月出版 / 定价:79.00元

北京蓝皮书
北京社会治理发展报告（2013~2014）
著(编)者：殷星辰　2014年4月出版 / 定价:79.00元

北京蓝皮书
中国社区发展报告（2013~2014）
著(编)者：于燕燕　2014年8月出版 / 估价:59.00元

北京蓝皮书
北京文化发展报告（2013~2014）
著(编)者：李建盛　2014年4月出版 / 定价:79.00元

北京旅游绿皮书
北京旅游发展报告（2014）
著(编)者：鲁勇　2014年7月出版 / 估价:98.00元

北京律师蓝皮书
北京律师发展报告No.2（2014）
著(编)者：王隽　周塞军　2014年9月出版 / 估价:79.00元

北京人才蓝皮书
北京人才发展报告（2014）
著(编)者：于淼　2014年10月出版 / 估价:89.00元

城乡一体化蓝皮书
中国城乡一体化发展报告·北京卷（2014）
著(编)者：张宝秀　黄序　2014年6月出版 / 估价:59.00元

创意城市蓝皮书
北京文化创意产业发展报告（2014）
著(编)者：张京成　王国华　2014年10月出版 / 估价:69.00元

皮书系列 2014全品种
地方发展类

创意城市蓝皮书
重庆创意产业发展报告（2014）
著(编)者：程宁宁　2014年4月出版 / 定价:89.00元

创意城市蓝皮书
青岛文化创意产业发展报告（2013~2014）
著(编)者：马达　2014年9月出版 / 估价:69.00元

创意城市蓝皮书
无锡文化创意产业发展报告（2014）
著(编)者：庄若江　张鸣年　2014年8月出版 / 估价:75.00元

服务业蓝皮书
广东现代服务业发展报告（2014）
著(编)者：祁明　程晓　2014年1月出版 / 估价:69.00元

甘肃蓝皮书
甘肃舆情分析与预测（2014）
著(编)者：陈双梅　郝树声　2014年1月出版 / 定价:69.00元

甘肃蓝皮书
甘肃县域经济综合竞争力报告（2014）
著(编)者：刘进军　柳民　曲玮　2014年9月出版 / 估价:69.00元

甘肃蓝皮书
甘肃县域社会发展评价报告（2014）
著(编)者：魏胜文　2014年9月出版 / 估价:69.00元

甘肃蓝皮书
甘肃经济发展分析与预测（2014）
著(编)者：朱智文　罗哲　2014年1月出版 / 定价:69.00元

甘肃蓝皮书
甘肃社会发展分析与预测（2014）
著(编)者：安文华　包晓霞　2014年1月出版 / 定价:69.00元

甘肃蓝皮书
甘肃文化发展分析与预测（2014）
著(编)者：王福生　周小华　2014年1月出版 / 定价:69.00元

广东蓝皮书
广东省电子商务发展报告（2014）
著(编)者：黄建明　祁明　2014年11月出版 / 估价:69.00元

广东蓝皮书
广东社会工作发展报告（2014）
著(编)者：罗观翠　2014年9月出版 / 估价:69.00元

广东外经贸蓝皮书
广东对外经济贸易发展研究报告（2014）
著(编)者：陈万灵　2014年9月出版 / 估价:65.00元

广西北部湾经济区蓝皮书
广西北部湾经济区开放开发报告（2014）
著(编)者：广西北部湾经济区规划建设管理委员会办公室　广西社会科学院　广西北部湾发展研究院
2014年7月出版 / 估价:69.00元

广州蓝皮书
2014年中国广州经济形势分析与预测
著(编)者：庚建设　郭志勇　沈奎　2014年6月出版 / 估价:69.00元

广州蓝皮书
2014年中国广州社会形势分析与预测
著(编)者：易佐永　杨秦　顾涧清　2014年5月出版 / 估价:65.00元

广州蓝皮书
广州城市国际化发展报告（2014）
著(编)者：朱名宏　2014年9月出版 / 估价:59.00元

广州蓝皮书
广州创新型城市发展报告（2014）
著(编)者：李江涛　2014年8月出版 / 估价:59.00元

广州蓝皮书
广州经济发展报告（2014）
著(编)者：李江涛　刘江华　2014年6月出版 / 估价:65.00元

广州蓝皮书
广州农村发展报告（2014）
著(编)者：李江涛　汤锦华　2014年8月出版 / 估价:59.00元

广州蓝皮书
广州青年发展报告（2014）
著(编)者：魏国华　张强　2014年9月出版 / 估价:65.00元

广州蓝皮书
广州汽车产业发展报告（2014）
著(编)者：李江涛　杨再高　2014年10月出版 / 估价:69.00元

广州蓝皮书
广州商贸业发展报告（2014）
著(编)者：陈家成　王旭东　荀振英
2014年7月出版 / 估价:69.00元

广州蓝皮书
广州文化创意产业发展报告（2014）
著(编)者：甘新　2014年10月出版 / 估价:59.00元

广州蓝皮书
中国广州城市建设发展报告（2014）
著(编)者：董皞　冼伟雄　李俊夫
2014年8月出版 / 估价:69.00元

广州蓝皮书
中国广州科技与信息化发展报告（2014）
著(编)者：庚建设　谢学宁　2014年8月出版 / 估价:59.00元

广州蓝皮书
中国广州文化创意产业发展报告（2014）
著(编)者：甘新　2014年10月出版 / 估价:59.00元

广州蓝皮书
中国广州文化发展报告（2014）
著(编)者：徐俊忠　汤应武　陆志强
2014年8月出版 / 估价:69.00元

地方发展类

贵州蓝皮书
贵州法治发展报告（2014）
著(编)者：吴大华　2014年3月出版 / 定价:69.00元

贵州蓝皮书
贵州人才发展报告（2014）
著(编)者：于杰　吴大华　2014年3月出版 / 定价:69.00元

贵州蓝皮书
贵州社会发展报告（2014）
著(编)者：王兴骥　2014年3月出版 / 定价:69.00元

贵州蓝皮书
贵州农村扶贫开发报告（2014）
著(编)者：王朝新　宋明　2014年9月出版 / 估价:69.00元

贵州蓝皮书
贵州文化产业发展报告（2014）
著(编)者：李建国　2014年9月出版 / 估价:69.00元

海淀蓝皮书
海淀区文化和科技融合发展报告（2014）
著(编)者：陈名杰　孟景伟　2014年5月出版 / 估价:75.00元

海峡经济区蓝皮书
海峡经济区发展报告（2014）
著(编)者：李闽榕　王秉安　谢明辉（台湾）
2014年10月出版 / 估价:78.00元

海峡西岸蓝皮书
海峡西岸经济区发展报告（2014）
著(编)者：福建省人民政府发展研究中心
2014年9月出版 / 估价:85.00元

杭州蓝皮书
杭州市妇女发展报告（2014）
著(编)者：魏颖　揭爱花　2014年9月出版 / 估价:69.00元

杭州都市圈蓝皮书
杭州都市圈发展报告（2014）
著(编)者：董祖德　沈翔　2014年5月出版 / 估价:89.00元

河北经济蓝皮书
河北省经济发展报告（2014）
著(编)者：马树强　金浩　张贵　2014年4月出版 / 定价:79.00元

河北蓝皮书
河北经济社会发展报告（2014）
著(编)者：周文夫　2014年1月出版 / 定价:69.00元

河南经济蓝皮书
2014年河南经济形势分析与预测
著(编)者：胡五岳　2014年3月出版 / 定价:69.00元

河南蓝皮书
2014年河南社会形势分析与预测
著(编)者：刘道兴　牛苏林　2014年1月出版 / 定价:69.00元

河南蓝皮书
河南城市发展报告（2014）
著(编)者：谷建全　王建国　2014年1月出版 / 定价:59.00元

河南蓝皮书
河南法治发展报告（2014）
著(编)者：丁同民　闫德民　2014年3月出版 / 定价:69.00元

河南蓝皮书
河南金融发展报告（2014）
著(编)者：喻新安　谷建全　2014年4月出版 / 定价:69.00元

河南蓝皮书
河南经济发展报告（2014）
著(编)者：喻新安　2013年12月出版 / 定价:69.00元

河南蓝皮书
河南文化发展报告（2014）
著(编)者：卫绍生　2014年1月出版 / 定价:69.00元

河南蓝皮书
河南工业发展报告（2014）
著(编)者：龚绍东　2014年1月出版 / 定价:69.00元

河南蓝皮书
河南商务发展报告（2014）
著(编)者：焦锦淼　穆荣国　2014年5月出版 / 定价:88.00元

黑龙江产业蓝皮书
黑龙江产业发展报告（2014）
著(编)者：于渤　2014年10月出版 / 估价:79.00元

黑龙江蓝皮书
黑龙江经济发展报告（2014）
著(编)者：张新颖　2014年1月出版 / 定价:69.00元

黑龙江蓝皮书
黑龙江社会发展报告（2014）
著(编)者：艾书琴　2014年1月出版 / 定价:69.00元

湖南城市蓝皮书
城市社会管理
著(编)者：罗海藩　2014年10月出版 / 估价:59.00元

湖南蓝皮书
2014年湖南产业发展报告
著(编)者：梁志峰　2014年4月出版 / 定价:128.00元

湖南蓝皮书
2014年湖南电子政务发展报告
著(编)者：梁志峰　2014年4月出版 / 定价:128.00元

湖南蓝皮书
2014年湖南法治发展报告
著(编)者：梁志峰　2014年9月出版 / 估价:79.00元

湖南蓝皮书
2014年湖南经济展望
著(编)者：梁志峰　2014年4月出版 / 定价:128.00元

皮书系列 2014全品种 — 地方发展类

湖南蓝皮书
2014年湖南两型社会发展报告
著(编)者：梁志峰　2014年4月出版 / 定价:128.00元

湖南蓝皮书
2014年湖南社会发展报告
著(编)者：梁志峰　2014年4月出版 / 定价:128.00元

湖南蓝皮书
2014年湖南县域经济社会发展报告
著(编)者：梁志峰　2014年4月出版 / 定价:128.00元

湖南县域绿皮书
湖南县域发展报告No.2
著(编)者：朱有志　袁准　周小毛　2014年7月出版 / 估价:69.00元

沪港蓝皮书
沪港发展报告（2014）
著(编)者：尤安山　2014年9月出版 / 估价:89.00元

吉林蓝皮书
2014年吉林经济社会形势分析与预测
著(编)者：马克　2014年1月出版 / 定价:79.00元

济源蓝皮书
济源经济社会发展报告（2014）
著(编)者：喻新安　2014年4月出版 / 定价:69.00元

江苏法治蓝皮书
江苏法治发展报告No.3（2014）
著(编)者：李力　龚廷泰　严海良　2014年8月出版 / 估价:88.00元

京津冀蓝皮书
京津冀发展报告（2014）
著(编)者：文魁　祝尔娟　2014年3月出版 / 定价:79.00元

经济特区蓝皮书
中国经济特区发展报告（2013）
著(编)者：陶一桃　2014年4月出版 / 定价:89.00元

辽宁蓝皮书
2014年辽宁经济社会形势分析与预测
著(编)者：曹晓峰　张晶　2014年1月出版 / 定价:79.00元

流通蓝皮书
湖南省商贸流通产业发展报告No.2
著(编)者：柳思维　2014年10月出版 / 估价:75.00元

内蒙古蓝皮书
内蒙古经济发展蓝皮书(2013~2014)
著(编)者：黄育华　2014年7月出版 / 估价:69.00元

内蒙古蓝皮书
内蒙古反腐倡廉建设报告No.1
著(编)者：张志华　无极　2013年12月出版 / 定价:69.00元

浦东新区蓝皮书
上海浦东经济发展报告（2014）
著(编)者：沈开艳　陆沪根　2014年1月出版 / 定价:59.00元

侨乡蓝皮书
中国侨乡发展报告（2014）
著(编)者：郑一省　2014年9月出版 / 估价:69.00元

青海蓝皮书
2014年青海经济社会形势分析与预测
著(编)者：赵宗福　2014年2月出版 / 定价:69.00元

人口与健康蓝皮书
深圳人口与健康发展报告（2014）
著(编)者：陆杰华　江捍平　2014年10月出版 / 估价:98.00元

山西蓝皮书
山西资源型经济转型发展报告（2014）
著(编)者：李志强　2014年5月出版 / 定价:98.00元

陕西蓝皮书
陕西经济发展报告（2014）
著(编)者：任宗哲　石英　裴成荣　2014年2月出版 / 定价:69.00元

陕西蓝皮书
陕西社会发展报告（2014）
著(编)者：任宗哲　石英　牛昉　2014年2月出版 / 定价:65.00元

陕西蓝皮书
陕西文化发展报告（2014）
著(编)者：任宗哲　石英　王长寿　2014年3月出版 / 定价:59.00元

上海蓝皮书
上海传媒发展报告（2014）
著(编)者：强荧　焦雨虹　2014年1月出版 / 定价:79.00元

上海蓝皮书
上海法治发展报告（2014）
著(编)者：叶青　2014年4月出版 / 定价:69.00元

上海蓝皮书
上海经济发展报告（2014）
著(编)者：沈开艳　2014年1月出版 / 定价:69.00元

上海蓝皮书
上海社会发展报告（2014）
著(编)者：卢汉龙　周海旺　2014年1月出版 / 定价:69.00元

上海蓝皮书
上海文化发展报告（2014）
著(编)者：蒯大申　2014年1月出版 / 定价:69.00元

上海蓝皮书
上海文学发展报告（2014）
著(编)者：陈圣来　2014年1月出版 / 定价:69.00元

上海蓝皮书
上海资源环境发展报告（2014）
著(编)者：周冯琦　汤庆合　任文伟　2014年1月出版 / 定价:69.00元

上海社会保障绿皮书
上海社会保障改革与发展报告（2013~2014）
著(编)者：汪泓　2014年9月出版 / 估价:65.00元

地方发展类·国别与地区类

上饶蓝皮书
上饶发展报告（2013~2014）
著(编)者：朱寅健　2014年3月出版 / 定价：128.00元

社会建设蓝皮书
2014年北京社会建设分析报告
著(编)者：宋贵伦　2014年9月出版 / 估价：69.00元

深圳蓝皮书
深圳经济发展报告（2014）
著(编)者：吴忠　2014年6月出版 / 估价：69.00元

深圳蓝皮书
深圳劳动关系发展报告（2014）
著(编)者：汤庭芬　2014年6月出版 / 估价：69.00元

深圳蓝皮书
深圳社会发展报告（2014）
著(编)者：吴忠　余智晟　2014年7月出版 / 估价：69.00元

四川蓝皮书
四川文化产业发展报告（2014）
著(编)者：侯水平　2014年2月出版 / 定价：69.00元

四川蓝皮书
四川企业社会责任研究报告（2014）
著(编)者：侯水平　盛毅　2014年4月出版 / 定价：79.00元

温州蓝皮书
2014年温州经济社会形势分析与预测
著(编)者：潘忠强　王春光　金浩　2014年4月出版 / 定价：69.00元

温州蓝皮书
浙江温州金融综合改革试验区发展报告（2013~2014）
著(编)者：钱水土　王去非　李义超　2014年9月出版 / 估价：69.00元

扬州蓝皮书
扬州经济社会发展报告（2014）
著(编)者：张爱军　2014年9月出版 / 定价：78.00元

义乌蓝皮书
浙江义乌市国际贸易综合改革试验区发展报告（2013~2014）
著(编)者：马淑琴　刘文革　周松强　2014年9月出版 / 估价：69.00元

云南蓝皮书
中国面向西南开放重要桥头堡建设发展报告（2014）
著(编)者：刘绍怀　2014年12月出版 / 估价：69.00元

长株潭城市群蓝皮书
长株潭城市群发展报告（2014）
著(编)者：张萍　2014年10月出版 / 估价：69.00元

郑州蓝皮书
2014年郑州文化发展报告
著(编)者：王哲　2014年7月出版 / 估价：69.00元

中国省会经济圈蓝皮书
合肥经济圈经济社会发展报告No.4(2013~2014)
著(编)者：董昭礼　2014年4月出版 / 定价：79.00元

国别与地区类

G20国家创新竞争力黄皮书
二十国集团（G20）国家创新竞争力发展报告（2014）
著(编)者：李建平　李闽榕　赵新力
2014年9月出版 / 估价：118.00元

阿拉伯黄皮书
阿拉伯发展报告（2013~2014）
著(编)者：马晓霖　2014年4月出版 / 定价：79.00元

澳门蓝皮书
澳门经济社会发展报告（2013~2014）
著(编)者：吴志良　郝雨凡　2014年4月出版 / 定价：79.00元

北部湾蓝皮书
泛北部湾合作发展报告（2014）
著(编)者：吕余生　2014年7月出版 / 估价：79.00元

大湄公河次区域蓝皮书
大湄公河次区域合作发展报告（2014）
著(编)者：刘稚　2014年8月出版 / 估价：79.00元

大洋洲蓝皮书
大洋洲发展报告（2014）
著(编)者：魏明海　喻常森　2014年7月出版 / 估价：69.00元

德国蓝皮书
德国发展报告（2014）
著(编)者：李乐曾　郑春荣等　2014年5月出版 / 估价：69.00元

东北亚黄皮书
东北亚地区政治与安全报告（2014）
著(编)者：黄凤志　刘雪莲　2014年6月出版 / 估价：69.00元

东盟黄皮书
东盟发展报告（2013）
著(编)者：崔晓麟　2014年5月出版 / 定价：75.00元

东南亚蓝皮书
东南亚地区发展报告（2013~2014）
著(编)者：王勤　2014年4月出版 / 定价：79.00元

皮书系列 2014全品种
国别与地区类

俄罗斯黄皮书
俄罗斯发展报告（2014）
著(编)者：李永全　2014年7月出版 / 估价：79.00元

非洲黄皮书
非洲发展报告No.15（2014）
著(编)者：张宏明　2014年7月出版 / 估价：79.00元

港澳珠三角蓝皮书
粤港澳区域合作与发展报告（2014）
著(编)者：梁庆寅　陈广汉　2014年6月出版 / 估价：59.00元

国际形势黄皮书
全球政治与安全报告（2014）
著(编)者：李慎明　张宇燕　2014年1月出版 / 定价：69.00元

韩国蓝皮书
韩国发展报告（2014）
著(编)者：牛林杰　刘宝全　2014年6月出版 / 估价：69.00元

加拿大蓝皮书
加拿大发展报告（2014）
著(编)者：仲伟合　2014年4月出版 / 定价：89.00元

柬埔寨蓝皮书
柬埔寨国情报告（2014）
著(编)者：毕世鸿　2014年6月出版 / 估价：79.00元

拉美黄皮书
拉丁美洲和加勒比发展报告（2013~2014）
著(编)者：吴白乙　2014年4月出版 / 定价：89.00元

老挝蓝皮书
老挝国情报告（2014）
著(编)者：卢光盛　方芸　吕星　2014年6月出版 / 估价：79.00元

美国蓝皮书
美国问题研究报告（2014）
著(编)者：黄平　倪峰　2014年5月出版 / 估价：79.00元

缅甸蓝皮书
缅甸国情报告（2014）
著(编)者：李晨阳　2014年9月出版 / 估价：79.00元

欧亚大陆桥发展蓝皮书
欧亚大陆桥发展报告（2014）
著(编)者：李忠民　2014年10月出版 / 估价：59.00元

欧洲蓝皮书
欧洲发展报告（2014）
著(编)者：周弘　2014年9月出版 / 估价：79.00元

葡语国家蓝皮书
巴西发展与中巴关系报告2014（中英文）
著(编)者：张曙光　David T. Ritchie
2014年8月出版 / 估价：69.00元

日本经济蓝皮书
日本经济与中日经贸关系研究报告（2014）
著(编)者：王洛林　张季风　2014年5月出版 / 定价：79.00元

日本蓝皮书
日本发展报告（2014）
著(编)者：李薇　2014年3月出版 / 定价：69.00元

上海合作组织黄皮书
上海合作组织发展报告（2014）
著(编)者：李进峰　吴宏伟　李伟　2014年9月出版 / 估价：98.00元

世界创新竞争力黄皮书
世界创新竞争力发展报告（2014）
著(编)者：李建平　2014年9月出版 / 估价：148.00元

世界能源黄皮书
世界能源分析与展望（2013~2014）
著(编)者：张宇燕 等　2014年9月出版 / 估价：69.00元

世界社会主义黄皮书
世界社会主义跟踪研究报告（2013~2014）
著(编)者：李慎明　2014年3月出版 / 定价：198.00元

泰国蓝皮书
泰国国情报告（2014）
著(编)者：邹春萌　2014年6月出版 / 估价：79.00元

亚太蓝皮书
亚太地区发展报告（2014）
著(编)者：李向阳　2014年1月出版 / 定价：59.00元

印度蓝皮书
印度国情报告（2012~2013）
著(编)者：吕昭义　2014年5月出版 / 定价：89.00元

印度洋地区蓝皮书
印度洋地区发展报告（2014）
著(编)者：汪戎　2014年3月出版 / 估价：79.00元

越南蓝皮书
越南国情报告（2014）
著(编)者：吕余生　2014年8月出版 / 估价：65.00元

中东黄皮书
中东发展报告No.15（2014）
著(编)者：杨光　2014年10月出版 / 估价：59.00元

中欧关系蓝皮书
中欧关系研究报告（2014）
著(编)者：周弘　2013年12月出版 / 定价：98.00元

中亚黄皮书
中亚国家发展报告（2014）
著(编)者：孙力　2014年9月出版 / 估价：79.00元

皮书大事记

☆ 2012年12月,《中国社会科学院皮书资助规定(试行)》由中国社会科学院科研局正式颁布实施。

☆ 2011年,部分重点皮书纳入院创新工程。

☆ 2011年8月,2011年皮书年会在安徽合肥举行,这是皮书年会首次由中国社会科学院主办。

☆ 2011年2月,"2011年全国皮书研讨会"在北京京西宾馆举行。王伟光院长(时任常务副院长)出席并讲话。本次会议标志着皮书及皮书研创出版从一个具体出版单位的出版产品和出版活动上升为由中国社会科学院牵头的国家哲学社会科学智库产品和创新活动。

☆ 2010年9月,"2010年中国经济社会形势报告会暨第十一次全国皮书工作研讨会"在福建福州举行,高全立副院长参加会议并做学术报告。

☆ 2010年9月,皮书学术委员会成立,由我院李扬副院长领衔,并由在各个学科领域有一定的学术影响力、了解皮书编创出版并持续关注皮书品牌的专家学者组成。皮书学术委员会的成立为进一步提高皮书这一品牌的学术质量、为学术界构建一个更大的学术出版与学术推广平台提供了专家支持。

☆ 2009年8月,"2009年中国经济社会形势分析与预测暨第十次皮书工作研讨会"在辽宁丹东举行。李扬副院长参加本次会议,本次会议颁发了首届优秀皮书奖,我院多部皮书获奖。

社会科学文献出版社
SOCIAL SCIENCES ACADEMIC PRESS (CHINA)

社会科学文献出版社成立于1985年，是直属于中国社会科学院的人文社会科学专业学术出版机构。

成立以来，特别是1998年实施第二次创业以来，依托于中国社会科学院丰厚的学术出版和专家学者两大资源，坚持"创社科经典，出传世文献"的出版理念和"权威、前沿、原创"的产品定位，社科文献立足内涵式发展道路，从战略层面推动学术出版的五大能力建设，逐步走上了学术产品的系列化、规模化、数字化、国际化、市场化经营道路。

先后策划出版了著名的图书品牌和学术品牌"皮书"系列、"列国志"、"社科文献精品译库"、"中国史话"、"全球化译丛"、"气候变化与人类发展译丛""近世中国"等一大批既有学术影响又有市场价值的系列图书。形成了较强的学术出版能力和资源整合能力，年发稿3.5亿字，年出版新书1200余种，承印发行中国社科院院属期刊近70种。

2012年，《社会科学文献出版社学术著作出版规范》修订完成。同年10月，社会科学文献出版社参加了由新闻出版总署召开加强学术著作出版规范座谈会，并代表50多家出版社发起实施学术著作出版规范的倡议。2013年，社会科学文献出版社参与新闻出版总署学术著作规范国家标准的起草工作。

依托于雄厚的出版资源整合能力，社会科学文献出版社长期以来一直致力于从内容资源和数字平台两个方面实现传统出版的再造，并先后推出了皮书数据库、列国志数据库、中国田野调查数据库等一系列数字产品。

在国内原创著作、国外名家经典著作大量出版，数字出版突飞猛进的同时，社会科学文献出版社在学术出版国际化方面也取得了不俗的成绩。先后与荷兰博睿等十余家国际出版机构合作面向海外推出了《经济蓝皮书》《社会蓝皮书》等十余种皮书的英文版、俄文版、日文版等。

此外，社会科学文献出版社积极与中央和地方各类媒体合作，联合大型书店、学术书店、机场书店、网络书店、图书馆，逐步构建起了强大的学术图书的内容传播力和社会影响力，学术图书的媒体曝光率居全国之首，图书馆藏率居于全国出版机构前十位。

作为已经开启第三次创业梦想的人文社会科学学术出版机构，社会科学文献出版社结合社会需求、自身的条件以及行业发展，提出了新的创业目标：精心打造人文社会科学成果推广平台，发展成为一家集图书、期刊、声像电子和数字出版物为一体，面向海内外高端读者和客户，具备独特竞争力的人文社会科学内容资源供应商和海内外知名的专业学术出版机构。

中国皮书网

发布皮书研创资讯，传播皮书精彩内容
引领皮书出版潮流，打造皮书服务平台

栏目设置：

- □ 资讯：皮书动态、皮书观点、皮书数据、皮书报道、皮书新书发布会、电子期刊
- □ 标准：皮书评价、皮书研究、皮书规范、皮书专家、编撰团队
- □ 服务：最新皮书、皮书书目、重点推荐、在线购书
- □ 链接：皮书数据库、皮书博客、皮书微博、出版社首页、在线书城
- □ 搜索：资讯、图书、研究动态
- □ 互动：皮书论坛

www.pishu.cn

中国皮书网依托皮书系列"权威、前沿、原创"的优质内容资源，通过文字、图片、音频、视频等多种元素，在皮书研创者、使用者之间搭建了一个成果展示、资源共享的互动平台。

自2005年12月正式上线以来，中国皮书网的IP访问量、PV浏览量与日俱增，受到海内外研究者、公务人员、商务人士以及专业读者的广泛关注。

2008年10月，中国皮书网获得"最具商业价值网站"称号。

2011年全国新闻出版网站年会上，中国皮书网被授予"2011最具商业价值网站"荣誉称号。

权威报告　热点资讯　海量资源

当代中国与世界发展的高端智库平台

皮书数据库 www.pishu.com.cn

  皮书数据库是专业的人文社会科学综合学术资源总库，以大型连续性图书——皮书系列为基础，整合国内外相关资讯构建而成。包含七大子库，涵盖两百多个主题，囊括了近十几年间中国与世界经济社会发展报告，覆盖经济、社会、政治、文化、教育、国际问题等多个领域。

  皮书数据库以篇章为基本单位，方便用户对皮书内容的阅读需求。用户可进行全文检索，也可对文献题目、内容提要、作者名称、作者单位、关键字等基本信息进行检索，还可对检索到的篇章再作二次筛选，进行在线阅读或下载阅读。智能多维度导航，可使用户根据自己熟知的分类标准进行分类导航筛选，使查找和检索更高效、便捷。

  权威的研究报告，独特的调研数据，前沿的热点资讯，皮书数据库已发展成为国内最具影响力的关于中国与世界现实问题研究的成果库和资讯库。

皮书俱乐部会员服务指南

1. 谁能成为皮书俱乐部会员？
- 皮书作者自动成为皮书俱乐部会员；
- 购买皮书产品（纸质图书、电子书、皮书数据库充值卡）的个人用户。

2. 会员可享受的增值服务：
- 免费获赠该纸质图书的电子书；
- 免费获赠皮书数据库100元充值卡；
- 免费定期获赠皮书电子期刊；
- 优先参与各类皮书学术活动；
- 优先享受皮书产品的最新优惠。

阅 读 卡

3. 如何享受皮书俱乐部会员服务？

（1）如何免费获得整本电子书？

  购买纸质图书后，将购书信息特别是书后附赠的卡号和密码通过邮件形式发送到pishu@188.com，我们将验证您的信息，通过验证并成功注册后即可获得该本皮书的电子书。

（2）如何获赠皮书数据库100元充值卡？

  第1步：刮开附赠卡的密码涂层（左下）；

  第2步：登录皮书数据库网站（www.pishu.com.cn），注册成为皮书数据库用户，注册时请提供您的真实信息，以便您获得皮书俱乐部会员服务；

  第3步：注册成功后登录，点击进入"会员中心"；

  第4步：点击"在线充值"，输入正确的卡号和密码即可使用。

皮书俱乐部会员可享受社会科学文献出版社其他相关免费增值服务

您有任何疑问，均可拨打服务电话：010-59367227　QQ:1924151760

欢迎登录社会科学文献出版社官网（www.ssap.com.cn）和中国皮书网（www.pishu.cn）了解更多信息

皮书大事记

☆ 2012年12月,《中国社会科学院皮书资助规定(试行)》由中国社会科学院科研局正式颁布实施。

☆ 2011年,部分重点皮书纳入院创新工程。

☆ 2011年8月,2011年皮书年会在安徽合肥举行,这是皮书年会首次由中国社会科学院主办。

☆ 2011年2月,"2011年全国皮书研讨会"在北京京西宾馆举行。王伟光院长(时任常务副院长)出席并讲话。本次会议标志着皮书及皮书研创出版从一个具体出版单位的出版产品和出版活动上升为由中国社会科学院牵头的国家哲学社会科学智库产品和创新活动。

☆ 2010年9月,"2010年中国经济社会形势报告会暨第十一次全国皮书工作研讨会"在福建福州举行,高全立副院长参加会议并做学术报告。

☆ 2010年9月,皮书学术委员会成立,由我院李扬副院长领衔,并由在各个学科领域有一定的学术影响力、了解皮书编创出版并持续关注皮书品牌的专家学者组成。皮书学术委员会的成立为进一步提高皮书这一品牌的学术质量、为学术界构建一个更大的学术出版与学术推广平台提供了专家支持。

☆ 2009年8月,"2009年中国经济社会形势分析与预测暨第十次皮书工作研讨会"在辽宁丹东举行。李扬副院长参加本次会议,本次会议颁发了首届优秀皮书奖,我院多部皮书获奖。

皮书数据库
www.pishu.com.cn

皮书数据库三期即将上线

- 皮书数据库（SSDB）是社会科学文献出版社整合现有皮书资源开发的在线数字产品，全面收录"皮书系列"的内容资源，并以此为基础整合大量相关资讯构建而成。

- 皮书数据库现有中国经济发展数据库、中国社会发展数据库、世界经济与国际政治数据库等子库，覆盖经济、社会、文化等多个行业、领域，现有报告30000多篇，总字数超过5亿字，并以每年4000多篇的速度不断更新累积。2009年7月，皮书数据库荣获"2008～2009年中国数字出版知名品牌"。

- 2011年3月，皮书数据库二期正式上线，开发了更加灵活便捷的检索系统，可以实现精确查找和模糊匹配，并与纸书发行基本同步，可为读者提供更加广泛的资讯服务。

更多信息请登录

| 中国皮书网 | 皮书微博 | 皮书博客 | 皮书微信 |
| http://www.pishu.cn | http://weibo.com/pishu | http://blog.sina.com.cn/pishu | 皮书说 |

请到各地书店皮书专架 / 专柜购买，也可办理邮购

咨询 / 邮购电话：010-59367028　59367070　　　邮　　箱：duzhe@ssap.com.cn
邮购地址：北京市西城区北三环中路甲29号院3号楼华龙大厦13层读者服务中心
邮　编：100029
银行户名：社会科学文献出版社
开户银行：中国工商银行北京北太平庄支行
账　号：0200010019200365434
网上书店：010-59367070　　qq：1265056568
网　址：www.ssap.com.cn　　　www.pishu.com.cn